Marco Mondini
Der Feldherr

Transfer

Herausgegeben von
FBK — Istituto Storico Italo-Germanico Trento /
Italienisch-Deutsches Historisches Institut

Marco Mondini

Der Feldherr

Luigi Cadorna im „Großen Krieg" 1915–1918

Aus dem Italienischen von
Bettina Dürr

DE GRUYTER
OLDENBOURG

Originalausgabe: Marco Mondini, Il Capo. La Grande Guerra del generale Luigi Cadorna, © 2017, Il Mulino, All rights reserved.

ISBN 978-3-11-069342-3
e-ISBN (PDF) 978-3-11-069347-8
e-ISBN (EPUB) 978-3-11-069350-8
ISSN 2749-067X

Library of CongressControl Number: 2022935235

Bibliografische Information der Deutschen Nationalbibliothek
Die Deutsche Nationalbibliothek verzeichnet diese Publikation in der Deutschen Nationalbibliografie; detaillierte bibliografische Daten sind im Internet über http://dnb.dnb.de abrufbar.

© 2022 Walter de Gruyter GmbH, Berlin/Boston
Übersetzung: Bettina Dürr
Coverabbildung: © akg-images/De Agostini/Biblioteca Ambrosiana
Druck und Bindung: CPI books GmbH, Leck

www.degruyter.com

Inhalt

Dritter Teil: **Der Fall**

Einleitung

[...] so philosophiere ich über mein seltsames Schicksal,
das mich zwischen Jubel und Verdammnis schwanken lässt.
(L. Cadorna, November 1923)

Cadorna: Ein Italiener in der grenzüberschreitenden Gemeinschaft der Kriegsherren

Pallanza, Dezember 1928

Die Kamera des *Cinegiornale Luce* (der Wochenschauproduktion des italienischen Kinos) ist auf die Treppe einer Kirche gerichtet, aus der einige hochdekorierte Offiziere in Uniform treten, gefolgt von einer kleinen Gruppe Messdiener und Geistlicher, und schließlich erscheint ein Sarg auf einer Kanonenlafette, bedeckt von der Flagge des Hauses Savoyen. Die Beschriftung lässt die Zuschauer wissen, dass sie der „feierlichen Beisetzung Seiner Exzellenz des Marschalls von Italien Luigi Cadorna" beiwohnen. Schnitt und nächste Szene. Ein dichter, von salutierenden Armee-Einheiten eskortierter Menschenzug, der den Sarg auf seiner letzten Reise zum Friedhof geleitet: „Der Kronprinz und die höchsten Staatsbeamten folgen andächtig"[1].

Pallanza, Mai 1932

Die Wochenschau hat nun Ton. Unter den Klängen von Glocken und Trompeten vollzieht sich die Überführung des „Leichnams Seiner Exzellenz Luigi Cadorna, Marschall von Italien, in das dem Heerführer gewidmete Mausoleum". Die Kamera zeigt die Architektur der kleinen Gedenkstätte längs der Uferpromenade. Entworfen wurde sie von dem renommierten Architekten Marcello Piacentini, mit quadratischem Grundriss und von zwölf Statuen geschmückt, die die italienischen Kriegshelden des Ersten Weltkriegs verkörpern. Begleitet werden sie von Ehrenwachen, die verschiedenen Armee- und Milizeinheiten angehören. Costanzo Ciano, der vom Volk verehrte Marine-Kriegsheld und langjährige Minister für Post- und Fernmeldewesen, verliest eine Grußbotschaft Mussolinis von der Ehrentribüne:

> Alle Italiener, die am Krieg teilgenommen haben und davon mit Stolz erfüllt sind, sind heute hier in Pallanza versammelt, an dem Denkmal, das über Jahrhunderte die Erinnerung und den Ruhm von Cadorna überliefern wird. Die Wogen haben sich nun dank der umfassenden Kenntnis der Ereignisse geglättet und das italienische Volk hat Cadornas Verdienste als Stratege und Anführer, der nie den Mut verlor, anerkannt.

Schnitt. Das Wort ergreift nun Carlo Delcroix, Vorsitzender der *Associazione nazionale mutilati e invalidi di guerra* (Nationale Organisation der Kriegs- und Zivilinvaliden), der selbst 1917 im Frontgebiet der Marmolata Augenlicht und Hände verloren hatte,

https://doi.org/10.1515/9783110693478-001

vielleicht einer der repräsentativsten Vertreter der faschistenfreundlichen Ausrichtung der Veteranen (und zweifellos einer der flammendsten und einflussreichsten Redner der Nachkriegszeit):

> Krieger, Versehrte, es ist wahr: Unsere ersten Kampfhandlungen, angetrieben von der Kraft der Verzweiflung, waren fast ausschließlich ein Akt der Solidarität unsererseits gegenüber den Alliierten. Wahr ist auch, dass jene unsere Solidarität später anders auslegten. Doch wir mussten uns unter allen Umständen an die Abmachungen halten [...]; das war unser größtes Verdienst und Italien wird dafür früher oder später Gerechtigkeit widerfahren[2].

Heute merkt man es kaum, aber verborgen hinter der schwülstigen Formulierung des öffentlichen Nachrufs steckt eine tiefe Ironie in der letzten Hommage an den alten Heerführer.

Auf den ersten Blick unterschieden sich Trauerfeier und Grablegung des obersten Befehlshabers der italienischen Streitkräfte im Ersten Weltkrieg nicht grundlegend von den grandiosen sakralen Riten, die in jenen Jahren den Heerführern vorbehalten waren, die zwischen 1914 und 1918 auf den Schlachtfeldern gekämpft hatten. Douglas Haig, der unbeugsame Kommandeur der englischen Armee, der die britischen Soldaten (und die des Commonwealth) an der Somme und in der Dritten Flandernschlacht bei Passendale in den Tod geschickt hatte, war wenige Monate zuvor verstorben. Sein Tod hatte im gesamten Vereinigten Königreich tiefe, weit verbreitete Trauer ausgelöst. Die imposante Trauerfeier in der Abtei von Westminster war ein epochales Ereignis und das erste, das die BBC live übertrug: Zwei zukünftige Könige, Eduard VIII. und Georg VI., begleiteten den Leichnam durch die große Menge von Londoner Bürgern, die ihre Achtung für den Feldmarschall zum Ausdruck bringen wollten, denn noch hatte sich die scharfe Kritik nicht entzündet, die ihm wenig später den Spitznamen „Butcher Haig" einbringen sollte[3].

Ein paar Jahre später, im Januar 1931, trat Joseph Joffre seine letzte Reise an. Die Bahre des Siegers der Schlacht an der Marne durchquerte ein stilles und ehrfürchtiges Paris, obschon er auf seinen ausdrücklichen Wunsch nicht im *Hôtel des Invalides* beigesetzt wurde (wo ihn wahrscheinlich ein roter Porphyr-Sarkophag wie der Napoleons erwartet hätte – den Cadorna gewiss nicht verschmäht hätte). Man bahrte den Leichnam zwei Tage lang an der *École Militaire* auf, wo Zehntausende Franzosen dem Marschall die letzte Ehre erwiesen. Am Tag der Beisetzung blieben im ganzen Land Schulen, Universitäten, öffentliche Einrichtungen und sogar Restaurants und Kinos geschlossen[4]. Auch Franz Conrad von Hötzendorf, der größte Feind von Cadornas Heer und einer der großen Verlierer des Ersten Weltkriegs, erhielt fürstliche Begräbnisfeierlichkeiten. Ein kurioser Zufall wollte es, dass beide in ihren jeweiligen Ferienorten verstarben, Cadorna im ligurischen Bardonecchia, wo er seit jeher seine Ferientage verbracht hatte, und Conrad in Bad Mergentheim in Deutschland. Die Überführung seines Leichnams nach Wien entwickelte sich zu einer eindrucksvollen Wallfahrt und zur Gelegenheit, die Reliquien dieses säkularen Heiligen in nostalgischer Verklärung zu ehren (im Grunde der letzte Akt des alten kaiserlichen Österreich). Schließlich wurden die sterblichen Überreste des letzten großen Generals des Habsburger Heeres im Rahmen einer Zeremonie beigesetzt, deren feierlicher Pomp mit dem Abschied vom alten Kaiser Franz Joseph vergleichbar war: Über 100.000 Menschen nahmen daran teil[5].

Auf eine Art oder die andere ehrten die jeweiligen Staatsoberhäupter, Minister und Monarchen die Heerführer des Ersten Weltkriegs – egal, ob Sieger oder Verlierer – in hochfeierlichen Zeremonien, die ausnahmslos in regelrechte, einhellig eingeforderte Heiligsprechungsprozesse ausarteten: Trotz der Kritik, die an ihnen geübt wurde (und später noch geübt werden sollte, sobald sich die Heldengedichte in die düstere Legende von einem Haufen inkompetenter Esel verwandelt haben sollten), wurden sie wie große Sagenhelden gefeiert und erhielten ihren Ehrenplatz auf den Altären der jeweiligen Nation[6]. Ob in den grünen Parkanlagen der Britischen Inseln, auf den monumentalen Stadtfriedhöfen von Wien oder Paris, im Schatten des düsteren Nationaldenkmals von Tannenberg, wo 1934 die sterblichen Überreste von Feldmarschall Hindenburg beigesetzt wurden, oder in den großen steinernen Amphitheatern der italienischen Gedenkstätten, wo Gaetano Giardino oder der Herzog von Aosta zusammen mit ihren Soldaten ihre letzte Ruhe fanden – die alten Befehlshaber wurden betrauert, gefeiert und als Vorbild für zukünftige Generationen gewürdigt[7].

Im Fall von Luigi Cadorna nahm das Schicksal einen anderen Lauf. Seine Beisetzungsfeierlichkeiten hätten der Moment seiner Aufnahme ins Pantheon der Nationalhelden sein sollen, doch sie wurden zu einem beschämenden Schauspiel, bei dem vor allem der Wunsch des Regimes und der Monarchie zum Ausdruck kam, nicht allzu eng mit seinem Andenken in Verbindung gebracht zu werden. Daran änderte auch die Tatsache nichts, dass die Wochenschauen und die damaligen Tageszeitungen betonten, wie viele Menschen, Kriegsheimkehrer, Mitglieder der Regierung und der königlichen Familie anwesend waren. Weder der König, Oberhaupt des Heeres, noch Benito Mussolini, Duce des kriegführenden Italien und Führer einer Partei, die sich zum geistigen Erbe des Sieges erklärt hatte, waren gekommen, um dem alten Generalstabschef persönlich die Ehre zu erweisen. Im Jahr 1936 sollte König Vittorio Emanuele III. eigens zur Einweihung des Reiterdenkmals für Armando Diaz, den Nachfolger Cadornas, nach Neapel reisen. Doch Diaz war der Retter des Vaterlandes (war es nicht letztlich er, der 1917 die Österreicher und Deutschen am Piave und am Grappa aufgehalten hatte?), der Triumphator von Vittorio Veneto, der Erste, der seit den Zeiten der Römer ein großes italienisches Heer zum Sieg geführt hatte (so zumindest stand es in den Schulbüchern): eine öffentliche, Konsens stiftende Figur, von untadeligem Ruf und (nicht zuletzt) dem Regime äußerst wohlgesonnen[8].

Cadorna jedoch war ein großes Problem. Auch wenn seit der hitzigen Kontroverse der unmittelbaren Nachkriegszeit viele Jahre vergangen waren, blieb der verstorbene General der Mann der blutigen und erfolglosen Offensiven am Isonzo, der außerordentlichen Gerichte, der Hinrichtungen und vor allem der verheerenden Niederlage von Caporetto im Oktober 1917. Er galt als unerbittlicher Despot, der nach Ansicht seiner zahlreichen Kritiker (darunter nicht wenige Veteranen und ehemalige hohe Offiziere) ein Klima der Angst und der Unterdrückung geschaffen hatte, indem er 400.000 junge Soldaten in unablässigen Frontalangriffen unnötig in den Tod geschickt hatte, um dann angesichts der Niederlage die Nerven zu verlieren. „Ein nationales Unglück für alle Patrioten", das das italienische Königreich an den Rand einer demütigenden und vernichtenden Niederlage gebracht hatte und dessen einzig positive Folge letztlich seine Entlassung war[9]. Zunächst breitete man rasch den Mantel des Schweigens über die Schuld des obersten Heereskommandos (und seines Anführers), doch die Veröffentlichung des Berichts der einberufenen Untersuchungskommission schlug im aufgeheizten Klima des Jahres 1919 in den italienischen Medien ein wie eine Bombe: Für alte Neutralisten und Liberale, demokratische Interventionisten und Mitglieder der Vereinigungen der linken Kriegsbefürworter war Cadorna schuld an sämtlichen Fehlern in der italienischen Kriegsführung (beziehungsweise für die Teilnahme am Krieg überhaupt) und Mussolini sprach sich entschieden gegen jeden Versuch aus, den alten Kommandeur zu rehabilitieren[10].

In der Folgezeit mäßigte der Duce seinen Ton, doch Cadorna blieb eine widersprüchliche und unbequeme Figur und man tat gut daran, sich von ihm zu distanzieren. Aus dieser Perspektive lässt sich leichter nachvollziehen, weshalb bei den offiziellen Feierlichkeiten zu Ehren des Marschalls die Gäste ausblieben und wie es zu den rhetorischen Verrenkungen der Trauerredner kam[11]. Hört man die diplomatischen Lobreden von Ciano oder Delcroix, lässt sich schwerlich der Eindruck vermeiden, dass sie die Italiener um Verständnis für den alten General bitten wollten und darum, dass sie – bitte – den anfangs katastrophalen Kriegsverlauf vergessen mögen.

Nachdem man seine sterblichen Überreste in der Gedenkkapelle des Örtchens Pallanza beigesetzt hatte, weit entfernt von Rom und von den großen Gedenkstätten wie Redipuglia und Monte Grappa, den Orten, an denen man die pompösen Rituale der siegreich aus dem Krieg hervorgegangenen Nation beging, entwickelte sich Cadorna in der kollektiven Erinnerung zu einer ausgesprochen zwiespältigen Figur[12]. Offiziell hielten sein Name und sein Abbild überall auf der italienischen Halbinsel Einzug; die Straßen und die „Piazze Cadorna" waren ein wichtiges Puzzleteil der durch Straßenbenennung betriebenen Propaganda, mit der man den Krieg zu einem Gründungselement des neuen Italien zu verklären versuchte[13]. Seine Ernennung zum „Generalissimo" hatte ihn in ein unantastbares Idol verwandelt und sollte, wie Roberto Brusati – ein ehemaliger Untergebener (und eines seiner Opfer) – schrieb, den endgültigen Schlussstrich unter jede mögliche Debatte über ihn, seine Taten und Fehlentscheidungen ziehen[14]. Cadorna wurde zur Ikone, unantastbar und unfehlbar: Sein glänzendes Andenken konnte man für offizielle Zeremonien entstauben, doch das Regime sorgte dafür, dass keiner mehr Anstoß an ihm nehmen durfte. Man kann nicht behaupten, dass sich die Lage seither entschieden verändert hätte: Sich mit der Figur Luigi Cadorna auseinanderzusetzen ist noch immer komplex und schwierig.

Gewiss war der Ruf der Generäle des Ersten Weltkriegs, wie John Keegan geschrieben hat, so schlecht, dass es schwer war, sich von den mehr oder weniger begründeten Verurteilungen, die gegen sie vorgebracht wurden, zu distanzieren[15]. Allerdings hat die europäische Geschichtsschreibung im Lauf der Jahrzehnte eine erstaunliche Fähigkeit an den Tag gelegt, eingefahrene Sichtweisen neu zu interpretieren, zu verbessern, oder gar – falls nötig – die Einschätzung der Heerführer zwischen 1914 und 1918 ganz neu zu betrachten. Nach der Phase der allgemeinen Verherrlichung, die bereits in den Zwanzigerjahren wieder vorüber war, beurteilten die Geschichtswissenschaftler all die Titanen wie French, Haig, Joffre, Pétain, Conrad, Falkenhayn und Hindenburg neu, die das Schicksal von Millionen Männern in den Armeen bestimmt hatten. Viele Akademiker wurden kritischer und waren nicht bereit, die Verfehlungen, die Marotten und die teils regelrechten Verbrechen der Heerführer totzuschweigen, die Zensur, Propaganda oder schlicht Vaterlandsglaube lange Zeit gedeckt hatten[16]. So entstand eine Vielzahl methodisch ausgefeilter Einzelstudien, die die Generäle des Ersten Weltkriegs nicht der enthusiastischen Verehrung durch dilettantische Biografen (oft Offiziere im Ruhestand) überließen, sondern sie einer sehr viel komplexeren, um nicht zu sagen objektiveren Betrachtung unterzogen. Einige der Männer an der Heeresspitze waren direkt verantwortlich für die Krise vom Sommer 1914, aber viel häufiger sahen sie sich dazu bestellt, mit Kriegstechnologien und Formen der Massenmobilisierung umzugehen, auf die sie nicht vorbereitet waren (und die sie nicht mochten): Die „Architekten der Apokalypse" des Ersten Weltkriegs waren kulturell, sozial, ideologisch (um nicht zu sagen pathologisch) das Produkt der Ausbildungs- und Auswahlsysteme der herrschenden Eliten ihrer Zeit. Unter diesem Aspekt untersucht und stellt man sie heute dar[17].

Nicht so in Italien. Ein Jahrhundert nach seinem Aufstieg an die Macht und genau hundert Jahre, nachdem er in Ungnade gefallen war, bleibt Luigi Cadorna eine ungewöhnlich schwer zu fassende Figur, in einem stetigen Spannungsfeld zwischen Idealisierung und Dämonisierung, stets in aller Munde, aber kaum wirklich erforscht. Und er schafft es weiterhin, die Lager zu spalten. Fakt ist, dass Cadorna keine Ausnahme war, sondern ein typisches Produkt seiner Generation, seiner Erziehung in einer Familie mit einer traditionellen beruflichen Orientierung: ein Berufssoldat aus einer Familie von Berufssoldaten, aufgewachsen und geformt im eher engen, doch ehrgeizigen Umfeld – kulturell wenig anspruchsvoll und ideologisch extrem konservativ – der Offizierskreise der italienischen Krone in den Händen des Hauses Savoyen zu einer Zeit, in der der Prozess der italienischen Nationalstaatsbildung seinen Höhepunkt überschritten hatte. Cadorna stammte nicht aus berühmtem Hause, allerdings war sein Nachname nicht leicht zu tragen: Sein Vater Raffaele war im Jahr 1870 der Befreier Roms gewesen, einer der wenigen Generäle aus dem Piemont, die eine Schlacht (in diesem Fall eher eine Posse) während des Unabhängigkeitskriegs gewonnen hatten. Dem Narrativ vom siegreichen Vater (inmitten der chronischen Verlierer) blieb Luigi Cadorna geradezu wie besessen verhaftet: In fortgeschrittenem Alter verfasste er eine Biografie, die jeden herausfordert, der sich für Psychoanalyse interessiert, denn der Verlierer von Caporetto konfrontiert sich auf so gut wie jeder Seite mit den Ruhmestaten des Siegers von Rom (und versucht sich zu rechtfertigen).[18] Dennoch haben sich auch unter seinen Befürwortern nur wenige gefragt, wie weit die Vaterfigur seine Entscheidungen und Überzeugungen beeinflusst hat, etwa seinen Hang zur Kontrolle, den Glauben an sein unfehlbares Urteil, den Absolutismus seiner Führung.

Wie alle uniformierten Abkömmlinge aus den gehobenen Schichten des Piemont war er ein treu ergebener Monarchist (und, eher ungewöhnlich, ein frommer Katholik). Ein Teil seiner düsteren Legende unterstellte ihm irgendwann Sympathien für die Diktatur. In Wirklichkeit hielt Cadorna, wie mehr oder weniger alle Angehörigen des italienischen Militärs in der zweiten Hälfte des 19. Jahrhunderts, die parlamentarische Politik für ein Verhängnis, den Sozialismus für eine Gefahr für die Stabilität des Staates und die progressiven Parteien für Brutstätten pazifistischer Unruhestifter. Doch sein Respekt für das *Albertinische Statut*, die Verfassung des Königreichs, und die Grundrechte blieb unangefochten. Auch als er, bereits im hohen Alter, die Ent-stehung des Faschismus begrüßte, tat er das mit dem politisch unbedarften Blick dessen, der ihn für eine notwenige Phase hielt, um Recht und Ordnung wiederher-zustellen. Er sah das Problem nicht in der Bildung eines autoritären Regimes, sondern in der Notwendigkeit, die Italiener zu disziplinieren. Wie viele andere Mitglieder des Militärs seiner Zeit (ebenso wie Politiker und Intellektuelle) bedrückten ihn die Mit-telmäßigkeit der Risorgimento-Erfahrung, die moralische Last der vielen Niederlagen, die die italienischen Streitkräfte hatten einstecken müssen (wobei ihn die Schlacht bei Custozza von 1866 gegen die Österreicher besonders quälte), sowie das geringe An-sehen des italienischen Heers sowohl im In- als auch im Ausland. Er war überzeugt, dass Italien Anspruch auf Größe erheben konnte, aber nicht mit einer Bevölkerung, die er ein „rebellisches Volk" nannte und deren Gesinnung vom Antimilitarismus geprägt war[19]. Der Krieg war eine gute Gelegenheit, die Italiener neu zu formen, nur durfte sich die Regierung in Rom nicht einmischen (die er ebenso sehr verachtete wie die undisziplinierten Horden, die die Mehrheit seiner Truppen ausmachten). Jeder Berufssoldat in Europa war fest davon überzeugt, dass sich Zivilisten nicht mit mili-tärischen Angelegenheiten befassen sollten, da sie nur Unheil anrichteten, und Cadorna verkörperte diese Überzeugung in Vollkommenheit: Wie ein Vizekönig herrschte er von seinem Hof in Udine aus über das Kriegsgebiet.

Letzten Endes vernachlässigen die meisten, die sich mit den Generälen des Ersten Weltkriegs befassen, die Tatsache, dass Berufssoldaten zu Beginn des 20. Jahrhun-derts in Europa keine innerhalb ihrer nationalen Grenzen isolierten Gemeinschaften waren. Zumindest nicht die Elite der Heerführer – hierbei handelte es sich um kulti-vierte, angesehene Staatsaristokraten, die eine kleine, aber sehr einflussreiche „In-ternationale" der Militärmacht bildeten. Es entstanden enge Beziehungen (sehr viel engere als zu den jeweiligen Zivilregierungen), Freundschaften, manchmal sogar Ehebündnisse und mit erstaunlicher Freizügigkeit kursierten hier Ideen und Infor-mationen (ausgenommen natürlich die strategischen Pläne, die man selbst vor den Verbündeten geheim hielt)[20]. Cadorna, der aus Kreisen des Savoyer Militäradels stammte, war alles andere als kulturell nationalistisch eingestellt; er sah sich ganz als Teil dieser angesehenen Gemeinschaft in Uniform. Er nahm ihre Anregungen und Vorschläge auf, wobei ihm seine herausragende Sprachbegabung und sein ausge-zeichnetes Gedächtnis halfen. Auch deshalb hielt er sich für einen scharfsinnigen Kriegstheoretiker (eine Qualität, die damals als wichtige Voraussetzung galt, um im Militär Karriere zu machen). Cadorna und seine Überzeugungen in das transnationale

Umfeld derer, die aus dem Krieg ihren Beruf gemacht hatten, einzufügen und dabei die allgemeine Militärkultur seiner Epoche zu berücksichtigen, die er mit seinen französischen, britischen, österreichisch-ungarischen und deutschen Kollegen teilte (für die italienischen Offiziere am Übergang vom 19. zum 20. Jahrhundert geschätzte und unangefochtene Meister) unter Berücksichtigung der geteilten Obsessionen und Entscheidungen der europäischen Kriegsherren in den Jahren 1914 bis 1918, ist Ziel dieser Arbeit.

Padua, 1. Dezember 2019

M. M.

Dieses Buch ist das Ergebnis einer langen Untersuchung über den Ersten Weltkrieg, bei der ich mannigfaltige Unterstützung erfahren habe.

In erster Linie gilt mein Dank Paolo Pombeni, von 2011 bis 2016 mein Direktor am Italienisch-Deutschen Historischen Institut der Fondazione Bruno Kessler in Trient. Ihm verdanke ich nicht nur die Idee zum ersten Band der Trilogie zu den Jahren 1914– 1918 (*La guerra italiana*), sondern auch die Möglichkeit, die erste italienische Forschungsgruppe zum Ersten Weltkrieg ins Leben zu rufen und zu leiten. Christoph Cornelißen, der aktuelle Direktor des Instituts, hat sich an vielen Projekten zum Thema Krieg und Nachkriegszeit beteiligt und die Übersetzung von *Il Capo* ins Deutsche großzügig unterstützt. Fernanda Alfieri, Marco Bellabarba, Giovanni Bernardini, Maurizio Cau, Gabriele D'Ottavio, Claudio Ferlan und Massimo Rospocher haben mich während der Jahre der gemeinsamen Forschungsarbeit in Trient begleitet. Francesco Frizzera und Anna Grillini waren Teil der Gruppe „1914–1918. Trentino, Italia, Europa" (2013–2016) und waren maßgeblich und großzügig an der Umsetzung dieses Buches beteiligt.

An der Universität Padua, an der ich seit Jahren lehre, bin ich vielen Freunden und Kollegen für ihre Unterstützung äußerst dankbar; namentlich möchte ich zumindest die folgenden erwähnen: Gigi Fontana, Carlo Fumian, Filiberto Agostini, Aldino Bondesan, Filippo Focardi und Alessandro Santagata.

Zu besonderem Dank verpflichtet bin ich Oberst Filippo Cappellano vom Ufficio Storico Stato Maggiore Esercito sowie Dr. Alessandro Gionfrida für die Möglichkeit, ausgiebig das hervorragende Archiv der Untersuchungskommission zu Caporetto konsultieren zu dürfen, dessen Material zum größten Teil die Grundlage dieser Forschungsarbeit bildet. Auch möchte ich Camillo Zadra, dem damaligen Direktor des Museo della Guerra in Rovereto, und Nicola Fontana für ihre Großzügigkeit danken, mit der sie meine Arbeit unterstützt haben, und den Mitarbeiterinnen und Mitarbeitern der Bibliothek der Fondazione sowie des Archivio Centrale dello Stato.

Wie immer entspringen meine Bücher den Ratschlägen, der Hilfe und den Überlegungen vieler Freunde und Kollegen in und außerhalb von Italien. Anna Baldini, Alberto Banti, Richard Bessel, Roberto Bianchi, Isabelle Davion, Emmanuel Debruyne, Victor Demiaux, Carlotta Ferrara degli Uberti, Peter Gatrell, John Horne, Oliver Janz, Alan Kramer, Michael Neiberg, Marco Rovinello, Guri Schwarz, Leonard Smith,

Rok Stergar, Petra Svoljisak, Alessandra Tarquini, Oswald Überegger, Dorothee Wierling und Laurence van Ypersele haben mit mir in diesen Jahren über verschiedene Teile der Untersuchung und zu vielen Interpretationsansätzen im Rahmen von Seminaren und Tagungen diskutiert. Mit Etienne Boisserie und Catherine Horel, die mich in das Projekt *The Austrian-Italian Front* involviert haben, habe ich mich an vielen schönen Abenden zwischen Paris und Padua ausführlich über meine Forschungen unterhalten. Mit Anna Villari und Nicola Maranesi arbeite ich seit einigen Jahren in der *Gruppo sacrari*, der zuständigen Behörde für Jubiläen von nationalem Interesse beim Ministerratspräsidium, aber vor allem verbindet uns eine wunderbare Freundschaft.

Ein besonderer Gedanke gilt Anna. Mit ihr lebe ich „das geheimnisvolle Geschenk des täglichen Sonnenaufgangs" und das Versprechen der Zukunft.

Wir erinnern hiermit an Bettina Dürr, die unerwartet verstorben ist, kurz nachdem sie die Arbeiten an der Übersetzung des vorliegenden Bandes abgeschlossen hatte.

Erster Teil: **Der Aufstieg**

I Die Macht des Schicksals

Ein wunderbares Schicksal verbindet den Vater mit dem Sohn und erhebt beide auf denselben vaterländischen Sockel.
(N. Salvaneschi, *Luigi Cadorna*, 1915)

Im Hinblick auf unseren Traditionsberuf lobe ich deine Absichten, vor allem weil das familiäre Beispiel nicht gerade optimistisch stimmt, angesichts der Tatsache, dass der Großvater und ich unter Fußtritten davongejagt wurden.
(L. Cadorna an den Sohn, *Lettere famigliari*, Oktober 1923)

„Nachkomme eines illustren Geschlechts"

War es unumgänglich, dass Luigi Cadorna 1914 die Leitung der italienischen Armee übernahm?

Über hundert Jahre lang sagte jeder, der sich mit dem Werdegang des General-stabschefs des Ersten Weltkriegs befasste, Cadornas Aufstieg an die Spitze der militärischen Hierarchie sei vielleicht nicht selbstverständlich, aber doch sehr wahr-scheinlich gewesen. Als Abkömmling einer Dynastie professioneller Waffenträger, die seit dem 18. Jahrhundert im Dienst des Hauses Savoyen standen, trug er bereits als Kind Uniform (mit fünfzehn Jahren war er der Militärakademie in Turin beigetreten) und war unter vielen Gesichtspunkten mit einer außerordentlichen Karriere gesegnet (mit 48 Jahren General, in einer Zeit, in der es die meisten seiner gleichaltrigen Kameraden gerade zum Hauptmann gebracht hatten). So schien Cadorna, als der europäische Konflikt ausbrach, alle Eigenschaften einer Führernatur in sich zu vereinen: der geniale Erbe eines Geschlechts von Edelleuten und Kriegern, um eine gängige Formel seiner Apologeten zu verwenden[1].

Natürlich fehlte seinem herausragenden *cursus honorum* echte Befehlserfahrung auf dem Schlachtfeld, doch darüber konnte man wohl bei einem Offizier hinwegse-hen, der in der langen Friedenszeit nach dem Deutsch-Französischen Krieg heran-gereift war. Kaum ein europäischer General seiner Generation konnte mit einem besseren Curriculum aufwarten; es sei denn, seine Dienstzeit reichte viel weiter zurück oder er hatte einen Auftrag in Übersee ausgeführt. Helmuth von Moltke, der un-glückselige deutsche Chef des Großen Generalstabs, der den Rekord für die kürzeste Amtszeit als Heereskommandeur im Ersten Weltkrieg verbuchte (nach nur sechs Wochen Kampfhandlung setzte man ihn als Sündenbock für das Scheitern des Schlieffen-Plans ab), hatte 1870 zuletzt ein Schlachtfeld aus der Nähe gesehen, als junger Leutnant des Grenadier-Regiments Nr. 7[2]. Joseph Joffre, der 1911 an die Spitze des französischen Heeres gerufen wurde, und Sir John French, zwischen 1914 und 1915 Oberbefehlshaber des British Expeditionary Force in Frankreich, besaßen zweifellos eine weniger theoretische Vorstellung vom Kampfgeschehen: Beide hatten lange in Afrika bei der Vergrößerung der Kolonialreiche ihrer jeweiligen Nation geholfen.

https://doi.org/10.1515/9783110693478-002

Dennoch kritisierten viele seiner Untergebenen Joffre wegen seiner mangelnden Kampferfahrung scharf (als Pionier hatte Joffre nie größere Mengen von Soldaten in Kampfhandlungen angeführt und die „Krieger"-Offiziere der Infanterie, der Kavallerie und der Artillerie beäugten ihn mit unverhohlener Verachtung)[3]. Auf der anderen Seite beschränkte sich die kämpferische Kompetenz von French, der während des Zweiten Burenkriegs in Großbritannien als Held gefeiert worden war, in erster Linie auf die Führung einiger Tausende Mann mit Kavallerie-Ausrüstung, wie sie für die Kampfeinsätze in den kolonialen Eroberungen typisch waren; eine Kompetenz, die sich angesichts der Tötungsmaschinerie des Ersten Weltkriegs allerdings als wenig nützlich, sondern eher auf tragische Weise als schädlich erwies[4]. Für Franz Conrad von Hötzendorf, österreichisch-ungarischer Generalstabschef zu Beginn des Konflikts, war der einzige Kontakt mit einem Feuergefecht – nimmt man den militärischen Ausflug von 1878 zur Besetzung Bosniens aus – das Niederschlagen eines Streiks in Triest im Jahr 1902 gewesen, als die Soldaten unter seinem Kommando vierzehn Demonstranten erschossen[5].

Im Sommer 1914 waren sämtliche Kommandospitzen mit hoch qualifizierten Planungsexperten besetzt, die man mit großer Sorgfalt an den Kriegsschulen (den höheren Militärakademien) ausgesucht hatte; sie hatten makellose Handbücher zu Taktik und Logistik verfasst, doch das konkrete Antlitz des modernen Kampfgeschehens hatten die meisten von ihnen nicht selbst kennengelernt: eine Elite von Theoretikern (die meisten bereits in fortgeschrittenem Alter), die mit wirklichkeitsfernem Optimismus auf zukünftige Schlachtszenarien blickten, die sie anhand von mathematischen Gleichungen und Tabellen akribisch vorbereiteten[6]. Zwischen dieser Elite von Kriegstheoretikern und der Masse der unteren Offiziere, denen die Aufgabe zufiel, die Soldaten zu trainieren und anzuleiten, tat sich ein Abgrund von Differenzen auf, was Renommee und Karriere ebenso wie den kulturellen Hintergrund betraf (und oft auch die soziale Herkunft). Erstere waren Privilegierte, eine kleine, vom Schicksal begünstigte Kaste (zu Beginn des 20. Jahrhunderts gelangten nur 150 Offiziere alljährlich an die Königlich Preußische Kriegsakademie in Berlin und davon schloss nur ein Drittel das Studium mit Erfolg ab), die danach strebte, in der komfortablen Abgeschiedenheit ihrer Büros Krieg zu spielen, umgeben von den urbanen Bequemlichkeiten der Hauptstädte, in denen sie ihren Dienst tat. Der einfache, aber mutige Truppenoffizier hingegen, der sich mit einer bescheidenen Karriere zufriedengab, hauste in abgelegenen, spartanischen Kasernen und versuchte im Fall einer Schlacht, bei der Umsetzung der oft schwer nachvollziehbaren Befehle, die in den *sancta sanctorum* der Obersten Heereskommandos ausgeheckt wurden, zu überleben[7].

Im *Radetzkymarsch* von Joseph Roth verkündet der junge Leutnant von Trotta, aus adliger Familie und von den Behörden bevorzugt behandelt, überraschend, er wolle sich an die Kriegsschule schicken lassen, was den Neid seiner Kameraden hervorruft, die fernab in einer kleinen Provinzgarnison untergebracht sind. „Er würde bestimmt die Prüfungen machen und sogar außertourlich General werden, in einem Alter, in dem ihresgleichen gerade Hauptmann wurde"[8]. Natürlich rührte der Abstand zwischen Kriegstheorie und ihrer konkreten Umsetzung im Schlachtgeschehen zum Teil auch daher, dass die Revolution in Sachen Kriegsführung im 19. Jahrhundert ganz neue Anforderungen hervorgebracht hatte. Das äußerte sich in der geometrischen Ausdehnung der neuen Massenheere, in der rasanten technologischen Entwicklung von Transport und Waffen und der daraus resultierenden Notwendigkeit, Personal auszubilden, das in der Lage war, die gleichzeitige Bewegung, Versorgung und Beschäftigung von Millionen von Kämpfern zu kontrollieren[9]. Die Zeugenberichte der Überlebenden des Ersten Weltkriegs sind voller Worte der Verachtung (oft gemischt mit Neid) für die geschniegelten höheren Offiziere, die aus der Sicherheit ihrer Kommandozentralen Dutzende Kilometer von der Front entfernt Tausende von Männern mit einer einzigen Geste in den Tod schickten. Doch diese Entwicklung der militärischen Leadership, so unverständlich sie den an der Somme oder am Isonzo getöteten Soldaten schien, war unausweichlich (und nicht mehr rückgängig zu machen). Die alten Soldaten beklagten, ein zu großes Fachwissen zerstöre den traditionellen Marschgeist, der Tugenden wie Mut und Ritterehre fördere („la science a tué l'esprit militaire" sagte man in Frankreich). Dabei wussten die europäischen Generäle des frühen 20. Jahrhunderts nur zu gut, dass sie es sich nicht mehr erlauben konnten, den heldenhaften Stil von Wellington und Garibaldi nachzuahmen, die mit ihrem Vorbild ihren Männern vorangegangen waren: Der industrialisierte Krieg hatte die Natur ihrer Arbeit für immer verändert und sie zu (hoch spezialisierten und unersetzlichen) Verwaltern von immensen und komplexen Ressourcen gemacht, die – um eine Schlacht zu organisieren und zu gewinnen – erforderlich geworden waren[10].

Das erklärt zumindest zum Teil den Graben, der die Glücklichen, die den kleinen Generalstäben angehörten, von der Masse der Offiziere trennte. Was völlig fehlte, war das Interesse an der Erfahrung der kampferprobten Soldaten beziehungsweise am Kontakt zu den Truppen. Einige Oberbefehlshaber besuchten nie einen Truppenstützpunkt, lebten über Jahrzehnte in keiner Kaserne, im Grunde hatten sie keinerlei Vorstellung von den Männern, die ihre Befehle ausführen sollten. Ferdinand Foch, der 1918 Oberbefehlshaber der Armeen der Alliierten an der Westfront werden sollte, hatte mehr Zeit an der *Ecole Supérieure de Guerre* verbracht als damit, irgendeine Einheit zu befehligen. Dieses Problem hilft, einige Aspekte der europäischen Militärkultur der Belle Époque zu verstehen, die auf den ersten Blick merkwürdig erscheinen[11].

Der erste Aspekt, der aus heutiger Sicht besonders rätselhaft anmutet, ist die abstrakte Herangehensweise (Charles de Gaulle, ein hervorragender Beobachter, beschrieb sie in seinen Memoiren als „metaphysisch") der Generäle zu Beginn des Ersten Weltkriegs an die schockierende Kluft zwischen der Realität des Schlachtfelds und der hoch kultivierten Doktrin, der sich viele von ihnen an den Kriegsschulen von Berlin, Paris und Turin unterzogen hatten[12]. Ein weiterer Aspekt sind die ausgesprochen bürokratischen Auswahlkriterien für die obersten Dienstgrade bei den Streitkräften. Im Europa des frühen 20. Jahrhunderts, im Klima des Wettrüstens und der Ahnung vom bevorstehenden Kriegsausbruch, der das Gleichgewicht in der Welt neu austarieren sollte, wählte man die Kommandeure der zukünftigen Massenheere nach der Anzahl ihrer Dienstjahre, ihren Verwaltungsqualitäten, ihrem politischen Instinkt und ihrem guten Planungskalkül[13].

Es überrascht daher nicht, dass bei Ausbruch der Krise von Sarajevo Luigi Cadorna als der wahrscheinlichste Kandidat für die Heeresspitze gehandelt wurde, und das schon seit Jahren – obwohl er über keinerlei Kampferfahrung auf dem Schlachtfeld verfügte und obwohl Generäle zur Auswahl standen, die sich auf den afrikanischen Schlachtfeldern bereits bewährt hatten (Anfang 1914 hatten zwei von vier Armeekommandeuren und sechs von zwölf Generälen der Streitkräfte, immerhin die Hälfte der höchsten Offiziere Italiens, in Kolonialkriegen gekämpft)[14]. Seit 1905 Generalleutnant, Armeekommandeur (der höchste Rang für einen Offizier des Königlichen Heeres in Friedenszeiten), war Cadornas Name auch außerhalb der Offizierskreise wohlbekannt, auch weil er in den ersten Jahren des 20. Jahrhunderts immer wieder als Nachfolger von Tancredi Saletta im Gespräch war, dem alten, kränkelnden Generalstabschef. Als man ihm im Frühjahr 1908 Alberto Pollio vorzog, ranggleich aber jünger, gab sicherlich nicht die größere Kampferfahrung den Ausschlag[15].

Pollio war eher als angesehener Historiker und für sein bestechendes Auftreten in den Salons bekannt und galt nicht gerade als Prototyp des Kriegers. Den größten Teil seiner Karriere hatte er in den Büros der hohen Kommandostellen und in diplomatischer Mission verbracht (als militärischer Gesandter in Wien hatte er den Habsburger Hof mit seinem Charme beeindruckt, Freundschaft mit Conrad von Hötzendorf geschlossen und eine junge österreichische Aristokratin geheiratet), und seine Besuche in Kasernen und bei den Soldaten beschränkten sich auf kurze Kommandoperioden, hauptsächlich verbracht im Komfort von Neapel[16]. Wie Cadorna verkörperte auch er perfekt das kanonische Modell des Generalstabsoffiziers, der eine Karriere im italienischen Heer des liberalen Zeitalters anstrebte: ein „Theoretiker, gebildet, [...] ein geschickter Truppenverschieber", eher belesen und politisch denkend als kampferprobt oder in der Lage, Massen von Männern mitzuziehen, um die spitzen (aber passenden) Worte von Arturo Olivieri Sangiacomo zu verwenden, der den größten Teil seines (kurzen) Lebens im Generalstab verbracht hatte[17]. Doch anders als viele seiner Kollegen zeichnete sich Pollio tatsächlich durch sein diplomatisches Geschick und seine Anpassungsfähigkeit aus: eine sehr nützliche Gabe, wenn man bedenkt, dass das höchste Amt im Heer darauf basierte, gleichzeitig in Regierungskreisen sowie am Königshof genehm zu sein – in Jahren, in denen sich zwischen den zivilen und den militärischen Kräften mehr als nur eine gewisse Spannung aufgebaut hatte, vor allem in der heiklen Frage, bei wem im Falle eines Kriegsausbruchs die tatsächliche Kontrollmacht lag[18]. Im Gegensatz dazu war Cadorna für seine entschiedenen Ansichten zum Verhältnis zwischen militärischer und politischer Macht bekannt, wie überhaupt für einen stark auf Führungspersönlichkeit ausgerichteten, zentralistischen Kommandostil. Nicht umsonst hatte sich der einflussreiche zukünftige General Antonino Di Giorgio (zu jener Zeit Parlamentsabgeordneter), der Cadorna sehr schätzte, über ihn in einem Schreiben von Anfang 1907 folgendermaßen geäußert: „ein Mann von Charakter, [der] im Krieg keine Art von Einmischung tolerieren wird"[19]. Sein enormer Widerwille gegen jede Einmischung in militärische Fragen durch Zivilsten war so bekannt, dass sein alter Freund Ugo Brusati (Erster Adjutant des Königs und unter den Mittelsmännern, die für die Auswahl des Generalstabschefs verantwortlich waren) ihn darum bat, seine Ansichten über die etwaigen Machtbefugnisse und Zuständigkeiten des neuen Oberbefehlshabers der Streitkräfte unmissverständlich zum Ausdruck zu bringen. Er trug seine Bitte in freundschaftlichem Ton vor, aber es war klar, dass Brusati eine akzeptable Antwort erwartete, mit der er die Cadorna-kritischen Stimmen zum Schweigen bringen konnte[20]. Die Antwort entsprach nicht ganz den Erwartungen. Trotz des ergebenen Respekts vor den verfassungsrechtlichen Voraussetzungen, die dem Monarchen formal zustanden (im *Albertinischen Statut* das Oberhaupt der Streitkräfte), beharrte Cadorna auf dem Prinzip, nach dem der oberste Befehlshaber der Truppen grundsätzlich ungehindert von jeglicher Kontrolle durch die Regierung, die beratenden Kommissionen und auch des Königshauses führen können sollte: „damit nur ein Einziger Befehle erteile, der Verantwortliche"[21]. Dabei handelte es sich um eine Selbstverständlichkeit für jedes aufsteigende Mitglied der italienischen Armee jener Zeit (dass das Heer ein vor den Turbulenzen des parlamentarischen Lebens und der Einmischung der „Bürgerlichen" gut getrennt zu haltender Körper sei, war eine der wenigen Gemeinsamkeiten in der Berufsauffassung der Offiziere), aber sie kam hier so heftig zum Ausdruck, dass es sogar Vittorio Emanuele III. in Alarm versetzte. Er selbst war wenig geneigt, im Fall eines Krieges eine herausragende Rolle anzunehmen, aber das Bild des Savoyers als Soldaten-König gefiel ihm ausgesprochen gut[22]. Wenige Wochen nach diesem Schreiben ernannte man Alberto Pollio zum Generalstabschef der Truppen[23].

Trotz dieses Rückschlags, ein letzter nach einer ganzen Serie von verwehrten Beförderungen (darunter das Amt des Generalinspektors der Gebirgstruppen im Jahr 1898 und das des Direktors der Kriegsschule in Turin im Jahr 1900), erlitt Cadorna keinen Karriereknick. Auch wenn er selbst in all diesen Misserfolgen den Beweis eines enormen Komplotts zu seinem Schaden sah – von progressiven Parlamentariern oder bedrohlichen dunklen Mächten, die in den öffentlichen Institutionen nisteten (die Gewissheit, die Freimaurer verfolgten ihn, ließ ihn zeitlebens nie los) –, trübte das nie sein Ansehen und sein Name blieb weiterhin für die Besetzung der höchsten Posten im italienischen Militär im Gespräch[24]. Zwar hatte sich der mächtige Giovanni Giolitti, der in den zehn Jahren vor Sarajevo nahezu ununterbrochen an der Spitze der italienischen Regierung gestanden hatte, persönlich gegen seine Ernennung ausgesprochen („ich sagte zum König – Pollio kenne ich nicht, aber ich ziehe ihn Cadorna vor, den kenne ich", wie er Jahre später dem Journalisten und Freund Olindo Malagodi anvertraute), doch Cadorna genoss nach wie vor hohes Ansehen bei der altehrwürdigen Militärgarde, wie dem betagten, aber noch sehr geschätzten Antonio Baldissera, dem einzigen General, dessen Name die Kriege in Abessinien unbeschadet überlebt hatte[25]. In den Jahren nach seinem Aufstieg an die Macht sollten zahlreiche Förderer und Apologeten Cadornas die Erzählung von seiner „Vorbestimmung" für das Oberkommando bestärken und vorantreiben: „Der Krieg gegen Österreich war seiner, aus Blutrecht, als Glaubensangelegenheit, als Erbanspruch" und es war „das Schicksal, [das gewollt hatte], dass für den Krieg gegen die Habsburger [...] der Sohn des Befreiers von Rom" gewählt würde, „der Anführer, der beharrliche Verfechter des Vorhabens, mit dem die Erlösung der Völkerschaften unseres edlen Stammes vollendet wird"[26].

Heute fällt es leicht, diese fast mystische Verehrung als schlichte Verblendung ab-
zutun, doch diese hohen Erwartungen an den Namen Cadorna spiegelten einen tatsächlich weitverbreiteten Gemütszustand wider. Der „Corriere della Sera", die wichtigste Zeitung des Landes und Sprachrohr des gehobenen Bürgertums, verwendete
ähnliche Ausdrücke („der sehr hohe Amtsgrad", „die unangefochtene Autorität", „das
Prestige des Namens", „die Charakterfestigkeit und die umfassende Vorbereitung"),
um einige Jahre später die Ernennung des zukünftigen *generalissimo* auf den Rang zu
begrüßen, der ihm eher erbrechtlich, denn aus persönlichem Verdienst zuzustehen
schien[27]. Es handelte sich nicht nur um eine generelle behördliche Achtung, sondern
um einen Tribut an die offensichtlich allgemeine Überzeugung, es handle sich um eine
„lang erwartete" Entscheidung, um die Ehrung des „Nachkommen eines illustren
Geschlechts" (um „L'illustrazione Italiana" zu zitieren, eine der am weitesten verbreiteten Zeitschriften in Italien) zu krönen, aufgerufen das Werk seiner Vorfahren zu
vollenden[28].

Dieses kollektive Warten auf einen prädestinierten Erben machte den Fall Italien
so besonders. Im Europa der modernen Militärsysteme sollte die Ernennung eines
militärischen Führers nur in den seltensten Fällen den Merkmalen dessen folgen, was
Pierre Bourdieu die „Ideologie der Geburt"[29] genannt hatte. Gewiss genoss der Adel zu
Beginn des 20. Jahrhunderts noch immer Ansehen in den Heeren, doch die Zeiten, in
denen er die oberen Führungspositionen dominiert hatte, waren vorbei. In Deutschland war der militärische Berufsstand nach wie vor ein traditionelles Anliegen der
Junker, des alten Landadels feudalen Ursprungs, doch in den Heeren der Doppelmonarchie Österreich-Ungarn war die alte Aristokratie nur noch sehr spärlich vertreten. Auch füllten die militärischen Jahrbücher längst Generäle und Offiziere, die
keine Adelstitel führten oder die den Titel des Barons nur als Belohnung für ihren
langjährigen Dienst im Militär verliehen bekommen hatten[30]. Die wenigen Heere, wie
beispielsweise das russische, in dem das Blut noch einen entscheidenden Faktor für
die Karriere spielte, galten gemeinhin (und zu Recht) als rückständig[31]. Obschon man
weiterhin auf traditionelle Rituale (wie das Duell) und bestimmte höfische Ehrenko-
dexe als Unterscheidungsmerkmal einer höheren Ethik bestand, und so sehr sich auch
die jungen Kadetten ernsthaft als die Erben antiker Ritter fühlten, zählten Heraldik
oder höfische Konventionen in den westlichen Generalstäben zu Beginn der Ära der
Maschinen und der industriellen Konflikte kaum noch[32].

Unter den von den Heeren auserwählten Befehlshabern, die im Sommer 1914
gegeneinander antraten, waren nur wenige sogenannte „Erben", und auch diejenigen
aus aristokratischen Familien bildeten nur eine Minderheit. Auch wenn einige fana-
tische Anhänger in der Folgezeit versuchen sollten, seine Herkunft auf die Westgoten
zurückzuführen, stammte Joseph Joffre aus einer wohlhabenden Familie katalani-
scher Winzer[33]. Sir John French, Sohn eines Offiziers der Royal Navy, hatte sich auf
dem Schlachtfeld den Freiherrentitel verdient (und später den Titel „Earl of Ypres").
Douglas Haig, der nach ihm das British Expeditionary Force in Frankreich befehligte,
stammte aus einer Familie, die mit Whisky-Brennereien reich geworden war, und
William Robertson, der einzige königliche Oberbefehlshaber, der seine militärische

Laufbahn als einfacher Soldat begonnen hatte, war Sohn eines Postboten[34]. Allein im deutschen Heer stammten die hohen Offiziere nur sehr selten aus einfachen Familien (und waren auch nur sehr selten nicht-preußischer Herkunft). Der fulminante Aufstieg von Erich Ludendorff, Sohn wohlhabender Landbesitzer ohne Adelstitel, bis zum Ersten General-Quartiermeister im Jahr 1916 (praktisch Oberhaupt der deutschen Streitkräfte gemeinsam mit Paul von Hindenburg) war ein vom Krieg bedingter Ausnahmefall, der persönliches Verdienst über traditionelle Privilegien stellte und außerordentlich zur sozialen Mobilität beitrug. Gegen Ende 1918 sollte Ludendorff von Wilhelm Groener abgelöst werden, dessen Vater ein einfacher Heeresbeamter war[35]. Besonders aufschlussreich für das konservative Sozialverhalten, das die deutschen Heereskreise auszeichnete, ist auf jeden Fall im Jahr 1906 die Ernennung von Helmuth Graf von Moltke zum Chef des Großen Generalstabs, eine Amtserhebung, die im Wesentlichen seiner persönlichen Beziehung zum Kaiser zu verdanken ist – außerdem war er der Enkel von Moltke dem Älteren, dem genialen Strategen der deutschen Einigungskriege. Doch selbst im reaktionären Berlin löste die Ernennung zum höchsten Amt in den Streitkräften des Kaiserreichs aufgrund von Familienprestige erhebliche Kritik aus: „Schlachten werden nicht mit einem berühmten Nachnamen gewonnen", wie einer seiner schärfsten Kritiker die unbequeme Wahrheit ausdrückte, von der Moltke auf dramatische Weise Zeugnis ablegen sollte[36]. Ähnliche Bedenken bewegten die Regierungen und die Kriegsminister jeder westlichen Nation, selbst der besonders rückwärtsgewandten. Das betraf auch Italien, auch wenn auf den ersten Blick das Gegenteil der Fall zu sein schien: Ein Adelstitel reichte nicht aus, um eine Anwartschaft auf das Kommando über ein modernes Heer zu legitimieren.

Cadorna vor Cadorna

Und dennoch erschien es Cadornas Bewunderern mehr als natürlich, dass aus einer Dynastie „von Anführern, Volkstribunen, echten Kapitänen […] ein gebürtig Privilegierter" entstehen konnte, „das vollkommene Exemplar […] natürlicher Auswahl aus […] einem Geschlecht außerordentlicher Männer"[37]. Allerdings finden sich in dieser überspannten Lobeshymne mindestens zwei Fehler: Falsch ist, dass das königliche Heer seine Führungskräfte (in erster Linie) nach Kriterien der Abstammung aussuchte, und falsch ist, die Familie Cadorna sei Teil der großen Adelsgeschlechter des Königreichs gewesen.

Tatsächlich besagt ein weit verbreitetes Klischee, die militärische Führung des italienischen Königreichs sei bis zum Ersten Weltkrieg von einigen Adelsdynastien beherrscht gewesen, in erster Linie aus dem Piemont: „Schon wieder einer von den Generälen aus dem Piemont, die wir seit Custozza über uns ergehen lassen müssen, zynisch, hart, die sich damit brüsten, Dickköpfe zu sein", lässt sich der Offizier Giacomo Illuminati im Roman *L'ombra delle colline* von Giovanni Arpino aus[38]. Unbestreitbar hatte der piemontesische Adel eine Vorliebe für die Militärkarriere entwickelt. Ab dem 16. Jahrhundert hatten die Notwendigkeit, den kleinen Savoyerstaat vor seinen aggressiven Nachbarn zu verteidigen, wie auch, Loyalität gegenüber dem Souverän zu demonstrieren, die Bedingungen für ein einzigartiges Machtsystem auf der Halbinsel geschaffen: Der Dienst in den Streitkräften verschmolz mit dem eigenen Klassenverständnis, was die piemontesischen Aristokraten zu einer regelrechten Kriegerkaste machte[39]. Diese Bestimmung sollte auch die Auflösung der politischen und rechtlichen Feudalordnung durch die Verfassung des *Albertinischen Statuts* überleben. Die Offiziersuniform zumindest einige Lebensjahre lang zu tragen wurde eine Frage der sozialen Distinktion, sowohl für die männlichen Mitglieder der großen Adelsdynastien, die der Krone nahestanden, wie auch für die Angehörigen des einfachen Landadels. In ein gutes Regiment einzutreten konnte für einen jungen Provinzadligen bedeuten, Unterkunft, Speisen, Gefahren und Mühen, aber auch Geselligkeit und soziale Riten mit den Angehörigen der Dynastien in den königlichen Gunsten der Savoyer zu teilen. „Gewiss hätten mir diese Schulterstücke alle Türen geöffnet, auch die der edelsten Aristokratie, die dem neuen Adel verschlossen blieben, denn die Streitkräfte des Piemont waren sozusagen noch feudalistisch und der königliche Hof war unser Zuhause", sollte viele Jahrzehnte später Ercole Ricotti erinnern (der erste Militärhistoriker an der Universität von Turin). Er beschloss, sich 1840 – als er längst ein abgeschlossenes Ingenieurstudium in der Tasche hatte – bei den Genietruppen zu melden, in erster Linie, um Zugang zu besonders exklusiven Kreisen zu erhalten[40]. Die Leutnantsuniform garantierte einen sozialen Aufstieg, den kein Beruf im Zivilbereich ermöglicht hätte. Zum Streben, sich ritterlich und der Krone ergeben zu zeigen, und ganz nach dem traditionellen Vorbild des Edelmanns, Kühnheit zu demonstrieren, gesellte sich mit der Zeit das Bedürfnis, über die Ausbildung an der Königlichen Militärakademie in Turin ein wirklich tüchtiger Soldat zu werden. Die *Accademia Reale di Torino* (ab 1815 *Accademia Militare*) war eine der renommiertesten militärischen Lehreinrichtungen in ganz Europa. Auch der Adel sicherte sich hier die bestmögliche Ausbildung: eine originelle ebenso wie wirkungsvolle Kombination aus Klassenmonopol und Professionalisierung des Krieges[41].

Doch geriet dieses Adelsprimat mit der Umwandlung der *Armata Sarda*, der Sardischen Armee, ins *Esercito Italiano*, Italienische Heer, in die Krise. In den Zwanzigerjahren des 19. Jahrhunderts kamen 90 % der Kadetten an der Königlichen Militärakademie in Turin aus aristokratischen Familien und noch im savoyischen Heer der Schlachten von 1859/60 stammten zwei von drei Generälen aus den alten feudalen Adelsdynastien[42]. Zu Beginn der Siebzigerjahre, während der junge Luigi Cadorna seinen ersten Dienst tat, war die Turiner Akademie die Berufsschule für Kadetten der Artillerie und des Genie-Wesens geworden, der sogenannten *armi dotte* (gelehrten Waffengattungen); diese Ausbildung dauerte länger, war teurer und selektiver, aber auch begehrter, da sie schnellere und bessere Karriereaussichten versprach. Die „bürgerlichen" Schüler waren nun in der Mehrheit und die Generäle adliger Herkunft im neuen nationalen Heer auf knapp die Hälfte geschrumpft. Gegen Ende des Jahrhunderts trug kaum noch einer von fünf Akademiekadetten einen Adelstitel, und der Anteil der adligen Offiziere fiel auf unter 3 % Prozent[43]. Zweifellos genoss die alte savoyische Aristokratie auch in den oberen Heeresrängen des neuen Italien nach wie vor Gewicht und Ansehen, auch wenn sie mittlerweile eine verschwindend geringe Minderheit darstellte (zwischen 1875 und 1914 kann man zwischen 200 und 250 Offiziere aus dem piemontesischen Adel zählen, etwa 2% des gesamten Offizierskorps im permanenten Dienst). Ihr Ansehen hielt sich aber nach wie vor, da sie noch für einige Jahrzehnte überrepräsentiert war – und weil, ganz dem traditionellen Gebot der adligen Heiratspolitik verhaftet, sämtliche ihrer Mitglieder einem geschlossenen Kreis von Familien entstammten, deren Sprösslinge nach einem über Jahrhunderte fest zementierten, unausgesprochenen Kodex miteinander verkehrten, einander unterstützten, sich miteinander verbündeten und untereinander heirateten[44]. General Luigi Pelloux – der während der Krise am Ende des Jahrhunderts Kriegsminister und ultrakonservativer Regierungschef war – erinnerte sich gut an dieses Familienklima, das die Akademie Ende der Fünfzigerjahre beherrschte, als er dort als junger Kadett gewesen war: Zwanzig oder dreißig Jahre später hatte sich die Herzlichkeit der gehobenen Turiner Gesellschaft kaum verändert, es wurden weiterhin Studenten des eigenen sozialen Umfelds an den Sonntagen in die Palazzi eingeladen, um Ehen zwischen Adelsfamilien zu stiften, die oft bereits miteinander verwandt waren[45]. Doch dieser Zusammenhalt konnte den Gewichtsverlust der Blutsverwandtschaft in der Leadership des italienischen Militärs nicht aufhalten. Im Mai 1915 trugen von den 53 Generälen an der Spitze des Heeres (Kommandeure von Bataillonen, Armeeverbänden, Divisionen) nur 15 einen mehr oder weniger alten Adelstitel. Bedenkt man, dass es im Reich noch etwa 8.000 Adelsfamilien gab, handelte es sich nach wie vor um einen hohen Anteil, doch der Niedergang der Tradition war unaufhaltsam[46].

Die zunehmende Verbürgerlichung der italienischen Offizierskaste von der zweiten Hälfte des 19. Jahrhunderts bis zum Ersten Weltkrieg hat unterschiedliche Gründe, die nicht unbedingt auf eine bewusste Politik der Öffnung der Streitkräfte verweisen (die im Gegenteil eher der konservativste Apparat im Königreich blieben). Vielmehr teilten die Eliten der anderen Regionen in keiner Weise die kriegerische Berufung der savoyischen Aristokratie. Nachdem sie das Gewaltmonopol in den Jahren zwischen Napoleon und der Restauration verloren hatten, hielt das Gros der adligen Familien und des wohlhabenden Bürgertums in der Lombardei und in Venetien den Militärdienst für einen ziemlich mediokren Beruf. Und auch in den Gebieten der ehemaligen Krone der Bourbonen – obschon hier die Tradition der Militärschule Nunziatella in Neapel überlebt hatte – blieb die Option des Militärdienstes als Karriere eher den niederen Schichten vorbehalten beziehungsweise innerhalb des Stands des Berufssoldatentums[47]. Zur Geisteshaltung, die den Zugang zum Offizierskorps prägte, kann man allenfalls sagen, dass das Kriegsministerium während der gesamten liberalen Zeit sehr viel mehr auf Ansehen und ideologische Loyalität der Familienherkunft achtete als auf die individuellen Fähigkeiten der adligen Militäranwärter. Die Rekrutierung eines Offiziers im Italienischen Königreich gestaltete sich über den strengen Klassenfilter der Ausbildungsinstitutionen wie den Militärakademien von Turin und Modena, an denen man die Kadetten der Infanterie und der Kavallerie ausbildete. Formal sah der Eintritt eine Aufnahmeprüfung aus einer Reihe von körperlichen und geistigen Eignungstests ohne jedes schicht- oder erbspezifische

Privileg vor; wohl aber verhinderten in der Praxis die äußerst kleinliche Überprüfung der Verwandten des Kadettenanwärters (die Zulassungsregeln von 1900 sahen vor, dass sich der Kandidat für die moralische Integrität der gesamten Verwandtschaft zu verantworten hatte) sowie die extrem hohen Schulkosten und Ausgaben für die Ausrüstung den Zugang von Anwärtern aus einfacheren Schichten[48].

In Modena zugelassen zu werden war relativ einfach, in Turin war es umso schwerer (dort musste man eine anspruchsvolle Prüfung in Geometrie und in Trigonometrie bestehen), was aber nur ein Teil des Problems war. Zu Beginn des 20. Jahrhunderts war die preiswerteste und volksnahste Lösung die Karriere als Infanterist, die den Kadetten (oder dessen Familie) für zwei Jahre Ausbildung nicht weniger als 2.500 Lire kostete, was fast dem Nettoanfangsgehalt der ersten beiden Jahre als Leutnant gleichkam[49]. Ein Kadett der Kavallerie hatte mindestens die doppelte Summe aufzubringen (ein Pferd und dessen Unterhalt musste er selbst finanzieren), wohingegen zukünftige Kanoniere und Pioniere nicht nur selektivere, sondern auch längere Ausbildungskurse zu besuchen hatten (drei Jahre an der Militärakademie und zwei praktische Schulungsjahre, im Vergleich zu den zweieinhalb Jahren eines Infanteristen)[50]. Viele Kadetten kamen zudem von den „Militärkollegien", die man nach der italienischen Einigung in Rom, Neapel, Mailand, Florenz und Messina eingerichtet hatte und die mit unterschiedlichem Erfolg einige Hundert Schüler zwischen 10 und 17 Jahren ausbildeten, größtenteils Söhne von Berufsoffizieren. Diese vorbereitenden Schulen ermöglichten eine spezifische Annäherung und garantierten (informell) einen gewissen Erfolg bei den Aufnahmeprüfungen in Turin, doch auch sie waren sehr kostspielig. Eugenio De Rossi, der spätere Kommandeur der Scharfschützen (*bersaglieri*), besuchte in den Siebziger- und Achtzigerjahren des 19. Jahrhunderts zunächst die Militärschule Nunziatella und dann die Schule von Modena: Obschon er an einem außerordentlichen Schnellkurs teilgenommen und seine Schulzeit so auf ein Minimum reduziert hatte (er hatte sie noch als Minderjähriger abschließen können), kosteten seine knapp drei Ausbildungsjahre fast 5.000 Lire, mehr oder weniger das Jahresgehalt seines Vaters (eines Oberstleutnants der Infanterie), eine Ausgabe, die nur mit Rückgriff auf das Vermögen der wohlhabenden Bürgerfamilie möglich war[51]. De Rossi sollte einer der brillantesten Offiziere seiner Generation werden, ein Vorreiter in Sachen militärischer Geheimdienst und ein kultivierter und humorvoller Memoirenschreiber. Seine Erinnerungen an das mittelmäßige Ausbildungsniveau scheinen durchaus glaubwürdig, ebenso an die schlecht ausgebildeten Lehrer und die wenig erfolgreichen Versuche, die zukünftigen Befehlshaber der Infanterie auf mehr als nur Kasernenroutine vorzubereiten. Es war allgemein bekannt, dass außer in offenkundigen Fällen physischer oder psychischer Untauglichkeit sowie bei Disziplinarvorkommnissen das einzige Kriterium gegen oder für eine Karriere als Infanterie-Offizier war, ob der Kadett das hohe Schulgeld aufbringen konnte[52].

Der Lebenslauf von Luigi Cadorna, der sich 1860 in dem neu gegründeten Militärkollegium in Mailand eingeschrieben hatte und 1865 an der Militärakademie in Turin aufgenommen worden war, unterschied sich grundlegend hinsichtlich des hohen Unterrichtsniveaus in angewandten Wissenschaften, Mathematik und Geometrie (die Akademie war einem dreijährigen Wissenschaftsstudium an einer Universität gleichgestellt), war aber gleichzeitig eine noch höhere finanzielle Belastung. Der Abschluss als Leutnant des zukünftigen Generalstabs kostete letztendlich eine Summe, die heute etwa 60.000 Euro entspricht (und dazu kamen noch die Unterhaltskosten für den einem Gentleman in Uniform angemessenen Lebensstil). Natürlich konnte sein Vater diese Summen aufbringen, denn als kommandierender General des Armee-Korps verdiente er jährlich etwa das Doppelte, doch ein Beamter oder ein Offizier mittleren Grades hätte sich das nicht leisten können. Diese schichtspezifische Auswahl wurde nur teilweise durch Stipendien und Unterstützungen vonseiten des Ministeriums und einer kleinen Anzahl privater Vereinigungen entschärft, die aber mitnichten ausreichten und in erster Linie an Söhne von Militärangehörigen gingen, die sich im öffentlichen Dienst verdient gemacht hatten[53]. Es bestand allerdings die Möglichkeit, als Leutnant zum Offizier aufzusteigen, doch handelte es sich dabei um eine Wahl ohne weitere Aufstiegschancen, da die Anwärter aus diesen sogenannten „einfachen Kräften" den Grad des Hauptmanns nicht überschritten[54].

Nichtsdestotrotz brachte das liberale Italien einen der in gewisser Hinsicht offensten und (manchmal) sogar verdienstvollsten Militärapparate des damaligen Europa hervor. Auch wenn uns diverse Memoiren das Bild einer Masse demotivierter und grobschlächtiger Unteroffiziere sowie jede Menge verkalkter und starrsinniger Befehlshaber von Truppeneinheiten und Regimentern überliefert haben, ließ sich in den Königlichen Streitkräften ein Gespür für Talent ausmachen, gänzlich unbeeindruckt von religiöser Gesinnung, von Vermögen und Blutsverwandtschaft. Als 1882 die Rolle des Oberbefehlshabers der Streitkräfte geschaffen wurde, eine neue Position mit der Verantwortung für die strategische Planung und das Kommando im Kriegsfall, betraute man Enrico Cosenz mit diesem Amt. In mancher Hinsicht war sein Curriculum untadelig (er hatte sich in den Schlachten der Unabhängigkeitskriege verdient gemacht), doch unter anderen Gesichtspunkten entsprach sein Profil rein gar nicht dem Ideal des hohen savoyischen Offiziers: Als Sohn eines bourbonischen Generals war er an der Nunziatella ausgebildet worden und hatte bis 1848 als Unteroffizier im Heer der beiden Sizilien gedient, als er von dort desertierte, um sich als Freiwilliger der Verteidigung Venedigs anzuschließen und dann ins Exil zu flüchten[55]. Die Ernennung einer Person mit derart bunter Vergangenheit könnte wie eine Anomalie aussehen, eine einzigartige Hommage an einen der Hauptfiguren im Heldenepos des italienischen Risorgimento, auch wenn es sich am Ende als glückliche Wahl herausstellen sollte, und zwar dank des Engagements, das Cosenz in seinem neuen Amt für die bestimmt nicht einfache Aufgabe zeigte, *ex novo* die erste Grundstruktur eines modernen Truppenkommandos aufzubauen[56]. Als sich Cosenz 1893 schließlich aus dem aktiven Dienst zurückzog, wurde Domenico Primerano sein Nachfolger. Dieser hatte einen Großteil seiner Laufbahn im bourbonischen Heer absolviert und konnte im Gegensatz zu seinem Vorgänger keine patriotischen Verdienste vorweisen (1860 war er sogar gegen die Savoyer im Einsatz gewesen). Drei Jahre später bekam den Posten General Tancredi Saletta, ein erfahrener Offizier aus dem Piemont, und schließlich 1908 Alberto Pollio, Sohn eines Offiziers aus Kampanien, der wegen seiner bescheidenen Herkunft und fehlendem Vermögen eine mittelmäßige Karriere in Napoleons Heer absolviert hatte[57]. Tatsächlich war keiner der zwischen 1882 und Sommer 1914 ernannten Oberbefehlshaber der Streitkräfte adelig, einige stammten aus recht bescheidenen Verhältnissen und drei von vier hatten ihren eignen *cursus honorum* außerhalb der savoyischen Armee absolviert (manche waren sogar bei den revolutionären Streitkräften gewesen). Eine solche Öffnung war selbst für das republikanische Frankreich unvorstellbar, wo Chancengleichheit das besondere Kennzeichen der Streitkräfte war, der Oberbefehl aber noch lange eine spezifisch aristokratische Angelegenheit bleiben sollte, und ein Beweis dafür, dass in der Militärlaufbahn im vereinten Italien die Herkunft im Vergleich zur Kompetenz (oder zum Beziehungsnetz) weniger zählte[58]. Nicht von ungefähr ermöglichten die italienischen Streitkräfte als einzige in Europa den Zugang von Offizieren jüdischen Glaubens und deren Aufstiegschancen in die höchsten Grade: Dass der Militärberater des Erbprinzen Jude war (Generalleutnant Ottolenghi, der Lehrer des zukünftigen Königs Vittorio Emanuele III.) und dass ein Dutzend Generäle und Admiräle des Ersten Weltkriegs aus jüdischen Familien stammten, wäre im deutschen äußerst exklusiven (und antisemitischen) Oberheereskommando unvorstellbar gewesen und selbst im sehr viel toleranten österreichisch-ungarischen Offizierskorps[59].

Auf der anderen Seite kann man, wenn das Heer keine adlige Einrichtung (mehr) war, auch nicht behaupten, die Familie Cadorna sei schon immer Teil derer gewesen, die zu den exklusiven Kreisen um den Hof und damit zu den nobelsten Dynastien im Königreich gehörten. Tatsächlich wird Luigi Cadorna über den Verlauf eines Jahrhunderts den höchsten Rängen der alten piemontesischen Aristokratie zugeordnet, allerdings handelt es sich dabei um eine Illusion. Seine Familie, die aus Pallanza am Lago Maggiore stammte, gehörte eher zu den typischen Vertretern der Bewohner des Grenzgebiets zwischen Piemont und Lombardei, die erst 1743 Untertanen der savoyischen Krone geworden waren, als das Provinzgebiet im Abkommen von Worms dem Königreich Sardinien zugeschlagen wurde. Vierzig Jahre später erhielt der erste Luigi (der Großvater des zukünftigen Generalstabschefs) den Titel des Unterleutnants eines Regiments der Infanterie der Provinz[60]. Das war der Beginn einer nicht gerade brillanten Karriere (nach der napoleonischen Eroberung zog Luigi *senior* die Uniform aus, heiratete eine lombardische Gräfin und kümmerte sich nur noch um die eigenen Geschäfte) und einer vorgeblich professionellen Berufung, die sich dann in dem Sohn Raffaele und dem gleichnamigen Enkel fortsetzen sollte, aber auch (und in gewisser Weise vor allem) der Beginn einer langen Suche nach gesellschaftlicher Legitimität[61]. „Patrizier aus Pallanza", und damit Träger eines städtischen Patriziertums von niedrigem Rang, von den Angehörigen des Feudaladels von oben herab betrachtet und teilweise auch finanziell nicht gut gestellt (Luigi *senior* musste zurück in den Dienst, um das karge Einkommen aus den Landgütern aufzubessern), ähnlich wie andere Provinz-Familien mit ungewissem Sozialstatus sah auch die Familie Cadorna im Dienst an den Waffen die Pforte zu den Eliten des Savoyerreichs und um sich endgültig an die Krone zu binden[62]. Die Ergebnisse entsprachen nicht ganz den Erwartungen. Noch 1907, als in seiner Abstammung schon der Titel eines Grafen (1875 *motu proprio* durch Vittorio Emanuele II. verliehen), eines Florentiner Patriziers und römischen Edelmanns (von den Zivilregierungen 1859 und 1870 verliehen), vorhanden war, hatte Luigi Cadorna (*junior*) noch immer einen unerquicklichen Disput mit dem heraldischen Rat auszutragen, um sich einen noch älteren Titel aus der lombardischen Aristokratie anerkennen zu lassen und sich endlich nicht mehr als Parvenü fühlen zu müssen[63]. Und das nicht ohne Grund. In den 1915 mobilisierten Streitkräften konnte der Großteil der Generäle mit Erbtiteln weit ältere Adelstitel vorweisen als der Oberbefehlshaber. Abgesehen von Filiberto d'Aosta (ein stattlicher und sehr beneideter Vetter des Königs) entstammten Mario Nicolis di Robilant, Gaetano Zoppi, Aimaro Malingri di Bagnolo oder Guicciardi di Cervarolo aus markgräflichen und gräflichen Familien, die spätestens auf den Beginn des 18. Jahrhunderts zurückgingen. Die Vergangenheit der Familie Cadorna, die sich in der *Enciclopedia nobiliare* auf wenige Zeilen beschränkt, konnte im Vergleich dazu kaum beeindrucken[64].

Und dennoch faszinierte der Mythos von der alten Adels- und Kriegersippe die Kommentatoren auch weiterhin: „Die Ursprünge der Familie sind hoch angesehen und ihre Offiziere, von denen ihre machtvollen und glorreichen Taten sprechen, machen uns deutlich, welches außerordentliche Schicksal Luigi Cadorna vorbehalten war"[65]. Doch es war der persönliche Ruhm von General Raffaele, dem eigentlichen Schmied des Familienglücks, der all das nährte, wobei sich auch bizarre (und falsche) Überzeugungen herausbildeten. Wenn Luigi *senior* die Uniform nur hin und wieder getragen hatte, war Raffaele (der seine militärische Ausbildung mit wenig Eifer begonnen hatte und sogar zweimal von der Militärakademie in Turin verwiesen wurde) der Protagonist einer brillanten Karriere, die ihn in den Jahren des italienischen Risorgimento zum legendären Meister im Umgang mit Waffen werden ließ: eine Parabel, die ihren Höhepunkt in der „Eroberung" Roms fand.

Es stimmt, dass die „Kampagne von 1870" eine Farce gewesen war und die Schlacht an der Porta Pia kaum mehr als ein Schusswechsel (insgesamt zählte man etwa sechzig Tote)[66]. Dennoch bedeutete die Eroberung der Ewigen Stadt einen Meilenstein im Verlauf des Risorgimento und berührte deshalb zutiefst die Vorstellungskraft der Zeitgenossen, von denen viele durch bombastisch-patriotische Texte wie *O Roma o morte* von Giosuè Carducci beeinflusst und insgeheim überzeugt waren, dass die Ernennung Roms zur Hauptstadt eine historische Notwendigkeit darstellte (so die Worte des Grafen Cavour)[67]. Außerdem zählte Raffaele Cadorna zu den wenigen savoyischen Generälen, die keine Niederlage erlitten hatten: eine Seltenheit unter den Kommandeuren der sardischen Armee und später des italienischen Heers, die an den Unabhängigkeitskriegen teilgenommen hatten. In den Jahren 1848/49 war er noch zu jung, um größere Aufgaben zu übernehmen, und in der kurzen Schlacht von 1859 war er zunächst einmal Oberst; doch beim Ausbruch des dritten Unabhängigkeitskriegs vertraute man ihm das Kommando über eine im Truppenverband am Po aufgestellte Division an. Daher befand sich Cadorna am 24. Juni 1866, als das österreichische Heer die italienischen Truppen unter dem Kommando von Alfonso La Marmora bei Custoza am Mincio in die Flucht schlug, weit von den Schlachtfeldern entfernt, weshalb man ihn nie mit dem unglücklichen Verlauf der Schlacht und vor allem mit dem anschließenden chaotischen Rückzug in Verbindung brachte[68]. Es war also ein glücklicher Umstand, der es Cadornas Vater erlaubte, nicht nur der Welle der Empörung zu entgehen, die sich in der Folge über die Heeresführung ergoss, sondern auch, sich in der Gegenoffensive zu bewähren, in der er seine Truppen bis an die Front am Isonzo brachte. Sie hatten fast ohne Widerstand vorrücken können, auf jeden Fall konnte sich Cadorna als einer der wenigen Generäle des normalen Heeres eines gewissen Erfolges rühmen, der zwar strategisch kaum von Bedeutung war, wohl aber bei den Versuchen, die Niederlage von 1866 zu sublimieren, als eine der vergleichsweise heroischen Episoden herhalten konnte. Custoza war eine „halbe Niederlage": Schuld war die Panik und bestimmt nicht der fehlende Mut der Soldaten, wie der alte General Carlo Corsi schreiben sollte, ein hochgeschätzter und halb offizieller Historiker der Risorgimento-Kriege, doch Raffaele Cadorna bewies der Welt den wahren kriegerischen Charakter der Italiener[69].

Diese Unternehmungen, so verdienstvoll sie auch waren, hätten ihm wohl kaum anderswo großen Ruhm eingebracht, doch in Italien herrschte in jenen Jahren ein verzweifeltes Bedürfnis nach Helden. Wie viele andere nationale Kulturen war auch die italienische im Lauf des 19. Jahrhunderts auf Grundlage genauer Vorgaben konstruiert worden: zunächst, dass die Nation eine natürliche Gegebenheit sei, die ihre Identität aus einer gemeinsamen Vergangenheit und einer identitätsstiftenden ethnischen, linguistischen und religiösen Gemeinsamkeit bezog und, nicht zuletzt, dass sie allein durch den Einsatz von Waffen entstanden, also umkämpft, verteidigt beziehungsweise befreit worden war[70]. „Una d'arme / di lingua / d'altare" (Einig in Waffen / in Sprache / am Altar), wie Alessandro Manzoni in *Marzo 1821* wirkungsvoll dichten sollte. Unglücklicherweise war der Kriegsmythos als Gründungsmoment der Nation im Fall Italien wiederholt auf die unrühmliche Wirklichkeit der Unabhängigkeitskämpfe gestoßen. Die doppelte Demütigung von 1866 auf dem Schlachtfeld von Custoza und in den Gewässern der Adriainsel Lissa, wo die neue Kriegsflotte vernichtet wurde, beschämte eine ganze Generation zutiefst[71]. Heute lässt sich dieses kollektive Trauma im öffentlichen Empfinden nur schwer nachvollziehen. Doch für viele gebildete und aufrichtig patriotische Kommentatoren wie etwa den Historiker Pasquale Villari waren diese Niederlagen in erster Linie ein moralischer Verrat, ein bitteres Erwachen aus der Illusion, die Italiener seien einer großen Nation würdig: „Dieser Krieg hat uns das grenzenlose Vertrauen gekostet, das wir in uns selbst hatten"[72]. Aber natürlich traf es das Militär besonders hart. Das Königliche Heer, das vom offiziellen Kulturbetrieb als eigentlicher Protagonist der Unabhängigkeit gefeiert worden waren, wurde nun zur Zielscheibe von Spott und Misstrauen. Obwohl der ehemalige Infanterie-Hauptmann und einer der beliebtesten Autoren des 19. Jahrhunderts Edmondo De Amicis (sein Roman *Herz* wurde ein Bestseller der Kinder- und Jugendliteratur) unermüdlich die pädagogischen und moralischen Werte des Soldatenlebens pries und sich bemühte, in den Abläufen auch der unseligsten Schlachten heroische Momente auszumachen, büßten die nationalen Streitkräfte rapide an Ansehen ein[73]. Man begann, Offiziere als unfähige Parasiten zu betrachten. Gedemütigt und diskreditiert, sollten sie lange in Erinnerung behalten, was die Menschen ihnen hinterherriefen: „Waffen niederlegen, Waffen niederlegen", und die Verachtung, die ihnen überall entgegenschlug, während Regierung und Parlament begannen, die enormen Militärausgaben zu kürzen. Dabei handelte es sich um eine notwendige und vernünftige Maßnahme (selbst wenn die Ausgaben für die Streitkräfte weiterhin etwa 20 % der Staatsausgaben ausmachten) – die Mehrheit der Berufssoldaten sah allerdings in den versiegenden Kreditströmen den gezielten Racheakt der Zivilpolitik an den Besiegten[74].

Zwanzig Jahre später sah es so aus, als könnten die kolonialen Abenteuer in Ostafrika die Gelegenheit zur Revanche bieten. Doch die imperiale Politik der Regierung unter Francesco Crispi führte die Armee nur zu einer neuerlichen Blamage: Am 1. März 1896 schlugen die äthiopischen Streitkräfte das 17.000 Mann starke italienische Expeditionskorps in Adua. Diese schlimmste Niederlage eines weißen Truppenverbands auf afrikanischem Boden (fast 7.000 Soldaten verloren ihr Leben, darunter auch zwei Brigadegeneräle) löste einen politischen Erdrutsch aus (sie machte für die nächsten 15 Jahre jeder kolonialen Initiative ein Ende und Crispis politischer Laufbahn für immer) und wurde zu einer nationalen Schande. Ein Großteil der öffentlichen Meinung sah darin eine weitere Bestätigung der erbärmlichen Identität des jungen Nationalstaats. Einige der zukünftigen Intellektuellen wie Enrico Corradini (späterer Autor ultranationalistischer Romane), Giovanni Papini (bald ein führender Futurist und leidenschaftlicher Kriegsbefürworter) oder Giovanni Gentile (einige Jahre später einer der angesehensten italienischen Philosophen) entdeckten einen aggressiven und kriegstreiberischen Patriotismus für sich; viele andere fanden sich mit der Vorstellung ab, der Ehrgeiz einer Großmacht sei mit den tatsächlichen Kräften des liberalen Italien nicht vereinbar[75]. Unter den Menschenmassen, die bei der Nachricht von der Niederlage auf die Straßen strömten und lautstark den Rücktritt der Regierung forderten, waren viele nach 1870 geborene junge und sehr junge Menschen, die ersten „geborenen Italiener", die enttäuscht und aufgebracht über die offenkundige Unfähigkeit des neuen Staates waren, die Erwartungen und Versprechungen der Hymnen, Oden, Ausrufe und Romane des Risorgimento – mit denen sie an den Schulen und Universitäten aufgewachsen waren – umzusetzen[76]. Besonders frustrierend war das Gefühl, Teil einer Nation zu sein, die von heldenhaften Kriegern zu Ruhm und Ansehen hätte geführt werden sollen, groteskerweise aber nicht einmal in der Lage war, einen einzigen fähigen General hervorzubringen. Im Unterschied zu anderen Ländern, in denen geschickte und selbstgefällige Kommentatoren weitaus schlimmere Niederlagen neu überdenken und aus einer katastrophalen Schlacht wie Sedan einen „unglückseligen" aber glorreichen Tag machen konnten (und ihn sogar zum Anlass nationaler Wiederauferstehung sublimierten), galten die Niederlagen im geeinten Italien immer nur als solche: Intellektuellen, Philosophen, Künstlern und Meinungsmachern gelang es nie, eine tröstliche Version des Geschehenen zu verfassen; die gescheiterten Anführer blieben Esel, Verräter oder Feiglinge[77]. Vielleicht ist es kein Zufall, dass ein großer Teil der Literatur, die im Anschluss an die italienische Nationalstaatsbildung entstand, von passiven, untätigen, unfähigen Protagonisten bevölkert war, sei es der chaotische Pinocchio von Collodi oder der verpeilte Mattia

Pascal von Pirandello, eindeutig Antihelden, verglichen mit den draufgängerischen und kühnen Protagonisten der Risorgimento-Literatur[78]. Wie Pasquale Turiello ein wenig bitter feststellen sollte, waren die Italiener gut darin, großen Kriegern aus der Vergangenheit Denkmäler zu errichten, doch schaute man genauer hin, hatten sie seit dem Mittelalter keine große Schlacht mehr gewonnen[79].

Auf diesen bitteren Vorwurf ließe sich mit einem einzigen Gegenbeispiel antworten. Denn das Risorgimento hatte sehr wohl einen siegreichen und volksnahen Anführer hervorgebracht: Giuseppe Garibaldi. Als Idealtyp des romantischen, wagemutigen und – keineswegs irrelevant – siegreichen Kriegshelden, verkörperte Garibaldi perfekt die legendäre „lateinische Tapferkeit"[80]. Doch er war auch ein unbequemer Zeitgenosse, ein rebellischer Querdenker, und seine freiwilligen Mitstreiter, die vor allem aus monarchiekritischen Kreisen kamen, passten den regulären Streitkräften keineswegs perfekt ins Konzept: Sie behandelten sie – im besten Fall – wie dilettantische Nichtsnutze, aber meistens wie subversive Elemente[81]. Auch wenn das national-patriotische Narrativ Garibaldi zusammen mit Cavour, Mazzini und Vittorio Emanuele II. in den Pantheon der Gründer der italienischen Nation aufnehmen sollte und ihn zum ergebenen Diener des Königs und natürlich zur Sache der nationalen Einheit umfrisierte, stand der Kriegermythos des Helden der zwei Welten in Konkurrenz zum savoyischen Königssoldaten, und das Bild der leidenschaftlichen und siegreichen Freiwilligen überschattete das der Verlierer und Soldaten des Königs[82]. Der Vergleich mit den Erfolgen der Garibaldi-Freiwilligen verschärfte die Frustration der Berufssoldaten zusätzlich, die mehr als alle anderen das gesamte liberale Zeitalter hindurch weiter unter den Vorurteilen gegen den „feigen Italiener" litten. Um die Jahrhundertwende konnte man das italienische Heer noch als eine echte „moralische Schule der Nation" betrachten und die Kinder- und Jugendliteratur stellte ihre Vertreter als großzügige Verteidiger des Vaterlandes und als Bewahrer von Pflicht und Gerechtigkeit dar, doch viele Offiziere fühlten sich von der Zivilbevölkerung eher geduldet als geschätzt[83]. Vor diesem verhängnisvollen Hintergrund wurde Raffaele Cadorna als wertvolle Stütze für das wackelige Gerüst des Militärs und vor allem für das fragile Kriegsglück der Nation wahrgenommen. Der siegreiche Befreier Roms hatte bewiesen, dass italienische Waffen ohne fremde Hilfe erfolgreich sein konnten; dabei ging es nicht nur darum, ein positives Bild der Streitkräfte zu zeichnen. Ganz allgemein sollte der öffentlichen Meinung vermittelt werden, dass sich die Italiener sehr wohl zu schlagen wussten[84]. Es verwundert daher nicht, dass sein angesehener Name einen großen Teil des Lebens und der Laufbahn des Sohnes überstrahlt (und in vielerlei Hinsicht beeinflusst) hat.

Im Namen des Vaters: Luigi Cadorna und sein Sinn für Berufung

Unter den vielen Stimmen, die im Juli 1914 die Ernennung des neuen Oberbefehlshabers der Streitkräfte begrüßten, war auch die der römischen Zeitung „La Tribuna", damals unter den drei auflagenstärksten italienischen Tageszeitungen. Obschon sie

Giolittis Liberalen nahestand, verkündete die Zeitung mit großer Begeisterung, die Ernennung des Erben aus der Cadorna-Dynastie entspreche „der Stimme des Heeres und des gesamten Landes"[85]. Das war vollkommen übertrieben, denn die totale Einstimmigkeit sämtlicher damaliger Berufssoldaten in irgendeiner Sache war völlig unvorstellbar. Zu Beginn des Ersten Weltkriegs befand sich das Königliche Heer nicht nur als Organisationsstruktur in einer tiefen Krise, vielmehr war es auch von inneren Rivalitäten zerrissen. Die Elite der obersten Befehlshaber gegen die Masse der Regimentsoffiziere, die Auserwählten der „intelligenten Waffen" gegen die „Stiefel" der Infanterie (mit zudem sehr bescheidenen Karriereaussichten), die alte piemontesische Kaste gegen die neuen Rekruten der (nach 1861) „geborenen Italienern", die „Kolonialen" (die in Afrika gekämpft hatten) gegen die „Römer" (diejenigen, die immer wieder mit wichtigen Aufgaben aus den Ministerien betraut wurden oder das Land im Ausland vertraten): Die Liste der Flügel, aus denen sich das italienische Offizierskorps zu Beginn des 20. Jahrhunderts zusammensetzte, spiegelte die Wirklichkeit zersplitterter und zerstrittener Streitkräfte wider.

Zum Teil entsprangen diese Spaltungen dem Erbe eines nationalen Heeres, das zwischen 1859 und 1870 übereilt aufgestellt worden war und bei dem man versucht hatte, eine große Anzahl Soldaten aus antagonistischen politischen Realitäten zusammenzulegen[86]. Das war nicht gerade einfach. Die Piemontesen empfingen die als Dilettanten belächelten „Kollegen" aus den anderen italienischen Heeren ohne besondere Herzlichkeit und man traute ihnen nicht: „Letztendlich habt ihr euren König verraten" war die Anschuldigung, die ehemalige Offiziere der beiden Sizilien in den ersten Jahren des gesamtitalienischen Heeres immer wieder zu hören bekamen[87]. Den Garibaldi-Freiwilligen erging es nicht besser: Die wenigen, die das Glück hatten, ins reguläre Heer aufgenommen zu werden, bedachte man mit „Zurückhaltung und Verachtung", wie der verlässliche Zeuge General Carlo Corsi wenige Jahre später berichten sollte. Man misstraute ihnen, begegnete ihnen kühl und stellte ihnen kaum Karrierechancen in Aussicht[88]. Man hätte meinen können, die Zeit würde die Risse heilen, doch dem war nicht so. Bei der Darstellung der Lage in den ersten Jahren des 20. Jahrhunderts beschrieb Olivieri Sangiacomo die internen Konflikte eines nach wie vor in mindestens drei Gruppen gespaltenen Offizierskorps: die „alten Recken", die Gruppe der „Resignierten" und die „Jüngsten"[89]. Die Ersten, die ältesten Veteranen und ideologisch konservativsten (sie stammten in erster Linie noch aus den Rängen der alten sardischen Armee), waren entschiedene Traditionalisten, die eine tiefe Nostalgie für das Ideal des draufgängerischen und ignoranten Kriegers hegten: „Natürliche Feinde der Gedankenfreiheit, da sie im Denken der anderen die Kritik an ihrer Unfähigkeit heraushören [...], sehen sie nur Katastrophen, Revolutionen, Umstürze, denen man nur mit Belagerungen und dem Gesetz des Schwertes beikommt"[90]. Diese Sekte Ultrareaktionärer beherrschte (aufgrund ihres Alters) noch immer die Heeresspitze. Nur mühsam begann sich eine Garde von Offizieren durchzusetzen, die sich an den Militärakademien und im Generalstab herausgebildet hatte (die „Jüngsten"); sie waren gut ausgebildet und offen für neue Technologien, für soziale Veränderungen und die neuen Bedürfnisse einer an den Massen ausgerichteten Politik. Zusammen bestimmten diese beiden Gruppierungen über die Mehrheit der „Resignierten", die graue Masse der gealterten Untergebenen: frustrierte Leutnants und Hauptmänner, antriebslos und enttäuscht, die die Kasernen füllten und auf ihre Rente warteten[91]. In diesem derart gespaltenen und angespannten beruflichen Umfeld scheint die Position von Luigi Cadorna klar: Als Erbe einer angestammten Position und Produkt einer privilegierten Laufbahn war er die Verkörperung eines Mitglieds der Machtoligarchie *par excellence*. Das ist durchaus richtig, greift aber unter vielen Gesichtspunkten zu kurz. Cadorna war nicht einfach nur ein Protegé aus den oberen Rängen, der dank seines Namens wichtige Ämter erreichte. Tatsächlich vereinte er eine raffinierte technische Expertise, äußerste Sensibilität für das Ansehen seines Familiennamens und eine Mischung aus Ressentiments und starren Denkmustern, die ihn zu einem Paradebeispiel der Eigensinnigkeit der Berufssoldaten im Italien der ersten Hälfte des 20. Jahrhundert machten.

Seine Personalakte beeindruckt chronologisch betrachtet durchaus: Als Unterleutnant wird er 1868 mit noch nicht einmal 18 Jahren ohne das entsprechende Dienstalter und ohne Aufnahmeprüfung in den Generalstab aufgenommen, nur mit der Vorgabe, in den folgenden zwei Jahren die eben gegründete Kriegsschule zu besuchen[92]. Auf den ersten Blick ist das ein klarer Fall von Vetternwirtschaft. Aber in der ungeordneten Folge verschiedener Massenbeförderungen aus heiterem Himmel, die das italienische Heer in den ersten Jahrzehnten seiner Existenz kennzeichnete, war das jugendliche Alter von Leutnant Cadorna nicht außergewöhnlich. Zwölf Jahre später sollte Eugenio De Rossi – eine unbestritten brillante Persönlichkeit, der aber nicht besonders schnell Karriere machte – im Alter von siebzehn Jahren als Infanterieoffizier vereidigt werden[93]. Die Heeresführung – sehr darauf aus, das preußische Vorbild zu imitieren, und zudem noch immer von der demütigenden Erfahrung von 1866 gezeichnet – versuchte sich nun in einer tiefgreifenden Revision des Rekrutierungssystems des Offizierskorps, das seinen Aufgaben nicht gewachsen gewesen war[94]. In der darauffolgenden Übergangszeit konnte der junge Cadorna, der beste Absolvent seines Jahrgangs an der Militärakademie, das nicht häufige – aber auch nicht einmalige – Vorrecht (damals nannte man es das „göttliche Recht") für sich in Anspruch nehmen, ausschließlich über Zeugnisnoten in die Ränge des Generalstabs aufgenommen worden zu sein. Nichts lässt darauf schließen, dass es sich bei dieser einzigartigen Chance um mehr handelte als um eine glückliche Fügung oder gelungenes Timing im ungeordneten Ablauf der Reformen und der normativen Änderungen jener Epoche[95]. Als sicher gilt, dass sich Cadorna, nachdem er seinen *cursus honorum* beachtlich verkürzt hatte (im Vergleich zu seinen Kameraden erhielt er alle Beförderungen bis hin zum General vier bis sechs Jahre schneller), einer ganz besonderen Verbindung im Innern der italienischen Kriegsaristokratie anschloss, der Gruppe der „Theoretiker" des Generalstabs. Seine Dienstaufgaben sahen lange Aufenthalte in den Hauptquartieren von Regimentern oder Armeekorps vor, und kurze, manchmal sehr kurze Abschnitte, in denen er eine Abteilung direkt befehligte (bis zur Promotion zum General 1898 verbrachte er nur eins von vier Jahren bei einem Regiment), einige Auskundschaftsmissionen in Grenzgebieten, ein paar Veröffentlichungen in der

„Rivista Militare", wo er organisatorische und taktische Themen fundiert analysierte – eine schnelle Karriere und kein Einsatz an einem Kriegsschauplatz. Es war eine angenehme und privilegierte Laufbahn, die sich aber nicht sehr von denen vieler Kollegen seiner Generation unterschied, die in ihrer brillanten Karriere nie ein operatives Kommando inngehabt hatten. Carlo Porro, der stellvertretende Oberbefehlshaber während des Kriegs und weniger als General bekannt denn als Geograf (er wurde später Vizepräsident der Società Geografica Italiana), ist dafür beispielhaft; ebenso Roberto Brusati, der allgemein als einer der besten italienischen Generäle galt und den Cadorna persönlich 1915 zum Heereskommandeur befördert hatte (sie waren alte Freunde und Kommilitonen an der Militärakademie gewesen), und zwar auf der Grundlage eines langen Dienstes, den er vornehmlich am Istituto Geografico Militare absolviert hatte[96].

Angesichts des negativen, ans Groteske grenzenden Bildes vom kulturellen Niveau des durchschnittlichen Armeeoffiziers der liberalen Epoche überrascht die Existenz einer Gruppe von „Weisen" an der Spitze der Institution immer wieder. Zweifellos wurde in den Kasernen und in den italienischen Militärzirkeln wenig gelesen, noch weniger geschrieben und sich so gut wie gar nicht weitergebildet. Wie es Emilio De Bono in seinen (unfreiwillig parodistischen) Erinnerungen eindeutig bezeugt, schien die italienische Sprache auf allen Kommandoebenen ein Problem zu sein, das geschriebene Blatt zum Davonlaufen und die Lektüre, selbst die der Tageszeitungen, kaum üblich[97]. Nichtsdestotrotz gab es gewissermaßen traditionell einen (kleinen) Kreis von Gebildeten in den Streitkräften. Die ersten Jahre des geeinten Nationalstaats hatten Historiker wie Carlo Corsi zum Vorschein gebracht, Philosophen und Soziologen wie Nicola Marselli, Schriftsteller wie Olivieri Sangiacomo und Edmondo De Amicis. In den darauffolgenden Jahrzehnten wurden die Schlachten der Vergangenheit, deren Kenntnis für den Erfahrungsschatz eines guten Heerführers unabdinglich erschien, zumindest teilweise vom Wunsch nach praktischeren Disziplinen wie der Geografie abgelöst. Die Offiziere im Dienst des Heeresoberbefehls erhielten umfassenden Unterricht in Kartografie, was für die Planung einer zukünftigen Kriegsstrategie nützlich sein konnte. Mit der Zeit ging man weiter und die jüngeren und ehrgeizigeren Anwärter meldeten sich für Erkundungs- (oder Spionage-)Missionen in Grenzgebieten, auch der junge Hauptmann Luigi Cadorna meldete sich dafür. Zwischen 1875 und 1879 wanderte er einige Hunderte Kilometer zu Fuß durch Oberösterreich, zum Teil gemeinsam mit seinem Freund Roberto Brusati. Seine Beobachtungen hielt er in einer Anzahl von *Monografie* fest, wie die den möglichen Einsatzgebieten gewidmeten Akten genannt wurden, die auf den Beobachtungen der Offiziere-Späher-Spione basierten und im Archiv des Generalstabs hinterlegt wurden[98].

Wenige Jahre später widmete er sich bevorzugt dem Studium von Taktik und Regeln des operativen Truppeneinsatzes. Das war kein ungewöhnlicher Schritt. In der Zeit nach dem Deutsch-Französischen Krieg investierten die Obersten Heeresführungen in Europa viel Energie in den Versuch, sich den spektakulären Erfolg der deutschen Truppen zu erklären: Sedan diente als Analysefall, aus dem man so viele

Lehranregungen wie möglich zu ziehen versuchte[99]. Die vielen Beiträge in der „Rivista Militare Italiana" zu den Schlachten in Frankreich bezeugen, wie sich die „ossessione del 1870" auch auf die Berufssoldaten der italienischen Streitkräfte auswirkte[100]. Nicht von ungefähr gab das Kriegsministerium 1871 das erste institutionelle Handbuch für militärische Zwecke in der Geschichte des italienischen Nationalstaats heraus, *Norme per l'ammaestramento tattico delle truppe* (Regeln für die taktische Truppenausbildung)[101]. Zwölf Jahre später veröffentlichte Enrico Cosenz, der erst kurz zuvor Oberster Heeresbefehlshaber geworden war, die *Norme generali per la divisione di fanteria* (Allgemeine Regeln für die Infanterie-Division), später überarbeitet als *Norme generali per l'impiego delle tre armi nel combattimento*[102] (Allgemeine Regeln für die Anwendung der drei Waffen im Kampf). Beide Handbücher sollten den Kommandeuren der Kampfeinheiten die wichtigsten taktischen Erkenntnisse aus den jüngsten Kriegserfahrungen aufzeigen: die endgültige Durchsetzung der Hinterlader und der Schnellfeuergeschütze, das Ende der geschlossenen Aufstellung der Infanterie, wie sie die letzten beiden Jahrhunderte auf den Schlachtfeldern üblich gewesen war, was erforderte, die Schützen besser für ein nunmehr auf dem Schlachtfeld weitaus beweglicheres Kampfverhalten zu schulen. Es entwickelte sich zu einer regelrechten Mode, darüber zu schreiben, wie sich die Männer auf zukünftige Schlachten vorzubereiten hatten, und ein kleiner Kreis von Experten und Interessierten (meist Offiziere im aktiven Dienst) tauschte sich eifrig darüber aus[103].

Cadorna beteiligte sich zunächst mit zwei Artikeln an dieser Debatte, die 1885 und 1887 in der „Rivista Militare Italiana" erschienen, dem renommiertesten Schaufenster für Theoretiker, die sich ins Rampenlicht stellen wollten, und in denen er Lösungen vorschlug, die mit den „Offensivtheorien" übereinstimmten, die in der internationalen Debatte angesagt waren. Eine Schlacht konnte nur durch den ungestümen Angriff einer gut disziplinierten, fest geführten und enthusiastischen Infanterie gewonnen werden, die bereit war, die gegnerische Stellung ohne Rücksicht auf Verluste zu besetzen. Dazu musste man sich dem Feind in fest geschlossener Stellung auf wenige hundert Meter nähern („um die Feuerdisziplin zu erhalten, erweist sich die geschlossene Stellung als weitaus dienlicher als die offene") und sich dann auf ihn stürzen[104]. In einer Phase des Wandels der Kampftechniken, als der Angriff mit dem Bajonett noch als beste Option galt, um eine Kampfhandlung zu Ende zu bringen (wie 1866 in der Schlacht bei Custozza und 1870 in Sedan), und in Jahren, in denen die automatischen Schnellfeuerwaffen noch nicht in den Waffenkammern der europäischen Streitkräfte aufgetaucht waren, nahm sich Cadornas Meinung über den Vorteil der geschlossenen Stellung mit hunderten von Infanteristen im Schusswechsel auf dichter Linie, um dann im Nahkampf mit der Handwaffe anzugreifen, nicht besonders anachronistisch aus. Doch die beiden Standpunkte, an denen sich seine Strategie artikulierte, hatten langfristige Folgen. Das wesentliche Ziel der Infanterie war es, „dem Feind größtmöglichen Schaden zuzufügen". Das hieß, die Unversehrtheit der Soldaten durfte keine Priorität darstellen, und es war die wichtigste Erkenntnis aus den zeitgenössischen Kampfhandlungen, dass der Angreifer einen offensichtlichen technischen wie moralischen Vorteil gegenüber demjenigen hatte, der sich in der

Verteidigungsposition befand („wenn er über eine zahlenmäßige Übermacht verfügt, [hat] er einen noch größeren Vorteil über die Verteidigung"). Ganz entscheidend war, diesen Vorsprung nicht zu verspielen – etwa durch Panik angesichts der (unvermeidlichen) Verluste in den eigenen Reihen[105]. Einige Jahre später sollte Cadorna in einer Reihe längerer Artikel, die sich mit der Kampagne von 1870 auseinandersetzten, auf seine Vision von der Schlacht zurückkommen. Wie die deutschen Siege in Frankreich gezeigt hatten, war es nicht wichtig, wie hartnäckig die Verteidigung einer Stellung war. Ein guter Befehlshaber, dem zahlenmäßig starke, disziplinierte und von guter Artillerie unterstützte Truppen zur Verfügung standen, hätte immer einen Weg gefunden, die Verteidigung einer Stellung aufzubrechen, wenn er seine Truppen mit starker Hand zu führen wusste und bereit war, im Namen des endgültigen Erfolges auch erhebliche Verluste an Menschenleben in Kauf zu nehmen, wie die Schlacht um das Dorf Gravelotte (von den Deutschen unter enormen Verlusten erobert, aber als Vorspiel zum endgültigen Sieg betrachtet) bewiesen hatte[106]. Dennoch durfte man das Opfer zahlreicher Menschenleben nicht leichtfertig hinnehmen. Unkoordiniert und auf Ruhm aus hatten preußische und bayrische Offiziere unorganisierte Infanterieangriffe gestartet („rücksichtslos und ohne Kontinuität"), die zweifellos mutig waren, aber in Gemetzeln endeten, die durch eine klügere taktische Koordination durch einen einzigen Befehlshaber hätten vermieden werden können[107].

Cadornas Kritik am leichtsinnigen Einsatz der Infanterie in aufwendigen Frontalangriffen mag angesichts der in späteren Jahrzehnten erhobenen Vorwürfe verwundern, in sinnlosen Angriffen das Massaker an Zehntausenden von Soldaten gefordert zu haben. „Die getroffenen Soldaten stürzten schwer zu Boden, als hätte man sie aus dem Geäst der Bäume geworfen, [...] und von den tausend Mann des Bataillons waren nur noch wenige auf den Beinen", hatte Emilio Lussu auf einer viel zitierten Seite in *Ein Jahr auf der Hochebene* geschrieben. Dieses wohl bekannteste Bild vom italienischen Krieg hatte Lussus autobiografischer Roman ein halbes Jahrhundert zuvor gezeichnet – der Krieg als ein sadistisches Massakerspiel einer Bande psychopathischer Generäle[108]. Dabei hatte ausgerechnet Cadorna nur zwölf Jahre zuvor darauf verwiesen, wie die Massenangriffe selbst gegen eine schlecht vorbereitete Verteidigungslinie in einem blutigen Schachspiel münden konnten. Mit einer ungeahnten Fähigkeit zur Analyse der Ergebnisse der anglo-burischen Kriegsunternehmung (eine Kriegsaktion, die in der italienischen Militärkultur praktisch unbemerkt blieb) wurde die Ära der „garibaldinischen" Angriffe für beendet erklärt, tollkühn und zum Scheitern verurteilt wegen der Präzision und der Feuergeschwindigkeit der leichten Hinterladerwaffen[109].

Dabei handelte es sich nur um eine scheinbare Inkohärenz. Der Deutsch-Französische Krieg hatte deutlich gezeigt, dass die Entwicklung immer eindrucksvollerer nationaler Armeen das Antlitz der Schlachten unwiederbringlich verändert hatte (zwischen 1870 und 1871 waren über zwei Millionen Mann mobilisiert worden und hatten in einem Gebiet gekämpft, das dem gesamten Nordfrankreich entsprach). Cadorna stimmte mit der Mehrheit der Kommentatoren überein, dass das mit der Zeit zu immer breiteren Fronten geführt hätte, bis hin zu einem einzigen Kriegsschauplatz.

Das hätte die direkte Konfrontation praktisch unmöglich (oder extrem schwierig) gemacht, den Manöverspielraum stark eingeschränkt und am Ende den entscheidenden Moment der Schlacht auf den frontalen Zusammenstoß zwischen immer besser gerüsteten Massen fokussiert. Dieses Problem war den taktischen Spezialisten des Generalstabs wohlbekannt. Doch sie sahen kaum andere Lösungen als eine deutliche Verbesserung der Artillerie-Ausrüstung und der moralischen Vorbereitung der Truppen angesichts größerer Verluste als in der Vergangenheit[110]. Vor allem aber fand er in den kriegerischen Auseinandersetzungen von 1870 die unanfechtbare Bestätigung eines idealen Modells für die Generäle seiner Generation, von dem er nie abrücken sollte. Er war von der Führungsrolle eines einzigen Kopfes an der Spitze überzeugt, eines einzigen ausschließlich Verantwortlichen, der keine Einmischung von außen akzeptieren und nicht durch die Autonomie seiner Untergebenen beeinträchtigt werden durfte: „Der erste der beiden Kriegsgegner, der [...] das Hauptziel klar vor Augen hat und seine Massen entschieden, mit aller Kraft und in die entsprechende Richtung losschickt, wird gegenüber dem anderen einen entscheidenden Vorsprung haben"[111]. Da war das Gespenst von Custozza wieder: Nur die „Kommandeure an der Spitze" sollten die Macht haben, darüber zu entscheiden, wie die Truppenverbände aufzustellen, wann und wie sie einzusetzen seien, ob eine große Feldschlacht oder der totale Angriff zu führen sei. Planungsdetails und -genauigkeit sollten schon für sich genommen zum Erfolg führen, solange die Truppen gut geschult waren und die untergeordneten Befehlshaber sich nicht erlauben würden, die Befehle, die sie erhielten, in Frage zu stellen[112]. Die Gefahren, die in diesem absolutistischen Entscheidungswillen, in dieser abstrakten Wahrnehmung vom Krieg lauerten, waren nicht gleich fassbar: Sie wurden erst Jahre später deutlich, als sich der oberste Heeresführer mit den Unwägbarkeiten und vielfältigen Realitäten der modernen Schlachtfelder konfrontiert sah.

Zweifellos zogen Cadornas Fachschriften ein gewisses Interesse auf sich, das man allerdings nicht überbewerten darf. In den zwanzig Dienstjahren vor seiner Ernennung zum Oberbefehlshaber der Streitkräfte erreichten seine Schriften die Leser von Militärzeitschriften und den kleinen Kreis der gebildeten Offiziere, wurden aber sicherlich nicht „das Handbuch der Offiziere der Epoche", auch wenn einige seiner Fürsprecher davon überzeugt waren[113]. Eine größere Verbreitung hatte möglicherweise die Broschüre *Istruzione tattica* (Taktische Schulung), die 1907 zum ersten Mal in Form eines Rundschreibens aus dem Kommando der Militärdivision Neapel erschien (bei der Cadorna gerade seinen Dienst aufgenommen hatte) und von der es mehrere Auflagen gab. Dieser Text gewann eine nicht zu vernachlässigende Bedeutung, da er auch die Vorlage für das eher berüchtigte Rundschreiben 191 *Attacco frontale e ammaestramento tattico* (Frontalangriff und taktische Schulung) vom Februar 1915 bilden sollte, auch bekannt als *Libretta rossa*, das Vademecum zur Kampftaktik der italienischen Infanteristen zu Beginn des Ersten Weltkriegs[114]. Doch bis zum Jahr 1914 war Cadorna nur einer von vielen Berufssoldaten, die mit dem Problem konfrontiert waren, wie man Jahrzehnte an Doktrinen und Planspielen an die wechselvolle Wirklichkeit beim Kampfeinsatz von Truppeneinheiten anpassen konnte, die meistens mehr schlecht als recht ausgebildet waren und sich mit dem zunehmenden Zerstörungspotenzial moderner Waffen konfrontiert sahen.

Will man ernsthaft versuchen, die Persönlichkeitsentwicklung des zukünftigen Oberbefehlshabers der Streitkräfte nachzuvollziehen, wie er selbst seine Rolle wahrnahm und auf welche Themen er sich fixierte, sollte man sich nicht an seinen (nicht einmal besonders originellen) theoretischen Schriften orientieren, sondern an einem Buch, das viele Jahre später entstand: der Biografie seines Vaters Raffaele[115]. Dabei handelt es sich um ein äußerst aufschlussreiches Werk, allein schon wegen der vielen autobiografischen Aspekte, die der Autor in Zitaten, Geboten und Erfahrungen des Vaters versteckte. Zweifellos fühlte sich Luigi Cadorna als spiritueller Erbe des Begründers des familiären Ruhms. Es finden sich nicht nur jede Menge Anekdoten mit öffentlichen Anspielungen auf den Marsch auf Triest als natürliche Vollendung der väterlichen Mission („und also sprach er zu seinen Freunden in Pallanza in aller Ruhe, dabei den Isonzo andeutend – ‚Bis hierher kam mein Vater: Ich muss bis dorthin gelangen' – und die Hand zeichnete rasch eine Grenze"), auch die Erinnerungen seiner engsten Mitarbeiter sind reich an Verweisen auf seine innerste Überzeugung, der Krieg habe es ihm ermöglicht, seinem familiären Erbe gerecht zu werden[116]. Wie Oberst Angelo Gatti, Cadornas Vertrauter und sein inoffizieller Biograf, an das Oberkommando schrieb: „Er ist sich gewiss, der Mann Gottes zu sein, der notwendigerweise das väterliche Werk vollenden wird: Raffaele Cadorna hat Rom erobert, Luigi Cadorna wird Trient und Triest erobern"[117].

Unbestritten wünschte sich Cadorna nichts sehnlicher, als die Rolle des Vaters als treuer Untertan und siegreicher Kriegsheld hervorzuheben. Doch gleichzeitig wollte er, indem er Personen und Ereignisse aus dem Risorgimento zitierte, auch von sich selbst sprechen, von seinen nicht minder heldenhaften Taten und von dem Pech, das ihn verfolgt und an seiner Mission, es dem Vater als triumphierendem General gleichzutun, gehindert hatte. So erscheint die verheerende Niederlage von Novara von 1849, die die einigende Mission des Königreichs Sardinien in Gefahr zu bringen schien, in seinem Buch als das Ergebnis einer schlechten Vorbereitung, die der zwiespältigen, unklaren und wenig vorausschauenden Politik der Regierungsführung geschuldet war. Zudem machte sich eine allzu lockere Disziplin breit, die die Schlagkraft der Truppeneinheiten gefährdete („die Disziplin wird sich nicht mehr über die Nachlässigkeit, Unpünktlichkeit und Unerfahrenheit der Militärrichter beschweren müssen")[118]. Ignoranz der Politiker, Laxheit und Indiszlin: Ganz ähnliche Worte sollten im Januar 1916 in einem feurigen Brief an Premierminister Salandra fallen, in dem er sich darüber beklagte, dass Desertionen und Feigheit aufgrund zu wächer Militärtribunale, die nicht genügend Erschießungen vornahmen, überhand nahmen[119]. Wie schon das Scheitern des ersten Unabhängigkeitskrieges aus den „Umtrieben der demagogischen Elemente, die die Gesinnung der Armee untergraben hatten", herrührte, war diesmal die Toleranz, die die Regierungen in Rom gegenüber den „aufrührerischen Geistern" im Land selbst und an der Kriegsfront an den Tag legten („die schwache Innenpolitik, die die Aufstände zulässt", wie er es in einem Brief an die

Tochter beschrieb), der eigentliche Ursprung, der dem „Militärstreik" zugrunde lag und damit der Niederlage von Caporetto[120].

Aber natürlich boten die beiden eindrücklichsten Geschehnisse in der militärischen Biografie von Cadornas Vater, die Kampagne von 1866 und die Eroberung Roms, dem Autor die Möglichkeit, sich nicht nur mit den Gründen „seines" Krieges noch einmal umfassend auseinanderzusetzen, sondern auch mit den kritischen Aspekten der italienischen Streitkräfte, so wie er sie erlebt hatte. Es steht außer Frage, dass Luigi Cadorna von der Niederlage von Custozza geradezu besessen war. Insbesondere für ihn bedeutete dieses schmerzliche Ereignis von 1866, das Gespenst einer Niederlage vertreiben zu müssen, die durch die Unfähigkeit eines Generalstabs verursacht worden war, der mehr mit der Beilegung von Eifersüchteleien und Missgunst beschäftigt war als mit der Durchführung von Operationen (nicht zufällig sollte die „Uneinigkeit der Führer" als Krebsgeschwür der italienischen Kriege die erste Seite seiner monumentalen Entschuldigung als Oberbefehlshaber eröffnen)[121]. Der „Dualismus des Kommandos" aufgrund der persönlichen Aversion zwischen einem aristokratischen, monarchischen General wie La Marmora und einem unorthodoxen, piemontesisch geprägten wie Cialdini lag dem Desaster von Custozza zugrunde: „Jene Geschlossenheit des Handelns, ohne die man auch mit einer hervorragenden Armee nur in den sicheren Ruin gehen kann, fehlte völlig"[122]. Das Gebot eines einzigen verantwortlichen Befehlshabers zu verkörpern, der die eigenen Untergebenen fest im Griff hatte, damit sich so etwas nicht wiederholte, war eine der Überzeugungen, die der Vater an den jungen Offizier weitergegeben hatte und letztendlich das Hauptmotiv seiner Mission als General:

> [...] es ist absolut notwendig, dass sich die verheerenden Dualismen der vergangenen Kriege, vor allem dem von 1866, nicht wiederholen. Ich habe dieses Konzept derart von meinem Vater aufgesogen und es gänzlich verinnerlicht, dass die beiden Vorstellungen von der Aktionseinheit und damit der Zusammenarbeit aller für ein einziges Ziel die beiden Pole meiner Kommandostrategie geworden sind, die ich aufrechterhalten habe und weiterhin aufrecht halte[123].

Aber die Erinnerung an die Katastrophen, zu denen das Fehlen eines einzigen Anführers geführt hatte, bedeutete implizit auch, den zentralisierenden und personalistischen Führungsstil zu rechtfertigen, den Cadorna seit seiner Ernennung 1914 pflegte, und den ihm unmittelbar nach Caporetto viele vorwerfen sollten. Es war kein Machtgehabe, sondern er wollte vielmehr eine napoleonische Maxime in Sachen Kriegskunst erfüllen („ein Befehlshaber – eine Aktionslinie"), von deren natürlicher Gültigkeit die Vaterlandsgeschichte reichlich Zeugnis abgelegt hatte[124]. Allerdings konnte man gar nicht oft genug betonen, dass die Erfolge seines Vaters, vor allem die erfolgreiche Kampagne zur Eroberung Roms 1870, sicher auch dessen Fähigkeit zu verdanken waren, die kontinuierlichen Einmischungen der Zivilpolitik zu ignorieren[125].

Chronik des Familienruhms, praktisches Handbuch für den guten General und Überlegungen über den Einfluss des Glücks im Waffenberuf, war die Biographie von Raffaele Cadorna gleichzeitig eine Gelegenheit, auf die Schwächen einzugehen, die

die italienischen Streitkräfte seit dem Risorgimento beeinträchtigten und denen beide Cadornas früher oder später zum Opfer fielen. Der Vater hatte 1866 die Feindschaft der Gruppierung der nicht-piemontesischen Generäle auf sich gezogen, als er öffentlich Cialdinis Inkompetenz kritisiert hatte. Als 1876 Luigi Mezzacapo als erster Süditaliener Kriegsminister wurde, schickte man Vater Cadorna prompt in den Ruhestand – einer der ersten Schritte, um die savoyische Elite an der Heeresspitze abzubauen[126]. Diese plötzliche und demütigende Entlassung, ein Affront, den Luigi Cadorna nie verschmerzen sollte („er gedachte immer wieder des mit Fußtritten verjagten Vaters"), zeugte von der traditionellen „Undankbarkeit der Savoyer", aber auch von der Hartnäckigkeit des Fraktionalismus, der unter den Generälen lauerte: regionalistisch (alte Piemonteser gegen Süditaliener oder ehemalige Garibaldi-Mitstreiter), politisch (die beiden Cadornas, die eine möglichst umfassende Unabhängigkeit von der Regierung einforderten und dafür von den Generälen, die in den römischen Salons ein- und ausgingen, gehasst wurden) und moralisch. Es ist fast ein Jahrhundert vergangen, seit jene Seiten geschrieben wurden, und man zieht beim Lesen instinktiv (oder absichtlich) eine Parallele zur Entlassung aus dem Obersten Heeresbefehl im November 1917. Diese führt der Betroffene in seinen Überlegungen vor allem auf den Verrat derer zurück, die er für solidarisch und verbündet gehalten hatte (letztlich zählte dazu auch der König), und auch in seinem Fall folgte die Ernennung eines Neapolitaners, Diaz, aus purer Palastintrige[127]. Man kann sich auch schwer der Versuchung entziehen, in dieser extremen Biografie etwas anderes zu sehen als Groll und Klagen eines besiegten Generals, der sich hartnäckig mit dem unbequemen Schatten eines unbescholtenen und siegreichen Vaters auseinandersetzt.

Nichtsdestotrotz ist *Il generale Raffaele Cadorna* ein wertvolles, wenn auch schwer zu entzifferndes Dokument darüber, wie der mächtigste italienische General der ersten Hälfte des 20. Jahrhunderts sich selbst und die Armee, in der er diente und die er befehligte, wahrnahm: eine in den höchsten Kommandorängen von persönlichen Animositäten zerrissene Armee, bevölkert von Inkompetenten und Neidern, denen man nicht vertrauen konnte, chronisch aufgerieben durch fehlende Disziplin und den ständig lauernden Drang nach Auflehnung, schlecht geschützt von einer unfähigen, oft arroganten und immer undankbaren Führungsschicht. Dass die Armee aufgrund der sozialen Disziplinlosigkeit, die durch „ein halbes Jahrhundert Antimilitarismus" geschürt worden war, zu einem „müden und abgenutzten" Organismus verkommen war, war eine feste Überzeugung Cadornas, die er während der gesamten Zeit seines Kommandos nie aufgeben würde[128]. Letzten Endes war auch sie ein Familienerbe: ein tiefsitzendes, weit aus der Vergangenheit kommendes Misstrauen seinem Land und seinen Soldaten gegenüber.

II „Dieser höchst unvollkommene militärische Organismus": Das Heer zu Cadornas Zeiten

„Sollte das italienische Heer auf das Niveau der Heere der anderen großen Mächte Europas gebracht werden [...], müsste Italien eine enorme Anstrengung vollbringen."
A. Pollio, Mitteilung an den Ministerpräsidenten Salandra, März 1914

Gänzlich vorbereitet sind wir nicht, doch nach Ansicht von General Cadorna können wir unter den derzeitigen Bedingungen mit Hoffnung auf Erfolg in den Krieg eintreten.
(F. Martini, Tagebuch 1914–1918, September 1914)

Eine hilflose Nation?

Anfang Sommer 1914 waren die italienischen Streitkräfte kaum in der Lage, sich an einem modernen Krieg zu beteiligen. Davon waren die meisten zeitgenössischen Beobachter überzeugt – einschließlich der Oberbefehlshaber. Im März desselben Jahres hatte Cadorna in einem besorgten Brief an seinen (nur noch für kurze Zeit) Vorgesetzten Alberto Pollio die Situation als kurz vor dem Zusammenbruch geschildert. Die Kasernen waren so gut wie leer, die Lager ebenfalls, die Regimenter verfügten über so wenig Personal, dass nicht einmal ein Grundtraining gewährleistet werden konnte, und wegen des Mangels an Offizieren wurden ganze Kompanien dem Kommando frisch beförderter Unteroffiziere anvertraut[1].

Der Oberbefehlshaber der Streitkräfte im Amt stimmte dem Aufschrei des (nicht geliebten) Kollegen, Rivalen (und Amtsnachfolgers) vollumfänglich zu. Einige Tage später ließ er Regierungschef Antonio Salandra einen alarmierenden Bericht zukommen, der verdeutlichte, dass Italien kein Heer aufstellen konnte, das in der Lage gewesen wäre, es auch nur mit einer der anderen europäischen Streitkräfte aufzunehmen: „Wir müssten dafür 34 Regimenter aufstellen [wir haben aber nur] 24, alljährlich 150.000 Rekruten aufnehmen statt der 120.000 [...] und wir verfügen noch nicht einmal über eine Batterie schwerer Kanonen ..."[2]. Anhand dieses technisch sehr glaubwürdigen (und sehr beunruhigenden) Bescheids beklagte sich Salandra in seinen Memoiren besonders ausgiebig über den erbärmlichen Zustand, in dem sich das Heer zu der Zeit befand, als er an die Macht kam. Er beschrieb das Heer als „diesen höchst unvollkommenen militärischen Organismus", der während der europäischen Krise nach Sarajevo nicht einsatzfähig war[3]. Das traurige Bild vom schutzlosen Italien sollte sich tief in die Vorstellung der Zeitgenossen eingraben. In den offiziellen Quellen wie auch in den detaillierten Darstellungen der ehemaligen Generäle setzte sich die Erzählung von der militärischen Schwäche des Landes im Jahr 1914 – wobei es natürlich erhebliche Unterschiede hinsichtlich ihrer katastrophalen Ausmaße gab – als eine Wahrheit durch, die „nicht diskutiert [werden konnte], da sie als unanfechtbar" galt[4]. Wie Adriano Alberti viele Jahre später bestätigen sollte: „Es war entschieden worden, dass Italien vor August 1914 kein Heer hatte: Alle Italiener sind sich

https://doi.org/10.1515/9783110693478-003

darin einig, Minister und Generäle der damaligen Zeit erklären das voller Überzeugung, so steht es in den Quellen"[5]. Diese Worte entbehrten allerdings nicht einer gewissen Ironie. Als unorthodoxe und dem Obersten Generalstab gegenüber kritische Persönlichkeit sowie als angesehener Geschichtsgelehrter (er hatte jahrelang das Ufficio storico geleitet und ein derart genaues und ehrliches Werk über die Gründe für die Niederlage von Caporetto verfasst, dass es umgehend von Mussolini zensiert worden war) wusste Alberti nur zu gut, dass man diese Urteile mit Vorsicht betrachten musste[6].

Die meisten maßgeblichen Zeitzeugen, von denen viele in den Jahren des Faschismus ihre Erinnerungen und Eindrücke niederschrieben, hatten allerdings gute Gründe, den Eindruck zu erwecken, die Lage der italienischen Streitkräfte sei 1914 derart desaströs gewesen. Salandra beispielsweise kam es gelegen zu behaupten, die Aufdeckung des erbärmlichen Heereszustands habe ihn gezwungen, jede Entscheidung über einen Kriegseintritt erst einmal zu vertagen[7]. In den Jahren des faschistischen Regimes, als es der infamste Vorwurf war, den man einem Staatsmann machen konnte, er habe den Kriegseintritt verzögert (oder gar Neutralität in Betracht gezogen), war es umso wichtiger, jeden Zweifel an den eigenen Kriegsabsichten zu zerstreuen: „Wir ahnten, dass es niemals mehr, vielleicht für Generationen, die Gelegenheit gegeben hätte, das Vorhaben des Risorgimento zu vollenden. [...] Doch [...] brauchte Italien intensive Vorbereitung, um es anzugehen – in diesem kritischen Moment war kein großer Staat schlechter vorbereitet als wir"[8]. Das war eine sehr persönliche Interpretation der Geschehnisse jener Monate. Bis Ende Februar 1915 hielten Salandra und sein Außenminister Sidney Sonnino eine gewagte Verhandlungstaktik mit beiden in den Krieg verwickelten Seiten aufrecht. Dabei machten sie ihre Aufschübe und ihr Abwarten gewiss nicht von der Einschätzung der Heeresbewaffnung oder von den möglichen Erfolgsaussichten der Strategien des Oberkommandos abhängig[9].

Auf der anderen Seite war auch der viel zitierte *Promemoria Pollio* nicht frei von (beabsichtigten) Missverständnissen und Verdrehungen. Um die Schwäche des italienischen Heeres zu verdeutlichen, schlug Pollio eine vergleichende Analyse der Infanterie-Kontingente vor, die in Friedenszeiten in Deutschland, Österreich, Frankreich und Italien Anfang 1914 zur Verfügung standen. Seinen Berechnungen nach konnte Italien gegenüber den 100 Regimentern und 800.000 Mann in Deutschland, den 46 Regimentern und 500.000 Mann in Österreich und den 64 Regimentern und 750.000 Mann in Frankreich zu diesem Zeitpunkt nur die bescheidene Anzahl von 275.000 Mann aufbringen[10]. Doch diese Gegenüberstellung war nicht korrekt. Zwar sind die Quellen nicht ganz eindeutig, doch konnte allein das deutsche Heer die enorme Zahl bewaffneter Männer, die den italienischen Behörden vorlag, aufweisen (780.000, die allerdings nur zur Hälfte in Regimentern organisiert waren und nicht vor Ende 1914 einsatzfähig gewesen wären). Das französische Heer konnte, obschon man 1913 das Gesetz erlassen hatte, das den Militärdienst auf drei Jahre verlängerte, zu Friedenszeiten seine 64 Regimenter noch nicht aufstellen, sondern vorerst nur 44 (man hätte auf jeden Fall noch weitere zwei Jahre benötigt, um das Kontingent aufzustocken). Und was die österreichischen Streitkräfte betraf, so konnten die drei Heere der Doppelmonarchie nicht einmal annähernd die halbe Million einsatzbereiter Männer mobilisieren. Davon abgesehen gab es im folkloristischen Kaleidoskop der Linienregimenter – Kaiserjäger, Bosnier, Ulanen, Husaren, die das gemeine Heer stellten, die österreichische Landwehr und die ungarische Honvéd – erhebliche Unterschiede hinsichtlich Qualität und Zuverlässigkeit[11]. Wie General Roberto Bencivenga, zwischen 1915 und 1917 der geniale Verantwortliche für die Generalstabsoperationen unter Cadornas Kommando, 1929 feststellte, hatte Pollio die Effizienz der anderen europäischen Streitkräfte absichtlich übertrieben und die Möglichkeiten der italienischen heruntergespielt: Er hatte es versäumt, in seine Berechnungen einige Zehntausend dienstbereiter Männer sowie etwa vierzig Regimenter einzubeziehen, die bereits für den Kriegsfall eingeplant waren: „eine Täuschung, die einer polemischen Absicht Vorschub leisten kann" und die möglicherweise motiviert war von dem permanenten Versuch, von der Regierung größere Aufmerksamkeit für militärische Ausgaben zu erheischen, indem man ein Bild zeichnete, das düsterer war als die Realität[12].

Es verwundert nicht, dass kurz nach dem unerwarteten Tod von Alberto Pollio und Luigi Cadornas Amtsübernahme die Flut an Depeschen an die Regierung und den Kriegsminister, in denen dringende Verbesserungen gefordert wurden, exponentiell stieg. Nachdem Cadorna am 27. Juli 1914 offiziell das Amt des Oberbefehlshabers übernommen hatte, verfasste er den *Inventario Cadorna:* eine detaillierte Liste sämtlicher Mängel bei Belegschaft und Material, die es dem italienischen Heer angeblich nahezu unmöglich machten, sich am aufkommenden europäischen Konflikt zu beteiligen. Es fehlte an ausgebildeten Truppen, die im Fall einer Mobilmachung die neuen Regimenter bilden konnten, es gab keine Offiziere, die sie in den Schlachten hätten anführen können, die zur Verfügung stehenden Gewehre (Carcano Modell 91) reichten nicht für alle Infanterie-Verbände, es gab nicht genügend moderne Artillerie, die Munitionsvorräte waren begrenzt, man besaß gerade einmal eine Handvoll Maschinengewehre für die Regimenter und die Zahl der Militärfahrzeuge war lächerlich gering[13]. Diese Bestandsaufnahme änderte das Bild der in den Vormonaten bereits hinlänglich beklagten Mängel nicht grundlegend, doch angesichts der Zuspitzung der internationalen Lage infolge der Krise von Sarajevo klangen die Schätzungen des Oberbefehlshabers nun wesentlich alarmierender. Die Panik, die sich im Ministerrat auf die Nachricht des Fehlens von Munition oder Uniformen in den Kasernen ausbreitete, war ein neues Gefühl für die nunmehr Verantwortlichen des Krieges, die an die höfliche Gleichgültigkeit der Vorjahre gewöhnt waren[14]. Wichtiger ist jedoch, dass Cadorna selbst und mit ihm und nach ihm zahllose Publizisten, Kommentatoren und Meinungsmacher ihre Anschuldigungen gegen die (vermeintlich) Verantwortlichen der militärischen Unvorbereitetheit der Nation auf Grundlage von Cadornas Daten erhoben: das parlamentarische System, die zu schwachen (oder zu liberalen) Regierungen und die zu links gerichtete und aufmüpfige Öffentlichkeit. „Keiner war für den Zustand des italienischen Heeres im Besonderen verantwortlich", sollte Cadorna in seinen Erinnerungen schreiben, nur um gleich darauf hinzuzufügen: „Wenn jemand schuldig war, dann diejenigen, die diesen Zustand über sehr lange Zeit gewollt oder toleriert hatten"[15].

Doch letztlich vertrat Cadorna, wie viele Veteranen der Vorkriegszeit, die Meinung, die Materialprobleme und der Personalmangel wögen lange nicht so schwer wie die moralischen Implikationen. Ihm zufolge war das italienische Volk chronisch undiszipliniert, individualistisch, wenig patriotisch und bar jeder spirituellen Gesinnung. Letztendlich war die nationale Volksgemeinschaft ein Reservat miserabelster Rekruten, völlig ungeeignet, um daraus in der kurzen Zeit des Wehrdienstes ordentliche Bürger und gute Soldaten zu formen und „aus diesem Grund [...] muss ich zu dem Schluss kommen, dass Italien in seiner Gesamtheit auf eine derart große Unternehmung nicht moralisch vorbereitet war"[16]. Regierung und Parlament waren dafür verantwortlich, dass sie ein von Defätismus und Egoismus vergiftetes Volk nicht umerzogen hatten, aus dem man unweigerlich Leute rekrutierte, die ihren Dienst wider Willen absolvierten und damit in den Regimentern den Keim der Verachtung für die herrschende Ordnung säten. „Ich musste mich der Elemente bedienen, die es gab, die das Land mir geben konnte", sollte Cadorna 1918 zu seiner Verteidigung vor der Untersuchungskommission zu Caporetto aussagen, und man könne nun mal aus „einem durch fünfzig Jahre sozialer Disziplinlosigkeit", durch Antimilitarismus und Verachtung für die Uniform „verseuchten Land" nichts anderes herausholen als aufständische und unzuverlässige Soldaten, angeführt von „müden und moralisch zermürbten"[17] Kommandeuren.

Ein wohlbekannter, ehemaliger Kommandeur wie General Felice De Chaurand, nicht unbedingt ein großer Verehrer Cadornas (der ihn 1916 vom Kommando der 35. Division freigestellt hatte), fand beinahe identische Worte: 1914 war Italien militärisch rückständig und konnte nicht mit seinen mächtigen (und gefährlichen) Nachbarn mithalten – dafür „musste man die Verantwortung auf das Parlament und auf die Männer zurückführen, die den Regierungen vorgestanden hatten". Ihnen war nicht nur anzulasten, dass das Land im europäischen Rüstungswettlauf nicht hatte Schritt halten können, sondern auch, dass sie den moralischen Niedergang der Streitkräfte zugelassen hatten[18]. Luigi Segato, ein weiterer General, der im Krieg abgesetzt worden war (Cadorna hatte ihn 1917 vom Kommando des I. Armeekorps mit der Begründung abgezogen, er sei nicht hart genug mit seinen Untergebenen umgegangen), stimmte dem zu: Auf den „konstitutionellen Mängeln unserer Armee" lastete der „Nationalcharakter, die Verbreitung von subversiven Ideen und Gegenthesen zu allem, was zur Herausbildung des Geistes, der Disziplin und des Ansehens der Streitkräfte hätte beitragen können"[19]. Sie waren zwar aufgrund zahlloser persönlicher Ressentiments untereinander zerstritten, doch an einem hegte die Mehrheit der Truppenkommandanten im Jahr 1914 keinerlei Zweifel: Schuld am Versagen im Krieg waren nicht diejenigen, die die Schlachtpläne erstellt und die Soldaten angeführt hatten, sondern die, die in den Jahrzehnten zuvor aus Kleinlichkeit, aus verbrecherischer Gedankenlosigkeit, aus Starrsinn, Gleichgültigkeit oder schlicht mangelndem Weitblick die Wiederbewaffnung Italiens verhindert hatten.

Es ist nicht ganz einfach, den tatsächlichen „Gesundheitszustand" der italienischen Streitkräfte zu Beginn des internationalen Konflikts realistisch einzuschätzen. Unter vielerlei Gesichtspunkten – nicht zuletzt der möglichen Mobilisierung personeller Ressourcen oder der Neubestückung des Waffenbestands – besaß das italienische Militär 1914 durchaus Schlagkraft, und seine vielen materiellen und organisatorischen Mängel unterschieden sich kaum von denen der anderen europäischen Streitkräfte[20]. Auch Italien hatte sich im Rahmen seiner Möglichkeiten am internationalen Rüstungswettlauf beteiligt. Das mithilfe des sogenannten *Ordinamento Spingardi* (benannt nach General Paolo Spingardi, Kriegsminister von 1914 bis 1919) neu geordnete Heer war kaum größer als zuvor (Ende 1913 kam es von einem Minimum von 250.000 auf ein Maximum von 275.000 Männern im aktiven Dienst), aber es war besser organisiert, beweglicher und sehr viel besser bewaffnet. Den mühseligen Prozess der Artillerie-Modernisierung brachte man mit dem Erwerb von 1.500 Kanonen auf den Weg, mit denen die Regimenter der Feldartillerie ausgerüstet werden sollten (auch wenn sich die Verteilung des besseren Modells, des 75/27 Déport, erheblich verzögerte). Des Weiteren stellte man (zumindest auf dem Papier) neue Einheiten mit schwerer Artillerie auf und stattete die Frontregimenter und die Gebirgstruppen *Alpini* mit Maschinengewehren aus (1909 hatte man die ersten 300 Waffen erworben)[21]. Man verabschiedete zudem ein Mechanisierungsprogramm – wobei es allerdings aufgrund zahlreicher bürokratischer (und finanzieller) Hürden Verzögerungen gab –, das den Erwerb von Fahrzeugen aus der Privatindustrie sowie eines Flugzeugkontingents vorsah[22]. Und schließlich waren die Offiziere, die das Heer anführten, nun weitaus weniger frustriert: Ein neues Gesetz zu Beförderung und Altersgrenzen beförderte Tausende älterer Leutnants und Hauptmänner um einen Rang – zwar mit wenig Hoffnung auf Karriere, wohl aber auf bessere Besoldung und Pension[23]. Nicht alle Probleme hatte man lösen können, doch als Luigi Cadorna das Kommando übernahm, waren die italienischen Streitkräfte in der Lage, im Kriegsfall 35 Infanterie-Abteilungen aus Berufssoldaten und Reserve aufzustellen, vier Kavallerie-Abteilungen und 50 Artillerie-Regimenter, insgesamt 1.300.000 Soldaten aus Kampf- und Territorialheer, hinter denen weitere 700.000 Mann standen, die noch ausgebildet werden mussten beziehungsweise nur zum Teil ausgebildet waren und die man im Notfall mobilisieren konnte[24]. Und dennoch lag auf dem Weg der Neuorganisation ein unvorhergesehenes Hindernis und ein schwer zu zerstreuender Zweifel: zum einen die Entscheidung der Regierung, sich 1911 auf die lange, kostenaufwendige (und improvisierte) Kampagne zur Eroberung Libyens einzulassen, und zum anderen, wie es um die Loyalität der Massen von Wehrpflichtigen stand, für die die obersten Ränge der Militärhierarchie traditionell wenig Worte des Lobes übrighatten.

Italiener zu den Waffen

Wie die Streitkräfte der meisten europäischen Länder (außer Großbritannien) waren auch die italienischen Streitkräfte von der massiven Rekrutierung abhängig, die man über die obligatorische allgemeine Wehrpflicht gewährleistete: Anfang 1914 war weniger als einer von zehn Italienern Berufssoldat[25]. Ab 1863, nachdem man die Wehrpflicht im gesamten Gebiet des neuen italienischen Königreichs eingeführt hatte, musste sich jeder männliche Italiener im Alter von zwanzig Jahren einem Arztbesuch unterziehen, bei dem er je nach Gesundheitszustand für tauglich, das heißt für die Militärausbildung und den möglichen Kriegseinsatz geeignet, erklärt oder aber ausgemustert wurde[26]. Theoretisch sollten die meisten Wehrdiensttauglichen anschließend ins Heer „eingegliedert", also rekrutiert und der Ausbildung in der Kaserne unterzogen werden, in der sich ein Regiment der Infanterie, der Artillerie, der Kavallerie oder Pioniertruppen befanden. Dort dienten sie fünf, vier, drei oder zwei Jahre, je nach herrschendem Reglement. Nach der Entlassung wurden sie Reservisten und waren verpflichtet, sich bei Einberufung zum Dienst zu melden. Im italienischen Heer bildeten zu Beginn des Ersten Weltkriegs diejenigen, die sich gerade im Militärdienst befanden oder erst vor Kurzem entlassen worden waren, das stehende Heer (1915 waren das die zwischen 1886 und 1895 Geborenen). Die noch einsatzfähigen Reservisten (geboren zwischen 1882 und 1885) bildeten die *milizia mobile*, die nur im Fall einer allgemeinen Mobilmachung einberufen wurde, um die Einheiten zu vervollständigen oder bei Bedarf weitere aufzustellen. Die älteren Jahrgänge, die noch im Militärdienst standen, aber nicht mehr für die Anstrengung des Krieges geeignet waren (zu Beginn des Krieges die Jahrgänge 1876 bis 1881), bildeten zusammen mit den Männern, die aus unterschiedlichen Gründen eine kürzere (oder gar keine) Militärausbildung erhalten hatten, die *milizia territoriale* (ironischerweise als *i terribili*, die „Schrecklichen", bekannt)[27]. Formal entsprach diese Anordnung dem Prinzip der „Nation in Waffen" und war geistiges Erbe der Französischen Revolution, demzufolge alle erwachsenen Männer Bürgersoldaten waren, die nicht nur die Pflicht, sondern auch das Recht besaßen, zur Verteidigung der Gemeinschaft Waffen zu tragen[28]. In der Praxis war die allgemeine Wehrpflicht, in Italien wie im übrigen Europa, oft eher ein abstraktes Prinzip als Realität.

In Wirklichkeit war in allen europäischen Heeren die Wehrpflicht mit ihrer ganzen Belastung, ihrer Unterwerfung unter rigorose Disziplin und ihrem Zeitaufwand vor allem den Söhnen der unteren Schichten vorbehalten: Selbst im Heer der französischen Republik gab es Anfang des 20. Jahrhunderts noch verschiedene Möglichkeiten – vor allem für die, die über die nötigen Mittel verfügten –, sich von dieser unliebsamen Pflicht freizukaufen[29]. Erst als sich die Bedrohung eines immer weiter um sich greifenden Krieges konkretisierte, befanden es die europäischen Armeen für notwendig, auch die üblicherweise befreiten Kategorien (wie Landbesitzer, Freiberufler und Selbstständige) in die Uniform zu zwingen, wenn auch meist für kürzere Dienstzeiten sowie als Unter- oder Reserveoffiziere[30]. In Italien betrafen die verhasstesten Befreiungen einige privilegierte Kreise (in erster Linie Geistliche und Studenten) sowie Wohlhabende, die eine „Befreiungssteuer" zahlen konnten. Im Lauf der Siebziger- und Achtzigerjahre des 19. Jahrhunderts schaffte man diese Privilegien sukzessive ab. Da es sich der Staat aber nicht erlauben konnte, alle Wehrdiensttauglichen über Jahre auszubilden, zu kleiden und zu ernähren, ließ man lange Zeit das Los darüber entscheiden, wer den langen Wehrdienst anzutreten hatte (I. Kategorie) und wer nur wenige Wochen oder überhaupt nicht ausgebildet wurde (II. und III. Kategorie). Dabei war es sogar möglich, seine Losnummer gegen Bezahlung auszutauschen[31]. Diese Praxis war nicht unüblich in den damaligen Streitkräften, die gezwungen waren, zumindest auf dem Papier über riesige Truppenkontingente zu verfügen, aber für die Ausbildung aller wehrpflichtigen Männer gar nicht die finanziellen Mittel besaßen. In der Doppelmonarchie entschied das Nummernlos über die Dauer des Wehrdienstes und ordnete die Rekruten der Gemeinsamen Armee zu, einem der beiden nationalen Heere (dem österreichischen oder dem ungarischen) oder der Ersatzreserve, die überhaupt keine Ausbildung erhielt[32]. Auch in Italien beschränkte sich die sogenannte „Blutsteuer" auf eine relativ kleine Gruppe von Armen und Analphabeten, die keinerlei Mittel hatten, um sich vom Einzug freizukaufen. In den ersten Jahren des vereinten Nationalstaats wurde ein Drittel der männlichen Bevölkerung ausgemustert, ein Viertel der Männer (vor allem aus den südlichen Regionen) erschien gar nicht erst zum Eignungstest, was sie zu Wehrdienstverweigerern machte, und fast 60 % der Wehrdiensttauglichen (die tatsächlich verpflichtet wurden und eine Uniform anzogen) waren Tagelöhner und Hirten. Diese systematische soziale Diskriminierung hatte zur Folge, dass trotz des ernsthaften Versuchs, den Eingezogenen eine elementare Schulbildung zu vermitteln (über viele Jahre investierte die italienische Armee in „Regimentsschulen" in den Kasernen, um die Analphabeten zum Unterricht zu zwingen), der italienische Infanterie-Soldat in der Regel viel ungebildeter war als sein europäischer Kollege: Letztlich blieb er „ein Bauer, der lernte, ein Gewehr zu putzen und eine Patronentasche zum Glänzen zu bringen"[33]. Im Lauf der Zeit wurde zwar deutlich, dass die italienische Kaserne sehr wohl eine Rolle dabei spielen konnte, die Rekruten gewissermaßen zu zivilisieren (viele von ihnen hatten noch nie eine Zahnbürste gesehen und hatten keine Tischmanieren). Aber diese mehr oder weniger ungebildeten Bauern in leistungsstarke, überzeugte Soldaten zu verwandeln war dann doch eine ganz andere Sache. Zwar sind die italienischen militärischen Memoiren reich an Anekdoten über die rührende naive Anhänglichkeit dieser Rekruten von schlichtem Gemüt, doch enthalten sie ebenso viele erhellende Beobachtungen darüber, was man maximal von diesem kulturell beschränkten Material, das in die Infanterie-Kasernen kam, erwarten konnte: einen Haufen einfältiger Wachposten und folgsamer, König und Vaterland ergebener Offiziersdiener[34]. Außerdem wurden die Soldaten aus der italienischen Zivilbevölkerung aus Gleichgültigkeit und Kostengründen bis zu Beginn des Weltkriegs viel zu selten zur Auffrischung ihrer Schulung einberufen. Viele von ihnen wurden nicht einmal vorstellig (manche waren in der Zwischenzeit ausgewandert, viele andere mussten weiterarbeiten, um sich das Überleben zu sichern) und nur ein kleiner Teil (meist nicht mehr als ein Viertel) derer, die sich einfanden, wurde letztendlich allenfalls für ein paar Wochen neu aufgestellt: Das schwächte die (ohnehin schon lose) Bindung an das Regiment, in dem der Rekrut gedient hatte, ebenso wie seine Fähigkeit, mit der Waffe umzugehen oder einen bestimmten Befehl zu befolgen[35].

Das Prinzip der fast ausschließlich nationalen Rekrutierung, das mit der Entstehung des Nationalstaats festgelegt und nicht mehr aufgegeben wurde, schuf ein weiteres Problem für die italienischen Streitkräfte. Einen Großteil des liberalen Zeitalters hindurch bedeutete der Wehrdienst für einen jungen Italiener, zusammen mit weiteren Wehrpflichtigen aus zwei oder drei anderen Regionen einige Jahre Ausbildung unter ziemlich harten Bedingungen in einer Kaserne zu verbringen, die hunderte oder tausende Kilometer von zu Hause entfernt lag[36]. Dieser Mechanismus, dem nur die Gebirgstruppen entgingen, die man aus den umliegenden Bergregionen rekrutierte, hatte nichts mit technischer Effizienz zu tun, vielmehr erfüllte er das pädagogische Kriterium: die Kaserne solle als „Schule der Nation" fungieren. Die Rekruten waren gezwungen, ihre Heimatdörfer zu verlassen und jahrelang mit Italienern aus anderen Regionen (die andere Dialekte sprachen) zusammenzuleben. Gleichzeitig mäßigte dieses Vorgehen die Staatsführung in ihrer Besessenheit, überall revolutionäre Umtriebe zu wittern[37]. Die Gründerväter der nationalen Armee wollten sich die Streitkräfte nur allzu gern als eine geschlossene Gesellschaft vorstellen. Darin verbarg sich sicherlich ein typischer *Habitus* des Ancien Regime – denn einen Graben zwischen Militär und Zivilgesellschaft zu ziehen verringerte auf jeden Fall die Möglichkeit von Aufständen in Jahren, in denen sich Regierende und Generäle der Stabilität des jungen geeinten Nationalstaats, der Loyalität der neuen Untertanen und selbst der Vertrauenswürdigkeit der eigenen Soldaten keineswegs sicher waren[38]. Zum einen bestanden die Regimenter aus Wehrpflichtigen, die sich aufgrund ihrer unterschiedlichen Dialekte kaum untereinander verständigen und nur mühsam mit der Bevölkerung der Stadt, in der sie stationiert waren, kommunizieren konnten, zum anderen änderten sich auch noch die Gebiete, aus denen man rekrutierte, genauso schnell wie die Garnisonssitze. 1903 fand sich ein Hauptmann im Dienst des 65. Infanterie-Regiments, das in Verona stationiert war, wo er Rekruten aus der Lombardei, der Emilia-Romagna und den Marken ausbildete; zwei Jahre später war das Regiment nach Cremona an einen neuen Sitz verlegt worden und der Hauptmann befehligte nun Wehrpflichtige aus Pinerolo, Nola, Pistoia, Reggio Calabria und Rom[39]. Dieses „militärische Nomadentum", das sowohl die Berufssoldaten (vor allem die Offiziere, die bei jeder Beförderung versetzt wurden) als auch die Einheiten schwer belastete, erwies sich bei einer allgemeinen Mobilmachung als äußerst schwerfällig. Tausende auf der gesamten Halbinsel Verstreute mussten in diesem Fall den Sitz ihres jeweiligen Regiments erreichen oder sogar ihre Einheiten einholen, die sich bereits auf dem Weg an die Front befanden (das widerfuhr vielen Reservisten zu Beginn des Ersten Weltkriegs). Noch Monate nach Kriegsbeginn konnte es passieren, dass zwischen dem Aufruf zur Mobilmachung und der Ankunft im eigenen Regiment Wochen vergingen, in denen die Soldaten orientierungslos von einer Behörde zur anderen irrten: Im Oktober war Giuseppe Pozzobon aus Castelfranco Veneto einberufen worden. Er gehörte zum 67. Infanterie-Regiment und sollte sich zunächst im Militärbereich von Treviso melden, wo man ihn registrierte und einkleidete, um ihn dann zum Regimentsdepot nach Mantua zuschicken. Dort unterzog man ihn einigen zusätzlichen medizinischen Untersuchungen und schickte ihn ein paar Tage später mit dem Zug ins

Verteilungszentrum nach Palmanova. Hier ordnete man ihn schließlich, einen Monat nach seiner Einberufung, einem für den Einsatz an der ersten Frontlinie am Isonzo bestimmten Bataillon zu, das aber wegen Mangel an Nachschubkräften blockiert war[40].

Angesichts dieser offenkundigen Ineffizienz gab man die nationale Rekrutierung schon im ersten Kriegsjahr zugunsten eher territorial geregelter Systeme wieder auf, die es erlaubten, eine Einheit sehr viel schneller einzuberufen und mit Waffen zu versorgen[41]. In der ersten Phase der allgemeinen Mobilmachung schuf man *ex novo* einfach (und vor allem schnell) fünfzig neue Infanterie-Regimenter der *milizia mobile*, indem man alle verfügbaren Wehrpflichtigen aus der Umgebung, in der sich auch die Depots der ständigen Regimenter befanden, zusammenrief. Im März 1915 entstand so die Brigade *Liguria* (157. und 158. Infanterie) in Genua, und als sie sich im Mai an die Front aufmachte, kam auch der Großteil der Soldaten aus Genua. Die Brigade *Campania* (135. und 136. Infanterie) rekrutierte ihre Soldaten aus der Umgebung des Depots des 64. Regiments, das in jenen Jahren in Salerno stationiert war, und im Juni, als sie an der Isonzo-Front zwischen Ronchi und Monfalcone aufgestellt wurde, bestand sie fast ausschließlich aus Soldaten aus dem Raum Neapel[42]. Die Tatsache, dass diese Einheiten letztlich exzellenten Zusammenhalt und Schlagkraft bewiesen, ebenso wie das 115. Infanterie-Regiment *Treviso* (im März 1915 aus dem Raum Treviso zusammengerufen) oder die Regimenter der berühmten Brigade *Sassari* (vornehmlich aus Sarden bestehend), beweist deutlich, dass das verbreitete Misstrauen in die Zuverlässigkeit der wehrpflichtigen Soldaten vor allem in einer kollektiven Psychose begründet lag.

Tatsächlich wurde die Wehrpflicht im Lauf einiger Jahrzehnte im geeinten Italien mit all ihren folkloristischen Ritualen (die „Jahrgangsfeste" und die „Mittagessen der Wehrpflichtigen" waren in den kleinen Dörfern regelrecht mondäne Ereignisse) und symbolischen Werten (die „ärztliche Musterung", bei der viele italienische Jugendliche zum ersten und einzigen Mal in ihrem Leben, von einem Arzt eingehend untersucht und zum Abschluss von höchster Staatsstelle für „erwachsen" erklärt wurden) Teil der italienischen Identität: Wie auch in anderen europäischen Nationen wurde sie, wenn nicht geliebt, auf jeden Fall akzeptiert[43]. Hilfreich für dieses resignierte Hinnehmen der *naja*[44] (so nannte man die Wehrpflicht im Kasernenjargon) war auch ihre schrittweise Verkürzung. In den Sechzigerjahren des 19. Jahrhunderts erlitten viele Zwanzigjährige, die aus ihren süditalienischen Dörfern für fünf lange Dienstjahre in Kasernen in Städten im Zentrum und im Norden Italiens aufbrachen, eine Entwurzelung aus ihren Ursprungsgemeinschaften, von der sich nur wenige vollständig erholten. 1910 setzte der Kriegsminister endlich die Verkürzung des Wehrdienstes auf zwei Jahre für die Rekruten erster Kategorie durch. Da man zugleich die meisten Ausnahmeregelungen abgeschafft hatte, passte die Last des Militärdienstes immer besser in die Vorstellung von demokratischen Grundlagen, wie sie Vaterlandsgründern wie Pasquale Villari vorgeschwebt hatten, der eine Einrichtung gefeiert hatte, in der der Edelmann aus Mailand und der Ziegenhirt aus dem Apennin ihre Aufgaben und Mühen miteinander teilten[45].

Nicht alle Diskriminierungen waren zum Zeitpunkt der Krise von Sarajevo bereits beseitigt (bei der Musterung des Jahrgangs 1891 verpflichtete man von den auf den Listen aufgeführten Bauern mehr als die Hälfte, von den Freiberuflern oder den Studenten aber nur jeden Dritten), dennoch war die Wehrpflicht, auch wenn sie noch nicht sämtliche Bauern in „Italiener" verwandelt hatte, Anfang des 20. Jahrhunderts weitgehend akzeptiert[46]. In den Kasernen begegnete man zunehmend Freiberuflern und Studenten, auch wenn die Söhne des städtischen Bürgertums weiterhin Zugang zu privilegierten Formen des Dienstes hatten, wie etwa ein „Freiwilligenjahr" gegen Bezahlung oder Kurse für Offiziersanwärter der Reserve, von denen die einfachen Leute ausgeschlossen blieben. Der Prozentsatz an Verweigerern sank auf ein Minimum, auch wenn es (vor allem im Süden) immer noch eine ganze Menge davon gab. Und obschon sich die Einberufenen in den seltensten Fällen „froh und gut gestimmt präsentierten", ging die Zahl derjenigen, die sich der Wehrpflicht zu entziehen versuchten, indem sie Krankheiten simulierten oder sich selbst verstümmelten, mit der Zeit auf wenige Hundert zurück[47]. Gleichzeitig entwickelte sich dieser zusammengewürfelte, nicht gerade enthusiastische Haufen junger Männer, die dem Joch einer rigiden Disziplin unterworfen und in heruntergekommenen feuchten Kasernen untergebracht waren, zu einer nationalen Gemeinschaft – bewaffnet und weitaus verlässlicher, als es sich ihre Kommandeure (und verantwortlichen Staatsbeamten) je hätten vorstellen können.

Wenn sie ihre Zuverlässigkeit unter Beweis stellen mussten, enttäuschten die wehrpflichtigen Soldaten nicht. 1898 wurden 130.000 Reservisten einberufen, um die landesweiten Revolten niederzuschlagen. Die von Armeekommando und Regierung gefürchteten Massendesertionen oder Meutereien blieben aus, obwohl die sozialistische Partei kräftig antimilitaristische Stimmung machte[48]. Zwölf Jahre später, im September 1911, beschloss die Regierung unter Giovanni Giolitti die Eroberung der osmanischen Provinzen Tripolitanien, Kyrenaika und Fessan im später „Libyenkrieg" (1911–1912) genannten Feldzug. Dafür bot man bis zu 100.000 Mann auf, größtenteils Wehrpflichtige und Reservisten. Ans Kommando rief man General Carlo Caneva, den Dienstältesten im Heer (zwei Jahre älter als Cadorna) und Veteran der glücklosen Feldzüge in Ostafrika. Er trat das Amt ohne große Begeisterung an, da er fürchtete, ein zweites Adua erleben zu müssen. Lange hieß es auch, man habe Caneva vorgezogen, da er Cadorna bei den großen Sommermanövern in jenem Jahr eindeutig geschlagen hätte, doch tatsächlich gibt es überhaupt keine Beweise dafür – weder dass Letzterer für diesen Kommandoposten tatsächlich in Betracht gezogen worden wäre, noch dass man ihn um seine Meinung über die Risiken der Operation gebeten hätte[49]. Aller Wahrscheinlichkeit nach hätte er, wäre er um Rat gefragt worden, eine optimistische und leicht überhebliche Einschätzung gegeben, die sich nicht von der jedes anderen hohen Offiziers ohne koloniale Erfahrung unterschieden hätte. Einige Tage nach Beginn des Feldzugs sollte er seinem Sohn (der sich freiwillig für die Besatzungstruppen gemeldet hatte) schreiben: „Es ist ein lächerlicher Feldzug, der auf eine Besitznahme oder wenig mehr zu reduzieren sein wird. Die Türkei wird aufgeben, sobald sie es ohne Gesichtsverlust tun kann". Hier wird deutlich, dass die italienische Militärkultur seit

Adua in der realistischen Einschätzung der eigenen Möglichkeiten kaum Fortschritte gemacht hatte[50]. Gewiss fiel sein Name, als in den folgenden Monaten der Ruf nach einem aggressiveren Kommandanten lauter wurde. Am Ende entschied sich die Regierung für den diplomatischen Weg: Caneva, der in der Presse längst miserabel dastand (Luigi Barzini, der damals bekannteste Kriegskorrespondent, beschrieb ihn als „einen stumpfsinnigen, ausgebrannten, vernichteten Mann [...], einen Ausbund an goldbetresster Dämlichkeit"), beorderte man ins Vaterland zurück und beförderte ihn; die auf zwei Provinzen verteilte Truppe wurde untergeordneten Generälen überantwortet und Cadorna blieb in Europa und ließ sich in Briefen (nicht grundlos) vernichtend über den beschämenden Verlauf des Feldzugs aus[51].

In der Tat war der Feldzug im Zeichen der Improvisation organisiert worden und die Konsequenzen ließen nicht lange auf sich warten. Da sie zahlenmäßig überlegen und weitaus besser bewaffnet waren – wenn auch ohne gesicherte Informationen, dazu von zermürbenden Überfällen aus dem Hinterhalt überrascht und von unerfahrenen Offizieren angeführt –, eroberten die Italiener mit Leichtigkeit die Küstenstädte (Tripolis konnten sie nach wenigen Kanonenschüssen friedlich einnehmen). Doch kaum wagten sie sich ins Hinterland, kam es zu blutigen Gemetzeln[52]. Das Massaker an 500 Soldaten, die sich in der Oase von Sciara Sciat ergeben hatten, versetzte die Truppe in Panik: Wie Caneva hatten viele noch die demütigende Erinnerung an Abessinien im Gedächtnis[53]. Doch selbst in dieser schwierigen Situation erwiesen sich die Soldaten als mutig und zuverlässig. Trotz der miserablen Überlebensbedingungen (zwei Drittel der 3.500 Gefallenen starben an Krankheiten) und der Schwierigkeiten eines Krieges, für den sie nicht im Geringsten ausgebildet waren, und trotz des verspäteten Einsatzes besserer Technologie (Luftschiffe und Flugzeuge zur ersten Luftaufklärung wurden erst lange nach den ersten Landungen eingesetzt) hielten sich die italienischen Truppeneinheiten tapfer. Einige wie die schnellen *Bersaglieri*-Regimenter oder die Gebirgsjäger erkämpften sich einen Ruf für ihr Durchhaltevermögen, den sie nie wieder verloren[54]. In Italien gab es zahlreiche Proteste gegen den Krieg (wenn auch unorganisiert), doch zu einer Rebellion unter den Abertausenden Wehrpflichtigen (wie vom obersten Heereskommando befürchtet) kam es nicht. So erlangte der Fall von Augusto Masetti, einem Anarchisten, der mit dem Ausruf „Nieder mit der Armee!" auf seinen Offizier schoss, vor allem Bekanntheit, weil er der einzige bleiben sollte[55].

Die öffentliche Unterstützung für den Kolonialisierungsfeldzug und die Tatsache, dass es auch sonst im Land nicht zu einer offenen Ablehnung kam, war unter vielerlei Aspekten das Ergebnis einer lang anhaltenden patriotischen Mobilisierung, der Herausbildung eines kulturellen Klimas, das ein aufmerksamer Beobachter wie der Historiker Gioachino Volpe den „vielgestaltigen Nationalismus" nannte: Im Jahr 1911 erreichte die nationalistische Begeisterung ihren Höhepunkt während der kollektiven Festlichkeiten zur Fünfzigjahrfeier der italienischen Einheit[56]. „L'anno santo", „das heilige Jahr", des Dritten Italien, so der Dichter Giovanni Pascoli, stand im Zeichen der kriegerischen Heldenerzählung und des Hochgefühls angesichts des großartigen Schicksals, das einer kämpferischen und siegreichen Nation, der würdigen Erbin des

Römischen Reichs, in Aussicht stand[57]. Der Ruf nach einer immer angriffslustigeren Außenpolitik und die Verherrlichung der kriegerischen Identität Italiens beherrschten eine Öffentlichkeit, die sich immer emotionaler (um nicht zu sagen hysterisch) nationalistisch äußerte[58]. Die Studenten ließen die Freiwilligen-Tradition des Risorgimento wiederaufleben, indem sie paramilitärische Verbände mit etwas albernen, hochtrabenden Namen gründeten wie *Battaglione volontari Tito Speri* und *Compagnia Volontari Ciclisti*, die Kompanie freiwilliger Radfahrer[59]. 1914 zählte man etwa fünfzig solcher Studentenbataillone in ganz Italien, die spontan an den Hochschulsitzen oder auf Initiative patriotischer Vereinigungen entstanden waren. Ihre etwa 5.000 Anhänger hielten regelmäßig an den nationalen Schießständen Übungen ab[60]. Diese Studentenbataillone waren nicht die einzigen; weitere paramilitärische, nicht minder folkloristische Gruppierungen entstanden: Im *Corpo nazionale dei volontari ciclisti e automobilisti* (Freiwilligen-Nationalkorps der Rad- und Autofahrer) kamen Hunderte Bürger aller Schichten zusammen und im Jahr 1912 rief man im Cadore den *Battaglione Volontari Alpini* (Bataillon der freiwilligen Gebirgsjäger) ins Leben, nach dessen Vorbild überall in den Bergen weitere Verbände entstanden. Diese Freiwilligenwehren unterstanden dem Kriegsministerium und waren ein ganz neues Phänomen im jungen italienischen Nationalstaat, auch weil sie zeigten, wie das angespannte Warten auf einen unausweichlichen großen internationalen Konflikt soziale und kulturelle Bevölkerungsgruppen (etwa das städtische Bürgertum in Norditalien) mobilisierte, denen der Waffengebrauch traditionell eher fremd war[61].

Seit jeher waren die Berufssoldaten äußerst misstrauisch gegenüber jeder Form von freiwilligem Engagement und sie bezweifelten stark, dass diese Verbände dem Reich irgendeine zusätzliche Schlagkraft geben könnten (in der Tat wurden sie zu Kriegsausbruch umgehend aufgelöst). Was die Streitkräfte dagegen begeisterte, waren die patriotischen Wallungen, die sich durch das Land zogen und die viele zu Recht als Zeichen dafür sahen, dass die Krisenjahre überwunden waren. Mit sachlichem Blick nahmen Beobachter aus dem Militär rasch wahr, dass der Libyen-Feldzug den italienischen Streitkräften viele neue Sympathien einbrachte. Tageszeitungen und Illustrierte übertrumpften einander in ihrer Darstellung der kolonialen Eroberung, in der sie den entfesselten Heldenmut von Offizieren und Soldaten hochleben ließen. Und überall in den Städten und Dörfern entwickelten sich die Festlichkeiten zur Verabschiedung der Truppen und für die aus Afrika zurückkehrenden Veteranen zu lauten, heiteren Zusammenkünften: „Das Erwachen des nationalen Bewusstseins angesichts der libyschen Unternehmung", wie Felice De Chaurand das Phänomen nannte (einer der Generäle, der den Afrikafeldzug angeführt hatte), offenbarte sich für das militärische Ansehen als positive Überraschung[62]. Unglücklicherweise erwies sich der Libyen-Feldzug unter praktischen Gesichtspunkten jedoch als ausgesprochen schlechte Idee. Nach Jahren hoher Sonderausgaben für die Verteidigung und zwölf Monaten Kampfhandlung war die Staatskasse leer und die neue konservative Regierung unter Antonio Salandra, die seit März 1913 im Amt war, beschloss, die bis dahin dem Kriegsministerium überlassenen unbegrenzten Kredite empfindlich zu kürzen. Mit diesem Wissen lässt sich das eher zweideutige Urteil verstehen, das das Militär dann über den Feldzug von 1911 fällte. Einerseits war es der „tausendmal gefeierte Libyen-Krieg", wie ihn einer der Wortführer des Generalstabs Felice Santangelo beschrieb; der patriotische Enthusiasmus für die Eroberung Libyens hatte bestätigt, dass sich die Italiener von den „verheerenden Verführungen des Antipatriotismus" entfernt und die Bedeutung ihrer eigenen Macht neu entdeckt hatten[63]. Andererseits war es eine extrem teure Unternehmung gewesen. Zwar hatten Berufssoldaten, Reservisten und Wehrpflichtige bei dieser Gelegenheit wertvolle Kampferfahrung gesammelt (was vielen von ihnen im Kriegsgeschehen drei Jahre später zugutekam), doch hatte man diese Erfahrung teuer bezahlt – mit Männern, Waffen und Ausrüstung, die dem italienischen Heer nun fehlten. Die Waffen- und Munitionsbestände für den Kriegsfall füllten sich nur sehr langsam wieder und waren mit Ausgaben verbunden, die den Waffenbestand eigentlich hätten verbessern sollen, statt ihn nur wiederherzustellen[64].

Diese Auffassung vertrat auch Cadorna: „Zu den bereits bestehenden Gründen, aus denen wir auf den Krieg nicht ausreichend vorbereitet waren, kamen die durch den gerade beendeten Libyen-Krieg hinzu", betonte er in der Einleitung seines monumentalen Werks über den italienischen Krieg[65]. Doch wenn man sich viele Jahre später daran erinnert, was die Hauptprobleme waren, die er zu bewältigen hatte, um die Armee in einen effizienten Zustand zu versetzen, dann war es nicht der Mangel an Waffen, Munition, Fahrzeugen und Offizieren, dem der zukünftige Generalissimus Priorität einräumte.

Die Italiener neu machen: Der Disziplinierungswahn in der italienischen Militärkultur

„Der Befehlshaber hat immer recht, gerade, wenn er unrecht hat", so lautete ein altes Sprichwort im sardischen Heer, an das Cadorna mit dem Verweis erinnerte, dieses Pflichtbewusstsein fehle den italienischen Streitkräften[66]. Er war fest davon überzeugt, Italien sei zu liberal und nachgiebig, es fehle an „sozialer Disziplin" (also dem Respekt der Bevölkerung vor dem Gesetz, den sozialen Hierarchien und den gesellschaftlichen Institutionen), was zu einer moralischen Schieflage führe, die unweigerlich das Heer der Wehrpflichtigen beeinträchtige. Ohne die absolute und unerschütterliche Ergebenheit gegenüber den Vorgesetzten stürze das gesamte militärische Gebäude ein: „1913 habe ich dem Kriegsminister gesagt, dass die Disziplin zusammenbricht"[67].

Luigi Cadornas (negativer) Ruf als strenger Verfechter einer eisernen Disziplin und des bedingungslosen Respekts gegenüber der Hierarchie, womit er psychologisch den Söldnerheeren des Ancien Régime verhaftet war und wenig Feingefühl für die Rechte der ihm untergebenen Bürgersoldaten zeigte, ist wohl einer der bezeichnendsten Aspekte der gesamten italienischen Kriegsgeschichte. „Sie flößen allen Angst ein", rief Regierungspräsident Boselli dem Generalstabschef bei einem Treffen Ende 1916 entgegen – und in der Tat war Cadorna stolz auf seinen Ruf als „harter Hund": „Die Nation war undiszipliniert, genau wie die Streitkräfte, und die einzig verfügbare

Maßnahme waren Erschießungen", vertraute er dem Journalisten Olindo Malagodi an[68]. Der Eindruck eines erbarmungslosen Kommandanten, der unfähig war, Mitgefühl für die ihm untergebenen Soldaten und Offiziere zu empfinden, und keinerlei Interesse an den realen Lebensbedingungen seiner Truppen hatte, war so stark, dass es selbst seine entschiedenen Befürworter und treuesten Mitarbeiter zur Kenntnis nehmen mussten, wenn auch nur im Privaten. Luigi Albertini, der äußerst einflussreiche Direktor der Tageszeitung „Corriere della Sera", der Cadorna lange verehrt und stets vor öffentlicher Kritik verteidigt hatte, fasste seinen Charakter treffend zusammen:

> Cadorna hatte eine abstrakte, absolute, unerschütterliche Auffassung von der Figur des Soldaten, dessen Pflicht es ist und war, sein Leben ohne jedes Zögern dem Vaterland zu opfern. Er handelte in der Annahme, dass seine Untergebenen von den obersten bis zu den untersten Rängen nicht das waren, was sie wirklich waren, sondern das, was sie *hätten sein sollen* ...[69].

Unter vier Augen pflichtete Angelo Gatti mit ähnlichen Worten bei, diese starrsinnige Vorstellung von Disziplin sei eine Realität und schade dem Heer: „Cadorna mag aufs Schassen der Generäle, auf die Erschießung der Soldaten setzen, doch damit wird er nichts erreichen"[70]. Die Untersuchungskommission zu Caporetto urteilte in ihrem 1919 veröffentlichten Abschlussbericht noch härter, indem sie von einem hysterischen Disziplinarregime schrieb, voller Gewalt und Willkür, allein bedingt durch den Willen von „General Cadorna, die Herrschaft über die Männer, die er zu befehligen hatte [...], vor allem auf Zwang zu gründen; Cadorna, der immer schon davon überzeugt war, unser Disziplinarregime sei zu milde gewesen"[71]. Bedenkt man, dass Cadorna selbst keine Gelegenheit ausließ, sei es in seinen privaten Aufzeichnungen oder in seinen Streitschriften, dieses Bild zu bekräftigen (im Werk *La guerra alla fronte italiana* [Der Krieg an der italienischen Front] beharrte er auf seiner Überzeugung, man müsse zu Beginn des Krieges „ohne Erbarmen zuschlagen", um die Disziplin in aller Strenge wieder einzuführen), verwundert es nicht, dass die Historiker kaum ein gutes Haar an dem italienischen Generalstabschef ließen. „Sadistisch" beschreibt recht gut die allgemeine Meinung darüber, wie der Generalstab während des Krieges das Reglement der Armee, das Personal und die Justiz gehandhabt hatte[72]. Allerdings versuchten nur wenige, darauf hinzuweisen, dass Cadorna damit keine Ausnahme bildete, sondern vielmehr ein typischer Vertreter der Tradition der italienischen Militärkultur des 19. Jahrhunderts war. Wie auch die Untersuchungskommission zu Caporetto einräumte, war die Vorstellung, die übertriebene Nachsichtigkeit der Militärjustiz bedrohe das italienische Heer, unter den Offizieren des Generalstabs weitverbreitet, vor allem bei der älteren Generation. Das wusste der Oberbefehlshaber nur zu gut, spiegelte seine Vision doch genau die herrschende Tradition wider[73].

Zu Beginn des Ersten Weltkriegs, noch bevor der Generalstab selbst zum obersten Gericht im Ausnahmezustand des Kriegsfalls wurde, reglementierten zwei Gesetzbücher das italienische Militär: der *Codice penale per l'esercito* (Strafgesetzbuch für das Heer), 1869 verfasst und 1870 in Kraft getreten, sowie das *Regolamento di disciplina militare* (Militärische Disziplinarordnung) von 1907[74]. Es mag etwas befremden, dass im 20. Jahrhundert die Streitkräfte einer Nation, die vornehmlich aus Wehrpflichtigen bestanden, einem über vierzig Jahre alten Gesetzbuch unterlagen, dessen Gesetze mit wenigen Ausnahmen denen des Königreichs Sardinien von 1859 folgten, die sich ihrerseits kaum vom Heeresstrafgesetz der sardischen Könige von 1840 unterschieden. Das bedeutete, es musste den Anforderungen eines Heeres im Dienst einer absoluten Monarchie entsprechen[75]. Zur Zeit seines Entstehens war es ein ausgesprochen moderner Kodex gewesen, nämlich das Ergebnis einer progressiven Tilgung längst überholter Vergehen und Verstöße. Die Abschaffung jeder körperlichen, als erniedrigend empfundenen Züchtigung, die Gewissheit eines rechtlich abgesicherten Verfahrens vor einem Gericht, die sorgfältige Abstufung des Strafmaßes je nach Schwere des Vergehens, die Verpflichtung zur Veröffentlichung der Akten und sogar der Verzicht auf ein Verfahren bei Unzurechnungsfähigkeit des Angeklagten waren bemerkenswerte Errungenschaften. Sie hatten die Lebensbedingungen der italienischen Soldaten (und Offiziere) merklich verbessert, vor allem, wenn man sie mit der Brutalität der Verfahren in Heeren unter halbfeudaler Herrschaftsmentalität wie etwa dem russischen verglich[76]. Doch ein halbes Jahrhundert nachdem dieses erste nationale Gesetzbuch entstanden war, war es bereits wieder überholt. Es fing schon damit an, dass es den Typ von Soldaten, für den die Todesurteile in einer Vielzahl von Fällen bestimmt gewesen waren, nicht mehr gab: Fälle wie Verlassen des Postens im Feld oder Überlaufen zum Feind, Insubordination oder Fahnenflucht, Marschverweigerung „im Angesicht des Feindes", Desertion oder Meuterei. Im Kriegszustand konnte ein wehrpflichtiger Italiener in mindestens 15 Fällen zum Tode verurteilt werden und das Gericht konnte lediglich entscheiden, ob die Schuld so gravierend war, dass die extrem unehrenhafte Exekution durch den Schuss in den Rücken angemessen war (es soll nicht unerwähnt bleiben, dass ein Soldat im österreichisch-ungarischen Heer wegen 54 verschiedener Vergehen zum Tod durch Strang oder Exekution verurteilt werden konnte)[77]. Doch die drastischen Strafen, die laut Kodex den Offizieren und Soldaten drohten, die Fahnenflucht begingen, Befehle verweigerten oder sich als Feiglinge erwiesen, waren für ein relativ kleines Heer gedacht, das aus semiprofessionellen Soldaten und Berufsoffizieren bestand, die eine Kasernensprache und klare Grundsätze verinnerlicht hatten. Dagegen waren Formeln wie „Ehrenkodex" und „Kämpfen bis zur Selbstaufgabe" für die über 5 Millionen Bürgersoldaten, die eher an eine zivile Rechtskultur gewohnt waren, nur schwer verständlich. Nun allerdings hatte der italienische Staat sie zusammengerufen, um einen Krieg zu bestreiten, der mehrere Jahre dauern sollte[78]. Dass das alte Heeresstrafrecht ganz und gar nicht mehr zeitgemäß war, sah man bereits an den ersten Verurteilungen wegen Fahnenflucht. Nach sage und schreibe achtundzwanzig Artikeln, die das Vergehen in Kriegszeiten definierten und bestraften, war ein Deserteur, wer auf „zwei aufeinanderfolgende Aufrufe" (innerhalb von 24 Stunden) nicht reagierte. Und von der Exekution war nur die „Desertion im eigenen Land" ausgenommen (darauf stand nur Gefängnis), nicht aber die Desertion im Kriegsgebiet[79]. Von den etwa 260.000 Offizieren und Soldaten, die zwischen dem 24. Mai 1915 und dem 3. November 1918 unter Anklage standen (nur ein Teil der über 400.000 Angeklagten), wurden über 100.000 von einem Militärgericht wegen Fahnenflucht verurteilt, doch in neun von zehn Fällen war das Vergehen im Land selbst begangen worden und nur bei einer geringen Anzahl, gerade einmal 2.600 Personen, hatte man nachgewiesen, dass sie desertiert waren, um sich dem Feind auszuliefern[80]. In Wirklichkeit waren die meisten der (sogenannten) Deserteure beurlaubte oder freigestellte Soldaten, die sich bei der Rückmeldung zu ihrer Truppe um mehr als einen Tag verspätet hatten, was oft an den großen Reiseschwierigkeiten lag, mit denen die Soldaten aus dem Süden und aus dem Zentrum Italiens auf ihrer Rückreise in die nordöstlichen Grenzgebiete konfrontiert waren: Mit der zunehmenden Verschärfung des Strafregimes und der gewaltsamen Unterdrückung, um das Phänomen der (echten oder vermeintlichen) Desertionen in den Griff zu bekommen, konnte es einem zurückbeorderten Soldaten, der fern von seiner Einheit angetroffen wurde, passieren, wegen einer Zugverspätung hingerichtet zu werden[81]. Wie Antonino Di Giorgio, einer der klügsten und einfallsreichsten Offiziere der „neuen Generation" (1924 wurde er Kriegsminister), feststellte, erwies sich das Strafgesetzbuch schon weit vor Beginn des Krieges als anachronistisch, denn viele darin aufgeführte Vergehen waren in einem modernen Krieg undenkbar und andere mögliche Vergehen blieben unberücksichtigt[82].

Ein weiterer wichtiger Text für den in Waffen stehenden Italiener war 1914 das *Regolamento di disciplina militare*. Der *Codice penale per l'esercito* war gewissermaßen die Bibel, die über Leben und (vor allem) den Tod bestimmte; das *Regolamento* legte sämtliche Vorschriften fest, die den Alltag und das Verhalten eines jeden Uniformierten detailliert regelten. Dabei handelte es sich nicht nur um eine Ansammlung genereller Anweisungen, die den Mikrokosmos der Kaserne am Laufen halten sollte, sondern vielmehr um einen Moralkodex, der jeden Lebensbereich einer geschlossenen Gemeinschaft durchdrang, der zum einen aus „Erziehern" bestand („all denen, die einen Rang bekleiden und eine Mission als Erzieher erfüllen", also professionelle Offiziere und Unteroffiziere) und zum anderen aus denjenigen, die es zu erziehen galt (die Wehrpflichtigen)[83]. Den idealen Soldaten beschrieb das *Regolamento* als jemanden, der die Uniform angelegt hatte, um einer moralisch anderen (besseren) Gemeinschaft beizutreten:

> Er lässt von der Eigenliebe ab und vom persönlichen Anliegen, um alles dem Körper, dessen Teil er nun ist, geben zu können: Dessen Ruhm und dessen Unglück werden sein Ruhm und sein Unglück; ein jeder wird von edler Nachahmung und Eifer erfasst [...], ein jeder wetteifert, um Ansehen und Ehre zu steigern, [...] und opfert bei Bedarf sich selbst[84].

Während der gesamten liberalen Epoche hatte man das Militär als eine „Schule" aufgefasst, die je nach Anforderung die Eingezogenen zivilisieren, in ihnen Bewusstsein und nationale Identität entstehen lassen und aus ihnen gute Italiener (und gute Soldaten) machen konnte. Doch in einer Zeit, in der sich die Streitkräfte von Chaos, Antimilitarismus und sozialer Auflösung bedroht fühlten, diente die Kaserne in erster Linie als Ort, an den Männer aus einer untergehenden Welt kamen, die umerzogen und neu geformt werden mussten: „eine einzige Familie", in der die Vorgesetzten die Rolle strenger, aber gerechter Väter einnahmen, die dafür sorgten, dass alle die nahezu klösterlich strikten Regeln einhielten, wo jeder Luxus, jedes übertriebene Vergnügen, jede Einmischung der Zivilgesellschaft verboten waren (den Offizieren war es ausdrücklich untersagt, politische Themen anzusprechen) – alles im Namen einer Ethik der Distanz, der Opferbereitschaft und des Pflichtgefühls, was selbst im militarisierten Europa jener Jahre seinesgleichen suchte[85].

Diese Erziehungsmission ließ sich nur durch eine eiserne Disziplin umsetzen, die selbst für damalige Verhältnisse extrem streng war: Offiziere und (insbesondere) Soldaten konnten für geringe Vergehen wie Unordnung im Kleiderspind oder einer kleinen Verspätung nach dem Ausgang mit langer Kerkerhaft bestraft werden. Und über allem schwebte ständig die Drohung, in die Strafzelle eingesperrt oder in eine Strafeinheit verlegt zu werden[86]. Zwar tendierte man in den meisten Regimentern und Kasernen dazu, die Soldaten so selten wie möglich den Disziplinarorganen zu übergeben (man ging davon aus, ein guter Offizier könne die Probleme selbst lösen), doch das änderte nichts daran, dass man in der italienischen Kaserne zu Beginn des 20. Jahrhunderts Moral, gutes Benehmen, Gesetz und Strafe mit extremer Strenge einforderte. Das alles erfolgte im Namen einer pädagogischen Strategie, die weniger darauf abzielte, den uniformierten Italiener zu zivilisieren und zu erziehen als ihn von Grund auf neu zu erschaffen. Natürlich darf man nicht davon ausgehen, dass die meisten Wehrpflichtigen oder auch nur ein großer Teil von ihnen an all diese hehren Sätze von Opferbereitschaft, Ehre, Pflicht und Treueschwur glaubten, wie sie im *Regolamento* standen, die ohnehin nur die wenigsten gelesen beziehungsweise verstanden hatten (die Vorschrift, „mit der eigenen Brust ein Schutzschild [für den Vorgesetzten] zu bilden", erschien sicher ganz besonders schwer nachvollziehbar)[87]. Auf jeden Fall brachten diese Vorschriften die Vision von Disziplin zum Ausdruck, wie sie den Berufssoldaten vorschwebte und dem an den Truppenspitzen weitverbreiteten Bedürfnis entsprach, Körper und vor allem Geist der Masse an Wehrpflichtigen neu zu formen. Die Grundlage dafür bildete ein gesellschaftlich relevantes Programm, das in den Fachzeitschriften auf große Zustimmung stieß[88].

Zweifellos stimmte Cadorna dieser neuen Disziplinarordnung begeistert zu – auch er war der Auffassung, dass die italienische Bevölkerung mehr Strenge, mehr Disziplin und mehr Respekt vor der Hierarchie brauchte. In seiner (später) berühmten *Istruzione tattica*, die nur wenige Wochen vor dem neuen *Regolamento* in Neapel erschienen war, beharrte er auf dem Prinzip der „Handlungseinheit" als Kernstück der Militärkunst: Spaltungen und Alleingänge waren schuld an den großen Katastrophen in den Schlachten des Risorgimento. Und so würde es immer wieder sein, wenn man Offiziere und Soldaten nicht dazu anhielt, „den Individualismus zu bremsen" und sich ausschließlich dem Willen eines einzigen Kommandanten zu unterwerfen[89]. Sehr ähnliche Worte finden sich im *Regolamento*, das jeden Soldaten dazu aufrief, sich an einem System zu orientieren, in dem jede Eigeninitiative eher als problematisch denn als positiv galt.

Die Notwendigkeit, Gewalt anzuwenden, erfordert die Vereinigung aller individuellen Willen, aus denen ein Heer besteht, unter dem höchsten Willen des Befehlshabers: Einheit von Handlung und Anstrengung, Einheit von Ausrichtung und Kommando. Daraus entsteht zuallererst die Notwendigkeit des sofortigen und absoluten Gehorsams gegenüber jedem Befehl von oben[90].

Cadorna fühlte sich gewissermaßen dazu berufen, den wahren, ursprünglichen Geist des *Regolamento* hervorzuheben, den ein allzu tolerant gewordenes Offizierskorps gefährdete. Im September 1914 übermittelte das Generalstabsbüro dem Kriegsminister eine detaillierte Revision der Auslegungskriterien der Strafverfahren und des Disziplinarkodexes, was zu einer grundlegenden Verschärfung der Strafmaße führen sollte: Die Vorsitzenden der Gerichte und der Disziplinarkommissionen sollten stärker kontrolliert werden und man drohte ihnen mit Amtsenthebung, wenn sie zu viel Milde walten ließen – der erste Schritt zu einer systematischen Praxis, die Militärjustiz dem Willen (und den fixen Vorstellungen) des Oberbefehlshabers zu unterwerfen[91].

Auf der anderen Seite ging es in der Disziplinarordnung nicht nur um abstrakte Normen: Der gute Soldat war auch (vielleicht sogar vor allem) ein nach moralischen Grundsätzen erzogenes Wesen. Cadorna war praktizierender Katholik und fest davon überzeugt, dass der Mangel an religiösem Empfinden in den Streitkräften eng mit der mangelnden Disziplin der Soldaten verknüpft war. Zwar war es ihm wichtig, dass sich die Kirche aus der Politik heraushielt und der Glaube eine Privatangelegenheit gebildeter und politisch einflussreicher Männer war. Doch zugleich teilte er voller Überzeugung die Vorstellung, „ein ehrliches Land [müsse] Gott zurück in die Kasernen bringen"[92]. Tatsächlich war die laizistische Identität der italienischen Streitkräfte zu der Zeit, als Cadorna Oberbefehlshaber wurde, eine eher ferne Erinnerung. Dreißig Jahre zuvor hatte Nicola Marselli, Autor der viel gelesenen Schrift *Vita del reggimento* (das laizistische Evangelium des guten Offiziers über weite Teile der liberalen Epoche), die italienischen Kasernen als Orte dargestellt, an denen religiöse Glaubensäußerungen verboten waren. Stattdessen sollten hier neue Riten ausprobiert werden, die sich auf den weltlichen Kult um den neuen Nationalstaat richteten, mit kollektiven Ritualen (Paraden, Festumzügen), mit neuen Heiligenfiguren (Monarchen und den Helden des Risorgimento) und einem neuen Glauben (die Unabhängigkeit des neuen Reichs und sein Ruhm)[93]. Damals war das Militär zweifellos der Kosmos, in dem sich eine sogenannte „laizistische Kultur" am ehesten herausbilden konnte[94].

Doch das zwanzigste Jahrhundert brachte den unaufhaltsamen Prozess einer Rekatholisierung der Streitkräfte mit sich. Als die italienischen Regimenter nach Libyen aufbrachen, hatte es sich der einflussreiche Kardinal von Pisa, Pietro Maffi, nicht nehmen lassen, die Fahnen zu segnen und den Schutz des Allmächtigen für die neuen Kreuzfahrer, die in den Kampf gegen die Ungläubigen zogen, zu erbitten[95]. Es überrascht nicht, dass in jenen Jahren Broschüren und erbauliche Schriften für Soldaten in Umlauf kamen, die Ehrgefühl, Disziplin, Christenliebe, Vaterlandsliebe und Frömmigkeit in neuer Verschmelzung zum Glaubenssatz erhoben:

> Ein guter und vollkommener Soldat ist einer, der unablässig und sorgfältig die Vorgaben der Disziplin, der Moral und der Religion beachtet [...], und nur dann, wenn viele das tun, werden das Heer und die Marine nichts weniger sein als das Bollwerk des Vaterlands, die große nationale Schule, an der sich die Seele an der alten italischen Tugend erbaut[96].

Cadornas Vision stimmte weitgehend überein mit der moralisierenden Ausrichtung der neuen Armeevorschriften und sie gründete auf einer Intuition, die sich unter vielerlei Gesichtspunkten als korrekt erweisen sollte. In den Reihen eines Heeres, in denen der Großteil der Wehrpflichtigen und Reservisten mehr oder minder ungebildete, gläubige (und oft abergläubische) Bauern waren, konnte die Anwesenheit von Prälaten, die die Tugenden des guten frommen Patrioten (Glaube, Gehorsam, Respekt und Mut) anmahnten, durchaus Konsens stiften. Der Einsatz der Kirche unter den kämpfenden Truppen, mit der Wiedereinführung von Militärseelsorgern (einen pro Regiment) im April 1915, und auf dem Gebiet der Propaganda und Fürsorge (mit der Einrichtung der von Don Antonio Minozzi geförderten *Case del soldato* [Soldatenheime]) sind die bekanntesten Aspekte dessen, was man die „geistliche Strategie" des Oberkommandos nennen könnte. Aber die ersten Schritte dieser (erfolgreichen) Politik wurden bereits vor Kriegseintritt unternommen und waren nicht mit der Kontingenz des Krieges verbunden, sondern mit einer tief verwurzelten Überzeugung über die Natur des italienischen Wehrpflichtigen[97]. Soldaten und Offiziere (vor allem die Wehrpflichtigen) waren in ein strenges Regime des absoluten Gehorsams einzubinden und gleichzeitig nach festen Regeln auszubilden, die darauf abzielten, die Laster des städtischen Lebens zu bekämpfen: Der gute Soldat war gemäßigt, ließ sich nicht gehen (Wein, „Glücksspiel" und „Branntwein" waren verpönt), er ertüchtigte und pflegte sich[98]. Kaum hatte Cadorna das Amt des obersten Befehlshabers der Streitkräfte angetreten, wurde er zum strengsten Verfechter des Vorsatzes, seine Soldaten in jeder Hinsicht rein zu halten. Auch auf ihren Freigängen mussten sich die Wehrpflichtigen von Kneipen und städtischen Vergnügungslokalen – „Orte des Verderbens und des Lasters, die den Soldaten vom rechten Weg abbringen können" – fernhalten. Die Offiziere hatten ihre Untergebenen dazu anzuhalten, sich „auf ehrliche Weise" zu vergnügen, und sollten jeden streng bestrafen, den sie „in betrunkenem Zustand" oder bei „wenig anständigem Verhalten dem anderen Geschlecht gegenüber"[99] antrafen. Seine Meinung zum Niedergang der modernen Gesellschaft war nicht gerade originell, aber es besteht kein Zweifel, dass Cadorna, noch bevor er mehr als eine Million junger Männer in den Krieg führte, aufrichtig davon überzeugt war, sie zu gesünderen Sitten bekehren zu müssen.

Zeitgenössische Beobachter und Zeugen haben immer wieder (negativ) auf den symbolischen Wert des Rundschreibens hingewiesen, das Cadorna am 19. Mai 1915 in Umlauf brachte und das als seine erste Amtshandlung als Generalstabschef gilt:

> I. Der Generalstab will, dass [...] im ganzen Heer eiserne Disziplin herrscht. Sie ist die unabdingbare Voraussetzung für den Sieg, den das Land vertrauensvoll erwartet und den ihm seine Streitkräfte liefern müssen.
> II. Es soll Disziplin sein, die aus dem Tiefsten der Seele kommt [...], spirituelle Disziplin und

zugleich formvollendete [...]: perfekte Ordnung und absoluter Gehorsam.
III. Erste Ursache, die schädlichste für den Zerfall der Disziplin ist die schuldhafte und bisweilen kriminelle Toleranz derer, die eigentlich ihre wachsamsten Hüter sein sollten. Keine Toleranz, egal aus welchem Grund, darf ungestraft bleiben.

Tatsächlich war die berüchtigte *Circolare n. 1* gar nicht die erste offizielle Amtshandlung des Oberkommandos. Denn obschon noch nicht formal eingesetzt (das erfolgte verfassungsrechtlich erst bei erklärtem Kriegseintritt), hatte das Oberkommando schon drei Tage zuvor den *Ordine di operazioni n. 1* für den ersten offensiven Ansturm Richtung Ostgrenze herausgegeben. Doch auf jeden Fall war diese erste offizielle Botschaft des neuen Oberbefehlshabers an seine Männer zu Kriegsbeginn schon recht ungewöhnlich (Cadorna bestand darauf, das Schreiben jedem Offizier auszuhändigen und es den Soldaten zu erklären). Luigi Segato, der 1915 dem Kommando einer Truppeneinheit in Karnien vorstand, zeigte die Widersprüche dieses Appells auf, der zwar zu Glauben und Vertrauen aufrief, aber zugleich vor allem erhebliche Strafen androhte: „Es wäre besser gewesen, dem Soldaten vertrauensvoll zu sagen, was man sich von ihm erwartete, bevor man ihm sagte, was man von ihm befürchten könnte"[100]. Seitdem haben Historiker immer wieder darauf hingewiesen, dass dieser Gründungsakt des italienischen Kriegseintritts im Grunde tiefes Misstrauen ausdrückte und den Generalstab von seinen Männern distanzieren musste[101]. Diese Interpretation ist sicherlich richtig, doch vergisst man dabei nur allzu leicht, dass dieses Misstrauen tief verwurzelt war und nicht nur den Oberbefehlshaber betraf.

III Das Warten auf den Krieg

Einigen gelte ich nun also als Diktator! Aber ich bleibe dabei:
In Momenten wie diesen [...] gehört alles in die Hände eines Einzigen.
(L. Cadorna an M. Cadorna, 15. Oktober 1914)

Einer allein hat das Sagen

„Cadorna wollte der *Comandante* sein und keiner konnte Druck auf ihn ausüben, ebenso wenig konnte ihm jemand Zugeständnisse abringen. Deshalb waren seine Beziehungen zu den Regierungen nicht gut [...]", schrieb Rodolfo Corselli 1937 als vielleicht erster Biograf, der sich dem Problem von Cadornas Kommandoauffassung eher kritisch näherte[1].

Dass der Oberbefehlshaber der italienischen Streitkräfte kontrollsüchtig war, unerreichbar für Kritik oder andere Ansichten, unerschütterlich im Hinblick auf seine eigenen Überzeugungen und keinerlei Zweifel an der eigenen Unfehlbarkeit hegte (oder unfähig war, eigene Fehler einzugestehen), ist ein so bekannter Charakterzug, dass er sogar in den offiziellen Berichten der Untersuchungskommission zu Caporetto Erwähnung fand: Darin bezeichnete man ihn als „stolz", „impulsiv", „egozentrisch" und aufgrund seines Größenwahns als letztlich von seiner Umwelt isoliert[2]. Genau diese Textstellen in den beiden umfangreichen Bänden der Untersuchungsakten erzürnten Luigi Cadorna aufs Äußerste. Für ihn war diese Attacke auf sein psychologisches Gleichgewicht der ungerechtfertigtste Teil eines böswilligen Angriffs auf seine Ehre. Dem galt es etwas entgegenzusetzen und so trug er in seinen polemischen Schriften (die größtenteils bis zu seinem Tod unveröffentlicht blieben) Aussagen zusammen, die ihn als guten, väterlichen Anführer zeigen sollten, der – außer Respekt und Furcht – auch Sympathie und Bewunderung hervorrufen konnte[3]. Das Problem war, dass bereits in den Kriegsjahren und gleich danach diesem von der Untersuchungskommission gezeichneten Bild seiner Person und seines Kommandostils von vielen Seiten zugestimmt wurde. Aldo Valori, der angesehenste Militärberichterstatter in den italienischen Medien und Autor einer der bekanntesten Abhandlungen zum Ersten Weltkrieg, die in den Zwanziger- und Dreißigerjahren erschienen, beschrieb ihn als einen „alten General [...], pingelig, aufbrausend [...], hartnäckig bis zur Sturheit, zu fixen Ideen neigend"[4]. Fortunato Marazzi, der bei Kriegsausbruch als Divisionskommandeur in den Dienst zurückkam und ein lautstarker Kritiker der Strategie des Oberkommandos war, sprach von einem unbeweglichen, starren Geist, voll fixer Vorstellungen und für jede Diskussion unzugänglich. Ettore Viganò, ehemaliger Kriegsminister und einer der wenigen noch lebenden Generäle aus der Generation der Schlachten des Risorgimento, beschrieb ihn als unausgeglichenen Geist, aufgeputscht durch seinen eigenen Personenkult und von „unbesonnenem Starrsinn"[5]. Eine besondere Beschreibung liefert Angelo Gatti, der immer wieder die Charakterschwächen einer Persönlichkeit zur Sprache brachte, an deren Größe er aber nicht zweifelte und

https://doi.org/10.1515/9783110693478-004

der gegenüber er stets eine unanfechtbare Loyalität an den Tag legte. Für Gatti besaß Cadorna eindeutig Führungsqualitäten, war aber so stolz auf seine eigenen Fähigkeiten als Planer und Organisator, dass er für jede Anregung von außen unzugänglich war; er war realitätsfern und unfähig, die eigenen vorgefertigten Vorstellungen an die Wirklichkeit anzupassen: „Cadorna akzeptiert keinerlei Diskussionen zu irgendeinem Thema, denn wie alle Gewalttätigen ist er nicht in der Lage, vorauszuschauen"[6].

Die psychologische Isolation und der Widerwille, sich auf Diskussionen einzulassen, den Cadorna immer wieder deutlich demonstrierte, erwiesen sich als echtes Problem. Wie die Erfahrung der anderen europäischen Kommandeure zwischen 1914 und 1918 eingehend zeigte, benötigte man für die Führung eines Heeres aus einer Masse von Bürgersoldaten eine gehörige Portion Fingerspitzengefühl, großes Geschick für die Verhandlungen mit den Zivilregierungen und die Bereitschaft, sich mit Themen ohne Bezug zum militärischen Leben zu befassen: sei es das Bemühen um Konsens oder systematisch organisierte Propaganda, bis hin zur zunehmend unverzichtbaren Konstruktion eines öffentlichen Bildes von sich selbst als siegreicher Führungspersönlichkeit. Diejenigen, die sich auf diese neue politische Dimension im Rahmen ihrer Führungsaufgabe einstellten, kamen voran, während die reinen Technokraten in Uniform früher oder später mit ihren Regierungen in Konflikt gerieten und ihres Amtes enthoben wurden oder dem Druck einer unzufriedenen Öffentlichkeit nachgeben mussten. Douglas Haig, seit 1915 Oberbefehlshaber des British Expeditionary Force, war ein gutes Beispiel für die erste Sorte General, der schnell gelernt hatte, sich in einem Netzwerk aus politischen Verbündeten und Beziehungen auf hoher Ebene zurechtzufinden. Diese Vorsichtsmaßnahme bewahrte ihn nach dem sinnlosen Massaker an der Somme im Sommer 1916 vor einer möglichen Amtsenthebung[7]. Helmuth von Moltke, ein Stratege der alten Garde ohne Händchen für Beziehungspflege, oder Joseph Joffre, nach der Schlacht an der Marne als Retter der Nation gefeiert, dem es dann aber nicht gelang, nach dem Massaker von Verdun die Unterstützung des Parlaments zu erhalten, gehörten zur zweiten Sorte[8].

Cadorna zeichnete sich gewiss nicht durch seine diplomatischen Fähigkeiten gegenüber Politikern aus, deren Einmischung in Strategie und Truppendisziplin er nicht duldete und zu denen er von den ersten Wochen seiner Amtszeit an in einem angespannten Verhältnis aus ständigen Reibereien und Auseinandersetzungen stand. Aber vor allem sollte sich sein Handeln im Alleingang auf die gesamte Organisation des oberen Heereskommandos der italienischen Streitkräfte auswirken, sowohl in der Phase der Neutralität als auch während des Krieges: „Er suchte und wollte niemandes Mitarbeit", schrieb Adriano Alberti. Dem muss man allerdings hinzufügen, dass seine Vorstellung von der obersten Kontroll- und Kommandostruktur der nationalen Streitkräfte – egozentrisch und anachronistisch – auf einer langen Geschichte der Ineffizienz gründete[9]. Tatsächlich war Anfang Sommer 1914 das Kommando des italienischen Generalstabs, aus dem die Oberste Heeresleitung gebildet werden sollte, eine leistungsschwache Struktur ohne klar verteilte Aufgabenbereiche, eine Mischung aus Studienlabor und Verwaltungsbüro, das sich sehr viel stärker mit den Belangen der Heeresorganisation befasste als mit der Vorbereitung auf zukünftige Kampf-

handlungen: Einzig die Programme der Mobilmachung waren sorgfältig ausgearbei-
tet[10]. Nach den langen vier Jahrzehnten bewaffneten Friedens auf dem europäischen
Kontinent nach dem Deutsch-Französischen Krieg hatten sämtliche obersten Heereskommandos eine schleichende Bürokratisierung durchgemacht – ihre eigentliche
Existenzberechtigung bestand allerdings weiterhin in der Planung eines Vernich-
tungskriegs. Diese Aufgabe wurde mehr oder weniger erfolgreich umgesetzt, zumindest stets unter bemerkenswertem Einsatz von Energie und Kompetenz. Unter Conrad
von Hötzendorf am Oberkommando der Gemeinsamen Armee von Österreich-Ungarn
beschäftigten sich fast 700 Offiziere mit Studium und Diskussion aller vorstellbaren
Kampfszenarien, denen die Reichsstreitkräfte möglicherweise gegenüberstehen würden[11]. Die Vielzahl dieser grandiosen Schlachtpläne, die jedem Kampfteilnehmer eine
rasche und siegreiche Schlacht zusichern sollten (wie der französische *Plan XVII* oder
der berühmte deutsche *Schlieffen-Plan*), bezeugt bis heute, wie hingebungsvoll die
europäischen Oberpriester des Krieges ihrer Mission nachgingen – auch wenn all ihre
Bemühungen, wie Paul Kennedy beobachtet hat, zum Scheitern verurteilt waren.
Heute bezeugen sie vor allem ihre Unfähigkeit, mit dem rasanten Wandel der damaligen Welt Schritt zu halten[12]. In Italien gesellten sich weitere Unwägbarkeiten hinzu,
die die Existenz und die Aktivitäten des Oberkommandos erschwerten. Zunächst
einmal war der militärischen Organisation des Königreichs ein verfassungsmäßig
anerkanntes und mit bestimmten Aufgaben ausgestattetes „Oberkommando" lange
fremd gewesen. Die Figur des Generalstabschefs als feste Position hatte man im Jahr
1882 eingerichtet, allerdings mit eingeschränktem Funktionsbereich. Enrico Cosenz,
der den Posten mehr als ein Jahrzehnt bekleidete, war im Grunde nur für die Leitung
von Studien zur Vorbereitung von Kriegskampagnen zuständig. Er war dem Kriegsminister untergeordnet und es war nicht vorgesehen, dass er im Kriegsfall automa-
tisch Kommandeur der Streitkräfte würde – diese Rolle war überhaupt nicht klar
zugeordnet[13]. Das *Albertinische Statut* sah ausdrücklich vor, dass die Leitung der
Streitkräfte dem Monarchen zukam (Art. 5, „der König [...] befehligt sämtliche Truppen
zu Land und zu Wasser"). Daran hatten sich die Savoyer wortwörtlich gehalten –
sowohl 1848 als auch 1859, und formal auch 1866, mit verheerenden Folgen. Es war
unvorstellbar, dass der König in einem modernen Krieg noch einmal das Kommando
über die Streitkräfte übernehmen würde. Doch die italienischen Könige liebten den
Familienmythos von einer Kriegerdynastie, die Zivilregierungen widersetzten sich
allzu großer Autonomie der militärischen Führung und das Militär wachte geradezu
eifersüchtig über die Aufrechterhaltung seiner exklusiven Domäne über das Kriegs-
material – all das sorgte dafür, dass man eine endgültige Entscheidung darüber, wer
im Kriegsfall das tatsächliche Kommando über die Streitkräfte innehaben würde, Jahr
um Jahr aufschob[14].

Im Jahr 1896 schließlich übernahm Tancredi Saletta das Amt, ein energischer
Artilleriegeneral aus dem Piemont. Saletta war davon überzeugt, das italienische
Militär benötige einen stabilen Oberbefehl, und so debattierte er erbittert mit der
Regierung, seinem Amt mehr Autonomie zu verschaffen, es aus der Abhängigkeit vom
Kriegsministerium zu lösen und vor allem sicherzustellen, dass derselbe General, der

alle Kriegspläne vorbereitet und koordiniert hatte, auch derjenige sein würde, der die Truppen tatsächlich an die Front führte[15]. Ab 1906 war der Generalstabschef allein für sämtliche Kriegsvorbereitungen (zu denen implizit die Truppenführung auf dem Schlachtfeld zählte) verantwortlich. Planung, Mobilisierungsmaßnahmen, Versammlung, Übungen, die Beziehungen zu alliierten Verbänden und sogar die Abkommen über eventuelle zusätzliche Einsätze entzog man der Kompetenz des Kriegsministeriums, das nun genau genommen nur noch die gigantischen Militärausgaben vor dem Parlament zu verteidigen hatte[16]. Man erweiterte die Führung des Generalstabs, die Ämter nahmen den Charakter eines modernen Kommandos an und das „Oberhaupt", der *Feldherr*, wurde eine vertraute Figur auch außerhalb der römischen Militärkreise, eine Art technokratisches Alter Ego des Monarchen, dessen Machtbefugnisse dem entsprachen, was man für die Spitzenposition in den Streitkräften mittlerweile als angemessen empfand[17].

Im Jahr 1912 hörte man anlässlich der Veröffentlichung des neuen *Regolamento* erstmals den Titel „Oberbefehlshaber" für den General, den der König mit „dem Kommando über das mobilisierte Heer" beauftragte, sofern er es nicht selbst übernahm (Art. 39): Ihm allein oblag „gänzlich und ausschließlich die Kriegsführung"[18]. Der Oberbefehlshaber war kein *primus inter pares* mehr, der die ranghöchsten Generäle koordinierte, sondern nun der tatsächliche Anführer der Streitkräfte, der immer weniger repräsentative Aufgaben zu erfüllen und dafür immer weitergreifende Machtbefugnisse hatte[19]. Da er nur dem König unterstellt war, der ihn ernannte und der allein ihn absetzen konnte, war er jeder tatsächlichen oder symbolischen Kontrolle durch Parlament und Regierung entzogen. Und in Ermangelung effektiver kollegialer Gremien, denen er rechenschaftspflichtig hätte sein können, stand außer Zweifel, dass bei einem künftigen Krieg der General an der Spitze der militärischen Hierarchie der in jeder Hinsicht absolute Verantwortliche der Streitkräfte werden würde. Cadorna gab sich nicht selbst den Namen *Comandante Supremo* (das wäre ein Akt der Hybris gewesen, der mit seiner strengen Loyalität den Institutionen gegenüber nicht zu vereinen gewesen wäre), auch wenn die größere Autonomie, die der Sieg des Militärs in der langen Auseinandersetzung mit der politischen Macht um die Kontrolle der Streitkräfte gebracht hatte, ganz in seinem Sinne war[20]. Gleich nach seinem Aufstieg an die Spitze verwendete Cadorna viel Zeit und Energie darauf, seine Autorität zu behaupten und dafür zu sorgen, dass seine Rolle und seine Entscheidungen sowohl vor den uniformierten Kollegen als auch bei den Ministern unanfechtbar wurden. Er war geradezu besessen davon, nicht kommandieren zu können, wie er es für nötig hielt, und vielleicht noch mehr von den ewigen Verschwörungen gegen ihn, von denen er fest überzeugt war. Seine Ernennung, so wie sie überliefert ist, spiegelt nicht nur seine Egozentrik und Besessenheit wider, sondern auch seinen Verschwörungswahn. Alberto Pollio war am 1. Juli 1914 infolge eines zu spät diagnostizierten Herzinfarkts verstorben. Sein plötzlicher Tod am Vorabend des Ersten Weltkriegs hatte düstere Mutmaßungen geschürt: Pollio – ein bekannter Verfechter der Dreibundidee, mit freundschaftlichen sowie verwandtschaftlichen Beziehungen zu Militärkreisen und zum niederen Adel in Österreich – sei angeblich zugunsten des entgegenkommenderen (und pro-französischen) Cadorna beseitigt worden[21]. Dies ist nur eine der zahlreichen, unsinnigen Verschwörungstheorien, mit denen die Geschichte Italiens gespickt ist. Um es mit Stefan Zweig zu sagen, war in den Tagen unmittelbar nach Sarajevo niemandem in Europa wirklich klar, was die Zukunft bringen würde. Die Sommerferien begannen wie gewohnt, prominente Persönlichkeiten (darunter Kaiser Wilhelm) scheuten sich nicht, Reisen anzutreten, die sie weit weg von den Zentren der Macht geführt hätten, und in den Hauptstädten, selbst in denen, die am unmittelbarsten von der Krise betroffen waren (und Rom gehörte nicht dazu), herrschte keine Katastrophenstimmung[22]. Auch wenn die Interpretationen über den Auslöser und die Entwicklung der Krise bis heute stark auseinandergehen, bestehen kaum Zweifel daran, dass im heißen Juni 1914 der österreichisch-serbische Konflikt keineswegs als Vorbote einer allgemeinen Kriegserklärung wahrgenommen wurde[23].

Die Entscheidung über die Nachfolge übernahm direkt nach Pollios Tod ein kleines Komitee aus drei als Armeekommandeur in Frage kommenden Generalleutnants (Cadorna selbst, Roberto Brusati und Luigi Zuccari) sowie Kriegsminister Domenico Grandi. Cadorna war sicherlich der renommierteste, wenn auch nicht der älteste Kandidat (Zuccari war gleichrangig, aber drei Jahre älter). Im Lauf der Konsultation spaltete sich das Komitee allerdings: Zwei Stimmen entfielen auf Cadorna und zwei auf Settimio Piacentini, der sehr viel jünger und nur zwei Monate später zum Generalleutnant befördert wurde[24]. Das war eine moralische Ohrfeige, deren formale Motivation (es galt, jemanden zu ernennen, der Kontinuität und Strenge garantierte) eine persönliche Abneigung kaum verbarg. In den Armeen von 1914 galt Jugend keineswegs als Vorteil, vielmehr war Seniorität fast überall das bevorzugte Kriterium bei der Auswahl der ranghöchsten Kommandeure. Von Moltke der Jüngere (um ihn von seinem renommierteren Onkel zu unterscheiden) war 66 Jahre alt, Joffre 62, genau wie Conrad von Hötzendorf und John French[25]. Das fortgeschrittene Alter der Generäle bot in den folgenden Jahrzehnten immer wieder Anlass zur Kritik: Ältliche und unsensible Männer, körperlich (und manchmal auch geistig) nicht mehr auf der Höhe, kulturell rückständig, sollten aus dem Komfort der luxuriösen Schlösser, die als Hauptquartiere fungierten, über Leben und Tod von Millionen junger Männer entscheiden[26]. Lloyd George äußerte sehr treffend: „Wie sehr sich viele Generäle in verantwortungsvollen Positionen darum bemühen, sich selbst keinen Gefahren auszusetzen, ist eine der zweifelhaften Neuheiten des modernen Krieges"[27]. In vielen Fällen handelte es sich um unbegründete Anschuldigungen. Zwar hatte das Beförderungssystem in den Streitkräften in Friedenszeiten tatsächlich eine gewisse Gerontokratie geschaffen, deren (vor allem psychologische) Nachteile sich besonders in den ersten Kriegsmonaten bemerkbar machten, als es den Generälen schwerfiel zu reagieren und ihre theoretische Ausbildung an die neuen Bedingungen auf den Schlachtfeldern anzupassen: „Das hohe Alter dominiert, sicherlich nicht das Talent", hieß es in der britischen Armee[28]. Auch darf man nicht vergessen, dass der zeitgemäße Kommandostil erforderte, dass der Oberbefehl aus Fachleuten in Sachen Planung, umsichtigen Verwaltungsexperten und kompetenten Analysten bestand – mitten in einem Netz sicherer Telefon- und Telegrafenverbindungen[29]. Im Jahr 1914 sahen die

Regeln der guten Kriegsführung nichts vor, was dem charismatischen Führungsstil eines Napoleon geglichen hätte oder dem Personenkult, wie man ihn im Zweiten Weltkrieg bei einigen Heerführern antreffen würde: Patton, Rommel oder Montgomery, die entschlossen waren, sich breite öffentliche Anerkennung zu sichern, indem sie sich als Kämpfernaturen darstellten und nicht als Salonstrategen[30]. Das hilft, Cadornas Empörung über die Vorstellung nachzuvollziehen, als zu alt für den Posten zu gelten (er ging sogar so weit, dem Minister seinen Verzicht anzubieten), und weshalb er so erfreut war (ein wenig von beflissener Miene maskiert), als der König, der das letzte Wort hatte, ihm die Aufgabe antrug[31].

Die Situation zum Zeitpunkt seiner formalen Amtseinsetzung (am 27. Juli) war nicht ganz einfach. Während die Minister und der Regierungspräsident miteinander die potenziellen zukünftigen Krisenszenarien und die eventuellen Vorteile, die Italien daraus ziehen könnte, diskutierten, bestürmten seine gleichrangigen Kollegen und (bis dahin noch) Verbündeten von Moltke und Conrad von Hötzendorf den neuen Oberbefehlshaber der Streitkräfte mit Nachfragen, wie Italien gedachte, seinen Verpflichtungen zur militärischen Unterstützung gegen Frankreich nachzukommen[32]. Cadorna seinerseits hatte sogleich begonnen, einen Plan für die Entsendung eines starken italienischen Kontingents an den Rhein zu schmieden, das an der Seite der deutschen Truppen kämpfen sollte. Am 31. Juli schickte er dem König in völliger Unkenntnis über die Absichten der Regierung einen Bericht über die Entsendung eines Korps aus mindestens fünf Truppeneinheiten nach Deutschland, um an den Kämpfen an der Westfront teilzunehmen, die er aus dem Geist (und dem verbürgten Wort) des Dreibunds heraus als Hauptoperationsgebiet betrachtete[33]. Von der Entscheidung, aus dem Bündnis auszutreten, die in eben jenen Stunden offiziell gefasst wurde, erfuhr Cadorna, wie er behauptete, erst nach dem Entschluss im Ministerrat und wenige Stunden vor ihrer Bekanntmachung:

> Ich musste gegen Frankreich vorgehen, und ich war mir fast sicher, dass der Krieg gegen Frankreich nicht stattfinden würde. Doch alle Befehle waren in diesem Sinne erteilt worden, der Aufwand war enorm gewesen. Das gesamte Heer brach gegen Frankreich auf. Am 4. [in Wirklichkeit am 3.] platzt die Verkündung von der Neutralitätserklärung herein. Keiner hatte mir etwas davon gesagt. Ich begebe mich sofort zu Salandra. Ich sage ihm: – Die Neutralität, die Sie erklärt haben, bedeutet, dass der Krieg gegen Frankreich nie mehr gemacht wird – Er antwortet: – Ja – Also, sage ich, was soll ich dann tun? – Er schaut mich an – Soll ich den Krieg gegen Österreich vorbereiten? Das scheint mir folgerichtig – Er sagt zu mir: Ja. Das ist richtig[34].

Man könnte die Verlässlichkeit dieser konfusen persönlichen Erinnerung anzweifeln (tatsächlich hatte Cadorna bereits am Morgen des 3. August Conrad und von Moltke geantwortet und ihnen erklärt, ihm sei aufgrund der von seiner Regierung erklärten Neutralität jede Art von Kollaboration unmöglich), würden nicht andere Darstellungen (einschließlich der des Ministerpräsidenten) mit diesem äußerst seltsamen Versäumnis, Cadorna über die Pläne der Regierung zu unterrichten, übereinstimmen. Inmitten der Krise am Vorabend des mehr als gewissen Kriegsausbruchs in Europa setzte die italienische Regierung ihre Verhandlungen und Einschätzungen fort, ohne sich weiter mit dem Verantwortlichen der Streitkräfte zu koordinieren, um ihn recht-zeitig über den Kurs in Kenntnis zu setzen, der seit Tagen heranreifte, nämlich nicht an der Seite Österreich-Ungarns zu den Waffen zu greifen[35].

Diese Unterlassung erscheint umso eigenartiger, wenn man bedenkt, dass die Botschafter in Wien und Berlin bereits informiert worden waren. Auf jeden Fall sah Cadorna in diesem Vorgehen weniger den eklatanten Beweis für die Oberflächlichkeit, die in diesen Tagen die politische Führung Italiens beherrschte, als vielmehr den deutlichen Versuch, ihn aus den Entscheidungsprozessen auszuschließen, aus Miss-trauen ihm gegenüber und aus einer traditionellen Voreingenommenheit bürgerlicher Politiker gegenüber Generälen[36]. Tatsächlich war dies kein Ausnahmefall. Wie in fast allen europäischen Großmächten (mit der Ausnahme von Großbritannien, wo das Reichsverteidigungskomitee Generälen, Admiralen und Ministern erlaubte, sich zu treffen und sich auszutauschen) gab es auch in Italien keine nationale, mit den an-deren staatlichen Stellen abgesprochene Sicherheitspolitik[37]. Diplomaten, Minister und Generäle neigten dazu, einander zu ignorieren (was Luigi Albertini euphemis-tisch als „Mangel an notwendigem Zusammenspiel" bezeichnete) und sich Informa-tionen vorzuenthalten, sei es aus persönlicher Rivalität oder aus Angst vor undichten Stellen. Gleichzeitig fehlten staatliche Organe, die strategische Fragen hätten erörtern und entscheiden können; und so entwickelte sich die gegenseitige Unkenntnis zwi-schen den militärischen und den politischen Spitzen zu einem regelrechten Struk-turmerkmal der Nation[38]. Dazu kamen das tiefsitzende Misstrauen des neuen Ober-befehlshabers der Streitkräfte gegenüber Regierungsvertretern sowie seine nahezu krankhafte Unfähigkeit, sich auf die Bedürfnisse, die Rhetorik und die Formen des parlamentarischen Lebens und der Parteien einzulassen. Politik und militärische Angelegenheiten waren in Italien traditionell getrennte Bereiche. Cadorna war ein „unpolitischer" Militär, der ganz in der Tradition der savoyischen Armeeoffiziere stand und nur wenige, sehr einfache (und meist reaktionäre) Ansichten zu dem hatte, was die Staatsraison verlangte. Vom Thema internationale Beziehungen hatte er so gut wie keine Ahnung, war doch die einzig gute Politik per Definition die der Krone (tatsächlich warf er Vittorio Emanuele III. nicht vor, dass auch er ihn im Ungewissen gelassen hatte, obschon dieser natürlich über die Entscheidung der Regierung in-formiert war und seinen Stabschef, den er tagtäglich traf, auch nicht auf den neusten Stand gebracht hatte)[39]. Mit dieser unpolitischen Haltung war Cadorna keine Aus-nahme. Nicht einmal der sehr viel unvoreingenommenere Alberto Pollio zeichnete sich durch eine dezidierte politische Gesinnung im Innern des Offizierskorps aus. Zweifellos hegten viele im Oberbefehl prodeutsche Sympathien. Seit vielen Jahren war Deutschland nicht nur das technische, sondern auch das ethische Vorbild der italie-nischen Kriegsstrategen (die keinen Gefallen am misstrauisch beäugten Bündnis mit Österreich-Ungarn fanden, das als latente Bedrohung und Konkurrent im italieni-schen geopolitischen Raum angesehen wurde). Erst viele Jahre später konnte es sich ein General der Streitkräfte erlauben, eine eigene Meinung zu außenpolitischen Themen zu entwickeln (oder gar kundzutun), die sich von jener der Regierung und der Krone unterschied[40].

Die hektischen Wochen nach der Sarajevo-Krise und die Entscheidung zur Neutralität bildeten in vielerlei Hinsicht den Prüfstein für die künftigen Beziehungen zwischen Cadorna und der italienischen Regierung: ein nie befriedeter Dualismus aus wechselseitigem Misstrauen, Mangel an Respekt und häufig offener Feindseligkeit. In den Augusttagen sollten sich die Machtverhältnisse rapide umkehren.

Die Macht der Tradition: Wie man sich einen Krieg vorstellt

Vielleicht hätte sich der neue Oberbefehlshaber der Armee weniger mit seiner Position als vielmehr mit dem bevorstehenden Krieg und dessen kaum vorhersehbarer Entwicklung beschäftigen sollen. Das war letzten Endes die häufigste Kritik an ihm, ob vonseiten der Zeitgenossen oder von denen, die ihn von einer späteren Warte beurteilten: nichts aus dem europäischen Kriegsgeschehen gelernt zu haben. Kurz gefasst war es Cadorna nicht gelungen, seine Vorstellungen an die Realität eines Krieges, der sich rasch wandelte, anzupassen. Seine Strategiepläne waren unrealistisch und unzureichend angesichts seiner ehrgeizigen Zielsetzungen, seine operativen Konzepte waren viel zu optimistisch, verglichen mit dem, was die italienische Armee leisten konnte. Seine Vision der Kampfmethoden erwies sich als dogmatisch und abstrakt verglichen mit der Realität der Erfahrungen aus den Schützengräben an der Westfront, und selbst seine Einschätzung, wie lange der Konflikt dauern würde, offenbarte eine völlig unrealistische Zuversicht[41]. Viele dieser Kritikpunkte gelangten an die Öffentlichkeit und verbreiteten sich vor allem in der frühen Nachkriegszeit, als sich die Kontroversen um den gescheiterten General ungehemmt Bahn brachen. In einigen Fällen verhielten sich die Kommentatoren sicherlich nicht ganz objektiv (viele waren hohe Offiziere, die während des Kriegs abgesetzt worden waren, und einige, wie der berühmte und einflussreiche Luftkriegstheoretiker Giulio Douhet, hatten ihre Opposition gegen Cadorna sogar mit dem Militärgefängnis bezahlen müssen), doch die Mehrheit erfasste die Mängel in den Strategieplänen des Generalstabs sehr genau, das unlogische Festhalten an obsolet gewordenen Vorgaben und die Unfähigkeit, die Truppen entsprechend den realen Kriegsanforderungen einzusetzen. Die Untersuchungskommission zu Caporetto behandelte diese Fehler in aller Ausführlichkeit (zusammen mit noch gewichtigeren Verantwortlichkeiten, die das Oberkommando betrafen)[42].

Große Perplexität über die enttäuschenden Ergebnisse des Krieges hatte sich bereits in den ersten Monaten der Kampfhandlungen zumindest unter Politikern und Intellektuellen verbreitet, auch wenn die meisten Journalisten ihr Unbehagen geschickt zu verbergen wussten. Die Enttäuschung war nicht gerade überraschend angesichts der triumphalen Erwartungen eines Großteils der kriegsbefürwortenden öffentlichen Meinung beim Kriegseintritt Italiens. Rückblickend fällt es tatsächlich schwer, sich nicht über die Naivität der Reaktionen hoher Politiker wie Ferdinando Martini (Kolonialminister) oder Vincenzo Riccio (Kommunikationsminister) zu wundern. Beide waren erfahrene Parlamentarier in hohen Regierungsämtern und hatten für den Kriegseintritt gestimmt. Beide zeigten sich in ihren Tagebüchern überrascht und verbittert über die spärlichen (um nicht zu sagen ausbleibenden) Gebietseroberungen im Jahr 1915 und entgegen aller Wahrscheinlichkeit wollten sie nicht glauben, dass der Krieg keineswegs in ein paar Monaten beendet sein würde. „Das Vertrauen in Cadorna ist erschüttert", rief Martini aus und sein Kollege pflichtete ihm bei, indem er in seinem Tagebuch bekannte, der Oberbefehlshaber sei wenig entscheidungsfreudig und untätig. Man wisse nicht, wie man den Fehler, das Schicksal des Landes in seine Hände gelegt zu haben, beheben könne[43]. Diese Niedergeschlagenheit offenbarte ein doppeltes Problem. Auf der einen Seite bestätigte sie den gravierenden Dilettantismus im Hinblick auf alles, was Waffen und Militär betraf, und der fast die gesamte Führungselite des Landes kennzeichnete. Aus Tradition hatten die italienischen Politiker (von denen die meisten zudem keinen Wehrdienst geleistet hatten) keinerlei Bedürfnis, sich in Angelegenheiten einzumischen, die traditionell den Beamten in Uniform und den Ratgebern der Krone vorbehalten waren[44]. Auf der anderen Seite offenbarte sie die oberflächliche, verzerrte oder schlicht fehlende Kenntnis dessen, was seit Monaten an den europäischen Fronten geschah, wo das Scheitern der raffinierten Pläne der Generalstäbe, das Ende des Bewegungskriegs und der Wandel des Stellungskriegs mit seinen gigantischen Gräben und Befestigungslinien, die den Kontinent von der Nordseeküste bis zur Schweizer Grenze und vom Baltikum bis zu den Karpaten durchzogen, Jahrzehnte militärischer Gewissheiten, wie ein Krieg zu verlaufen habe, erschütterten.

Die „Überraschung 1914" stand nur für den Beginn der großen militärischen Revolution, die in den nächsten vier Jahren für immer das Gesicht des Krieges verändern sollte – mit neuen Kampfeinheiten (Luftwaffe) und neuen Rüstungstechnologien (Panzer und Gaswaffen). Das veränderte die operative Planung grundlegend und führte auf strategischer Ebene zu neuen Mobilisierungsmethoden, die es Staaten und Armeen ermöglichten, diesen neuen kämpferischen Auseinandersetzungen in ihrer Gesamtdimension zu begegnen[45]. Doch schon in diesen ersten Monaten hätten sich unvoreingenommene Beobachter eine klare Vorstellung von der Bedeutung des traumatischen Zusammenpralls von Vorkriegsillusionen und der Wirklichkeit des industriellen Krieges machen können. Auch wenn niemand das Ausmaß abschätzen konnte, war es offensichtlich, dass sich der Krieg in eine gigantische Belagerung verwandelt hatte, die sehr viel länger dauern würde als die zwei, drei Monate der Zeitberechnungen der großen Strategiepläne, und dass er sehr viel brutaler und sehr viel teurer als gedacht sein würde[46]. Tatsächlich überdauerte die Illusion eines relativ kurzen (in der Vorstellung des 19. Jahrhunderts kaum länger als einige Monate oder eine Saison) und schmerzlosen Krieges die traumatische Erfahrung der ersten Schlachtwochen; zumindest im öffentlichen Bewusstsein der europäischen Bevölkerung, weniger in der innersten Überzeugung der meisten Soldaten und Generäle[47]. Zum Teil rührte das von einer starken, aus unterschiedlichen Quellen gespeisten Neigung her, sich etwas vorzumachen. Besonders schwer wog dabei die Schulbildung, dank derer sich ganze Schülergenerationen das Schlachtfeld als einen glorreichen Ort vorstellten, an dem der echte Mann den Beweis seiner Tapferkeit liefern konnte, indem er das Vaterland verteidigte (und sich gegebenenfalls dafür opferte). Auch die außerordentliche Wirkung der enthusiastischen Mobilisierung durch Poeten, Literaten, Journalisten und öffentliche Redner auf den Plätzen trug maßgeblich zur Verfestigung einer Kriegskultur bei, die auf dem tief verwurzelten Hass auf einen teuflischen Feind sowie der Verherrlichung der Opferbereitschaft beruhte. Dazu kam der Einfluss einer volkstümlichen, fantastischen Literatur, die seit zwei Jahrzehnten die Fantasie der bürgerlichen Leser mit drohender Invasion und Auslöschung fütterte und ihnen vermittelte, es sei lobenswert, in den Kampf zu ziehen, um dieses traurige Schicksal abzuwenden[48]. Die Masse der Freiwilligen und Wehrpflichtigen in Großbritannien, Frankreich und Deutschland zog voller fantastischer, optimistischer und wirklichkeitsfremder Vorstellungen von dem, was sie erwartete, an die Front, und diese romantischen Illusionen überlebten eine gewisse Zeit den Schrecken der Schützengräben[49]. Doch in erster Linie rührte die scheinbar unerklärliche Widerstandsfähigkeit der Europäer gegenüber der zerstörerischen Realität des modernen Krieges von einer sehr erfolgreichen, kaum gesteuerten und oft spontanen medialen Mobilisierung her, die die Berichterstattung darüber, was sich an den Kriegsschauplätzen zutrug, filterte und formte[50].

In den Wochen, in denen die schwere Artillerie der Deutschen die „uneinnehmbaren" Befestigungsanlagen der Belgier zerbröselte und die Maschinengewehre die französischen Fußtruppen auf den Schlachtfeldern Flanderns niedermähten (am 22. August 1914 starben 27.000 Franzosen an einem einzigen Tag im Zeichen der Doktrin vom Angriff bis zum Äußersten), stellten die populären Wochenillustrierten beider Seiten das Kriegsgeschehen in Bildern dar, die sich an früheren Kriegen orientierten: Die ins Kampfgebiet entsandten Berichterstatter erhielten tatsächlich nur sehr spärliche Nachrichten direkt von der Front, die sich in erster Linie auf die belanglosen Bulletins der Generalstäbe beschränkten[51]. Doch dass noch im darauffolgenden Jahr, während sich seit Monaten der Holocaust der Zermürbungsschlacht in den Schützengräben abspielte, das Pariser „Le Petit Journal" in seiner Titelgeschichte von heroischen Bajonettangriffen forscher Fußtruppen in roten Hosen berichtete, und die in Deutschland am weitesten verbreitete Zeitschrift, die „Illustrierte Zeitung", ihren Lesern weiterhin idyllische Bilder von munteren Soldaten in makellosen Uniformen vorlegte, spiegelt mehr als deutlich die Haltung der damaligen Medien zum Kriegsgeschehen wider. Das war nicht nur das Ergebnis der Militärzensur (die zudem lange Zeit kaum Wirkung zeigte) oder der politischen Zensur (die wankelmütig und widersprüchlich war), sondern vielmehr der bewusste Wille, die Augen vor der Katastrophe des Krieges und seiner traumatischen neuen Erscheinungsform zu verschließen und stattdessen weiterhin die traditionellen, vertrauten und damit beruhigenden Aspekte hervorzuheben[52].

Das Hauptproblem war, dass diese beschönigte Vorstellung vom Krieg auch diejenigen beeinflusste (und zwar oft maßgeblich), die wie die Italiener den Konflikt vorerst noch als Beobachter erlebten – neutral, aber bombardiert mit Nachrichten und Bildern von den europäischen Kriegsfronten. Die Wirkung der auf die Menschen einprasselnden Kriegsberichterstattung ist nicht zu unterschätzen. Italien bestand noch 1914 zur Hälfte aus Analphabeten (laut der Zählung von 1911 konnten 62% der Untertanen über sechs Jahren lesen und schreiben, doch diese Zahl war in Wirklichkeit viel zu hoch gegriffen), doch ab den Achtzigerjahren des 19. Jahrhunderts hatte sich die Informationsindustrie rasant entwickelt[53]. Gegen Ende der Giolitti-Ära gab es ein stabiles Publikum von über einer Million Lesern; dazu kamen diejenigen, die die eher volkstümlichen Illustrierten lasen (die beiden am weitesten verbreiteten, „La Domenica del Corriere" und „L'Illustrazione italiana", verkauften zur Zeit der Krise von Sarajevo gemeinsam über 600.000 Exemplare), die vor allem den unteren und eher ungebildeten Schichten gewidmet waren[54]. Diese Illustrierten trugen in erster Linie dazu bei, die Illusion eines Konfliktes zu verbreiten, dessen Schlachten sich bis auf einige makabre und aufsehenerregende Begebenheiten (die Brutalität der deutschen Truppen in Belgien erschütterte das italienische Publikum zutiefst) nach den althergebrachten Kriegsregeln abzuspielen schienen. Achille Beltrame, der berühmte Zeichner der farbigen Titelblätter der Illustrierten „La Domenica del Corriere", gestaltete die meisten seiner Illustrationen der Geschehnisse an den französischen und russischen Fronten (wo er nie gewesen war) anhand der Regeln der Schlachtenmalerei des 19. Jahrhunderts: *Die große Schlacht von Lüttich* und *Die Schlacht von Haelen* erzählte man gemäß dem traditionellen Kanon, dem Nahkampf von Soldatenmassen zu Pferd und zahlreichen Reihen von Fußsoldaten, die mit dem Bajonett angriffen[55]. Noch Monate nach den Schlachten an der Marne sah man entschlossene Generäle ihren Truppen zu Pferd voranreiten, die Schützengräben existierten praktisch noch nicht, weder die chemischen Waffen noch die schwere Artillerie fanden Erwähnung und der Tod war stets heldenhaft und kaum blutig[56]. Sofern sie sich bei den deutschen, französischen oder britischen Quellen bedienten, entgingen den italienischen Medien die tiefgreifenden Veränderungen durch den industriellen Krieg – oder sie verstanden sie nicht richtig –, stattdessen stellten sie ihn anhand naiver Stereotype dar (häufige Bilder waren kompakte Reihen von Fußsoldaten mit Kanonen an ihrer Seite und der Kavallerie im Hintergrund), die an die napoleonischen Schlachten erinnerten oder auch an die Gemälde von 1870/71[57]. Die *biblia pauperum* des europäischen Krieges sprach von einem völlig anachronistischen Konflikt, was aber nur wenige damals bemerkten.

Natürlich waren nicht alle damaligen Kommentatoren den Geschehnissen gegenüber blind. Der bedeutendste Militärexperte des „Corriere della Sera", Kapitän Angelo Gatti, erläuterte und bewertete regelmäßig in diesem für die öffentliche Meinung des italienischen Bürgertums wichtigsten Organ die (wenigen) Informationen, die von den Kriegsschauplätzen kamen. Seine Artikel, die seit den ersten Augusttagen 1914 allwöchentlich erschienen und später in einem sehr erfolgreichen *instant book* zusammengefasst wurden, zeichneten sich durch Klarheit und Realismus aus: Schon wenige Wochen nachdem die Deutschen in Belgien einmarschiert waren, zeigte Gatti die Merkmale eines radikalen Wandels der Schlachten auf, er konnte das Ende der Kampfhandlungen einschätzen, er wies darauf hin, dass gewaltige Frontalkämpfe zwischen millionenstarken Truppen unvermeidlich aufeinanderfolgen würden, und er prophezeite die totale Mobilisierung der Nationen, um die erheblichen Verluste auszugleichen[58]. Rückblickend verwundert es, dass nicht nur beim normalen Publikum, sondern auch unter den Verantwortlichen der nationalen Politik nur wenige Gattis präzisen Analysen Gehör schenkten und es stattdessen vorzogen, sich in der beruhigenden Illusion zu wiegen, dass sich auf den Schlachtfeldern alles so abspielte wie auf den verherrlichenden Ölgemälden des Risorgimento an den Wänden der öffentlichen Gebäude oder auf den pathetischen Bildchen in den Schulbüchern. Di Sangiuliano, der kluge Außenminister, der nach langer Krankheit im Oktober 1914 verstarb, war einer der wenigen, die davon überzeugt waren, dass der Konflikt lange andauern würde. Und er teilte die Meinung seiner gut informierten Botschafter in den Hauptstädten, denen zufolge die Kampfhandlungen erst aufhören würden, wenn einer der Kriegsteilnehmer am Ende war – ein Verlauf, den „unser Land nur schwer hätte mittragen können". Doch weder Regierungspräsident Salandra noch sein Nachfolger Sidney Sonnino, ein vormals dem Dreibund nahestehender Konservativer mit der festen Überzeugung, Italien müsse um jeden Preis am großen europäischen Konflikt teilnehmen, teilten diese Befürchtungen[59]. Innerhalb der Regierungskreise herrschte ein Optimismus, den zum Teil eine Art provinzielles Denken nährte (denn es interessierten nur die möglichen Auswirkungen des „kleinen Krieges" gegen Österreich und nicht das, was ein mittlerweile globaler Konflikt mit sich bringen konnte) und zum Teil schlicht Ignoranz, an der nicht einmal die Erfahrungen der ersten Kriegswochen etwas ändern konnten[60]. Nach den vielen Kriegsmonaten mussten die Truppen erschöpft sein und die Italiener sollten das „entscheidende Gewicht" im Kräftespiel Europas darstellen, nach einem typischen Konzept der nationalen Führungsklasse. Das Ungleichgewicht, auch wenn es mit bescheidenen Mitteln erreicht worden wäre (keiner der Minister hatte besonderes Vertrauen in seine Streitkräfte), hätte sicherlich zu einem schnellen Ende des Konflikts und zu einer deutlichen Verbesserung der Position des Landes im Kontext der Mächte geführt[61]. Kaum eine Anekdote gibt das Klima naiver Unbedarftheit der politischen Führung Italiens besser wieder als die unerschütterliche Überzeugung des Regierungspräsidenten, der italienische Krieg könne wohl blutig werden, aber bestimmt nicht lang. „Dein Pessimismus ist wirklich grenzenlos. Denkst du etwa, der Krieg wird den ganzen Winter dauern?", fragte ein erstaunter Antonio Salandra an einem heißen Sommerabend 1915 Francesco Saverio Nitti, der wohl einer der wenigen Italiener war, die sich mithilfe der internationalen Informationskanäle unablässig zum Winterfeldzug in den Alpen auf dem Laufenden hielten[62].

Das, was der öffentlichen Meinung an verlässlichen Informationsquellen fehlte, konnte zumindest theoretisch der Nachrichtenfluss über den Generalstab kompensieren. Seit einem Vierteljahrhundert konnte die italienische Armee auf ein Netz qualifizierter Beobachter in den großen europäischen Hauptstädten zurückgreifen, die in den Monaten nach Beginn der Kampfhandlungen über den Stand der Mobilisierung der bereits im Kampfgebiet befindlichen Truppen und, soweit möglich, über die Neuigkeiten von den Schlachtfeldern informierten: die Militärattachés. Die Phase der Neutralität verschaffte den Italienern einen Vorteil gegenüber allen anderen Kriegsteilnehmern: Theoretisch noch Verbündete von Österreich-Ungarn und vor al-

lem von Deutschland, aber in der Praxis von Frankreich und Großbritannien hoff-
nungsvoll umworben, konnten ihre Offiziere an den Botschaften aller kriegführenden
Länder bleiben, wo sie nicht nur Zugang zu den Medien und den Vertraulichkeiten
hochrangiger Offiziere (und manchmal politischer Führer), sondern gelegentlich auch
zu Kriegsschauplätzen hatten[63]. Wären alle Attachés gleichermaßen aufmerksam und
objektiv gewesen, hätten sie dem italienischen Generalstab so viele wertvolle Informationen liefern können, dass Cadorna veranlasst gewesen wäre, seine taktische
Doktrin oder zumindest seine strategische Planung zu überarbeiten. Doch leider war
ihre Qualität sehr unterschiedlich. Major Enrico Tellini, der im Oktober 1914 in Wien
den brillanten Alberto Albricci ablöste, konnte kaum mehr tun als das stark antiita-
lienische Klima, das nach der Neutralitätserklärung in der Habsburger Hauptstadt
herrschte, zu bestätigen und warnend auf die fortschreitende Verstärkung der Verteidigung an der Südgrenze hinzuweisen[64]. Aus Frankreich berichtete Giovanni Breganze, der sich sehr viel freier auf den Schlachtfeldern bewegen konnte, detailliert
über die neuesten Errungenschaften und Erkenntnisse aus dem Stellungs- oder
„Zermürbungskrieg", ohne jemals die Richtigkeit der traditionellen taktischen Doktrin des Generalstabs infrage zu stellen oder die grundsätzliche Überzeugung, die
italienische Armee sei letztendlich ohne allzu große Probleme in der Lage, am Konflikt
teilzunehmen. Seine ausgesprochene Franzosenfreundlichkeit und der Wunsch, einen
Beitrag zum Übertritt Italiens in das Lager der Entente leisten zu können, waren sicherlich wichtige Vorurteile bei der Ausrichtung (und in einigen Fällen auch Gestal-
tung) der Beziehungen des Attachés in Paris[65]. Die Verluste der Infanterie während der
Angriffe waren zweifellos enorm, Maschinengewehren und Artillerie kamen eine
wichtige Rolle für den Ausgang der Kampfhandlungen zu, doch war es noch immer der
Kampfgeist der Männer, der die Schlachtfelder beherrschte. Der Sieg wäre letztlich
den Soldaten hold, die die größte Disziplin an den Tag legten und am motiviertesten
waren – kurz, die am besten geführt wurden[66]. Angesichts der Dilemmas, mit denen
sich der italienische Oberbefehl auseinandersetzen musste, wirkten diese Schlussfolgerungen sicher ausgesprochen beruhigend. Zwar forderte der „Zermürbungskrieg"
auf den Schlachtfeldern einen enormen Tribut, doch ein umsichtiger und entschlos-
sener Kommandeur konnte sicherlich eine siegreiche Schlacht führen, wenn er gut
ausgestattet war, über motivierte Truppen verfügte und natürlich solange er bereit war,
erhebliche Verluste hinzunehmen. Diese Schlussfolgerung passte perfekt zu den
Glaubenssätzen der Methode der sorgfältigen Vorbereitung und der Eroberung um
jeden Preis, die der Oberbefehlshaber der Streitkräfte über viele Jahre entwickelt
hatte[67].

Oberstleutnant Bongiovanni, Militärattaché in Berlin, vertrat ähnliche Ansichten.
In zahlreichen Berichten beschrieb er auf vielen Seiten sehr detailliert die taktischen
und operativen Fortschritte der deutschen Armee[68]. All diese Beobachtungen waren
sehr vernünftig, erfuhren aber nicht die Wertschätzung, die sie verdient hätten:
Bongiovanni war ein Verfechter des Dreibunds und sehr deutschfreundlich, weshalb
er in den Monaten der Neutralität, die von Wankelmut und Misstrauen geprägt waren,
eine wenig objektive Quelle zu sein schien[69]. Das ist bedauerlich, denn er erwies sich

streckenweise als geradezu prophetisch. Er nahm die in die Tiefe gestaffelte Verteidigung durch die Anordnung mehrerer, nach hinten versetzter Schützengräben vorweg und beharrte auf der Verstärkung der telefonischen und drahtlosen Kommunikationsnetze (die ersten Feldradioapparate waren eine Neuheit); er unterstrich die Notwendigkeit, die Truppen darin auszubilden, permanente Stellungen zu errichten und zu verteidigen (solche Fertigkeiten brachte man den Infanteristen nicht bei, aus Sorge, ihr aggressiver Kampfgeist würde geschwächt, sobald derartige Befestigungen vorhanden wären); er betonte die Notwendigkeit einer Änderung der (zu auffälligen) Offiziersuniformen und einer Aufstockung der Ausrüstung für die Arbeiten auf den Schlachtfeldern – wohl wissend, dass die extrem konservativen und der Manöverdoktrin treuen italienischen Heereskommandos auf diesem Gebiet ausgesprochen rückständig waren[70]. Er schlug sogar die Einführung eines „vollständig gegen Gewehrsalven gepanzerten Gefährts" vor, das die Stacheldrahtabsperrungen hätte durchbrechen und den Infanteristen den Durchmarsch hätte ermöglichen können, eine Art primitive Antizipation des Panzers; wären alle oder auch nur die meisten seiner technischen Vorschläge von der Heeresleitung aufgegriffen worden, hätten die italienischen Streitkräfte einen Sprung um Jahre nach vorn machen können[71]. Doch ganz im Gegenteil blieb von allen Informationen Bongiovannis letzten Endes fast nur seine einleitende Erklärung übrig: „Heute wie in der Vergangenheit bleibt die Offensive der Defensive überlegen; um zu siegen, muss man immer angreifen und vorstoßen. Der Stellungskrieg dient keineswegs dem Selbstzweck; er stellt ein Intervall dar, einen Moment zwischen zwei großen Militäroperationen"[72].

Im Rückblick fällt es schwer, dieses Glaubensbekenntnis, das sich auf die Wertschätzung der alten Kriegsstrategien berief, nicht etwas befremdlich zu finden. Nachdem Bongiovanni zahlreiche Nachweise für das chronische (und blutige) Scheitern der massiven Angriffe an der französischen Front geliefert und in allen Einzelheiten dessen Gründe aufgelistet hatte, vertrat er die Ansicht, der Schützengraben sei nicht für immer zu halten und sobald ausreichend Waffenbestände und Reservisten zur Verfügung stünden, würde man die Front sehr rasch weitreichend aufbrechen und so den Krieg wieder in Gang bringen: „Der Stellungskrieg darf nicht das eigentliche Ziel sein und [...] muss von einem Angriffsmanöver durch einen der Gegner überwunden werden"[73]. Genau das wollte der Generalstab in Rom hören. Zwar lässt sich nicht eruieren, inwieweit er selbst davon überzeugt war oder ob er doch eher die Meinung hochhielt, die seine Vorgesetzten bevorzugten, doch verlieh Bongiovanni immer wieder der weitverbreiteten Überzeugung Ausdruck, der Grabenkrieg stelle nur einen vorübergehenden Stillstand aufgrund falscher Berechnungen hinsichtlich der notwendigen materiellen und personellen Ressourcen dar, und die *rupture*, das strategische Aufbrechen der Front, sei umzusetzen, sobald der Einsatz der Truppen besser organisiert, die Artillerie verstärkt und besser ausgerüstet sei und die Einheiten an der ersten Frontlinie mit Tausenden neuer Rekruten aufgestockt seien[74]. Erst nach den kollektiven Traumata der Massaker von Verdun und an der Somme verabschiedete man sich endgültig von der Vorstellung, das „traditionelle Schlachtmodell" der Infanterie (nach den Modellen von 1870/71) könne noch zum Erfolg führen[75]. In der

Zwischenzeit sollte die Mehrheit der internationalen Berufssoldaten, einschließlich des italienischen Generalstabs und seines Gefolges, weiter versuchen, die frustrierende Belagerung im Schützengraben durch einen neuen taktischen Kniff oder eine verbesserte Organisation des Artilleriefeuers zu überwinden.

In den folgenden Jahren wurden die Unterschätzung der Erfahrung an der Westfront und die mangelnde taktische Vorbereitung der Infanterie auf den Grabenkrieg (was sich vor allem in den ersten Monaten offenbarte) zwei der Hauptvorwürfe gegen Cadorna, der sich mit aller Macht vor der Untersuchungskommission über Caporetto verteidigte. Auch in seinen Schriften betonte er immer wieder, er habe in den Monaten der Neutralität nur ein paar bruchstückhafte Informationen darüber erhalten, was sich an den Kriegsfronten abspielte[76]. Das war eine sehr beschönigende Version der Wahrheit. Cadorna hatte mindestens einen der Berichte aus Deutschland persönlich in Augenschein genommen, eine Kopie bewahrte er sogar in seinem Büro auf, und er hatte das Privileg (das den meisten Generälen des Großen Krieges verwehrt blieb), äußerst detaillierte Angaben zu den Arbeitsweisen, Mitteln und Anliegen beider Seiten zu erhalten[77]. Die Entscheidung, potenziell problematische Warnungen absichtlich zu ignorieren, rührte tatsächlich, nicht mehr und nicht weniger, von seinem Konservatismus her und mehr noch von der Furcht, dass zu viele Details über die äußerst blutigen Auseinandersetzungen an der Westfront „die Flügel des angriffslustigen Schwungs der Truppen stutzen" und dem Zusammenhalt und der Moral schaden könnten – und zwar in einem Moment, in dem man auf den Erfolg eines entschlossenen Angriffs hoffte, der den Italienern in Kürze die Kontrolle über die Front am Isonzo sowie den Zugang zur Doppelmonarchie sichern würde[78].

Doch natürlich reichte diese Irritation weiter zurück und war gewiss nicht nur einem einzelnen General anzulasten (und sei er – wie Cadorna – noch so solipsistisch und misstrauisch). Weite Teile der militärischen Kreise, einschließlich des Generalstabs, scheuten Neuerungen. Das schlug sich insbesondere in einer radikalen Neigung zur Selbsttäuschung nieder, was zu seltsam verzerrten Schlussfolgerungen aus den im Lauf der Zeit auf den modernen Kriegsschauplätzen gewonnenen Erfahrungen führte. Die Kluft zwischen der Faktenlage und der Tendenz, sie durch die Brille der Tradition zu sehen, wuchs zusehends, wie der russisch-japanische Konflikt von 1904/05 verdeutlichte. Wie alle europäischen Streitkräfte hatten auch die italienischen ihre Beobachter entsandt, sowohl spezialisierte Journalisten als auch Experten aus dem Militär, und der Krieg in der Mandschurei wurde rasch Gegenstand einer leidenschaftlich geführten Debatte. Der offizielle Bericht, den das Ufficio storico des Generalstabs bereits 1908 veröffentlichte, zeugt sehr gut von der Beliebtheit dessen, was einstimmig als hervorragende Gelegenheit betrachtet wurde, das Potenzial der modernen Kriegstechniken zu verstehen[79]. Doch obwohl reichlich Quellen produziert wurden und man in den Militärzeitschriften intensiv diskutierte, blieb die Einschätzung der Kriegstechnokraten unselig ideologisch. Die Berichte von den Schlachtfeldern sprachen ausdrücklich von Schützengräben, Stacheldraht und Maschinengewehren, doch in der angesehenen „Rivista Militare", der Stimme der offiziellen Meinung der Militärkreise, behauptete man weiterhin, die Kämpfe im Fernen Osten bewiesen vor allem, dass das Bajonett noch immer die siegbringende Waffe sei[80]. Tatsächlich belegen die einige Jahre später veröffentlichten *Norme per il combattimento* (Regeln für den Kampf) eindeutig, dass Schützengräben und schwerer Artilleriebeschuss die Fantasie des italienischen Militärs nicht in Bewegung gebracht hatten[81]. Maschinengewehre betrachtete man nur als Hilfsmittel, die Kavallerie war noch immer eine entscheidende Waffe (den Anordnungen zum Angriff widmete man besondere Aufmerksamkeit) und letztlich blieb der Schlachtausgang Sache der Infanterie, die bis zur endgültigen Eroberung angreifen musste, wobei sie ihren Einsatz mit einem gut koordinierten Beschuss durch leichte Artillerie zu kombinieren hatte[82].

Vor diesem Hintergrund dürften Cadornas Thesen im Bereich der nationalen Militärdoktrin keineswegs rückwärtsgewandt oder ungewöhnlich erschienen sein. *L'Istruzione tattica*, die 1907 erschien, als er die Division von Neapel kommandierte, basierte auf zwei Prinzipien, die er quasi vollständig aus dem berüchtigten *libretto rosso* übernommen hatte: Der Frontalangriff gegen die feindliche Stellung war letzten Endes der einzige Weg, um einen Kampf auszutragen, und „der feste Wille, die feindliche Stellung um jeden Preis einzunehmen", galt als Schlüssel zum Erfolg[83]. Diese Formeln waren den Offizieren jener Jahre wohl vertraut. Das *Memoriale per l'ufficiale di fanteria* (Anleitung für den Infanterieoffizier), ein Vademecum, das mehr oder weniger jede Regel für den guten Soldaten im Kriegsfall aufführte (und das Anfang des Jahrhunderts einen gewissen Erfolg verbuchte), drückte sich kaum anders aus bei Begriffen wie Vormarsch oder Angriff: „Ist die notwendige Vorbereitung mit der Feuerwaffe abgeschlossen, gilt es, sich stürmisch und restlos auf den Feind zu stürzen"[84]. Die Besonderheit von Cadornas Text liegt, wenn überhaupt, einmal mehr darin, wie nachdrücklich er das unerschütterliche Gesetz seiner Doktrin vertrat: Bei den Schlachten musste sich alles an den Entscheidungen eines absoluten Anführers ausrichten, der allseits präsent war und jedes noch so kleine Detail der Truppenbewegung bestimmte, jede individuelle Regung unterband und unanfechtbare Befehle erteilte („denn mangelnde Einheitlichkeit in der Aktion ist die Ursache der Misserfolge, mit denen wir in fast allen unseren Kriegen konfrontiert waren"), deren Ausführung „um jeden Preis" weder Abweichung noch Kritik oder Entschuldigungen gestattete[85]. Das schwerste Vermächtnis von Cadornas Evangelium der „ersten Version" lag nicht in den taktischen Konzepten, die schon bei ihrer Veröffentlichung veraltet waren (wie die meisten taktischen Vorschriften im damaligen Europa), sondern in der Entschlossenheit, die Vorstellung eines Schlachtfelds aufrechtzuerhalten, auf dem der Kommandeur nach wie vor seine totale, absolute und perfekte Kontrolle ausüben konnte. Genau das, was die Erfahrung von 1914 als unmöglich erscheinen ließ.

Zweiter Teil: **Das Rätsel der Einmütigkeit**

IV Kriegsvorbereitungen

Egal, ob man die Arena betreten würde oder nicht,
in der die großen Kämpfer schon seit August 1914 kämpften,
eines war gewiss: Cadorna war bereit.
(E. Serao, *Luigi Cadorna*, 1917)

„Der Krieg sollte natürlich offensiv geführt werden": Cadornas Pläne

„Zu glauben, dass die Italiener in drei Sprüngen nach Wien gelangen könnten, zeugt von heldenhafter Phantasie – aber für die Oberbefehlshaber des Generalstabs ist Fantasie keine Voraussetzung", schrieb Ferdinando Martini am 28. August 1914 in sein Tagebuch; der Kolonialminister war vielleicht der erste prominente, aber bestimmt nicht der letzte Politiker, der sich ironisch über die scheinbar optimistischen Vorhersagen des Oberbefehlshabers ausließ[1]. Im Lauf der ersten Kriegsmonate, als deutlich wurde, dass man die Kriegsziele nicht allzu rasch erreichen würde, gerieten Cadornas Strategiepläne immer stärker in die Kritik. Ende 1915 äußerte selbst Kriegsminister Zuppelli (anfänglich noch ein treuer Anhänger des Oberbefehlshabers) ernsthafte Bedenken über diese „napoleonische", vom Kriegsgeschehen längst überholte Vorstellung, wie er sie bezeichnete. Und die zahlreichen entlassenen Generäle, eine Masse unzufriedener Militärexperten, waren mehr als bereit, ihre ausgesprochen negativen Meinungen über den Generalstab mit der Presse und Oppositionspolitikern zu teilen[2]. Selbst noch in der Nachkriegszeit ging die Militärpublizistik mit der Strategie des Generalstabs keineswegs nachsichtig um. Ettore Viganò und Filiberto Sardagna, beide geschätzte Analysten, beschrieben Cadornas operativen Plan als waghalsig und anachronistisch (eine etwas seltsame Kritik aus der Feder zweier alter Generäle im Ruhestand), während Luigi Capello von einem „großen strategischen Plan [...] napoleonischer Struktur" sprach, dessen hochgesteckte Ziele einem Heer aus armen Kerlen anvertraut waren, die sie nie und nimmer in die Tat umsetzen konnten – eine der wenigen Einschätzungen in seinen vielen apologetischen Veröffentlichungen, die den Weg in die kollektive Vorstellung gefunden haben[3]. Seither war es ein Leichtes, die strategische Planung Italiens im Jahr 1915 zu kritisieren, galt sie doch als viel zu ambitioniert, zu naiv, zu größenwahnsinnig. Und auch wenn ein Gutteil dieser Einschätzungen oberflächlich war, besteht kein Zweifel, dass die Vorhaben des Generalstabs ziemlich beunruhigende Elemente enthielten[4].

Ganz besonders erstaunte, gerade angesichts der Persönlichkeit des Oberbefehlshabers, das Fehlen starrer Raster und präziser Ziele. Die europäischen Strategiepläne von 1914 waren alle von einem wahnwitzig mechanischen Vorgehen geprägt. Die letzte Version des *Schlieffen-Plans* sah vor, dass die entscheidende Schlacht, die den Kämpfen in Frankreich ein Ende bereiten sollte, bei „M+40" zu schlagen war, das hieß 40 Tage nach der allgemeinen Mobilmachung. Tatsächlich wohnte ein derart

https://doi.org/10.1515/9783110693478-005

rigides Kalkül jedem dieser gigantischen Pläne geradezu obligatorisch inne und war letztlich einer der Gründe für ihr häufiges Scheitern[5]. Im ersten Entwurf des Kriegsplans gegen Österreich-Ungarn, einer Zusammenfassung von gerade einmal acht Seiten, die Cadorna am 21. August 1914 vorlegte, waren die Strategieziele der zukünftigen Kampfhandlungen nur oberflächlich skizziert und es war noch kein präziser Zeitplan erstellt. Als unmittelbares „vorrangiges Ziel" war die Besetzung der „Gebiete von Görz und Triest" genannt, die einzige Zeitangabe war das letzte Datum für das vollständige Sammeln der Truppen am 25. Tag nach der allgemeinen Mobilmachung (als die Armee bereit sein sollte, auf die Grenzlinie vorzurücken). Die einzigen operativen Details betrafen die Bewegungen der 2. und 3. Armee, der beiden großen Verbände, die auf österreichisches Territorium vordringen sollten, wozu sie sich zunächst ans rechte Ufer des Isonzo begaben, um dann – im besten Fall – auf der Linie Klagenfurt – Ljubljana – Zagreb weiterzuziehen[6]. In den darauffolgenden Wochen fügte Cadorna diesem Entwurf einige genauere, aber weiterhin sehr vorsichtige Angaben hinzu. Der „erste offensive Vorstoß" sollte es erlauben, den Isonzo zu überqueren, das größte geografische Hindernis an der Ostgrenze, um auf das von Schützengräben durchzogene Feld von Gorizia vorzudringen (die wichtigste italienischsprachige Stadt vor Triest) und Villach zu erobern. Dieser Sieg hätte die Isolierung Tirols vom Rest des Reichs ermöglicht und die linke Flanke der italienischen Truppenbewegung gesichert. Es gab noch keine genauen Zeitangaben zur Erreichung dieser Ziele; letztlich wurde nur die grundsätzliche strategische Zielsetzung genannt, die die Konzentration aller Kräfte für einen entschiedenen Angriff an der Ostgrenze in Richtung Ljubljana vorsah. Man verzichtete allerdings darauf, Richtung Trient und Brenner vorzurücken, die als „zweitrangiges Ziel" betrachtet wurden[7]. Joffre und seine Mitarbeiter, obschon auch deren *Plan XVII* unter den Vorkriegsplänen wegen (relativer) Oberflächlichkeit hervorstach, hätten sich über so viel Unbestimmtheit gewundert[8]. Andererseits war keiner der europäischen Generalstäbe gezwungen gewesen, einen Krieg unter so ungewissen Voraussetzungen zu planen wie Cadorna und seine Mitarbeiter. Sie mussten in lächerlich kurzer Zeit Einsatzszenarien entwerfen (der *Schlieffen-Plan* hatte fast ein Jahrzehnt reifen können, der *Plan XVII* immerhin zwei Jahre lang), während eine plötzliche Kriegserklärung drohte und sie sich permanent mit einer Regierung rieben, die entschlossen war, das Militär aus dem komplexen und zwiespältigen diplomatischen Spiel auszuschließen, das sie mit den beiden beteiligten Kontrahenten unterhielt.

Nie erwies sich das Fehlen eines Organs, das zwischen Politikern und Generälen vermittelt hätte, als verheerender als in der Phase der italienischen Neutralität: Roberto Bencivenga, damals bereits Adjutant im Sekretariat von Cadorna, hat nicht nur eindeutig Zeugnis davon abgelegt, dass es nicht nur an jeder Zusammenarbeit zwischen politischer Exekutive und dem Generalstab mangelte, sondern auch davon, wie die Führungsspitzen der Streitkräfte systematisch über die politischen Entscheidungen im Ungewissen gehalten wurden[9]. Die Kontakte zwischen Cadorna und dem Regierungspräsidenten sowie den Verantwortlichen der einzelnen Behörden waren selten und wenn, dann turbulent. In einer Kabinettssitzung wenige Tage nach der

Neutralitätserklärung versuchte der Oberbefehlshaber zu erklären, die besten Erfolgsaussichten bei einem Konflikt mit Österreich-Ungarn habe man in einem eng abgesprochenen Koalitionskrieg an der Seite der Entente. Möglicherweise hatte er für eben jenes Treffen das Manuskript *Studio di offensiva contro l'Austria* (Studie über eine Offensive gegen Österreich) verfasst, das unveröffentlicht blieb und das seine strategische Doktrin zusammenfasste, in der er die Prinzipien für das, was der „kurze und schwere Krieg" sein sollte, aufführte: ein breit angelegtes, konzentrisches und mit den Russen abgesprochenes Manöver Richtung Wien und Budapest, ein Marsch auf Zagreb, um die Habsburger Truppen an ihrer Front mit Serbien von hinten anzugreifen, die Besetzung von Kärnten durch ein eigens dafür aufgestelltes Expeditionskorps und, wenn möglich, eine Reihe begrenzter Angriffe im Trentino und in Tirol, um die österreichischen Truppen aufzuhalten[10]. Diesem Szenario setzten die Minister der Zivilregierung und der Kriegsbeauftragte General Grandi die Vorstellung eines „begrenzten Krieges" entgegen, einer Kampagne mit wenigen, politisch relevanten Zielen (in erster Linie die Besetzung von Triest und Trient), die mit wenigen Einheiten und in kurzer Zeit erreicht werden konnten, was Cadorna verärgert als „kleine Idee" von „kleinen Männern" abstempelte[11]. Die Spannungen zwischen Generalstab und Regierungsoberhaupt wurden bald unerträglich. Aufgrund der unterschiedlichen Meinungen zu fast jedem Detail, von der Dauer der Intervention bis zur Menge an Einsatzkräften und Material sowie zu den wichtigsten Zielen, entwickelte sich zwischen der zivilen und der militärischen Macht ein unausgewogener (und konfliktreicher) Dualismus, der bis Caporetto andauern sollte[12]. Bereits in den ersten Augusttagen wollte Cadorna die allgemeine Mobilmachung in Gang setzen, doch stieß er auf den Widerstand des Regierungspräsidenten und des Außenministers, die dieses Vorhaben für voreilig hielten (sowohl weil sie befürchteten, das könne die ehemaligen Verbündeten alarmieren, als auch wegen der ablehnenden Haltung gegenüber einem baldigen Kriegseintritt im Parlament sowie in der italienischen Bevölkerung), aber letztlich auch darauf vertrauten, dass die bestehende Drohung durch das in Friedenszeiten aufgestellte Heer bereits ein gutes Druckmittel bei diplomatischen Verhandlungen darstellte. Di Sangiuliano hielt es für vorteilhaft, wenn sich „Italien für einen Monat totstellte", auch weil er kein Vertrauen in die Streitkräfte hatte, während Salandra, der später behaupten sollte, er habe schon immer eine klare Vorstellung von der Lage gehabt, in Wirklichkeit nur eine vage Idee von der tatsächlichen Schlagkraft des Militärs hatte[13]. Paradoxerweise spielte der Kriegsminister, statt die Standpunkte des technisch Verantwortlichen zu vertreten, die kriegerischen Vorhaben herunter: Es ist nicht ganz klar, ob sein Zögern dem ernsthaften Wunsch entsprang, den Krieg gegen die ehemaligen Verbündeten des Dreibunds aufzuschieben, oder ob Grandi einfach in Krisenzeiten der falsche Mann für das Amt war, was die verheerenden Ergebnisse seiner Versuche, das Heer neu zu organisieren, vermuten lassen[14]. Das Ergebnis war jedenfalls, dass alle wiederholten Aufforderungen des Generalstabs, die Reservisten an die Waffen zu rufen und die nötigen Operationen in die Wege zu leiten (bis zur Kriegsbereitschaft dauerte es im besten Fall knapp einen Monat), abgewiesen wurden. Das betraf auch die wiederholten Forderungen, unverzüglich ein außeror-

dentliches Programm zur Aufstockung von Personal und Waffen in Angriff zu nehmen. Placebomaßnahmen wie die Einberufung einiger Tausend junger Wehrpflichtiger halfen wenig, riefen aber lautstarke Proteste in den Städten im Zentrum und im
Süden Italiens hervor, wo die Familien der Einberufenen ein paar gewalttätige Pro-
testaktionen anzettelten, indem sie die Bahngleise blockierten und sich mit den
Carabinieri anlegten[15]. Die Spannung zwischen politischer und militärischer Macht
wurde noch frustrierender angesichts des formalen Dilemmas, in dem sich Cadorna
bis zum 24. Mai 1915 befand. Ohne Erklärung des Kriegszustandes hatte der Generalstab der Streitkräfte beschränkte Machtbefugnisse und kein formales Mitspracherecht bei politischen Entscheidungen, außer über den Kriegsminister, dem er formal
unterstellt war (und der ihm feindlich gesinnt war); gleichzeitig erwartete man von
ihm, dass er die Streitkräfte auf eine Krise vorbereitete, deren Eintrittszeitpunkt man
aber nicht einschätzen konnte. Die Option eines baldigen Kriegseintritts war so unwahrscheinlich nicht. Allerdings legte man sie nach Salandras langem Bericht an den
König vom 30. September 1914 erst einmal *ad acta*. Salandra legte darin klar die Al-
ternativen der nationalen Politik (Neutralität oder Allianz mit Frankreich, Großbritannien und Russland) dar, die Ziele eines möglichen Kriegseintritts (in erster Linie die
Annexion der italienischen Provinzen in Österreich), aber auch, dass man die Möglichkeit ausschloss, Italien könne vor dem Frühling zu den Waffen greifen, und zwar
aufgrund des miserablen Heereszustands („die Heeresführer sind sich einig, dass es
besser für uns wäre, im Frühling in den Krieg einzutreten"), aufgrund der mangelhaften moralischen Unterstützung im Land und aufgrund der politischen Gräben im
Parlament[16].

Salandra hatte aber nur die halbe Wahrheit vorgetragen. Denn den ganzen
Sommer über hatte Cadorna immer wieder die allgemeine Mobilmachung und einen
baldigen Kriegseintritt an der Seite der Entente thematisiert. Er war davon überzeugt,
dass das italienische Heer auch mit ungenügender Vorbereitung und begrenzten
Mitteln einen strategischen Erfolg an den Schauplätzen am Isonzo und in Slowenien
hätte erzielen können, da man Österreich-Ungarn in einer tiefen Krise erwischt hätte,
traumatisiert von den blutigen Verlusten an der Front zu Galizien, knapp an Soldaten
(die Gemeinsame Armee hatte über 400.000 Männer innerhalb eines Kriegsmonats
verloren) und in Richtung Budapest von einem russischen Einmarsch bedroht[17]. Erst
Ende September, mit dem Schreckgespenst eines Winterfeldzugs in den Alpen und
einer genaueren Vorstellung vom prekären Zustand der Ausrüstung der Einheiten, ließ
er ab und erklärte sich bereit, die Entscheidung auf das folgende Frühjahr zu vertagen.
In seinen Memoiren zitierte Salandra den Standpunkt des Oberbefehlshabers, um
seine abwartende politische Linie zu unterstützen, allerdings unterschlug er dabei das
Detail, dass sich Cadorna wochenlang in der unbequemen Lage befunden hatte, einen
Krieg innerhalb eines noch unbestimmten Szenariums vorbereiten zu müssen, dabei
von den politischen Entscheidungen des Zeitpunkts ausgeschlossen zu sein und nicht
auf die Kooperation des für ihn zuständigen Ministeriums zählen zu können[18]. Das
hilft zu verstehen, weshalb die ersten Anordnungen des Generalstabs so vage, ja
teilweise sogar widersprüchlich klangen: Letztlich war es einfach nicht möglich, einen

konkreten „Kriegsplan" aufzustellen, ein organisches Ganzes aus Exekutivbefehlen mit definierten Zielen und Zeitvorgaben. Cadorna bat die vier Armeekommandeure, Aktionspläne für die Linie jenseits des Isonzo aufzustellen. Er betonte allerdings, diese seien nicht als „Operationsprogramm" aufzufassen, sondern als „einfache Studien, aus denen ich mir vorbehalte, Elemente zu entnehmen, um im gegebenen Moment über die Art der Operationen und deren Durchführung zu entscheiden. Natürlich hängt das grundsätzlich von der politisch-militärischen Situation ab"[19]. Es gab keine klare politische Richtlinie und zudem das Problem, dass das österreichische Heer bereits operativ im Einsatz war (und seit einem ganzen Jahr kampferprobt). Außerdem war man sich dessen bewusst, dass die italienischen Truppen bei einer plötzlichen Kriegserklärung 20 bis 30 Tage gebraucht hätten, um in Venetien oder im Friaul eingesetzt zu werden. Das bedeutete für den italienischen Generalstab und sein operatives Büro, dass sie Pläne für mehr oder weniger jeden strategischen Bedarf zur Verfügung haben mussten, für einen Vormarsch auf Zagreb ebenso wie für einen Winterfeldzug, bis hin zu der Möglichkeit, dass Österreich-Ungarn als Erstes angreifen könnte – eine alles andere als theoretische Befürchtung, die dazu drängte, in aller Eile die Aufstellung von Deckungstrupps zu planen, die die nordöstliche Grenze sichern sollten[20].

Tatsächlich hatte der italienische Generalstab trotz des 30-jährigen Bündnisses nie aufgehört, seine Pläne im Hinblick auf einen Krieg gegen Österreich-Ungarn immer wieder zu ergänzen und zu erneuern. Die letzten Planänderungen gingen auf den „Dreibündler" Pollio zurück, der ebenfalls geneigt war, einen kriegerischen Konflikt zwischen den beiden Bündnispartnern als mögliches Risiko zu betrachten. Nichtsdestotrotz waren diese Pläne immer ausgesprochen defensive Strategien gewesen. Auf sich allein gestellt wäre es dem italienischen Königreich nie möglich gewesen, den stärkeren Nachbarn anzugreifen, und das Beste, worauf man hoffen konnte, war, einen österreichischen Einmarsch in die Ebene Venetiens zu provozieren und die Einmarschtruppe dort zu schlagen: Der Plan der Truppenaufstellung von 1913 sah vor, dass sich der Hauptteil des Heeres hinter dem Fluss Piave versammelte und nur einige Divisionen im Gebiet zwischen dem Fluss Tagliamento und der Grenze Deckung geben sollten[21]. Der Nutzen solcher Studien im strategischen Kontext von 1914 war minimal, wie Cadorna feststellte[22]. Enrico Cosenz, der hochbegabte erste Oberbefehlshaber der Streitkräfte, hatte 1886 eine Planstudie für einen Einmarsch in Wien im Rahmen eines Koalitionskrieges entworfen, doch keiner nach ihm hatte je wieder einen Einmarsch ins Habsburgerreich für realistisch gehalten[23]. Der italienische Generalstab musste also improvisieren. Man musste sich nicht nur ausmalen, wie man die Truppen auf die andere Seite der Landesgrenze verlegen wollte und wie man den Kampf gegen unbekannte Truppenstärken aufbauen sollte, sondern auch wie man die Masse an Befehlen für Hunderttausende von Reservisten auf dem Weg zu ihren Einheiten immer wieder verändern und anpassen konnte und (vor allem) wie die etwa 7.000 Züge (im Durchschnitt 200 pro Tag), die sie an die nordöstliche Grenze transportieren sollten, zu organisieren waren[24]. Da der Mechanismus der Mobilmachung und der Aufstellung des italienischen Heeres der komplexeste, starrste und aufwendigste des gesamten

Kontinents war – im Kriegsfall brachte man die Einheiten umgehend an die Grenze und vervollständigte sie dort mit den Eingezogenen aus allen anderen auf der gesamten Halbinsel verteilten Kasernen –, hätte jede noch so kleine Ablaufänderung reichlich Probleme nach sich gezogen (und tat das auch tatsächlich). So lässt sich auch Cadornas Weigerung besser nachvollziehen, Teilmobilisierungen im Sommer zuzustimmen. Diese Maßnahme hätte seiner Meinung nach die Effizienz des permanenten Heeres kaum oder nur sehr gering erhöht, dafür aber Chaos im nationalen Transportsystem ausgelöst und sämtliche der hochkomplizierten und ausgeklügelten Projekte für die allgemeine Heeresaufstellung im Kriegsfall unbrauchbar gemacht[25].

Die Deckungstruppe (die sogenannte „vorgeschobene Beobachtung"), die während der Wintermonate durch die Zusammenlegung einiger bereits in Norditalien stationierter Einheiten gebildet wurde, bestand aus wenigen Zehntausend Alpini und Infanteristen mit einigen Gebirgsbatterien, aber ihre Aufstellung (die immerhin drei Monate dauerte) reichte aus, um in den Räumen des Kriegsministeriums und in den Heeresleitungen Verwirrung zu stiften[26]. Im März stellte sich das Problem erneut, während die Verhandlungen begonnen hatten, die am 26. April 1915 zur Unterzeichnung des Londoner Vertrags führen sollten, als die Regierung die sogenannte „rote Mobilmachung" genehmigte. Dieses Experiment zur Teilmobilisierung sollte im Geheimen durchgeführt werden und die Sicherheitsvorkehrungen an der nordöstlichen Grenze verstärken sowie eine für alle Fälle einsetzbare Manövermasse aufbauen. Das Ganze wurde ein wahres Fiasko. Mitte April hatte man 14 Klassen von Wehrpflichtigen einberufen, 550.000 Männer zwischen 20 und 30 Jahren; doch das krampfhafte Bemühen um Geheimhaltung (die Reservisten waren einzeln mittels individuell zugestellter Postkarten herbeizitiert worden), die Befürchtung, auf die ehemaligen Verbündeten angriffslustig zu wirken, und die Unfähigkeit, den Transport auf die Schnelle zu organisieren, die Verteilung und die Ausrüstung so vieler Männer verkomplizierten das ganze Vorhaben dermaßen, dass nur ein Bruchteil (kaum mehr als 150.000) von ihnen in einsatzbereite Einheiten gelangte[27]. In den meisten Fällen, so erinnerte sich Giuseppe Personeni, ein Notar aus Bergamo und Leutnant einer Einheit der mobilen Miliz, hatten die Einberufenen keine Anleitung erhalten, waren kaum ausgebildet (die meisten von ihnen hatten nie eine Handgranate geworfen) und schlecht ausgerüstet (selbst die Uniformen fehlten). Seine Infanterieeinheit hätte auf jeden Fall noch ein paar Monate intensive Schulung benötigt, um einsatzbereit zu sein[28]. Das Schlimmste aber war, dass die „rote Mobilmachung" trotz aller Vorsichtsmaßnahmen nicht geheim blieb. „Alles andere als geheime Mobilisierung! Es waren sogar schon die Orte festgelegt, die wir mit den aus den Depots kommenden Truppen hätten besetzen sollen; alle wussten Bescheid über die Aufgabe, die der Truppeneinheit anvertraut war", betonte Antonio Monti, der im März 1915 als Leutnant auf Zeit in Turin stationiert war und später Direktor des Museums del Risorgimento in Mailand wurde, in einer seiner Aufzeichnungen [29].

In den ersten Maitagen, nach Abschluss des Londoner Vertrags, befahl Cadorna, den Transport so gut wie aller verfügbaren Truppeneinheiten in den Nordosten zu beschleunigen, um gegen Ende des Monats wenigstens über einige einsatzbereite

Verbände zu verfügen; unnötig zu erwähnen, dass auch in diesem Fall die Geheimhaltung völlig fehlschlug. Roberto Bencivenga erinnert daran, dass der deutsche Militärattaché seine Regierung über den genauen Umfang der italienischen Truppen, die mittlerweile im Grenzgebiet aufgestellt waren, informieren konnte: zum Beispiel darüber, wie viel Zeit ihre Vervollständigung brauchen und dass es mindestens noch einen Monat dauern würde, bis sie angriffsbereit waren. Seine Sicht war optimistisch, wenn man bedenkt, dass das italienische Heer am 24. Mai 1915 über gerade einmal zwei Armeekorps verfügte, die einsatzbereit und in der Lage waren, die Grenze zu überqueren. Außerdem ging es um etwa 400.000 Männer, die sich auf Infanterie- und Artillerieeinheiten (noch ohne Versorgung) verteilten oder in unvollständigen Verbänden befanden[30]. Allerdings hatte man, um diese noch unorganisierte Masse an Soldaten und Kanonen zusammenzubekommen, den gesamten Mobilisierungsplan umstellen müssen. Um das Heer einsatzbereit an der Grenze zusammenzuführen, brauchte man statt der vorgesehenen 23 Tage 43, und noch viele Tage nach der Kriegserklärung befanden sich die italienischen Truppen zum großen Teil in den Zügen Richtung Norden statt marschbereit auf dem Weg nach Triest und Ljubljana[31]. Fortunato Marazzi, Kommandant der neu gebildeten 29. Infanteriedivision, erhielt den Befehl zur Mobilmachung am Nachmittag des 22. Mai, doch von seiner gesamten Einheit war nur die Kommandospitze in der Lage, sich in Bewegung zu setzen[32]. Von vier Infanterieregimentern befand sich nur das 132. in Rom, von wo aus es mit dem Zug zur Grenze aufbrach, während sich die anderen noch an ihren Schulungsstätten aufhielten; die Bataillone waren an verschiedenen Orten in Umbrien und vor allem im Latium verteilt und Versorgungstruppen sogar in Bari[33]. Als die Division fünf Tage später gen Norden aufbrach, wurde sie gruppenweise über verschiedene Schienennetze transportiert, um dann zum Teil in Pordenone, in Conegliano und sogar in Padua (100 Kilometer weiter südlich) ausgeladen zu werden, von wo aus Bataillone, Regimenter und Versorgungsabteilungen langsam und zum größten Teil zu Fuß ihre Ziele erreichten. Zehn Tage nach der Kriegserklärung war die Division noch immer kaum mehr als ein ungeordneter Haufen von Männern, die der zunehmend verzweifelte Marazzi inmitten der größten Verwirrung zu organisieren versuchte[34]. Das Problem war, dass diese sehr wohl vorhersehbaren Komplikationen zwar im Generalstab zu bemerkenswerter Nervosität führten, der Regierung aber keinerlei Sorgen zu bereiten schienen. Zu Beginn der Neutralitätsphase gab Cadorna zu bedenken, dass es nun angebracht sei, umgehend ein Sonderprogramm aufzustellen, um die Magazine aufzufüllen, die Regimenter mit neuen Posten aufzustocken und sämtliches Schlachtmaterial nachzuliefern. Der Kriegsminister antwortete ihm, man würde das im Rahmen der finanziellen Erfordernisse tun[35]. Außerdem brachte man den Generalstab – einige Wochen vor Kriegseintritt – weder über die diplomatischen Verhandlungen auf den neusten Stand noch bat man ihn um seine Meinung zu den militärischen Aufgaben (die in den Tagen vor Kriegseintritt in großer Eile festgelegt wurden): Verärgert über diese Geheimhaltung der Regierung ihm gegenüber, forderte er am 12. April 1915 ausdrücklich, zum Ministerrat eingeladen zu werden, sofern dieser über militärische Angelegenheiten beriet, doch dieser Forderung wurde nie nachgekommen[36]. Zwar darf man durchaus an seiner Behauptung zweifeln, er habe erst am 5. Mai vom Londoner Vertrag erfahren, aber es ist sehr wahrscheinlich, dass Cadorna von der Nachricht und der Aufforderung, ein genaues Datum für den Kriegseintritt anzugeben, erst eine Woche oder zehn Tage nach der Vertragsunterzeichnung erfuhr[37].

Derartige Probleme waren in jedem europäischen Land an der Tagesordnung, denn das Verhältnis zwischen Regierungen, Parlamenten und Obersten Heeresführungen war selten harmonisch, nur war die Krise im Sommer 1914 anderswo so schnell ausgebrochen, dass sich die Reibungen zwischen ziviler und militärischer Macht auf ein Minimum reduzierten. Den Kriegserklärungen folgte ein rascher Übergang in ein Regime mit außerordentlichen Machtbefugnissen, was die Generäle zwar nicht unabhängig von der politischen Macht machte, aber doch freier von übergriffiger Einmischung in ihre professionelle Kriegsführung[38]. In Italien hätte man die Reibung zwischen der Regierung mit ihrer Hinhaltetaktik und der Ungeduld des Generalstabs vermeiden können, hätte König Vittorio Emanuele III., Oberhaupt des Staates und der Streitkräfte, die ihm von der Verfassung anvertraute Rolle des Schiedsrichters besser bekleidet. Obwohl der König letzten Endes den Kriegseintritt entschieden befürwortete, war er in den vorangegangenen Monaten seiner Haltung treu geblieben, sich sowohl aus den diplomatischen Verhandlungen als auch aus der Stimmungsmache im Land vollkommen herauszuhalten[39]. Ohne vertrauenswürdige Vermittler entfernten sich Militär und Minister immer weiter voneinander. Cadorna wurde tatsächlich von jeder relevanten Entscheidung hinsichtlich des Kriegseintritts ausgeschlossen und musste die politische Initiative ohne Mitspracherecht akzeptieren (auch wenn seine Meinung notwendig gewesen wäre). Stattdessen entwickelte er etwas andere Kriegsvisionen, die teilweise sogar unvereinbar waren mit den (vagen) Vorstellungen der Regierung. Für das Oberhaupt der Streitkräfte waren die von Salandra und Sonnino vorgeschlagenen Ziele lächerlich: Für ihn ging es nicht darum, dieses oder jenes Territorium zu besetzen, sondern die österreichischen Streitkräfte durch eine Reihe von Vernichtungskämpfen zu zermürben („Kriege gewinnt man, indem man den Feind in seinen lebenswichtigen Zentren trifft. Irgendein Gebiet zu erobern bedeutet nichts [...]")[40]. Später würde er den Regierungspräsidenten und den Außenminister als „die beiden Idioten" bezeichnen, die „den Krieg als einen Spaziergang nach Triest konzipiert hatten". Seinen Abstand zur öffentlichen Rhetorik mit ihrer thematischen Fixierung auf den „letzten Krieg des Risorgimento" machte er vor allem in seiner Weigerung deutlich, den Marsch auf Trient als eine strategische Priorität anzusehen oder auch nur als einen guten Schachzug[41]. Diese Einstellung resultierte aus verschiedenen (zumindest für einen Militär der damaligen Epoche) offensichtlichen Faktoren. Es stimmt, dass das sogenannte „österreichische Tirol" (die Bezirke Innsbruck und Bozen sowie die italienischsprachige Provinz von Trient) einen bedrohlichen Keil hin zur Ebene Venetiens bildete, doch es zu erobern oder zumindest bis hinauf zum Brennerpass vorzustoßen, hätte einen Preis an Material und Männern gefordert, den Cadorna nicht zahlen konnte – bei heutiger Betrachtung, und sei es auch nur auf einer Karte, kann man das leicht nachvollziehen. Es handelt sich um ausschließlich bergiges Territorium, zweigeteilt von der Etsch, deren Tal immer steiler ansteigt, je näher man dem Brennerpass kommt. Damals existierten nur wenige Straßen, über die man schwerlich den notwendigen Verkehr hätte bewältigen können, um Tausende von Männern zu bewegen und zu beliefern, und dafür gab es nur eine verwendbare Bahntrasse. Der Generalstab war sich dieses logistischen Albtraums sehr wohl bewusst, da man erst vor Kurzem aktuelle Monografien zu den einzelnen Grenzgebieten veröffentlicht hatte, darunter die brandneue über das Trentino, mit der man Cesare Battisti, den besten ansässigen Geografen betraut hatte. Er war sozialistischer Abgeordneter im Parlament in Wien, aber auch einer der engagiertesten Verfechter des Irredentismus sowie Kollaborateur der italienischen Armee in der Doppelrolle als Informant und Berater[42]. Darüber hinaus war Tirol auch noch von einem breiten Befestigungsstreifen umgeben (um die Stadt Trient verliefen alte, aber noch sehr funktionstüchtige Festungsanlagen) sowie von einer Reihe moderner, effizienter Festungen, vor allem aber hatte die Region aufgrund ihrer Entfernung vom Herzen des Reichs kaum relevanten strategischen Wert[43]. Die geringe Relevanz (und die Gefährlichkeit) des „Ziels Trient" waren so offenkundig, dass Cadornas Entscheidung, von diesem Ziel abzulassen, zu keinem der Vorwürfe gehörte, die die – ihm keineswegs wohl gesonnene – Untersuchungskommission zu Caporetto gegen ihn erhob[44]. Dennoch war der Reiz der „unerlösten Stadt", die den italienischen Truppen das ganze erste Kriegsjahr über erreichbar schien, stark genug, dass sich noch Jahrzehnte später Veteranen, Publizisten und Kommentatoren den Kopf über die undurchschaubaren Motive zerbrachen, die Cadorna dazu veranlasst hatten, auf eine augenscheinlich so leichte Beute zu verzichten[45]. Einige, selbst Luigi Albertini, der ihn sehr schätzte, vermuteten darin nur einen weiteren Beweis seiner geistigen Starrköpfigkeit. Es lässt sich leicht verstehen, wie stark der Wunsch gewesen sein muss, sich nach der Erfahrung der frustrierenden und erfolglosen Belagerung am Isonzo wenigstens eines der besonders symbolträchtigen Ziele des Krieges zu bemächtigen. Allerdings entstanden viele dieser Analysen erst im Rückblick und nicht auf Grundlage der Einschätzung der Informationen, die den Militärkommandos damals aktuell vorlagen[46]. Als sich dann im April die operativen Pläne in konkrete Befehle zu verwandeln begannen, erhielt die Truppe, die an der Grenze zum Trentino eingesetzt war (die 1. Armee), den strikten Befehl, nur Offensiven durchzuführen, die sich darauf begrenzten, bessere Positionen für das anschließende Verteidigungsmanöver vorzubereiten, und auf keinen Fall unnötige Verluste zu riskieren: Die Manövriermasse des Heeres (2. und 3. Armee) befand sich weiterhin entlang der östlichen Grenze mit der Aufgabe, sofort den Isonzo zu überqueren und dann eventuell weiter ins Herz des Reiches vorzustoßen[47].

Hätte man für die gesamte Planung dieselbe Entschlossenheit an den Tag gelegt, mit der man die politische Intention den reellen operativen Möglichkeiten unterordnete, wären die anfänglichen Ergebnisse des italienischen Krieges weitaus zufriedenstellender ausgefallen. In Wirklichkeit war eines der wichtigsten Probleme in Cadornas Plan gerade die scheinbar unerklärliche Entscheidung, sein ehrgeiziges strategisches Manöver zu untergraben, indem er die (wenigen) Mittel, die ihm zur Verfügung standen, mehr oder weniger entlang der gesamten Frontlinie verstreute. Von den weniger als 300 mittleren und schweren Geschützen (darunter etwa fünfzig

149 A-Kanonen von geringer Schlagkraft, von denen einige schon nach wenigen Tagen explodierten) wurde nur die Hälfte den Truppen zugeteilt, die den großen strategischen Durchbruch an der Ostfront schaffen sollten, die anderen wurden über die restlichen 600 Kilometer der Grenze verstreut[48]. In der Folge musste sich Cadorna wiederholt gegen die Unterstellung verteidigen, diese unlogische Schwächung der Kräfte sei der erste und offensichtlichste Beweis für seine Inkompetenz gewesen. Vor der nach Caporetto im März 1918 eingesetzten königlichen Untersuchungskommission erklärte er, er habe seine Pläne sehr plötzlich ändern müssen, um auf das Desaster zu reagieren, das die Zivilregierung verursacht hatte. Der erste Plan, der auf einem massiven Überraschungsangriff an der Isonzofront aufbaute, wäre erfolgversprechend gewesen, hätte man bis zum Tag der Kriegserklärung eine gewisse Geheimhaltung der italienischen Absichten aufrechterhalten können. Nur beschloss die Regierung Salandra am 4. Mai, den Dreibundvertrag zu kündigen (ein formaler Akt, den man bisher noch nicht unternommen hatte), und noch schlimmer war, dass Salandra am 13. Mai von seinem Amt zurücktrat – in einem Moment, in dem es noch eine reale Chance gegeben hätte, den Kriegseintritt hinauszögern zu können. In seiner Aussage vor der Untersuchungskommission beharrte Cadorna darauf, dass das zum einen die Österreicher in Alarm versetzt und zum anderen für drei wichtige Tage (der Amtsrücktritt Salandras war vom König am 16. Mai zurückgewiesen worden) die Operationen der Mobilmachung blockiert hätte, „so dass insgesamt diese Tatsachen den sensiblen Mechanismus unserer Vorbereitung verzögerten und durcheinanderbrachten"[49]. Von dieser Sichtweise rückte er nie wieder ab[50]. Hätte die Regierung dem Militär nicht unerwartet das Leben schwer gemacht, wäre der strategische Überraschungsschlag gelungen; aber im Gegenteil hatte der Generalstab nun aufgrund der mangelnden Voraussicht der Zivilisten mögliche österreichische Angriffe an besonders exponierten Sektoren der Front zu befürchten und vor allem aus dem Trentiner Frontbogen, wozu er die 1. und die 4. Armee verstärkte und ein Reserve-Korps in der Ebene Venetiens organisierte[51].

Auch wenn er in manchem recht hatte, handelte es sich hier doch um eine ziemlich persönliche Sicht der Geschehnisse. Erstens war Mitte Mai die Aufstellung der italienischen Truppen im Nordosten kein Geheimnis mehr, und nur wenige Optimisten glaubten noch daran, dass der Kriegseintritt sich vermeiden ließe. Selbst die schlecht funktionierende italienische Aufklärung wusste, dass die österreichischen Truppen längst überall an der Front einsatzbereit aufgestellt waren[52]. Auf der anderen Seite war der Übergang von einer ausgesprochen angriffslustigen Haltung zu einer demonstrativen Vorsicht keine Einsicht der allerletzten Minute. In den Anweisungen, die im April an die Truppenkommandeure ausgegeben wurden, ging es bereits um ein Defensivszenario: Angesichts der Entwicklung an den anderen Fronten, wo die Kräfte der Entente in Schwierigkeiten oder blockiert waren, war es nicht ausgeschlossen, dass Österreich-Ungarn (und vielleicht auch die Deutschen) endlich die Geduld verlieren und ausreichend Kräfte für einen Präventivangriff gegen Italien mobilisieren würden[53]. Zudem gibt es keinen Hinweis darauf, dass die Regierungskrise die „geheime Mobilmachung", die zeitgleich im Gang war, blockiert oder auch nur verlang-

samt hätte. Cadorna erwähnt in seinen Erinnerungen ein eiliges Gespräch mit Salandra, in dessen Folge er einen verzweifelten Gegenbefehl erteilte, der sich allerdings
nicht operativ ausgewirkt zu haben schien[54]. Viel wahrscheinlicher ist, dass er Opfer
der Ineffizienz eben jenes Informationsdienstes geworden war, den er selbst immer für
einen unwichtigen Zweig seines Generalstabs gehalten hatte. Die unfähigen Ge-
heimdienstmitarbeiter des Generalstabs machten das ganze Jahr 1915 über unglaub-
würdige Schätzungen der österreichischen (und selbst deutschen) Truppenstärken an
den Grenzen zu Italien und kamen zu dem Schluss, ganze Armeen seien einsatzbereit.
Tullio Marchetti, der Verantwortliche für die Behörde I der 1. Armee, wusste aber sehr
genau, dass die Habsburgermonarchie im Trentino gerade mal ein paar Regimenter
zählte – doch diese konkreten Informationen erreichten den Oberbefehlshaber des
Generalstabs nie, der seine Gleichgültigkeit gegenüber der Waffe der Spionage mit der
Angst bezahlte, wer weiß welche Art von Aggression parieren zu müssen[55]. Wie dem
auch sei, letzten Endes handelte es sich um mehr oder weniger theoretische Diskus-
sionen. Auch wenn die italienischen Truppen nur über wenige schwere Artillerie- und
Belagerungsgeschütze verfügten, war die Wahrheit, dass davon am 24. Mai 1915 ein
Großteil nicht einmal verfügbar war. Letztlich waren die echten Probleme des italie-
nischen Krieges die Kanonen und die industrielle Vorbereitung und weit weniger die
Manöverpläne der Generäle.

Immerhin hatte sich der Generalstab diesbezüglich nichts vorgemacht. Die Auf-
rüstung der italienischen Streitkräfte zwischen Herbst 1914 und Sommer 1915 war ein
halbes Wunder und zum großen Teil Cadornas fester Überzeugung zu verdanken, dass
der Krieg kostenaufwendig, anstrengend und lang sein würde. Zwar hatte man ihn aus
den politischen Entscheidungsprozessen der Politik ausgeschlossen, doch erreichte er
immerhin die Absetzung des Kriegsministers (in dem er einen Gegner sah). Grandi
wurde im Zuge des Skandals, der durch die Entdeckung verursacht wurde, dass die
Armeelager fast leer und keine Vorräte an Waffen und Uniformen für die Ausrüstung
der einberufenen Männer vorgesehen waren, offiziell entlassen und durch General
Zuppelli ersetzt, der bereits sein Stellvertreter im Generalstab war[56]. Natürlich war
diese Amtsenthebung ein von der Regierung bezahlter Preis, die damit das öffentliche
Gewicht anerkannte, das der Stabschef inzwischen innehatte, und die Autonomie, die
er von nun an in allen Fragen der Vorbereitung der Streitkräfte genießen würde: „Wäre
Grandi nicht zurückgetreten, wäre er [Cadorna] zurückgetreten. Das Heer und das
Land haben großes Vertrauen in Cadorna; daher sind jedes mögliche Ressentiment
und jede Unzufriedenheit seinerseits zu vermeiden"[57]. Zuppelli und Cadorna bildeten
zu Beginn ein tatkräftiges Team, das von der Regierung zusätzliche Finanzierungen
und weitreichende Handlungsfreiheit erhielt, um die katastrophale Lage der Streitkräfte zu verbessern. Schnell traf man Vorkehrungen, indem man noch im Frühjahr
die Personalsituation verbesserte und den Waffenbestand aufstockte. Da man kein
Offizierskorps aus dem Nichts aufstellen konnte, beschloss man, den Abschluss einiger Kurse an der Militärakademie zu beschleunigen, zu Massenbewerbungen auf-
zurufen und eine umfangreiche Reserve von Zugführern und Territorialmilizen aufzubauen, junge Männer zwischen 18 und 30 Jahren (die Altersgrenze wurde

entsprechend herabgesetzt), denen man das Kommando der Kampftruppen anvertrauen wollte. Innerhalb von sechs Monaten verfügte man somit über 13.000 Offiziere jeden Grades und jeder Waffengattung, die ausreichten, um die Lücken in den Einheiten des stehenden Heeres zu füllen und bei der Mobilmachung zehn neue Infanteriedivisionen aufzustellen[58]. Es kamen Tausende Einberufene (offiziell „zur Schulung und aktuellen Einweisung"), die zuvor freigestellt oder nie eine Ausbildung absolviert hatten, da sie als überzählig galten. Und gleichzeitig siebte man die jüngeren Einberufungsjahrgänge nach kräftigen neuen Soldaten aus, um die Infanterieregimenter aufzufüllen. Die jungen 20- und 21-jährigen Männer der Jahrgänge 1894 und 1895 hatten am wenigsten Glück – sie wurden fast ein Jahr früher als üblich in den Dienst genommen (130.000 junge Männer) oder an die Waffen gerufen (weitere 150.000 Männer) und sie waren die Jahrgänge, die die größten Verluste erlitten[59]. Innerhalb weniger Monate wuchs das italienische Heer, das an die Front gerufen wurde (die sogenannten „Landstreitkräfte" oder „operativen Streitkräfte"), von 870.000 Männern mit wenigen Zehntausend Reservisten, die die Reihen auffüllten, auf über eine Million an, dazu kam eine ausgebildete Reserve von weiteren 400.000 Mann[60]. Die Hauptprobleme blieben der Waffenbestand und die Mechanisierung: Als ausgebildeter Artillerist bestand Cadorna entschieden auf der Notwendigkeit, die Produktion von Geschützen und Munition zu erhöhen (wobei er sich weniger um Panzerfahrzeuge und Flugzeuge kümmerte), nicht zuletzt weil er davon überzeugt war, dass ein gut organisiertes, überwältigendes Feuer von Geschützen und Haubitzen der Schlüssel zur Überwindung des Patts im Stellungskrieg sein würde.

Aber die italienische Industrie war dem nicht gewachsen und sollte es auch noch lange nicht sein. Da ein gesetzlicher Rahmen fehlte, der eine Militarisierung der Wirtschaft erlaubt hätte (was die Zivilbehörden ablehnten), behalfen sich der Kriegsminister und die Armee, indem sie Aufträge an die Privatindustrie vergaben, auf den ausländischen Märkten einkauften, die bereits von Aufträgen gesättigt waren, und indem sie versuchten, das Beste aus der veralteten staatlichen Rüstungsproduktion herauszuholen, was jedoch nur von mäßigem Erfolg gekrönt war. Ein Übriges taten das Chaos im Bahnverkehr (es gab nur wenige Verbindungen in den Nordosten und diese waren aufgrund der Massen der Einberufenen überfüllt) sowie die Desorganisation der Versorgungs- und Instandhaltungslogistik. Das Ergebnis war, dass sich Mitte Juni 1915, als sich Cadorna zum ersten massiven Angriffsschlag gegen die österreichischen Linien anschickte (die sogenannte „Erste Isonzoschlacht" begann am 23.), nicht einmal eine der Haubitzen oder schweren Granatwerfer, auf die man so sehr baute, an der Front befanden, um den Widerstand der gefürchteten österreichisch-ungarischen Befestigungen zu brechen. Einige waren zur Reparatur zurück in die Werkstätten gebracht worden, andere ließen sich nicht bis an die Front transportieren, oder die Geschütze waren angekommen, aber ohne Munition, oder die Munition war da, aber kein entsprechendes Personal[61]. Auch an anderen Stellen sah es nicht besser aus. Die Frontregimenter sollten mit dem Gewehr 91 schießen, der Standardwaffe in den Streitkräften, doch die Militärproduktionsstätten in Terni und in Brescia schafften nur eine lächerlich geringe Materialmenge pro Monat, die nicht ausreichte, alle Reserveeinheiten zu bewaffnen und den Nachschub zu garantieren, ebenso reichten die Maschinengewehre nicht für jedes Regiment (im Mai waren nur 600 Waffen verfügbar); außerdem gab es nicht genügend Munition für alle Waffen (war der zu jeder Waffe gehörende Munitionsbestand aufgebraucht, betrug der tägliche Nachschub eine Patrone pro Gewehr und 100 Schuss pro Maschinengewehr)[62]. Unter bestimmten Aspekten waren die Italiener auf dem Stand vom Sommer 1914 geblieben. Das königliche Heer hätte eigentlich über 3.500 Lastwagen und 500 Autos verfügen sollen, doch die Lieferung verzögerte sich und die 2. Armee, die am anderen Isonzoufer die Straße für den Marsch auf die Monarchie freimachen sollte, überquerte die Grenze mit nur einem einzigen Auto, dem des Kommandeurs (es fehlten so viele Fahrzeuge und Fahrer, dass man Privatfahrzeuge beschlagnahmen musste)[63]. Und natürlich existierte quasi keine Luftwaffe: Am 24. Mai verfügten die Streitkräfte über drei Luftschiffe (zwei weitere besaß die Marine) und 58 weitere Flugzeugmodelle, ein Viertel der deutschen Luftflotte des Vorjahres und ein Zehntel der französischen Flugzeuge Ende 1915[64].

„Ein womöglich – und meiner Meinung nach wahrscheinlich – langer Krieg": Cadorna und die Illusion eines kurzen Krieges

Cadorna war wegen diesen mageren Ergebnissen natürlich frustriert, aber wahrscheinlich nicht besonders überrascht.[65] Seine Einschätzung der Fähigkeiten der Privatindustrie und der begrenzten Möglichkeiten der königlichen Rüstungsfabriken war realistisch, genauso wie ihm bewusst war, dass man für die Effizienz des Heeres nicht nur eine kurzfristige Lösung benötigte[66]. Tatsächlich hat man immer wieder auch dem Oberhaupt der italienischen Streitkräfte diese Illusion eines kurzen Krieges nachgesagt, dabei sollten sich seine Einschätzungen über die Dauer und die Kosten eines italienischen Krieges als sehr viel genauer erweisen als die seiner Vorgesetzten in Zivil[67]. In der Tat hatte Cadorna im Dezember 1914 eine Skizze vom möglichen Verlauf eines Kampfes gegen Österreich-Ungarn entworfen, wobei er von einer großen Vernichtungsschlacht innerhalb von 45 Tagen nach dem Einmarsch ausging und einem anschließenden raschen Angriff auf Wien. Doch dabei handelte es sich nicht um einen operativen Plan, sondern vielmehr um den Entwurf eines Schemas für den internen Gebrauch in seinem Büro, auf dessen Grundlage man eventuelle Zusatzkräfte berechnen konnte, und anschließend wurde nie wieder davon gesprochen[68]. Im Gegenteil waren seine Mitteilungen an die Regierung in der gesamten Phase der Neutralität und allgemein seine Anordnungen zur Stärkung des Heeres unablässig von dem Aufruf begleitet, sich auf einen langen Konflikt vorzubereiten, der den Verbrauch von Materialmengen erforderlich gemacht hätte, der für die normale Organisation des Heeres und des Landes nicht machbar gewesen wäre. Diese in seinen autobiographischen und polemischen Schriften immer wieder zitierten Appelle spiegelten eine Realität, die die Exekutive lange Zeit zu ignorieren vorzog[69]. Auch in diesem Fall stand Cadorna innerhalb der Gemeinschaft der Militärkaste nicht allein da. Den europäischen Generälen wurde lange vorgeworfen, schuldhaft die Illusion eines „kurzen Krieges" genährt zu haben, doch die gebildete Elite der Generalstäbe war weder blind gegenüber der Schlagkraft der Waffen, die seit nunmehr zwei Jahrzehnten die konventionellen Arsenale mitbestückten (wie die Maschinengewehre, die neue schwere Artillerie und Repetiergewehre), noch ließen sie die Erfahrung aus den Kriegen in Südafrika und in der Mandschurei völlig außer Acht[70]. Im Jahr 1912 hatte Moltke seinen Kriegsminister davon unterrichtet, dass im Fall eines Zweifrontenkrieges ein langer und erbitterter Konflikt nicht auszuschließen sei, mit gewaltigen Schlachten, die man nur unter Einsatz vieler Menschenleben und dank einer außerordentlichen Mobilisierung der deutschen Industrie würde gewinnen können[71]. Im Jahr 1909 warnte Lord Kitchener, der Held der kolonialen Eroberungen und zukünftiger britischer Kriegsminister, dass ein in ganz Europa ausgetragener Krieg Jahre dauern könne[72]. Das Problem war, dass all diese Befürchtungen in der Öffentlichkeit kaum Gehör fanden. Obwohl sie davon überzeugt waren, dass ein groß angelegter Konflikt zu einem Desaster ausarten konnte, zögerten die im Vorkriegseuropa verantwortlichen Militärführer, die von ihnen selbst oder ihren Mitarbeitern erarbeiteten unangenehmen Perspektiven öffentlich zu machen, zum Teil, weil das ihre Karriere hätte gefährden können, vielmehr aber, weil man so zugegebenermaßen die Möglichkeit leugnen würde, das eigene Land könne einen Krieg erklären und unbeschadet daraus hervorgehen, eine inakzeptable Einschränkung im internationalen Kontext des 20. Jahrhunderts[73].

Auf jeden Fall belagerte der italienische Generalstab in den letzten Monaten der Neutralität das Kriegsministerium und die Regierung mit Berichten über die Unzulänglichkeiten der Rüstungsindustrie und die Unfähigkeit des nationalen Markts, eine Million Männer zu ernähren und zu unterhalten, „vor allem wenn die kriegerischen Auseinandersetzungen lang andauern sollten" – dieses Szenarium hielt man für wahrscheinlich und man forderte dafür einen außerordentlichen finanziellen Einsatz[74]. Schließlich schrieb Cadorna drei Tage vor Kriegsausbruch persönlich an Salandra, um ihm ein Mindestprogramm zur Aufstockung des Heeres vorzulegen, für einen Krieg, der seiner Einschätzung nach bestimmt das gesamte Jahr 1916 andauern würde:

> Es wäre gewiss eine schuldhafte Illusion zu glauben, der bevorstehende Feldzug würde von kurzer Dauer sein, denn die Beweise vollkommener Organisation, des Reichtums an Mitteln und der moralischen Festigkeit, die in diesen Monaten von den Gegnern und besonders von Deutschland gegeben wurden, sind so groß, dass sie einen glauben machen, sie werden bis zum Schluss an ihrem hartnäckigen Widerstand festhalten. Daher müssen wir umgehend daran denken, neue Kräfte aufzustellen, die im Frühjahr 1916 in den Krieg eintreten können[75].

Dabei handelte es sich um ein ehrgeiziges Projekt: Cadorna forderte die Bildung *ex novo* von 50 neuen Infanterieregimentern, von 24 Scharfschützenbataillonen und genauso vielen aus Alpinibataillonen – mehr als ein Viertel des im Mai 1915 mobilisierten Heeres. Dieses Vorhaben hätte den Einsatz von 300.000 Männern erforderlich gemacht, mehr oder weniger die gesamte einsatzbereite und wehrhafte Reserve[76]. Die

Regierung antwortete darauf mit einer Art Feilscherei, um die Zahlen zu drücken, und behauptete, das Anliegen sei zu teuer. Diese Reaktion offenbart deutlich, dass der Großteil der zivilen Führungselite die Revolution vor ihren Augen nicht wahrnahm[77]. Diese Konfrontation zwischen Cadorna und der Regierung nahm einen Gutteil des Sommers 1915 in Anspruch, während die ersten Angriffskämpfe am Isonzo mehr als deutlich offenlegten, welchen Charakter der Krieg an der italienisch-österreichischen Front annahm; entsprechend schärfer wurde der Ton der Auseinandersetzungen. Irgendwann warf ein mehr als äußerst aufgebrachter Cadorna der Regierung vor, sie schicke seine Männer in den Tod, weil sie zu geizig sei, um sie mit der notwendigen Munition, mit Geschützen und sogar mit den nötigen Stacheldrahtzangen auszurüsten[78]. Dieser Vorwurf war nur teilweise gerechtfertigt, aber er saß, denn Cadorna erhielt zwar nur die Hälfte der von ihm geforderten Regimenter, dafür aber mehr Maschinengewehre, 200 neue Kanonen und schwere Haubitzen, Flugzeuge und Lastwagen sowie die Zusage finanzieller Mittel, um seine Einheiten für den Winter auszurüsten, in der Annahme, man müsse damit rechnen, dass die Kämpfe „voraussichtlich" bis ins Frühjahr 1916 andauern würden (in der Folge wurde aus „voraussichtlich" „mindestens")[79]. Doch das wichtigste Vorhaben war sicherlich die Verabschiedung eines systematischen Plans für die Mobilisierung der Kriegsindustrie und die Einrichtung eines neuen militärisch-zivilen Organs, das die Führung übernehmen würde, das Staatsministerium für Rüstung und Munition:

> Man muss für einen Bestand sorgen, der sich an der realistischen Prognose ausrichtet, dass der Krieg das ganze Jahr 1916 dauern wird. [...] Dazu muss man auf eine spezielle Einrichtung zu rückgreifen [...]; lasst es das Ministerium für Waffen und Munition genannt werden, wie in England [...], tut nicht viel zur Sache [...]. Es geht darum, die gesamte Industrie zu regulieren und zu mobilisieren, um den größtmöglichen Nutzen für das im Einsatz befindliche Heer zu gewinnen[80].

Es ist angesichts der gespenstischen Vorstellung einer radikalen Militarisierung der Wirtschaft nicht schwer, die Widerstände Salandras und seiner Regierung nachzuvollziehen, die sich aus überzeugten Befürwortern des freien Marktes zusammensetzte. Dennoch erwies sich wieder einmal die Sicht der Militärs auf die Ereignisse als realistischer und deren Entschlossenheit als notwendig, um die entsprechenden Konsequenzen zu ziehen. Im Unterschied zu den meisten Politikern hatte Cadorna eine zwar nur annähernde, dafür aber umso beunruhigendere Vorstellung von den Problemen, die auf die Armeen zukamen. Die „Munitionskrise", die im Winter 1914/15 die Manöver so gut wie lahmgelegt hatte, ließ ihm keine Ruhe: Auch wenn aus Sicherheitsgründen keine genauen Daten bekannt waren, wusste man mittlerweile auch in Italien, dass die schweren englischen Haubitzen in Frankreich nicht mehr als 10 Schüsse am Tag abgeben konnten und dass in einigen Bereichen die Geschützbestände der russischen Artillerie schlicht leer waren[81]. Cadorna war sich darüber im Klaren, dass dasselbe Schicksal auch sein Heer ereilen könnte; daher war er überzeugt, dass man diesen von fast allen anderen Kriegsteilnehmern (außer Deutschland) begangenen Fehler – zu lange mit der systematischen Militarisierung der Industrieproduktion gewartet zu haben – vermeiden müsse. Unbeirrbar unterstrich er immer wieder die strukturellen Mängel der Privatwirtschaft und beklagte (sehr hellsichtig) das schädliche Verhalten der italienischen Unternehmer (und ihrer politischen Gönner), sie wollten sich nur an den staatlichen Aufträgen bereichern (ohne die Abgabetermine oder die besonderen Qualitätsanforderungen zu berücksichtigen): „Unsere großen industriellen Unternehmen [...] bemühen sich vornehmlich darum, von der Regierung viele große Aufträge zu bekommen, ohne sich darum zu scheren, ob sie diese auch ausführen können"[82]. Er wählte auch den Mann aus, dem die Leitung der industriellen Mobilisierung anvertraut wurde, General Alfredo Dallolio, Generaldirektor der Artillerie und der Genietruppen im Kriegsministerium und möglicherweise einer der brillantesten höheren Verwaltungsbeamten in der Geschichte der italienischen Nationalstaatsbildung: „von außerordentlichem Organisationstalent und ungemein tatkräftigem Charakter"[83]. Auch wenn dieser später Gegenstand einer kurioserweise gegensätzlichen *damnatio memoriae* werden sollte (die Unternehmer warfen ihm vor, er sei ein Sozialist in Uniform, und einige Historiker, er habe die Arbeiter versklavt), konnte Dallolio zahlreiche Verdienste verzeichnen: Er organisierte sehr effektiv die Produktion des schlecht organisierten, antiquierten nationalen Industriesystems und war geschickt darin, die zahlreichen Proteste der Arbeiterschaft zu schlichten (die gezwungen waren, in einem zermürbend hohen Tempo zu arbeiten), indem er Formen von Mitbestimmung in den Fabriken zusicherte und immer wieder die Löhne anhob[84]. Dass das italienischen Heer die Krise der Munitionsbestände der ersten Wochen überwinden und kampfbereit bleiben konnte (Ende Juli konnten die Geschütze 149 nicht mehr als ein Dutzend Schüsse pro Tag abgeben), dass es der Industrie gelang, die produktiven Anstrengungen eines modernen Krieges zu schultern (und nach Caporetto wieder ein gigantisches Arsenal zu bestücken) und dass sich – nicht zuletzt – viele Fabriken zu wettbewerbsfähigen Unternehmen entwickeln konnten (FIAT wuchs von 4.000 auf 40.000 Mitarbeiter, Ansaldo von 6.000 auf 56.000 Mitarbeiter), war vornehmlich sein Verdienst[85].

Zum Unglück der Italiener kam diese klare, realistische (und streckenweise geradezu prophetische) Analysefähigkeit Cadornas in Organisationsfragen leider weitaus weniger in seiner strategischen und operativen Planung zum Ausdruck. In den Monaten der Neutralität zeigte sich Cadorna zurückhaltend, wenn es darum ging, das Szenarium eines möglichen Zermürbungskrieges, dessen Bild ihm von den Fronten nur allzu unschön zugetragen wurde, in (wenn auch nur vage) Anordnungen zu übersetzen. Im „Einsatzbefehl Nr. 1", der am 16. Mai 1915 an die 2. und die 3. Armee verteilt wurde, war die Rede von einem Angriff mit eingeschränkter Reichweite (etwa 15 Kilometer am längsten Stück, die Ebene zwischen Cervignano und Aquileia) und mit bescheidenen Zielen (letztlich, um die Linie am Isonzo in der Länge besetzt zu halten und dort Stellungen aufbauen zu können). Gemessen an den Maßstäben des Stellungskrieges an der Westfront war das sicher ein ambitioniertes Manöver, aber lange nicht so ehrgeizig wie sich den Marsch auf Ljubljana zum Ziel zu nehmen[86]. In anderer Hinsicht verzichtete Cadorna jedoch nicht wirklich auf das Faszinosum des „napoleonischen Paradigmas". In erster Linie, weil Napoleon trotz der Versuche einiger seiner engsten Vertrauten, auf den Anachronismus hinzuweisen, immer sein idealer und sogar einziger Referent blieb[87]. Aber insbesondere, weil er sich allen Ernstes auf das allenfalls höchstens herbeigeträumte konzentrische, italienisch-russisch-serbische Manöver verließ, das Österreich-Ungarn besiegen sollte[88]. In Wirklichkeit handelte es sich hier um falsch gesetzte Hoffnungen. Der Londoner Vertrag war von zwei militärischen Vereinbarungen begleitet, eine betraf den Seekrieg im Mittelmeer und die andere legte den Beginn von Angriffskämpfen der gesamten vereinten Truppen der Verbündeten fest. Das italienische und das russische Heer, die beiden Hauptakteure vor Ort, strebten danach, die Masse ihrer beiden Streitkräfte mit Aussicht auf eine gigantische Operation gegen Österreich-Ungarn „im Gebiet zwischen den Alpen und den Karpaten" zusammenzuführen; in den Tagen vor dem italienischen Kriegseintritt bemühten sich auch Frankreich und Großbritannien darum, einen unterstützenden Angriff an der Westfront zu lancieren, um zu verhindern, dass Deutschland (das im Übrigen gar nicht daran interessiert war) größere Einheiten an die italienische Front schicken würde[89]. Doch als es dann wenige Tage später darum ging, sich der ursprünglichen Zielsetzungen der Allianz konkret zu vergewissern, erkannte der Generalstab, dass er damit kein gutes Geschäft gemacht hatte: „Die italienische Entscheidung, in den Krieg einzutreten, fiel nicht im richtigen Moment", schrieb John Keegan[90]. Bei den Schlachten von Gorlice-Tarnóow besiegt, waren die russischen Truppen auf dem Weg nach Norden und gaben Galizien auf. Es sollten Monate vergehen, bevor das Heer des Zars wieder einigermaßen geordnet aufgestellt war, und nie wieder sollte es die Möglichkeit für einen Einmarsch in Ungarn haben[91]. Das serbische Heer war seinerseits nicht darauf aus, irgendeine Art Angriff zu initiieren, und profitierte vom mangelnden Engagement Österreichs (viele Einheiten waren in aller Eile an den Isonzo geschickt worden), um sich auszuruhen und neu zu organisieren. Es nützte ihm nicht viel, denn im Herbst wurde Serbien überfallen und das Land besetzt (die Tatsache, dass die Überlebenden der serbischen Truppen ausgerechnet von der italienischen Marine in Sicherheit gebracht wurden, war schon eine bizarre Ironie des Schicksals)[92]. Der Druck vonseiten der Franzosen und der Engländer auf die Westfront brachte nichts, da das italienische Königreich und das Deutsche Reich einander noch für ein weiteres Jahr keinen Krieg erklärten.

Cadorna vergaß diese Schmach nicht. Gemäß den Prinzipien seiner Doktrin konnte ein möglicher Krieg für Italien nur ein Krieg innerhalb eines Bündnisses sein, und all seine Planungen basierten darauf, dass die Abmachungen wortwörtlich einzuhalten wären, sobald Allianzen und Konventionen etabliert waren. Da ihn die italienische Abhängigkeit von Zulieferungen der Alliierten dazu zwang, verhielt er sich den ausländischen Kollegen gegenüber so vertrauenswürdig wie möglich, für die er teilweise sogar eine gewisse Sympathie verspürte (zumindest für Joffre). Und er hätte bei den seltenen und oft ergebnislosen Versuchen, Kommandos und Strategien zu koordinieren, weiterhin mitgearbeitet, doch letztlich hatte er das Vertrauen in die Alliierten verloren und war überzeugt, dass die Russen und die Serben für den weiteren Verlauf des Konflikts nicht mehr nützlich waren[93]. Zu Beginn des Jahres 1916 äußerte sich Cadorna im Gespräch mit dem französischen General Maurice Pelle über die Ergebnisse der zweiten Entente-Konferenz in Chantilly mit einer gewissen Ironie zu der Tatsache, dass die Italiener keine der so weithin versprochenen Hilfen erhalten hatten; er erwarte zumindest, dass die Alliierten nun keine unangebrachten Forderungen stellen würden, wie etwa italienische Infanterieeinheiten in den Balkan zu schicken, wenn man bedenkt, dass er im Gegenzug bis dahin nicht einmal eine einzige Kanone erhalten hatte. Das war eine gezielte Kritik an der Strategie der indirekten Angriffe auf die Mittelmächte (was 1915 auf der türkischen Halbinsel Gallipoli zu einem Desaster geführt hatte), aber auch ein wenig diplomatischer Vorwurf für eine – seiner Meinung nach hinter seinem Rücken begangene – Täuschung[94].

So schnell hatte die Hoffnung auf den großen Feldzug ihr Ende gefunden. Noch vor Beginn der systematischen Offensive entlang der gesamten Isonzofront (die „Erste Isonzoschlacht" vom 23. Juni bis zum 6. Juli 1915), die zur Einnahme der von Schützengräben durchzogenen Gebiete von Tolmino und Görz führen sollte, hatte die Armeeführung bereits realisiert, dass die österreichisch-ungarischen Verteidigungsanlagen solide gebaut und von Truppen und Kommandeuren gesichert waren, die nicht beabsichtigten, sich zu ergeben oder zurückzuweichen: eine unangenehme Entdeckung, die jeden Rest von Illusion über diesen gerade erst begonnenen Krieg begrub. Was die Qualität des Feindes anbetraf, hatten die Italiener an der Ostfront kein Glück. Die neue 5. Armee Österreich-Ungarns, die die Straße Richtung Triest und Ljubljana verteidigte, unterstand dem Oberbefehl von Svetozar Borojevic, der am Isonzo seinen Ruf als unerbittlicher General bestätigen sollte. Seine Unnachgiebigkeit bei der Anwendung der Taktik der starren Verteidigung brachte ihm den Titel „Löwe vom Isonzo" ein und den Ruf des ritterlichen Beschützers des Reichs (nicht ganz angemessen angesichts seines brutalen Umgangs mit der Zivilbevölkerung)[95]. Seine Regimenter waren hinsichtlich der „Kultur des Krieges" (Konsens, Disziplin und Feindesverachtung) das Beste, was die Doppelmonarchie gegen die Italiener in den Kampf schicken konnte. Sie setzten sich überwiegend aus Volksgruppen zusammen, die keine Disziplinprobleme bescherten (Deutsche, Magyaren und Bosnier) beziehungsweise die die italienischen Nachbarn weit mehr verachteten als die Habsburger Vorherrschaft, wie etwa die Kroaten oder Slowenen[96]. Am 2. Juni 1915 setzte sich das 12. Bersaglieri-Regiment zum Angriff am Krn in Slowenien (it. Monte Nero) in Marsch, eine wichtige Position für weitere Operationen, um in das von Schützengräben durchzogene Kampfgebiet von Tolmino zu gelangen, das von einer österreichischen Gebirgsjägerbrigade besetzt war. Das Regiment vollbrachte eine außerordentliche Mutprobe, als es im Laufschritt die Berghänge hinunterstürzte, vorneweg seine Offiziere, allerdings nur um als Kampfeinheit ebenso zerstört zu werden wie die 89. Infanterie, die den Angriff vor ihm versucht hatte[97]. Beweise für diesen Wagemut und diese Kühnheit gab es vor allem bei den ersten Kampfhandlungen immer wieder, doch das Ausmaß (und vor allem die Sinnlosigkeit) dieser Massaker trafen auch Cadorna tief, der in einem Brief an seine Tochter von einem „heroischen, aber sinnlosen" Angriff sprach, der sehr „schwere Verluste verursachte, ohne etwas zu erreichen"[98]. Tatsächlich gelang es trotzdem recht bald, den Gipfel des Krn doch noch einzunehmen, dank eines völlig autonomen Überraschungsangriffs, der – fast ohne Verluste – von nur drei Alpini-Kompanien der Bataillone *Susa* und *Exilles* durchgeführt wurde. Allerdings hatte das

Oberkommando in der Zwischenzeit bereits Direktiven erlassen, die die Durchführung der Operationen am Boden radikal verändern sollten[99]. Am 11. Juni erteilte Cadorna den *Ordine di operazioni n. 7*, das vielleicht bedeutendste Dokument der italienischen Kriegführung nach den ersten Befehlen zum Vormarsch und vor dem großen Rückzug von 1917:

> Die genauen Erkundungen, die an der Frontseite der 2. und 3. Armee durchgeführt wurden [...], die mutigen, mit großem Einsatz ausgeführten Aktionen [...] haben es ermöglicht, die mächtige Verteidigung des Feindes zu enthüllen. Der Standort Görz ist von Schützengräben durchzogen [...]. Es gilt, diese Verschanzungen mit der entsprechenden Konzentration aller Kräfte und vor allem der technischen Mittel zu überwinden; und vor allem mit der Methode, die die Erfahrung des Krieges auf den anderen Kampfschauplätzen der Alliierten nahelegt, nämlich plötzliche Angriffsmanöver zu vermeiden, in denen sich zwar der Wert unserer Truppen offenbart, durch die sich aber keine den Verlusten angemessenen Ergebnisse erzielen lassen[100].

Diese Richtlinie war in der Tat der Grabstein des Bewegungskrieges an der italienischen Front bis Caporetto. Sie drückte einen derart radikalen Wandel der Sicht auf den Krieg aus, dass ihm von nun an (wie er noch im Frühjahr 1917 auch vor den französischen und englischen Delegierten betonte) jeder Versuch, die Fronten strategisch aufzubrechen, unmöglich erschien, es sei denn, es gäbe ein überwältigendes Kräftegefälle[101]. So schrieb er an seine Tochter: „In diesem Krieg erlischt die Wirkung jeder Eingebung, denn die Umsetzung jedes genialen Einfalls gründet auf der Schnelligkeit des Manövers, und dessen [Schwung] zerbricht an jedem guten System aus Schützengräben und Stacheldraht"[102]. Vor seinem Sohn, Raffaele, einem Kavallerieoffizier, breitete er wenige Tage nach dem unglücklichen Ausgang der Ersten Isonzoschlacht Aspekte der neuen Kampfphilosophie aus: „Es gilt, mit Methode und Bedacht voranzugehen, mit Belagerungsmethoden"[103]. Doch dieser augenscheinlich plötzliche und unerwartete Wandel erstaunte die Kreise der europäischen Kriegsprofis von 1915 nicht. In den vorangegangenen Monaten hatte sich selbst der hartgesottenste konservative General an der Westfront mit der Dominanz des Grabenkrieges und der Notwendigkeit abfinden müssen, die Kriterien für den Einsatz der Truppen diesem Problem anzupassen[104]. Die Ergebnisse waren noch lange Zeit sehr unbefriedigend, vor allem was die Überlebenschancen der Soldaten betraf. „Je les grignotte!" (Ich knabbere an ihnen) antwortete Joffre den Kritikern, die ihn darauf hinwiesen, dass die Offensiven in der Champagne und im Artois im Frühjahr 1915 trotz der beeindruckenden Vorbereitungen, der Millionen von abgefeuerten Kugeln und der Tausenden von Infanteristen, die bei den Angriffen geopfert wurden, den deutschen Angreifer nicht nur nicht vertrieben, sondern nicht einmal eine Delle in seinen Linien hinterlassen hatten[105]. Cadorna war da keine Ausnahme; auch er war fest davon überzeugt, er werde das Problem der uneinnehmbaren Schützengräben und der Zermürbung lösen, obschon die ihm zur Verfügung stehenden Mittel (wenige Kanonen, ein paar Flugzeuge und viele Männer) noch weniger dafür geeignet waren als die Mittel, über die seine Kollegen an der Westfront verfügten. Auf der anderen Seite stellte das Schwanken zwischen der alten Manöverdoktrin und der Anpassung an die Regeln des neuen Stellungskrieges seine Prinzipien nicht infrage: Der Krieg musste weiterhin ein Angriffskrieg sein und er, der Kommandeur, hatte weiterhin derjenige zu sein, der die anderen zum festen Glauben an den Erfolg inspirierte. Darüber, dass der italienische Krieg ein Angriffskrieg zu sein hatte, gab es keine Zweifel: Das legten nicht nur die Vereinbarungen mit den Verbündeten fest, vielmehr entsprang es auch dem moralischen Bedürfnis, nach dem die Italiener die Schmach vergangener Niederlagen überwinden und sich als eine ihrer Größe würdigen Nation erweisen wollten, und dazu kam, nicht zuletzt, der Druck der Medien und der Öffentlichkeit, auf den Cadorna immer empfindlicher reagierte, sobald die Ergebnisse auf den Schlachtfeldern zu enttäuschen begannen[106]. Der Krieg blieb für ihn im Grunde ein „Glaubensakt", der mit der Hoffnung verbunden war, die Italiener würden sich aus ihrer eigenen Mittelmäßigkeit durch Eisen und Feuer erlösen. Und dieser tief verwurzelten moralischen Dimension, die der Konflikt in den Augen des Kommandeurs annahm, sollten sich alle anschließen: „Wer nicht an unsere Streitkräfte glaubt, ist nicht mit mir, und ich werde gegen diejenigen sein, die nicht ein für alle Mal Bedenken und Zweifel aus ihrer Seele vertreiben können"[107].

V Der echte Krieg

Cadornas Krieg war der, den er im Kopf hatte, nicht der reale.
(A. Gatti, *Un italiano a Versailles*, Dezember 1917)

„Wir werden einen kleinen Bajonettangriff machen": Nicht gelernte Lektionen

Im Sommer 1915 kämpfte der 35-jährige Journalist Attilio Frescura an der Front in den Trentiner Bergen in den Reihen der Brigade *Ivrea*, einer Truppenabteilung, die man einige Monate zuvor aus Infanterieregimentern der Mobilmiliz aufgestellt hatte. Alle Kommandeure der Regimenter und Bataillone waren Berufsoffiziere, während sich unter den Leutnants und Oberleutnants viele Soldaten auf Zeit befanden oder Männer wie er aus der Territorialmiliz[1]. Als Laie in Uniform (die Untergebenen in der Territorialmiliz wurden häufig mit ihrem sozialen Rang oder ihrem Schul- bzw. Berufsabschluss angesprochen), den die „Effektiven" (die im Dienst stehenden Berufsoffiziere) von oben herab betrachteten, beobachtete Frescura genau und mit viel Selbstironie die Eigentümlichkeiten und Ticks der Berufssoldaten, von denen er ein keineswegs nur kriegerisches Porträt zeichnete. „Im Bataillon gibt es einen Hauptmann, der ist so rund, dass er sich die Mühe des Gehens sparen könnte", beschrieb er einen älteren Kompaniechef mit stark venetischem Akzent, der sich abmühte, die Einberufenen zu schulen: „Jetzt aufgepasst: Wir machen einen kleinen Angriff mit dem Bajonett! Aufgepasst! Langsam, denn ich muss der Truppe immer vorausgehen! Achtung! Den Feind mit dem Bajonett überfallen, der italienischen Waffe schlechthin, ihm keine Pause gönnen! Bajonett! [...] Savoyer! Aber unbedingt langsam vormarschieren, da ich immer allen voraus gehen muss!"[2].

So grotesk diese Szene auch wirken mag, zeigt sie doch sehr gut, wie sich 1915 der durchschnittliche Berufsoffizier der italienischen Infanterie dem Kampfgeschehen zu nähern pflegte: mit einer Militärschulung im Zeichen des Angriffskultes, der Verherrlichung der Blankwaffen, des Respekts der Vorschriften und der offenkundig völligen Ahnungslosigkeit davon, wie nutzlos die detaillierten, vom Generalstab vorgeschriebenen taktischen Angaben angesichts von Schützengräben, Stacheldrahtbefestigungen und Maschinengewehren waren. In den Jahrzehnten nach Kriegsende beherrschte das Bild aufeinanderfolgender Reihen Tausender nur mit Gewehr und aufgepflanztem Bajonett bewaffneter Fußsoldaten, die immer wieder auf Befehl von unbelehrbaren Offizieren zum Sterben gegen die österreichisch-ungarischen Stellungen am Isonzo, auf dem Karst oder an der Trentiner Grenze geschickt wurden, die Schriften einer ganzen Generation von Überlebenden, sodass sich dieses Bild in der kollektiven Erinnerung an den italienischen Krieg besonders beklemmend eingeprägt hat: „Unsere Soldaten ließen sich töten, einfach so, zu Tausenden, heldenhaft, bei

https://doi.org/10.1515/9783110693478-006

diesen sinnlosen Angriffen, die man jeden Tag, jede Stunde gegen dieselben Stellungen wiederholte"[3].

Die Schuld an diesen nutzlosen Angriffsmanövern und der Geringschätzung des Lebens, die die italienischen Truppenführer immer wieder an den Tag legten, gibt man normalerweise der schlechten – falsch verstandenen – Lehre aus dem berüchtigten roten Büchlein (*libretto rosso*) (oder *libretta*, wie es die Veteranen nannten) von Luigi Cadorna. Dieser Text mit seinen strategischen Vorgaben wurde wie kaum ein anderer aus der Zeit des Ersten Weltkrieges kritisiert und zerpflückt. Das eigentlich *Attacco frontale e ammaestramento tattico* (Frontalangriff und taktische Schulung) betitelte Bändchen (das in der ersten Ausgabe einen roten Einband hatte, daher die Bezeichnung „rotes Büchlein") wurde in großer Auflage drei Monate vor Kriegseintritt an die Truppeneinheiten verteilt[4]. Der eigentliche Autor, Giuseppe Pennella, Oberst und Leiter des Sekretariats des Generalstabs, beabsichtigte, damit eine echte Neuheit vorzulegen: Es sollte die *Norme per l'azione tattica* von 1914 ersetzen, die als überholt galten, und in einer klaren und synthetischen Darstellung die Grundsatzregeln für den Einsatz der Infanterieverbände zusammenfassen und die Kommandeure der kleineren Einheiten über die aus der Analyse der Kampfgeschehen an den europäischen Fronten gewonnenen Erkenntnisse aufklären[5]. Pennella war Experte für das Verfassen von Regelwerken und ein guter Kommunikator (die Vorschriften für die Zeitsoldaten stammten größtenteils von ihm). Das Ergebnis der Verschmelzung von bisherigen Schriften (etwa zwei Drittel der Texte stammten aus Broschüren, die Cadorna 1907 und 1914 veröffentlicht hatte) war ein gut verständliches, klares und mit guten Ratschlägen gespicktes Buch („die Soldaten sollen beim Vorrücken darauf achten, die Deckungsmöglichkeiten des Geländes zu nutzen"); dazwischen fanden sich Appelle an den Korpsgeist und die Disziplin, letztlich Ausdruck von Cadornas Gedankengut, das für ideale Leser gedacht war (Offiziere auf Zeit und die unteren Ränge der Berufssoldaten), von denen man annahm, sie verfügten weder über theoretisches Wissen noch Erfahrung. Der Sieg war vor allem eine Frage der moralischen Überlegenheit („der Sieg erfolgt vermittels der Demoralisierung des Gegners [...]. Dafür gibt es zwei Mittel: die Feuerüberlegenheit und den unaufhaltsamen Vormarsch. Das zweite ist dabei das Wichtigste [...]") und man konnte ihn nur erlangen, wenn man die Initiative ergriff, indem man entschlossen angriff und „um jeden Preis"[6] an den Erfolg glaubte. Im Lauf der Zeit riefen vor allem zwei Passagen Skepsis hervor: die, in der ein unerschütterliches Vertrauen in den Erfolg des Frontalangriffs zum Ausdruck kam, und die über die erfolgreiche Schlagkraft des Angriffs mit dem Bajonett als bester Waffe bei der Einnahme einer gegnerischen Stellung: „Die Erfahrung des aktuellen Krieges zeigt, dass die Einnahme feindlicher, auch stark gesicherter Stellungen keine unüberwindliche Schwierigkeit darstellt"[7].

In der Tat machten es laut Büchlein Feld- und Stacheldrahtbefestigungen sowie Maschinengewehre nicht unmöglich, eine Stellung einzunehmen, nur schwierig, wohl aber war es unwahrscheinlich, sie umgehen zu können. Die Ausbreitung der von Schützengräben durchzogenen Frontlinien, die sich in Frankreich und Galizien bereits über Hunderte von Kilometern erstreckten, führte zu der Überzeugung, ein Frontal-

angriff der Infanterie sei die einzige taktische Möglichkeit; um ihn umzusetzen, sei
allerdings eine komplexe und langwierige Organisation vonnöten („man muss systematisch vorgehen, mit Methode und viel Geduld"), gezieltes und massives Artilleriefeuer, das der Truppenbewegung vorausgehen musste und, wenn möglich, die
Anlage provisorischer Gräben und Unterstände, um es der Infanterie zu ermöglichen,
sich den feindlichen Linien so weit wie möglich unter Deckung zu nähern[8]. Am Ende
dieser methodischen Vorbereitung und nachdem man sich der eigenen Feuerüberlegenheit vergewissert hätte, hätte der Angriff zum Erfolg der Fußtruppen führen können:

> Zusammenfassend lässt sich sagen, dass ein Frontalangriff, wenn er geschickt und durch die
> intelligente Anwendung der aufgezählten Regeln ausgeführt wird, nicht weniger Wahrscheinlichkeit hat, zu einem glücklichen Ende geführt zu werden als in der Vergangenheit. Es ist unabdingbar, den Glauben an den Erfolg und die Wirksamkeit des Bajonetts lebendig zu halten, um
> ihn den Flügelmännern einzuflößen und sie furchtlos in das feindlichen Kugeln ausgesetzte
> Gelände zu schicken, um dort den Lorbeer des Sieges zu erringen[9].

Im Lauf der Jahre beschrieb man das *libretto rosso* als „furchteinflößend" (Aldo Valori
1920), „realitätsfremd" (Giulio Douhet 1921) und als „dogmatisch" und anachronistisch (Piero Pieri 1965)[10]. Bereits in den ersten Nachkriegsjahren hieß es, das *libretto*
beinhalte alles, was man im Umgang mit dem Krieg falsch gemacht habe, wodurch
sich der ehemalige Oberbefehlshaber wiederholt gezwungen sah, es zu verteidigen. Im
Frühjahr 1918 ging Cadorna ausführlich auf den Inhalt des Rundschreibens ein, und
zwar im Rahmen seiner Stellungnahmen zu einigen spezifischen Vorwürfen der nach
Caporetto eingesetzten Untersuchungskommission. Einer dieser Vorwürfe war, er
hätte die von untergeordneten Truppenführern wiederholten und sinnlosen Angriffe
nicht habe unterbinden wollen oder können. Er wiederholte seine Überzeugung, dass
die Tausenden von unterstellten Offiziere, die „neu im Krieg und völlig ahnungslos"
waren, ein klares und übersichtliches Handbuch mit Grundregeln für den Kampf
benötigten, und argumentierte, dass er nicht für die taktischen Fehler seiner Untergebenen verantwortlich gemacht werden könne, für die er als Oberbefehlshaber allgemeine Anweisungen und Zielvorgaben formulierte: Grundsätzlich sollte das Heft
nur einige Grundprinzipien zur Orientierung bekannt machen und war keineswegs als
präskriptiver Kodex gedacht[11]. Im Jahr 1926, als er die Ausarbeitung von *Pagine polemiche* (Polemische Seiten) abschloss, dem (bis 1950 unveröffentlichten) Band, der
alle in den Akten der Untersuchung enthaltenen Anschuldigungen widerlegen sollte,
baute Cadorna seine Verteidigungslinie aus. Bei dem „derart angegriffenen Büchlein"
handele es sich doch nur um eine Aufstellung der grundlegenden taktischen Prinzipien und der Schulungsmethode für die untergeordneten Truppenquader und seine
Leitlinien basierten auf dem, was Anfang 1915 über den Krieg bekannt war. Man könne
ihm nicht vorwerfen, die Lehren aus den Schützengräben unterschätzt zu haben; es
gab nur wenig verfügbare Informationen über das, was sich in den französischen und
den östlichen Kriegsgebieten abspielte, und zudem hätten sich „die wirklichen
Fachleute" in der Regel positiv zu seinem Text und seinen grundsätzlichen Vorstel-

lungen vom modernen Kampfgeschehen geäußert („der frontale Kampf ist eine Notwendigkeit und das Charakteristikum des Massenkrieges geworden")[12].

Viel Kritik gegen Cadorna sowie vieles, was zu seiner Verteidigung vorgebracht wurde, war in Wahrheit parteiisch und irreführend. Mit Ausnahme von Pieri, der zu einem ersten Vergleich der italienischen Bestimmungen mit den in Europa typischen taktischen Vorgaben während des gesamten Krieges auffordern sollte (um in der Strenge der Vorschriften für den Frontalangriff eine Bremse für die Entwicklung raffinierter und elastischerer Doktrinen zu sehen – wie z. B. der deutschen Taktik der Infiltration), kam die schärfste Kritik von hohen Offizieren, die während des Krieges entlassen worden waren, von offen feindselig gestimmten Polemikern (wie Valori) oder, in jüngerer Zeit, von Kommentatoren (wie Rocca), die unfähig waren, jemanden wie Cadorna in den allgemeineren Kontext der herrschenden Militärkultur der Zeit einzuordnen. Auf jeden Fall betrachteten die meisten das *libretto rosso* einfach als Ausgeburt eines abstrakten Verstandes, der sich nicht der Wirklichkeit seiner Zeit anzupassen vermochte. Diese Urteile erfassten die Wirklichkeit nur teilweise. Das Rundschreiben *circolare 191* war in der Tat eine außerordentlich rigide Vorschriftensammlung, die auf absolute Disziplin sowie auf Gehorsam gegenüber einem einzigen „eisernen unerschütterlichen Willen" setzte und strikt (oder nahezu drohend) befahl, dass seine Anordnungen vollständig zu befolgen seien: „Alle Manöver müssen von nun an entsprechend den Anordnungen durchgeführt werden [...]. Ich selbst werde mich vergewissern, dass alles nach den bisher geäußerten Absichten abläuft"[13]. Sein Ton war entschieden genug, „um jede noch so zaghafte Initiative zu ersticken" (in den Worten von General Fortunato Marazzi) und jeglichen Entscheidungsspielraum der untergeordneten Offiziere einzuschränken (die „einzige Handlungsfreiheit entfaltet sich im Rahmen der höheren Befehle, indem man ihnen nachkommt"). Das führte dazu, dass sich die Feldkommandanten, vor allem die untergeordneten, an bestimmte fixe Schemata hielten und sich entsprechend von vornherein mit extremer, im Resultat oft verheerender Starrheit jeder Variante oder Alternative – mit Ausnahme einiger weniger Details – verschlossen[14]. Die Unbeweglichkeit der Angriffspläne, die die Oberbefehlshaber aufstellten, ohne dabei die Erfahrungen der Truppeneinheiten an der Front oder die Unwägbarkeiten des Kampfverlaufs zu berücksichtigen, sowie die Passivität der höherrangigen Befehlshaber bei der Umsetzung der Pläne wurden nicht ohne Grund eine der bevorzugten Zielscheiben der Kritik in der Erinnerungsliteratur des Ersten Weltkriegs. Die Kommandeure „schienen, Blindekuh zu spielen, und bereiteten Angriffspläne vor [...], nur um nicht so zu tun, als drehten sie Däumchen", erinnerte sich Giuseppe Personeni in einer schonungslosen Darstellung der Sturheit des typischen höheren Berufsoffiziers „mit seinen genialen Ideen, die unter den höheren Offizieren damals verbreitet waren, sprich, nichts verstanden zu haben, und mit dem Vorschriften-Büchlein in der Hand ertappt, ohne kapiert zu haben, dass der neue Krieg es längst überholt hatte"[15]. Es überrascht nicht, dass die meisten subalternen Kommandeure von Abteilungen und Kompanien (größtenteils Offiziere auf Zeit), denen die praktische Verantwortung für die Angriffsmanöver zufiel (und die die meisten Niederlagen zu verzeichnen hatten), dieser bitteren Sichtweise zustimmten. Als Carlo

Salsa im Jahr 1917 mit seiner Kompanie bei einem Angriffsmanöver auf den Monte Ermada alleingelassen wurde, da der Nachschub an Fußsoldaten ihm nicht gefolgt war, um die im Schlachtplan festgelegten chronometrischen Zeiten einzuhalten, wird er sich seinen Teil gedacht haben: Von der italienischen Artillerie beschossen, die ihrerseits peinlich genau den Befehlen folgte, sich zu einer bestimmten Uhrzeit auf einen ganz bestimmten Quadranten einzuschießen, wurde er schließlich umzingelt und gefangen genommen[16]. Selbst die engsten Mitarbeiter des Generalstabs sollten später (privat) übereinkommen, dass die mangelnde Flexibilität bei der Umsetzung der Befehle und die immer gleichen, nach einem festgelegten Schema durchgeführten und daher vorhersehbaren Aktionen der Grund für viele Probleme waren: Im Sommer 1917 identifizierte Angelo Gatti bei seiner Untersuchung des verheerenden Ausgangs der unseligen Ortigara-Schlacht vor allem die „rigide Taktik" als Grund für die blutige italienische Niederlage[17].

Was allerdings viele Kommentatoren vor allem in den folgenden Jahrzehnten nicht erkannten, ist eben der kanonische (und aus vielen Gründen leicht vorhersehbare) Charakter dieser Vorschriften: Das *libretto rosso* war keine exzentrische Ausnahme im Kontext der damaligen Militärkultur, sondern ein Vorschriftenkatalog, in dem sich einige für die meisten Berufssoldaten selbstverständliche moralische Prinzipien („Siegen heißt weitermarschieren", „der Sieg wird durch die Demoralisierung des Gegners errungen", „der Erfolg ist eine Frage des Glaubens") mit einer Reihe nahezu banaler Anweisungen mischten, die den meisten taktischen Vorschriften gemein waren, von der Notwendigkeit der Koordinierung verschiedener Waffengattungen wie Infanteristen und Kanonieren bis zum Vorrücken in unterbrochenen oder gewellten Linien, um keine zu kompakten Ziele zu bieten[18]. Es gibt dafür keine Quellenbelege, doch ist es sehr wahrscheinlich, dass sich Cadorna bei seinen taktischen Überlegungen an den *Études sur le combat* orientiert hatte, dem posthum veröffentlichten Werk des berühmten Kriegstheoretikers Charles Ardant du Picq[19]. Das Schlachtfeld, so Ardant du Picq, sei nach wie vor von der Psychologie der im Waffendienst stehenden Männer beherrscht („letztendlich ist die Schlacht eine Frage der Moral"): Nur Selbstvertrauen konnte die Soldaten zum Sieg führen, und nur ein strenges und konstantes Training konnte die eiserne Disziplin erzeugen, die es den Soldaten ermöglichte, in den Wirren der Schlacht nicht in Panik zu geraten, zu überleben und bis zum Endsieg durchzuhalten[20]. Franz Conrad von Hötzendorf, ein angesehener Theoretiker und Autor des hochgeschätzten Handbuchs *Die Gefechtsausbildung der Infanterie*, äußerte sich ganz ähnlich[21]. Demzufolge war der Frontalangriff unvermeidbar und oblag stets der Infanterie, ob man nun eine feindliche Stellung aufbrechen oder gegen den Ansturm des Gegners vorgehen musste; die Technologie – einschließlich Maschinengewehren und Artillerie – war nie so entscheidend wie der „moralische Faktor", und am Ende errang man den Sieg dank der Entschlossenheit des Kommandeurs und der Gesinnung der Soldaten[22].

Es besteht keinerlei Zweifel daran, dass das *libretto rosso* genau dem offensiven Geist, dem Glauben an Angriffe mit der Blankwaffe und der Verherrlichung der moralischen Dimension als Schlüssel zum Sieg entsprach, die die europäische Militärdoktrin im Sommer 1914 durchdrangen. In den meisten taktischen Handbüchern fand die Schlacht ihren Höhepunkt und Ausgang in einem entschlossenen Angriffsmanöver, in dem der aggressive Kampfgeist (der Elan) und das Bajonett genauso große Rollen spielten (wenn nicht sogar größere) wie das Gewehrfeuer und die Unterstützung durch die Artillerie. Foch, damals noch Oberst, schrieb 1906, dass der Angriff mit dem Bajonett die Schlüsselaktion einer Schlacht sei und ebenso große Schäden verursachte wie Kanonen[23]. Das Handbuch *Training Soldiers for War* von J.F.C. Fuller aus dem Jahr 1914 betonte, Ziel einer guten Schulung in Friedenszeiten sei, zunächst die Moral der Soldaten aufzubauen und anzuheben, denn während ihres Kampfeinsatz würde ihre Gesinnung sie leiten, über ihre niedrigen Instinkte (Feigheit und Fluchttendenz) siegen und sie zu disziplinierten Werkzeugen in den Händen der Kommandeure machen. Aufgrund seiner fragwürdigen politischen Freundschaften wird Fullers Einfluss gern unterschätzt, aber man sollte nicht vergessen, dass er – bevor er begeisterter Faschist wurde – einer der meistgeachteten britischen Militärtheoretiker gewesen war[24]. Oft entstanden diese Überzeugungen, weil man die Entwicklung der Kriegstechnologien unterschätzte oder – in anderen Fällen – auch auf taktischer Ebene die Erfahrungen (bewusst) verkannte, die man zu Beginn des 20. Jahrhunderts in den Kriegen außerhalb Europas hatte beobachten können[25]. Wie dem auch sei, die oberen Heereskommandos traten in den Ersten Weltkrieg weitgehend in der Überzeugung ein, dass die traditionellen Kampfinstrumente (Gewehr, Bajonett, Pferd und Kanone) immer noch entscheidend seien und dass sich die Kriterien für ihren Einsatz nicht wesentlich von denen von 1870 unterschieden. Siegreich würde mit Sicherheit das am besten bewaffnete und organisierte Heer sein, aber im Feld blieb der aggressive Geist der Truppen und ihre Fähigkeit, sich zu opfern und sich ohne Rücksicht auf Verluste diszipliniert gegen die feindlichen Stellungen zu stürzen, der Schlüssel zum Erfolg, wie die rücksichtslosen Massenangriffe sowohl der Franzosen als auch der Deutschen im Jahr 1914 eindrucksvoll zeigten[26]. Die gravierendste Folge war, dass trotz vieler Verbesserungen bei Ausrüstung und Vorschriften und trotz der Bemühungen, neue taktische Doktrinen zur Begrenzung der Verluste zu entwickeln, der Kampf weiterhin nach überwiegend traditionellen Regeln ablief, jedoch mit viel zerstörerischen Waffensystemen. Der Tod von 12.000 deutschen Reservisten des XV. Armeekorps, die im November 1914 in Ypern gegen die Linien der britischen Schützen gestürmt waren und innerhalb weniger Stunden niedergeschossen wurden (das Massaker, das dem Mythos vom sogenannten „Kindermord von Langemarck" zugrunde liegt), sowie von 20.000 britischen Soldaten, die im Sommer 1916 zu Beginn der Schlacht an der Somme fielen, wurde zum Symbol für die Unfähigkeit der Generalstäbe, das Phänomen des Stellungskrieges angemessen einzuschätzen, zumindest bis Panzer, tragbare Funkgeräte und Taktiken zur Infiltration der feindlichen Reihen den Schlachtverlauf grundlegend veränderten[27]. Es ist wenig verwunderlich, dass man selbst in der italienischen Militärkultur den Angriff des mit Gewehr und Bajonett bewaffneten Infanteristen als quasi natürlichen Höhepunkt im Schlachtverlauf betrachtete. Das war nicht nur eine Frage des Gehorsams gegenüber den Anweisungen, sondern ein *habitus*, eine gemeinsame Auffassung dessen, was ein Schlachtfeld war (oder zu sein hatte).

> Die Feuerwaffe allein hat nicht die Kraft, den Kampf zu entscheiden [...], es ist also nur ein Hilfsmittel in der Schlacht und man muss, um dem Feind unseren Willen aufzuzwingen, zu einem anderen Mittel greifen, das sehr viel mehr Schlagkraft und Wirkung als ein Geschoss hat. Dieses andere Mittel ist der Infanterist mit dem Bajonett,

verkündete im Herbst 1914 Pietro Gilberti, Hauptmann der Bersaglieri, auf den Seiten der Zeitschrift „Rivista Militare Italiana"[28]. Man muss nicht glauben, dass alle Offiziere des Königlichen Heeres mit dieser sehr traditionellen, romantischen und extremen Sichtweise einverstanden waren (wobei für die Spezialisten der Artillerie und der Genietruppen der Schwerpunkt vor allem auf der Schlagkraft und der Anzahl der Kanonen lag). Die wichtigste Militärzeitschrift allerdings, die auch das Sprachrohr des Kriegsministeriums und des Generalstabs war, veröffentlichte nicht rein zufällig Artikel, die die moralische Überlegenheit des Angriffs und das „Selbstvertrauen, das im Wagemut, im Aufblitzen des Bajonetts, im Schrei des Ansturms zum Ausdruck kommt", als wichtigstes Prinzip des Angriffsdogmas lobten[29]. Nach diesem traditionellen Kampfparadigma führte der Truppenoffizier seine Männer, mit dem Säbel in der Hand und der Fahne im Wind, zum frontalen Zusammenstoß mit dem Feind, um so das Schlachtfeld einzunehmen – dieses Bild von der Schlacht beherrschte die Mentalität der Waffenprofis in Italien wie im übrigen Europa[30]. Im Mai 1915 hätten die Geschehnisse an den Kampffronten zu einem Umdenken führen sollen (allein schon, weil ein erheblicher Teil des altgedienten Offizierskorps der europäischen Streitkräfte beim Versuch, seinen Überzeugungen treu zu bleiben, den Tod gefunden hatte). Nichtsdestotrotz veröffentlichte der Generalstab mit *La regolamentazione tattico-logistica* (Taktisch-logistische Richtlinien) ein neues Vademecum, das Anweisungen und Regeln zusammenfasste, die in den Monaten zuvor herausgekommen waren und klar und deutlich darauf bestanden, dass die traditionelle Ethik und das Idealbild des Kommandeurs der Infanterie als *heroic leader* weiterhin als kategorischer Imperativ galten:

> Beim Angriff ziehen sämtliche Offiziere, außer den Fahnenträgern, den Säbel, [während die Fahne] im Lauf des Gefechts bei den zuletzt im Einsatz eingesetzten Truppen bleibt; zusammen mit ihnen überschreitet sie die Feuerlinie; sie muss dorthin mitgetragen werden, wo der Kampf am heftigsten tobt[31].

Zweifellos hing die Mehrheit der Berufssoldaten, und nicht nur die ganz jungen Untergebenen, die frisch aus der Ausbildung kamen und voll patriotischer Begeisterung waren, sondern auch die sehr viel dienstälteren oberen Ränge, dieser Vorstellung einer weitgehend vormodernen Leadership an, die mit der Zurschaustellung von Mut und Charisma als Grundlagen der eigenen Kriegerehre verbunden war, radikal losgelöst von allen Normen des gesunden Menschenverstands und der Effizienz auf dem modernen Schlachtfeld[32]. Als in der Nacht vom 24. Mai das 67. Infanterieregiment –

Trompeter vorneweg und die Offiziere mit Säbel am Gürtel – beim Adamello-Massiv die österreichische Grenze überquerte, kletterte Leutnant Ettore Trombetti auf den Grenzstein und hielt den Soldaten eine flammende Rede über die Geschichtsträchtigkeit dieses Augenblicks. Doch statt ihn zum Schweigen zu bringen und ihn für diesen albernen Auftritt (und dafür, das Schweigegebot gebrochen zu haben) zu schelten, lief sein Truppenführer auf ihn zu und umarmte ihn unter Tränen[33]. Kurz darauf nahmen – wenig verwunderlich – österreichische Maschinengewehre das Regiment, das ohne große Vorsichtsmaßnahmen im offenen Gelände vorrückte, unter Beschuss. Als Erster fiel der Kommandeur (ein „alter Offizier [...], der an einen dieser Garibaldi-Typen erinnerte, die man auf alten Drucken sieht")[34]. Wenige Tage später führten die Offiziere des 12. Bersaglieri-Regiments den Angriff auf den Krn-Gipfel an: Mit gezogenen Säbeln und dem breiten Hut der Bersaglieri mit der weithin sichtbaren Feder auf dem Kopf liefen sie vor den Truppen her und spornten sie lautstark an: Nach wenigen Stunden waren beide Bataillonskommandeure tot und weitere zwölf Offiziere und 500 Soldaten (die Hälfte der Einheit) fielen oder wurden verwundet[35]. Oberst De Rossi, der das Regiment kommandierte und während der Kampfhandlungen schwer verwundet wurde, äußerte sich später in seinen Memoiren äußerst negativ über die Unbedachtheit seines zweiten Offiziers, Leutnant Negrotto, der aus „reinem Garibaldi-Gehabe" einen Frontalangriff mit blanker Waffe gegen befestigte Stellungen geführt habe. Derselbe De Rossi hatte sich allerdings nur einen Tag zuvor über die „übertriebene Vorsicht" des kommandierenden Brigadegenerals beklagt, der dem Schlachtfeld ferngeblieben war, denn „die Anführer sollten zunächst einmal ihre eigene Unerschrockenheit beweisen"[36].

Aber der vielleicht paradigmatischste Fall dafür, wie stark eine heroische und überholte Ethik, in der Ruhm und Ehre weit mehr zählten als Erfolg und Überleben (der eigenen Soldaten), die Herzen der italienischen Offiziere bewegte, war der Angriff auf den Stützpunkt Basson auf der Hochebene der Sieben Gemeinden im August 1915. In der Nacht vom 24. auf den 25. August erhielt die Infanteriebrigade *Treviso* den Befehl, eine Stellung am Vezzena-Pass anzugreifen. Obwohl dieser die Verbindung zwischen den beiden Befestigungsanlagen von Lusern und dem Werk Spitz Verle bildete, die die Straße nach Trient schützten (etwa zehn Stunden Marsch entfernt), war er kein sonderlich wichtiges Ziel. Daher gab es auch nur eine ausgebaute Schützengrabenlinie, die von wenigen Infanterieeinheiten (aber mit einigen Maschinengewehren ausgestattet) bewacht wurde. Tatsächlich war dieser Angriff nur eine Zusatzaktion im Rahmen einer breiter angelegten Kampfhandlung und es war ausdrücklich befohlen worden, weder Menschenleben noch Material zu vergeuden. Die Aufgabe, die Cadorna der 1. Armee, die an der alten Grenze zwischen dem Königreich Italien und Österreich aufgestellt war, zugewiesen hatte, war im Wesentlichen defensiv[37]. Die Männer waren wenige und die Waffen auch; und der Oberbefehlshaber wollte die wenigen verfügbaren Mittel nicht auf einem eher unbedeutenden Kriegsschauplatz verschwenden[38]. Trotz dieser Vorüberlegungen beschloss Oberst Riveri, Kommandeur des 115. Infanterieregiments, in einer hellen Vollmondnacht persönlich das Bataillon zu einem ersten Angriffsmanöver zu führen. Er zog seine beste Uniform an, forderte die Regimentskapelle auf, die *Marcia reale*, den königlichen Marsch, zu spielen, ließ die Fahne an der Spitze hissen und stürzte sich vor der Truppe mit seinem Generalstab und dem Trompeter aus der Deckung heraus einen Hang hinunter[39]. Es wurde ein riesiges Fiasko. Die österreichische Linie wurde nicht einmal angekratzt, stattdessen wurden die Italiener ein leichtes Ziel für Maschinengewehre, automatische Waffen und die Artillerie der Befestigungen, und als die Überlebenden nach einigen Stunden versuchten, sich zurückzuziehen, trafen sie wahrscheinlich noch die eigenen Kanonenkugeln. Die exakte Zahl der Gefallenen konnte zwar bis heute nicht ermittelt werden (viele der Leichen wurden nicht geborgen), aber Schätzungen zufolge verlor das Regiment in wenigen Stunden etwa 1.100 (von 2.800) Mann (tot, verwundet oder vermisst). Der Regimentskommandeur wurde verwundet und gefangen genommen, der Offizier des ersten Bataillons fiel beim Versuch, die Fahne zu retten (deren Rückholung noch andere Männer das Leben kostete), und als Kampfeinheit wurde der gesamte Truppenverband vernichtet. Vertraulich wurde die Verantwortung für das Massaker von den höheren Kommandos geleugnet und auf Oberst Riveri abgeladen, der von Ottavio Zoppi, dem Kommandeur des 5. Armeekorps, von dem der Sektor der *Altipiani* abhing, unmissverständlich als „verrückt" bezeichnet wurde und von Roberto Brusati, dem Befehlshaber der Armee, der in seinem Bericht die Aktion als „Wahnsinn" bezeichnete, als „Verbrecher", der seine Männer zum Schlachten geschickt hatte[40]. Dagegen stellte General Oro, der Kommandeur der 34. Division, zu der das Regiment gehört hatte, die Aktion als ein wunderbares Beispiel für die besten militärischen Tugenden dar und sprach in seiner Tagesansprache an die überlebenden Soldaten von einem „schönen Zeugnis von Elan und Kühnheit" und der „wahrlich heldenhaften Haltung" der Einheiten[41]. Möglicherweise versteckte sich hinter dem Lob des Generals auch ein gewisses Schuldgefühl. Giuseppe Zava, damals ein junger Leutnant, der es bis zum General bringen sollte, erinnerte sich viele Jahre später an das Gerücht, es habe zwischen dem General und Riveri eine Auseinandersetzung gegeben: Riveri habe (zu Recht) behauptet, der Artilleriebeschuss habe den Stacheldraht und die Befestigungsanlagen nicht aufbrechen können und der Angriff sei unter diesen Umständen ein Wagnis gewesen, worauf Oro abfällig bemerkt habe: „Den Stacheldraht öffnet man mit den Zähnen oder mit der Brust." Das ist gelinde gesagt ein etwas strittiger Zeugenbericht, doch es besteht kein Zweifel, dass unter den Überlebenden die Meinung vertreten war, der nahezu selbstmörderische Angriff sei dem verletzten Ehrgefühl des hochdekorierten Oberst Riveri anzulasten, einem Veteranen der kolonialen Feldzüge, der seinen Mut und seine Führungskapazitäten unter Beweis stellen wollte[42].

„Die Truppen schlagen sich trefflich und die Offiziere geben ein hervorragendes Beispiel": Die schwierige Anpassung an den echten Krieg

Vernünftigerweise bedauerte Cadorna dieses sinnlose Sterben, doch konnte er nicht umhin, eine gewisse Genugtuung über den glühenden Eifer der Offiziere und Soldaten bei den ersten Angriffsmanövern zu empfinden. Im Juli schrieb er seinem Sohn und lobte die Angriffslust der Regimenter, die auf den Höhen von Podgora während der ersten Isonzoschlacht angegriffen hatten und natürlich mit „sehr schweren Verlusten" zurückgeschlagen worden waren[43]. Allerdings waren sein Stab und die ihm unterstellten Kommandeure äußerst verärgert, weil bei diesen Angriffen, wie aus den Berichten allzu oft hervorging, die Anweisungen der offiziellen taktischen Vorgaben meist völlig missachtet wurden. Die ausgefeilten Dispositionen über spärliche Schützenlinien mit nicht mehr als einem Soldaten pro Meter und die minutiösen Vorschriften über aufeinanderfolgende Wellen von Infanteristen, die genau verteilt stehen und bereit sein sollten, sich gegenseitig zu unterstützen – „wie aufeinanderfolgende Wellen, jede neue größer als die vorherige" –, endeten regelmäßig im Chaos: Massen orientierungsloser Soldaten, auseinanderfallende Einheiten und Offiziere, die mühsam versuchten, wieder einen Anschein von Ordnung herzustellen. „Zu unserer Rechten [...] stehen viele Soldaten zusammen, aber die Farbe ihrer Abzeichen ist nicht die unsere, und überall, nah und fern, laufen Soldaten hierhin und dorthin, ducken sich weg und laufen wieder weiter [...]", so Gino Cornalis anschaulicher Bericht, der zeigt, wie weit die Realität der Gefechte von den geometrischen Schemata der Handbücher und Rundschreiben entfernt war, die der Generalstab am Schreibtisch verfasste[44]. Als Reaktion darauf überschwemmte der Oberbefehl die untergeordneten Kommandostellen mit Schreiben, die alle Einzelheiten der Gefechtsanweisungen wieder aufführten, verbesserten und erläuterten, aber auch die Vorgaben für die Errichtung und die Verteidigung der Schützengräben, für die Beziehungen zwischen Offizieren und Soldaten, für die Aufrechterhaltung der Disziplin und der Truppenmoral, für Waffenpflege, persönliche Hygiene, die Konservierung von Wurstwaren und die Lebensmittellagerung der Einheiten. Antonio Monti, der einige Wochen als Leutnant der Territorialmiliz dazu aufgerufen war, eine Infanteriekompanie auf der Hochebene von Asiago zu befehligen, erinnert sich, von Beginn der Auseinandersetzungen im Mai 1915 bis Ende August 175 Rundschreiben erhalten zu haben, insgesamt 322 Seiten zu praktisch jedem Thema[45]. Und das war erst der Anfang: 1917 erreichten allein die Protokollnummern der Rundschreiben des Generalstabs astronomische Ziffern (ein Rundschreiben des Ordnungs- und Mobilmachungsamtes vom September über die Aufstellung der ersten Sturmtruppen trug die Protokollnummer 117.050), dazu kamen jede Menge Schreiben der Armeekommandeure und Korpschefs[46]. Diese steigende Papierflut zeugt von der Nervosität im Hauptquartier des Generalstabs in Udine, aber auch von der wundersamen Kraft, die den protokollarischen Anordnungen zugeschrieben wurde. Der für Stabsoffiziere typische Akademismus hatte den

Beginn des realen Krieges überlebt und spiegelte sich in der Überzeugung wider, die langatmigen, maschinengeschriebenen Anweisungen, die hinter den Türen des Oberkommandos konzipiert und in einem sachlichen, analytischen, typisch büro-kratischen Stil verfasst wurden, könnten den Ausgang der Gefechte an der Front in irgendeiner Weise verändern:

> Den Kommandeuren reichte es, ein Stück Papier zu haben, das sie dem Generalstab schicken konnten, und man konnte darauf wetten, dass bei der Berichterstattung jede Kommandostelle ihrerseits etwas beisteuerte, sodass dem Generalstab gewisse [Berichte] vorlagen, die nur ver-wundern konnten. Es ist leicht, General zu sein, wenn man drei oder fünf Kilometer hinter der Front in Deckung ist und Schreiben aufsetzt, die dazu aufrufen, sich an die diversen Anweisungen und Befehle zu halten,

um es mit den Worten eines Frontkämpfers zu sagen[47]. Vor allem zu Kriegsbeginn war der Schaden, den diese „Oberkommandomentalität" (im Gegensatz zur „Kampfer-fahrung") anrichtete, so bekannt, dass es sogar Anekdoten darüber gibt, die noch lange Zeit später in den Korridoren der Generalstabsbüros als makabre Witze kur-sierten:

> Der Vormarsch ging seit knapp einer Stunde im Schutz des Feuers der Feldartillerie vonstatten: Dann, ob der Stacheldraht offen war oder nicht, stürmten die Soldaten vorwärts. Sie starben zu Tausenden – [...] – Wie sieht es mit dem Feuer aus, General? – Ich habe es einstellen lassen, antwortete Piana – Warum? – Weil die Truppen am Stacheldraht angekommen sind. – Sie sind am Stacheldraht angekommen? [....] Wer hat Ihnen das gesagt? – fragte Frugoni. – Ich habe das angenommen – antwortete Piana – ich habe es ausgerechnet. Und so überließ er seine Infante-rietruppen im schlimmsten Moment sich selbst, am Stacheldrahtverhau, und nahm ihnen den Schutz des Artilleriefeuers[48].

In den folgenden Jahren spottete Cadorna unverhohlen über diesen Akademismus und die Passivität der Generäle, die seine Altersgenossen (oder häufig auch sehr viel jünger) waren; er verurteilte ihre Mentalität als abstrakte Planer und den mangelnden Kontakt mit den Truppen an der Front. Mario Robilant, den er selbst zum Komman-deur der 4. Armee ernannt hatte – nach der Absetzung von Luigi Nava (wegen „Mangel an Energie" und „Entscheidungsschwäche") –, nannte er einen gefährlichen Theo-retiker, der seine Armee auf der Grundlage mathematischer Berechnungen und des reinen Kartenstudiums befehligte: „Allein sein Name löste bei seinen Truppen Ab-scheu aus, denn er hatte sie, ohne jemals das Hauptquartier zu verlassen [...], stur in den Angriff geschickt"[49]. Doch in Wahrheit war gerade er aus Gewohnheit, *per habi-tus*, wegen seines Charakters und mehr noch aufgrund der Organisation seiner Kommandostruktur der von den Generälen am wenigsten zugängliche und am wei-testen vom Krieg und den an der Front kämpfenden Soldaten entfernte. Über die „abstrakte Konzeption des Krieges" des Oberkommandos beklagte sich Gatti in den Monaten vor Caporetto in seinem Tagebuch; doch dieser Bruch „zwischen Heer und Land" sowie zwischen Oberkommando und Streitkräften war die Folge eines Kom-mandostils, den Cadorna nie verändert hatte[50]. Er selbst war überzeugt, ein sehr gutes

Beispiel für einen Kommandeur inmitten seiner Soldaten zu sein. Es besteht kein Zweifel, dass Cadorna unermüdlich in den Schützengräben unterwegs war[51]. Er unternahm anstrengende Wallfahrten in die Nähe der Frontlinien; diese Gewohnheit teilten nicht viele seiner europäischen Kollegen (nur Joffre), aber aus seiner Sicht waren sie notwendig, denn er hielt die meisten seiner subalternen Offiziere für unheilbar faul oder nachlässig und war der Auffassung, sie seien nur durch seine drohenden Inspektionen zu motivieren: „Wenn sie wussten, dass ich auf dem Weg war, beeilten sich auch die Armee- und Korpskommandeure, ihren Pflichten nachzukommen"[52]. Auf der anderen Seite gab er offen zu, dass er Stillsitzen und geschlossene Räume nicht ertrug, ebenso wenig wie endlose Diskussionen, und dass er am liebsten immer in Bewegung war[53]. Sein Herumstreifen versetze seine Untergebenen in Angst und Schrecken (die beunruhigende Koinzidenz zwischen einem Spaziergang des Oberbefehlshabers und der Entlassung des Verantwortlichen einer bestimmten Abteilung war kein Zufall), schuf enorme Probleme für den Betrieb des Oberkommandos, der in seiner Abwesenheit zum Erliegen kam, und versorgte ihn mit süffisanten Anregungen für den unaufhörlichen Strom von Briefen an Familienmitglieder, aber es darf mit Recht bezweifelt werden, ob die Erfahrung dieser Besuche ihn jemals dazu veranlasste, über die Anwendbarkeit seiner Rundschreiben oder über die Mängel seiner operativen Doktrin nachzudenken. Cadorna hatte genug Beobachtungsgabe, um sich über die enormen Opfer klar zu werden, die der „hässliche Krieg" seinen Soldaten abverlangte, aber er kam nicht auf den Gedanken, dass auch Fehler seines Kommandos dafür verantwortlich sein könnten. Und ganz sicher ließ er sich nicht in seiner Überzeugung erschüttern, dass er für die große Aufgabe bestimmt war, diesen Krieg zu führen (und zu gewinnen): „Was für eine schlimme Sache wäre der Krieg, wenn er nicht von einer höheren Idee aufgezwungen und geleitet würde. Und wie notwendig es für mich ist, inmitten von all dem teilnahmslos zu bleiben (und ich glaube, dass mir das gelingt) [...]"[54]. Die schweren Verluste, die die Infanterieregimenter bei der Eroberung selbst der unbedeutendsten Schützengräben in den ersten Tagen der Kämpfe erlitten, machten ihm zwar zu schaffen, aber er war davon überzeugt, dass die Verantwortung in erster Linie bei der Inkompetenz der Kommandeure lag und auf die schuldhafte Trägheit der Ausbilder zurückzuführen war, die es versäumt hatten, die Einheiten nach den ausgefeilten Einsatzschemata auszubilden, die in den offiziellen Veröffentlichungen vorgegeben waren. Am 16. Juni, als er sich endlich davon hatte überzeugen lassen, dass „die festen Stacheldrahtsperren vor den stark verschanzten Festungsanlagen [...] in der Regel den Vormarsch der angreifenden Truppen aufhielten", wiederholte er mit Nachdruck, dass die Annäherung an die feindlichen Befestigungsanlagen vorsichtig und methodisch zu erfolgen hatte, und zwar mithilfe in den Boden gegrabener, paralleler Laufgräben (anhand von Belagerungstechniken, in denen die piemontesischen Truppen seit drei Jahrhunderten Meister waren), und dass nachts, im Schutz der Dunkelheit kleine, mit Zangen und Sprengstoff ausgerüstete Störtrupps durch die Stacheldrahtsperren eingeschleust werden sollten, um Lücken für den Infanterieangriff am nächsten Morgen zu öffnen[55]. Fünf Monate später, gegen Ende der blutigen Dritten Isonzoschlacht, in der die 3.

Armee 67.000 Männer verloren hatte, um den Gipfel des San Michele einzunehmen (und ihn gleich wieder zu verlieren), beklagte sich Cadorna bei den für die Artillerie verantwortlichen Offizieren, dass es deren Kanonen nicht geschafft hätten, die Drahtsperren und die Schützengräben des Gegners zu zerstören. Dieses Versagen lastete er der Oberflächlichkeit der Beobachter und Geschützführer an, die die ihnen zur Verfügung stehenden Mittel nicht zu nutzen wüssten[56]. Zwischen dem einen und dem anderen Datum sparte der Kommandeur nicht mit Rundschreiben und vertraulichen Mitteilungen über die schlechte Zusammenarbeit zwischen Infanterie und Artillerie, über die Ineffizienz der Vorbereitung der Geschütze und Haubitzen, die den Divisionen und Armeekorps anvertraut waren, über die unzureichende Vorbereitung der Truppen, die zwar in der Lage waren, die Frontlinien des Feindes zu erobern, aber nicht, sie während der heftigen und unvermeidlichen Gegenangriffe der darin spezialisierten österreichisch-ungarischen Regimenter zu halten[57]. Das Problem war, dass die meisten dieser Vorschriften dazu bestimmt waren, tote Buchstaben zu bleiben. Auf den ersten Blick erschienen all diese Anweisungen vernünftig und fußten auf der Analyse der Ergebnisse und der vielen Vorschläge, die von der französischen Front kamen; in der Praxis waren sie kaum mehr als fromme Wünsche, die weder die ärgerliche Unzulänglichkeit der verfügbaren Mittel noch den schnellen physischen und moralischen Verschleiß der Regimenter an der Front berücksichtigten. Nach einigen Monaten Ruhe, in denen man die „Einheiten [hätte] wieder aufbauen und neu ordnen" können, schaffte es das italienische Heer im Herbst 1915 gerade einmal, 60 der schweren, kostbaren Artilleriegeschütze aufzustellen, die es für die Zerstörung von Schützengräben benötigte sowie für das Sperrfeuer, um Truppenbewegungen zu ermöglichen (viele Geschütze explodierten dabei aufgrund technischer Defekte). Gleichzeitig hatten weder die heimische Rüstungsindustrie noch die Alliierten die längst versprochenen neuen Mörser und Haubitzen geliefert. Das Heer hatte 250.000 Mann verloren, die tot, verwundet oder vermisst waren; das war ein Viertel der gesamten aktiven Streitkräfte, die man im Sommer mobilisiert hatte, ohne eines der wichtigsten operativen Ziele erreicht zu haben[58].

Cadorna war sich der tiefen Krise, in der sich das Heer befand, angesichts der zunehmend alarmierenden Berichte, die sich in seinem Büro häuften, durchaus bewusst. Jedenfalls fasste die Generalintendantur des Heeres im Dezember 1915 in einem einzigen Bericht die Zahlen und Stellungnahmen der operativen Kommandos zusammen und malte ein dem Zusammenbruch nahes Bild. Die Ausstattung mit mittlerer und schwerer Feldartillerie wurde als „unzureichend", die mit großkalibrigen Geschützen als „fast nicht vorhanden" bezeichnet (Forts wurden abgebaut und Küstenkanonen wurden von der Marine angefordert, konnten aber nicht transportiert werden). Die Munitionsvorräte reichten für kaum mehr als eine paar Stunden dauernde Offensive. Die Luftwaffe war in Unordnung, es gab nur wenige flugtaugliche Maschinen und erfahrene Piloten und der Mangel an Aufklärungsflugzeugen hatte sich besonders in den frühen Schlachten bemerkbar gemacht, als die Infanterie fast blind vorgerückt war und gefeuert wurde, ohne Ziele und Schäden ausmachen zu können. Das Kommando des Sanitätsdienstes berichtete, dass mindestens 3.000 er-

fahrene Sanitätsoffiziere fehlten, die durch Reserve- und Milizoffiziere „ohne vorherige Praxiserfahrung" in der Notfallmedizin ersetzt wurden. Obwohl in wenigen Monaten mehr als 13.000 Soldaten zum Leutnant oder Hauptmann ernannt worden
waren, hatte die Politik der schnellen Beförderungen, um Lücken in den Rängen zu
füllen, dazu geführt, dass Bataillone und sogar Regimenter neu beförderten Berufsoffizieren ohne Kampferfahrung anvertraut wurden, während die Einheiten (für die
nur wenige Ersatzleute eintrafen) nun fast ausschließlich jungen Offizieren anvertraut
wurden, die „mit übermäßig schnellen Kursen" ausgebildet wurden und die ihre
Einheit oft sofort nach ihrer Ankunft an der Front in den Kampf führten (ein Faktor, der
die hohe Todesrate unter den neuen Offizieren erklärte). Den Einheiten an der Front
hingegen fehlte es an allen möglichen Ausrüstungsgegenständen, von Maschinengewehren über Wasserbehälter bis hin zu Feldtelefonen, und in einigen Frontab-
schnitten konnten selbst Einheiten auf Bataillonsebene nur über Boten mit höheren
Kommandos kommunizieren[59]. Sogar die Versorgung mit Kleinwaffen wurde zu einem
Problem. Den Einheiten an der Front war befohlen worden, nach jeder Schlacht das
Feld zu durchkämmen und die noch brauchbaren Gewehre zu bergen. Trotzdem kamen viele einberufene Männer unbewaffnet an der Front an: Die Situation wurde so
ernst, dass die Lieferung von einer halben Million alter Vetterli-Gewehre (die seit 1871
im Einsatz waren) nach Russland gestoppt werden musste, wobei der größte Teil
davon in Italien blieb, um die Bodentruppen zu bewaffnen. Dies war jedoch nur ein
Notbehelf, und bis zur industriellen Mobilisierung Anfang 1916 war der Mangel an
Waffen und Munition ein Alptraum für das Oberkommando, das sich darüber beklagte, nicht genug Männer zu haben, aber nicht wusste, wie es die, die es bereits
hatte, bewaffnen sollte[60]. In diesem Zusammenhang schien der Versuch, den Ausgang
von Schlachten mit der Befolgung immer komplexerer taktischer Regeln zu bestimmen, schnell irrwitzig. Zum einen waren die Offiziere an der Front nicht ausreichend
vorbereitet, diese umzusetzen, zum anderen wurde den Divisionen nicht die Möglichkeit gegeben, sich nach hinten zurückzuziehen, um die neuen Regeln zu verin-
nerlichen: Die Kluft zwischen dem, was man in Udine meinte, der Mehrheit der Infanteriedivisionen abverlangen zu können, und dem, was sie tatsächlich zu leisten
vermochten, sollte für lange Zeit ein erhebliches Problem für die italienische Armee
darstellen[61]. Andererseits hätte keine Verbesserung der Vorschriften allein etwas an
einer Armee ändern können, die hauptsächlich aus schlecht ausgebildeten Schützen
bestand, die gezwungen waren, allein mit der Unterstützung (spärlicher) statischer
Artillerie gut gesicherte, mit automatischen Waffen ausgestattete Stellungen anzugreifen. Dies hilft, die mit Ärger gemischte Gleichgültigkeit zu erklären, mit der Zug-
und Truppenführer in der Regel die eindringlichen Mitteilungen der Oberkommandos
empfingen („nicht dringend? Es ist nicht vertraulich? Und ab in den Ofen, ohne sie
überhaupt zu öffnen")[62].

Tatsache ist, dass die „plotonisti" und „trinceristi", wie sich die Offiziere an der
Front nannten, eine Realität erlebten, die für die hohen Kommandos trotz schneller
Inspektionen schwer zu verstehen war[63]. Im Herbst 1915 war der italienische Infan-
terist typischerweise unterernährt und schlecht ausgerüstet (wasserdichte Umhänge

und Regenmäntel waren noch monatelang Mangelware), oft schlecht bewaffnet, von wochenlangem Grabeneinsatz zermürbt, vor allem bei den Spitzeneinheiten der 2. und 3. Armee. Unter dem anhaltenden Herbstregen verwandelten sich die improvisierten Unterstände und Zeltlager schnell in ein Meer aus Schlamm, und es war nicht überraschend, dass Krankheiten den Regimentern an der Front stark zusetzten. Mitte November verfasste Luigi Capello, damals Befehlshaber des 4. Armeekorps, einen dermaßen ernsten Bericht, dass er sogar Pietro Frugoni, den abgebrühten Befehlshaber der 2. Armee, überzeugte, die Angriffe einzustellen: „Ein Soldat, der tagelang frierend im Schlamm der Schützengräben und der eingestürzten Unterstände lebt, die nicht den geringsten Schutz mehr bieten, und der seine Kräfte nicht mit einer gehörigen warmen Mahlzeit wiederherstellen kann, bricht zusammen und verliert mehr und mehr an Vitalität. [...] Ich sah keine Männer, sondern wandelnde Schlammstücke, die sich mühsam zum Feind schleppten" [64].

An der Kluft zwischen den operativen Zielen und dem chronischen Mangel an Rüstungsgütern und Ausrüstung hatte Cadorna keine geringe Mitschuld. Obwohl er sich im Nachhinein energisch verteidigte, wollte Cadorna keinerlei Risiko eingehen. Er zeigte sich unwillig, am Isonzo das gesamte Aufgebot an Ausrüstung zu konzentrieren, das der schäbige Artilleriepark der Armee hergab, aus Angst vor einem Überraschungsangriff im Trentino (für den die Österreicher weder Männer noch Mittel hatten). Er schien nicht gewillt, eine genaue Angriffsrichtung zu wählen und verschliss Truppen und Material mit einer Reihe von Ablenkungsaktionen, ohne etwas zu erreichen außer dem Verlust von Männern und der Verschwendung von Munition[65]. Als man sich schließlich am 15. Juli zu einem Angriff mit klar definiertem Ziel entschloss – der Eroberung des Monte San Michele gleich jenseits des Isonzo (er galt als ausschlaggebend, um den Brückenkopf von Görz von Süden aus zu umgehen und den Karst und die Straße nach Triest zu beherrschen) –, waren alles, was der Generalstab den drei Divisionen des 9. Armeekorps, die eine der am besten befestigten Stellungen der österreichischen Frontlinie aufbrechen sollten, an Unterstützung zu bieten hatte knapp 130 schwere Geschütze und Haubitzen, verstreut über eine Front von einigen Kilometern[66]. Wenn man bedenkt, dass eine 149er Kanone, das effektivste Stück in der Ausrüstung der 3. Armee, mehr oder weniger hundert Mal hätte treffen müssen, um eventuell eine Lücke von einigen Metern in dem Stacheldrahtverhau zu öffnen, grenzt es fast an ein Wunder, dass es den Italienern nach einem heftigen Nahkampf tatsächlich gelang, den Gipfel des Monte San Michele zu erobern und ihn zwei Tage zu halten. Allerdings waren sie zu erschöpft, um den Vormarsch fortzusetzen, und zu wenig, um der Gegenoffensive der 12. österreichisch-ungarischen Gebirgsbrigade zu widerstehen, die die Überlebenden zurück zu den Ausgangslinien drängte[67]. In wenigen Tagen hatten die am Ansturm auf den Monte San Michele beteiligten Regimenter, wie die 9. und 10. Infanterieeinheit der Brigade *Regina* oder die 19. und 20. der Brigade *Brescia*, zwischen einem Drittel und der Hälfte ihrer Männer verloren (unter ihnen fast ausschließlich Bataillonskommandeure). Die auf dem Feld verbliebenen Kommandeure forderten erfolglos Nachschub an, um die Verluste auszugleichen, doch das Oberkommando schickte erst im letzten Moment eine einzige intakte Reserve aus drei Divisionen, die ohne Einsatz im westlichen Venetien stationiert gewesen waren[68]. Ganz ähnlich verlief die sogenannte Dritte Isonzoschlacht: Mit dem Ziel, das verschanzte Lager von Görz zu umzingeln, indem man es gleichzeitig von Norden und Süden überfiel, griffen Mitte Oktober die 2. und 3. Armee mit 18 Infanteriedivisionen auf einer Front von 35 km den gesamten Isonzo entlang an, ausgerüstet mit ein paar Kanonen und schweren Haubitzen (weniger als 300)[69]. Einige Jahre später musste der offizielle Nachbericht des Ufficio storico des Generalstabs, der sonst die Pläne und den Ablauf von Gefechten meist positiv analysierte, zugeben, dass „sich der Angriff [...] in einer Reihe vereinzelter Vorstöße verlor, die hier und da die feindliche Verteidigung trafen, ohne sie jedoch aufbrechen zu können"[70]. Das war ein leiser Euphemismus. Über Dutzende von Kilometern längs der Frontlinie verteilt, von unerfahrenen Offizieren angeführt, von der Aufklärung schlecht mit Informationen versorgt und mit einem Munitionsvorrat, der gerade einmal für ein paar Stunden intensives Gefechtsfeuer reichte, konnten die italienischen Batterien nur wenig bewirken. Im Frontabschnitt der 88. Infanterie, am unteren Isonzo, bestand die Artillerieausstattung aus insgesamt zwei Feldbatterien, ohne Granaten, und einer Haubitze vom Typ 149 mit 30 Schuss. Am 21. Oktober – nach dem üblichen aber vergeblichen Versuch, die Stacheldrahtbefestigung mit Sprengstoff aufzubrechen (was selten funktionierte, die ausführenden Soldaten bei ihrer Nacht- und Nebelaktion aber oft schwer verletzte) – führte Hauptmann Arturo Busto seine Kompanie zum Angriff. Er wusste, dass weder der Stacheldraht aufgebrochen noch die Stellungen der österreichischen Geschosse beschädigt worden waren, und seinem Tagebuch zufolge ist der erstaunlichste Aspekt der Geschehnisse, dass es dem einen oder anderen Überlebenden seines Bataillons gelang, in der darauffolgenden Nacht unverletzt zu den eigenen Linien zurückzukehren – natürlich ohne die feindlichen Schützengräben erreicht zu haben[71].

Es überrascht nicht, dass die Offensiven am Isonzo nur wenige (oder gar keine) ihrer Ziele erreichten, dafür aber einen sehr hohen Preis an Menschenleben forderten: Die dritte und die noch ergebnislosere vierte Schlacht (10. November bis 5. Dezember 1915) kosteten die italienische Armee 116.000 Mann, darunter fast 20.000 Tote. Auch wenn die genaue Zahl der Gefallenen nie publik gemacht wurde und die strenge Kontrolle der Presse die negativen Nachrichten von der Kriegsfront drastisch zensierte, handelte es sich doch um erhebliche Verluste, die Parlament und Regierung – die zu den wenigen gehörten, die einen ungefähren Überblick über die Lage hatten – angesichts der lächerlich geringen Gebietseroberungen für nicht vertretbar hielten: „Das Vertrauen in Cadorna ist erschüttert", wie Ferdinand Martini bitter berichtete, „er ist kein Stratege [...] und die ihm nachgesagte Genialität ist nirgends erkenntlich"[72]. Und nicht nur er sah die Dinge so. Minister wie Vincenzo Riccio, die der Regierung nahestanden und den Krieg befürworteten, und bekannte Kriegsgegner wie Giovanni Giolitti sammelten Stimmen, die sich gegen das Vorgehen des Generalstabschefs erhoben; sie wurden zwar nicht verbreitet, zirkulierten aber heimlich in den Machtetagen. Selbst das Verhältnis zu seinem langjährigen Protegé, Kriegsminister Zuppelli, hatte sich verschlechtert[73]. Cadorna wusste um die ablehnende Haltung gegenüber seiner Kriegsführung: „Ich weiß, dass man sagt, ich würde die Truppen gegen eine unüberwindbare Mauer schicken", sollte er Olindo Malagodi gleich nach dem ersten Kriegsneujahr in einem Gespräch anvertrauen[74]. Er war davon überzeugt, dass die Hauptursache für die Verbreitung kritischer Stimmen über sein Handeln die verletzten Soldaten waren, die sich auf Urlaub im Landesinnern befanden. Um diese mögliche Quelle der Unzufriedenheit einzudämmen, ordnete er an, die Genesenen direkt aus den Militärkrankenhäusern zurück in die Mobilisierungszentren zu schicken, damit sie von dort wieder zu ihren Einheiten an der Front zurückkehrten[75]. Eine kaum praktikable Maßnahme. Einerseits war das Oberkommando mit dem Winter (*nolens volens*) gezwungen, dem gesamten Kampfpersonal systematisch Fronturlaub zu gewähren: Nur fand Cadorna die Vorstellung unerträglich, dass seine Soldaten durchs Land zogen und wer weiß was für (wahre) Scheußlichkeiten erzählten. Doch er musste es dabei belassen, denjenigen schwere Strafen anzudrohen, die dabei erwischt wurden, unter der Zivilbevölkerung defätistische Äußerungen zu machen[76]. Auf der anderen Seite genügte längst der immer größer werdende Club abgesetzter Generäle und Offiziere, um die Kontroverse um das Vorgehen des Oberkommandos mit kritischen und detaillierten Beiträgen zu thematisieren und zu verstärken. „Cadorna wollte nach Wien", so äußerte Carlo Ruelle, der ehemalige Kommandeur des 6. Armeekorps, vor Giolitti seinen Unmut. Er war nach kaum mehr als zwei Monaten im Kriegseinsatz entlassen worden (letzten Endes aufgrund seiner Weigerung, eine Abteilung nach einem Vorfall in Chaos und Panik aufzulösen). Ruelle zeigte sich enttäuscht: „An vielen Stellen der Front stehen wir immer noch diesseits der Grenze! Seit sechs Monaten kämpfen wir völlig ergebnislos in einem grässlichen Krieg, ohne auch nur das geringste Ergebnis zu sehen. Am Isonzo sterben die Männer in Strömen und nichts ist bisher erreicht"[77]. Aber nicht nur Gegner und wütende Untergebene verbreiteten das Bild einer blutigen und erschütternden Pattsituation an der Front. Francesco Saverio Grazioli, der damals eine steile Karriere als Oberst im Generalstab machte (im letzten Kriegsjahr bewährte er sich als General), vertraute sich eines Tages dem Intellektuellen Ugo Ojetti an, der über jeden Verdacht erhaben war, gegen den Krieg zu sein (und bald darauf die Presseabteilung des Generalstabs neugründete). Er schilderte ihm die Situation als katastrophal, vor allem im Hinblick auf den Zustand der Ausrüstung und das schwindende Vertrauen in den Chef des Generalstabs vonseiten der Kommandeure an vorderster Front: „Es geht nur Meter um Meter vorwärts und die enormen Verluste stehen in keinem Verhältnis zu den Ergebnissen. Alle Generäle sind gegen Cadorna [...], es fehlt an Bombenwerfern, guten Sprengstoffröhren, an Telefonen [...]". Ojetti behielt diesen vertraulichen Bericht für sich und schrieb nur privat davon an seine Frau[78].

Cadornas Reaktion auf die zunehmende Kritik war in vielerlei Hinsicht schizophren. Auf der einen Seite war seine Vision von dem, was „dieser infame und unerhörte Krieg" zu werden begann, nach wie vor klar, frei von jedem Optimismus und geradezu fatalistisch, was seine Dauer und seine immensen Kosten betraf[79]. Die immer häufigeren Aufforderungen an die Zivilregierung, die totale Mobilmachung des Landes zu beschleunigen, entsprangen der Überzeugung, dass „dieser Krieg nur wegen der Erschöpfung von Männern und Mitteln enden kann". So war ein Grund für die immer stärkeren Reibungen zwischen ihm und dem Kriegsminister die schleppende Einberufung der letzten Reservisten und ihre Verschickung an die Front – eine außerordentliche Maßnahme, die Zuppelli, im Einklang mit der vorsichtigen Linie des Ministerrats, nicht ergreifen wollte, um die Kriegsausgaben nicht noch höher zu treiben und Landwirtschaft und Industrie nicht noch die letzten Arbeitskräfte zu nehmen (eine „Sentimentalität", die nach „Sabotage" roch)[80]. Andererseits zeigte sich Cadorna seltsamerweise weiterhin nicht gewillt, das zu revidieren, was er für die unveränderlichen Prinzipien des Waffenberufs hielt, eben weil diese weniger mit Mitteln, Material und Kosten zu tun hatten als vielmehr mit seiner traditionellen und unter gewissen Aspekten anachronistischen Militärkultur – wie sie auch für den Großteil der Offiziere seiner Generation galt. Als er im November das Eingeständnis Frugonis erhielt, dass er die Offensive wegen des Zustandes seiner Truppen nicht wieder aufnehmen könne, und dann Frugonis Bitte, er möge erwägen, die Frontlinie auf besser geschützte Stellungen zurückzuverlegen, wo sich die Männer den Winter über sicherer und komfortabler einrichten könnten, reagierte Cadorna wütend. Nicht einmal 24 Stunden später erteilte der Generalstab der 2. und 3. Armee den Befehl, das Angriffsmanöver entlang der gesamten Front umgehend wieder aufzunehmen (es endete zwei Wochen später ohne Ergebnis, aber nach großem Blutvergießen). Anschließend warf er Frugoni in einigen aufgebrachten Briefen Ineffizienz und mangelndes Vertrauen in den Sieg vor: Er allein sei verantwortlich für den kritischen Zustand seiner Einheiten. Außerdem sei es inakzeptabel, bereits erobertes Terrain für zweifelhaften Nutzen (die Erholung der Truppen angesichts eines langen Feldzugs war für ihn keine Priorität) wieder aufzugeben. Nicht zuletzt solle es sich ein Untergebener, selbst wenn er Armeechef war, nicht erlauben, die Strategie des Stabschefs zu kritisieren[81]. Frugoni stand nicht gerade im Ruf, ein vorsichtiger und diplomatischer Truppenführer zu sein. Er war ein Veteran des italienischen Libyen-Feldzugs, bei dem er sich als äußerst kämpferischer General einen Namen gemacht hatte. Zu Beginn des Ersten Weltkrieges hatte er sich durch besonders drastische Befehle an die Regimenter ausgezeichnet, die auf Görz und Tolmin zumarschierten, darunter die berühmt-berüchtigte Anordnung an die Einheiten, sich nicht aus dem Kampfgeschehen zurückzuziehen, solange sie nicht „mindestens drei Viertel ihrer Kampfkraft"[82] eingebüßt hätten. Man kann sich kaum einen Offizier vorstellen, der besser in Cadornas Bild von der Schlacht als Akt des Willens, des Elans und der Überzeugung gepasst hätte. Doch dieser heftige Verweis unterstreicht, auch wenn er keine sofortigen unmittelbaren Folgen hatte (Frugoni wurde erst viele Monate später abgesetzt), welches Gewicht Cadorna der moralischen Strenge der Kommandeure beimaß. Diese Mischung aus Aggressivität, Aktivismus, Selbstdisziplin und Härte, mit der man jedes Opfer auf sich nahm (das eigene und vor allem das der eigenen Soldaten), war die unersetzliche Voraussetzung, um die Kunst des Kommandos effektiv auszuüben[83]. Dass es sich dabei nicht nur um Worte handelte und dass es Cadorna wirklich darum ging, dass seine Untergebenen auf allen Ebenen kontinuierlich die totale Befolgung seiner aggressiven Doktrin demonstrierten, beweist die Flut von Freistellungen, die Generäle und vorgesetzte Offiziere erreichte, einige (wie Luigi Zuccari, designierter Kommandeur der 3. Armee) noch vor dem offiziellen Beginn der Feindseligkeiten, andere (wie Pirozzi, Kommandeur der 1. Kavalleriedivision) wenige Stunden nach dem offiziellen Kriegsbeginn. Sich „geringen Angriffsgeist" zuschulden kommen zu lassen, die eigenen Truppen nicht auf „das gewalttätige Kampfgeschehen" vorbereitet zu haben, das die ersten Kampftage kennzeichnen sollte, oder zu große Vorsicht an den Tag gelegt zu haben („wenn ich eine rasche und wagemutige Aktion angeordnet habe", schrieb Cadorna als Randnotiz auf den ersten und letzten Manöverbericht von Pirozzi, dem vorgeworfen wurde, seinen Kavalleristen nicht befohlen zu haben, in den ersten Kriegsstunden die Brücken über den Isonzo zu besetzen, „bedeutet das, dass ich [diese] für möglich [gehalten habe]") – all das waren unverzeihliche Fehler[84]. Dass es sich um eine exemplarische Bestrafung handeln musste, die jedem deutlich machen sollte, dass alle Ränge von nichts anderem als dem Wohlwollen des Generalstabschefs und der Demonstration des „notwendigen Willens" abhingen, machte Cadorna selbst deutlich, indem er am nächsten Tag einen Tagesbefehl an alle Korpskommandos erließ, in dem „ich erklärte, wie ich die Fähigkeit der Kommandeure nach ihrem Offensivgeist beurteilen würde"[85].

Trotz allem musste sich selbst Cadorna am Ende des ersten Kriegsjahrs eingestehen, dass ein radikales Umdenken im Hinblick auf die Kampfstrategien vonnöten war. Im Januar 1916 mussten der Generalstabschef und die treuen Mitarbeiter seines persönlichen Büros zugeben, dass die bisher gültigen Kampfregeln nicht mehr „den Merkmalen des heutigen Krieges entsprechen, den wir führen müssen", und sie setzten einen Prozess der systematischen (und aufreibend langsamen) Überprüfung der Vorschriften in Gang[86]. Nach langen Monaten verfasste man zwischen Juli und September neue, sehr viel realistischere (es galt, sich darauf zu beschränken, die bei den ersten Angriffen eroberten Ziele zu halten und nicht um jeden Preis zu versuchen, bis in die hinteren Gebiete vorzustoßen) und sehr viel flexiblere (das Truppenkommando vor Ort bekam mehr Spielraum für Alternativstrategien im Vergleich zum ursprünglichen Plan) Kriterien für den Einsatz der Infanterie und zeigte sich außerdem etwas besorgter um den Schutz der Soldaten („die Infanteristen sind von Tag zu Tag kostbarer [...], sie stellen eine Kraft dar, die umsichtig eingesetzt werden sollte")[87]. Die neue Doktrin, auch bekannt als „Angriff in Intervallen" (massive und kurze Bombardierung – schneller Vormarsch der Infanterie – Halt, sobald die feindliche Verteidigung sich verhärtet), war ein Fortschritt verglichen mit der starren und extrem angriffsorientierten Herangehensweise von 1915. So hatte man nun das Prinzip, „Menschenleben zu schonen", im Blickfeld (es sind die Kanonen, die den Feind vernichten, die Soldaten besetzen lediglich und halten Stellung) und verhinderte damit eine Fixierung auf Gebietseroberungen „um jeden Preis". Es war gewiss die wichtigste Bemühung der italienischen Heeresführung, um die gefechtsstrategischen Anweisungen an die Realität des Kampfes anzupassen. Das Verdienst für diesen Versuch schrieb sich Cadorna in den folgenden Jahren selbst zu, indem er diese Maßnahmen als besten Beweis dafür präsentierte, was für eine Lüge die ihm unterstellte Verachtung für das menschliche Leben sei[88]. Er hatte auch nicht ganz unrecht: Der Anstoß für die Änderung der Einsatzregeln, wie jede andere qualitative oder quantitative Verbesserung der Streitkräfte, war zweifelsohne das Verdienst des Generalstabs und seines Chefs. Obwohl überraschend innovativ für die nationale Militärkultur war es dennoch eine späte, partielle und unzureichende Anpassung. Tatsächlich trug der Eifer, mit dem man auf eine präzisere Vorbereitung und auf den Faktor Überraschungseffekt, auf die Wichtigkeit einer minutiösen Auskundschaftung und auf mehr Entscheidungsfreiheit (von der der ehrgeizige Luigi Capello, Kommandeur des 6. Armeekorps, ausgiebig profitierte) setzte, entschieden zum Erfolg in der sechsten Isonzoschlacht (4.–17. August 1916) bei wie zur anschließenden Eroberung von Görz, das einzig symbolisch relevante von Italien in diesem Krieg eroberte Ziel. Dabei war der italienische Sieg letztlich vor allem der Tatsache geschuldet, dass die 3. Armee endlich die massive Konzentration von Artillerie einsetzen konnte, die Cadorna seit Beginn des Konflikts gefordert hatte und die die italienische Industrie und die alliierten Kredite ihm endlich gewährt hatten[89]. „Nur wenn man die Tonnage der in der Zeitspanne abgefeuerten Geschosse auf einen sehr hohen Koeffizienten erhöht, ist es möglich [...], [eine] breite und leicht durchquerbare Lücke für die Infanterie zu öffnen", hatte er einige Monate vor der Schlacht prophezeit. Das 4. Korps, die führende Formation der 3. Armee, die dazu bestimmt war, das Feld von Görz einzunehmen, griff am 4. August 1916 auf einer Front von nur 6 km an, mit vier Divisionen in der vordersten Linie und zwei in der Reserve, unterstützt von mehr als 900 Kanonen, Haubitzen und Bombarden (darunter etwa sechzig schwere Geschütze), ihrer überwältigenden Überlegenheit gegenüber den Nachschublosen und völlig überraschten Österreichern gewiss[90]. Doch letztlich waren es weder seine fähigsten Mitarbeiter, noch die neue Artillerie oder die frisch aufgestellten Divisionen und auch nicht die neuen Einsatzdoktrinen, die es Cadorna erlauben sollten, zu einer strategischen Umkehr und zurück zu einem Bewegungskrieg zu finden; allerdings sei gesagt, dass aus keiner seiner Äußerungen und Stellungnahmen auch nur im mindesten die Überzeugung durchscheint, dass er das tatsächlich noch für möglich gehalten hätte. Wie alle Generäle in den Jahren 1914–1918 hatte auch er resigniert: angesichts der Fragilität der Kommunikations- und Kontrollsysteme, die es den Generälen nicht erlaubten, Einheiten über ein paar Kilometer von der Abmarschlinie hinaus richtig zu manövrieren, angesichts der Langsamkeit der vornehmlich zu Fuß marschierenden Truppen und des unvermeidlichen Verschleißes von Massen an Fußsoldaten bei jedem Angriffskampf gegen feste Stellungen: „Wir müssen also innehalten und einen nach allen Regeln der Kunst vorbereiteten Angriff planen, was viel Zeit kostet. Es erfordert auch Geduld, denn der moderne Krieg ist derart beschaffen. Der schnellste Weg ist es, methodisch vorzugehen; sonst werden Truppen und Artillerie verschlissen, Munition vergeudet und man erreicht nichts"[91]. Dass Regimenter und Divisionen auch wegen eines chronischen Mangels an elementarer Ausrüstung zerfielen und dass die Bürokratisierung der Befehlskette, zu der er selbst mit imperativen Rundschreiben beitrug, zur Verschlechterung der Situation beitrug, war wohl ein Problem, das er nicht wahrnahm. Das Oberkommando war sehr effizient darin, die untergeordneten Kommandos mit akribischen Vorschriften und strengen Fragebögen über die Effektivität der Schanzen, über den Zustand der Soldaten und über die Einsatzfähigkeit der

Divisionen zu belästigen, aber es war nicht in der Lage zu überprüfen, ob die Antworten oberflächlich und herablassend waren oder auf konkrete Tatsachen antworteten. Die Kluft zwischen dem Formalismus der Militärverwaltung und der Realität in den Schützengräben sollte sich bis Caporetto noch vergrößern: „Jede Anfrage nach Material, Spitzhacken, Schaufeln, Gelatine oder Zündern wurde mit kilometerlangen Schreiben beantwortet, als ob diese ausreichten, den Mangel zu beheben. [...] Eines schönen Tages schrieb ich an den Major, dass ein Schützengraben weder mit dem Stift noch mit Geschwätz ausgehoben werden könnte, sondern dass Gelatine benötigt wurde und dass meine Soldaten sie von den Genietruppen stehlen mussten, um sie zu bekommen"[92].

Die Spaltung, die sich oft zwischen Cadornas abstrakter Vorstellung vom Krieg und der tagtäglichen detaillierten Erfahrung in den Gefechten auftat, bezeugt am besten die Langsamkeit, mit der der Oberbefehl die Frage der Rolle der Offiziere bei den Angriffen anging, obwohl es dabei um den Untergang oder das Überleben der Führung der Streitkräfte ging. Das traditionelle Lehrprinzip, nach dem der Kommandeur wortwörtlich seine Männer anzuführen hatte, befolgten die Offiziere jeden Ranges nach wie vor ganz exakt, trotz der verheerenden Auswirkungen in den ersten Schlachten am Isonzo und auf den Hochebenen: „Der Oberst kletterte auf einen Felsen und rief ‚Soldaten der Zehnten! Es ist Zeit! [...] Der Geist eurer Väter ist in diesem Augenblick mit euch; und euer Oberst ist auch mit euch, kommt!' Die Soldaten hörten erstaunt zu [...] und man musste ihm sehr gut zureden, um ihn davon abzuhalten, mit einer 91er in der Faust aus dem Graben zu stürmen"[93]. Dass dies in Zeiten von Maschinenpistolen und Schnellfeuergewehren ein Anachronismus war, war klar; doch die Herren in Uniform wollten sich auch auf dem modernen und industriellen Schlachtfeld weiterhin in der Rolle des charismatischen Anführers verewigen, die sie kulturell (und sozial) beanspruchten. In der Tat ging es dabei nicht nur um das Festhalten an einer mystischen Regel (obwohl in dieser Kombination aus Ehre und Prestige, die die Offiziere zu größeren Verlusten verdammte als die Soldaten, zweifellos auch ein irrationales Element steckte), sondern es war auch eine gute Regel für das berufliche Überleben. Das Dogma Cadornas des unbedingten Angriffs hatte die gesamte Hierarchie durchdrungen, und die Offiziere, die ihren Posten behalten wollten, mussten Kampfgeist und Enthusiasmus demonstrieren, ein psychologischer Druck, der sie dazu brachte, sich selbst über jede vernünftige Notwendigkeit hinaus zu exponieren[94]. Romantisch und ästhetisch wie sie auch war, hatte sich diese Haltung schon bald als unvertretbar erwiesen. Untersucht man die Chroniken der 146 Infanterielinienregimenter, die im ersten Kriegsjahr mobilisiert worden waren, stellt man fest, dass fast die Hälfte der etwa 700 ranghöheren, im Krieg gefallenen Offiziere vor Ende Dezember 1915 gefallen waren[95]. Die Kommandeure von Bataillonen, Regimentern und sogar von Brigaden, das heißt die Anführer der Einheiten an vorderster Front, neigten mit beängstigender Häufigkeit in den ersten Kampfmonaten dazu, sich an der Front zu exponieren (und zu sterben); proportional zwar mit geringeren Verlusten als ihre Untergebenen (die im selben Zeitraum Verluste von durchschnittlich 30 % verzeichneten), doch mit sehr viel schwerwiegenderen Folgen[96]. Wenn es sich aus moralischer Sicht um ein „großartiges Beispiel" handelte, wie es Cadorna immer wieder beschrieb, war es für die konkrete Führung einer Einheit tatsächlich ein Albtraum. Der kompetenteste Teil der im Dienst stehenden Offiziere, der nur durch Massenbeförderungen jüngerer (unerfahrener und ungeeigneter) Soldaten ersetzt werden konnte, wurde abgeschlachtet, was dem ohnehin schon mit zu wenig kompetentem Personal ausgestatteten Heer noch größere Probleme bescherte. Um Abhilfe zu schaffen, sah sich das Oberkommando gezwungen, die Grundsätze der taktischen Aktion neu zu überdenken – und in gewisser Weise auch die Identität des Berufsoffiziers und seines ethischen Kodex –, doch tat man das weder zügig noch gern. Die ersten Rundschreiben zu diesem Thema beschränkten sich darauf vorzuschreiben, dass Offiziere an vorderster Front die Symbole ihres Dienstranges nicht mehr sichtbar tragen sollten, weder den Dolch noch den blauen Schal, und dass sie am besten Uniformen aus demselben Stoff wie die der Soldaten bekommen sollten. Dieser Befehl, der dem Anstand (und der Eitelkeit) vieler Kommandeure zuwiderlief, wurde deshalb monatelang nicht befolgt. Nach dem ersten Kriegssommer befasste sich eine vertrauliche Mitteilung an die Kommandeure mit der Frage, ob Offiziere bei Angriffen weiterhin an der Spitze der Truppe stehen sollten, – eine vom moralischen Standpunkt aus sicherlich vorbildliche Tradition, die aber dazu geführt hätte, „die Führung der Infanterie zu zerstören, die mittlerweile äußerst kostbares Material geworden ist". Dass der Generalstab diesmal nicht einfach nur einen Befehl erteilte, sondern seine Untergebenen miteinbezog, war ein außerordentlicher Vorgang und Zeichen dafür, wie viele Skrupel man hatte, Hand an eine heroische Tradition zu legen[97]. Erst im März 1916 setzte man – nach mühsamer Ausarbeitung – schließlich das Rundschreiben 2552 *Posto dei comandanti di reparto di fanteria nel combattimento* (Aufstellung der Infanteriekommandeure im Gefecht) auf, in dem es hieß, es sei „die Pflicht aller, Offiziere wie Untergebener, sich sowohl beim Vormarsch als auch in den Pausen so wenig wie möglich ins Visier des gegnerischen Feuers und des Feindes zu stellen"[98]. In diesem so spät zugestellten, aber entschiedenen Befehl, den Tod nicht sinnlos zu suchen, steckt etwas ausgesprochen Ironisches. Aber eine andere Lesart dieser scheinbar unerklärlichen Verzögerung bei der Änderung eindeutig unzureichender Regeln bieten die Aussagen gegenüber der Untersuchungskommission. In seinem ausführlichen Zeugenbericht, den er bei seiner Befragung im Frühjahr 1918 vorlegte, ging Cadorna besonders auf den „Charakter" und die Ausbildung der Offiziere zu Beginn des Krieges ein. Dazu beschrieb er ein zweigeteiltes Korps: Die untergeordneten „neuen Offiziere", die gerade von den Militärschulen kamen (und aus den kriegsvorbereitenden Schnellkursen), „alles anständige Leute, die sich bereitwillig umbringen ließen, aber keinen ursprünglich militärischen Geist besaßen, keinen Sinn für Disziplin und sehr wenig Kenntnis von diesem Beruf", und die müden, unzufriedenen „Führungsleute aus der Zeit des Friedens", die meist ohne Angriffslust waren, deprimiert über die schlechten Karriereaussichten und unwillig, sich den Risiken des Krieges auszusetzen[99]. Cadorna sah in der schlechten Qualität der italienischen Führungsriege das Spiegelbild eines Landes, das von sozialer Disziplinlosigkeit und von 25 Jahren Sozialismus und Pazifismus infiziert war, die den Nationalcharakter verdorben, die Streitkräfte vergiftet und das Berufsmilitär gesellschaftlich isoliert hätten, indem man sie schlecht behandelt, „jeden idealen Funken" zum Erlöschen gebracht und die besten jungen Leute von einer Militärlaufbahn ferngehalten hätte. Bis auf die jüngsten Offiziere, die noch voller Enthusiasmus steckten, war der Großteil der italienischen Führungskräfte „gesinnungsmäßig wenig vorbereitet" in den Krieg gezogen; man ging schon „erschöpft" in die Schlacht und je nachdem, wie sich das Geschehen entwickelte, wurde man aufgrund von Unfähigkeit oder zögerlichem Verhalten entlassen, wenn man sich unfähig oder zaudernd verhalten hatte[100]. In der langen Selbstverteidigung des Generalstabschefs vor seinen Inquisitoren finden sich nur wenige Passagen, in denen durchscheint, wie misstrauisch er seinen Truppen gegenüber war (und auch den meisten seiner Kollegen). Der rechte „Kampfgeist" musste zurückkehren, um nicht nur die gerade aus den Militärakademien entlassenen Untergebenen zu animieren, sondern auch die alten, nachlässig gewordenen Majore und Oberste, die die Regimenter und sogar die Brigaden anzuführen hatten: Die Aggressivität in der Schlacht sollte den Beweis für die Entstehung eines neuen italienischen Heeres erbringen.

VI Vom Anführen

Bei der Ausübung meines Oberbefehls habe ich nie jemandem
– auch nicht in den unteren Rängen – Angst eingejagt.
(L. Cadorna, Aussage vor der Untersuchungskommission zu Caporetto, Mai 1918)

Die einen durften kämpfen, die anderen nicht

„Für den großen Krieg, in den wir eintreten werden", schrieb Cadorna am 21. Mai 1915 an den mittlerweile ehemaligen Befehlshaber der 3. Armee, Luigi Zuccari, „brauchen wir Männer mit festem Glauben [...], Männer, deren Bemühungen aus einer innigen Verschmelzung von Denken und identischen Ansichten herrühren"[1]. Zuccari war einen Tag zuvor mit einem Telegramm, das ihn in seinem Büro in Florenz erreichte, seines Kommandos enthoben worden; offiziell weil er nicht dem zwingenden Befehl gefolgt sei, sich sofort ins Kriegsgebiet zu begeben, wo sich seine Truppen versammelten – er habe somit wenig Energie und „wenig Begeisterung" gezeigt. In der Tat nahm Cadorna die Antriebsschwäche seines alten Kollegen zum Anlass, an einem drastischen Beispiel seinen Kommandostil und das ganze Ausmaß seines Amtsverständnisses vorzuführen. Es musste allen klar werden, dass der Generalstabschef keinerlei Nachsicht mit denjenigen haben würde, die seinen Anweisungen nicht umgehend Folge leisteten[2]. Zuccari war nicht nur ein alter Kollege, sondern auch eine bekannte Persönlichkeit. Er war Armeekommandeur (zu einem Zeitpunkt, als es nur vier gab) und Chef einer Spitzenformation (die den strategischen Durchbruch nach Ljubljana hätte schaffen sollen) sowie einer der bekanntesten und angesehensten Generäle des Landes, und er wurde noch vor dem offiziellen Beginn der Kriegshandlungen durch eine unanfechtbare und nicht motivierte Entscheidung entfernt. Cadorna selbst gestand Gatti: „Unsere beiden Persönlichkeiten passten nicht zusammen, und in diesem Fall musste er weichen. Ich war förmlich entschlossen, allein zu befehlen" – und diese Formulierung war wortwörtlich gemeint, denn die einzige Rücksicht, die der *Feldherr* nahm, bestand darin, den König vorher zu konsultieren (und dieser ließ ihm absolut freie Hand)[3]. Und das war erst der Anfang.

Von Mai 1915 bis Ende 1917 wurden wahrscheinlich 200 Generäle, die großen Kampfverbänden vorstanden (Armeen, Korps, Divisionen und Brigaden), und mindestens weitere 600 Offiziere abgesetzt und aus den Kriegsgebieten zurückgerufen, um dann in territorialen oder administrativen Einheiten im Landesinnern eingesetzt oder in einigen Fällen direkt entlassen zu werden[4]. Andere Quellen sprechen von etwa 1.000 Männern; so viele hätten zumindest, um Grad und Amt wiederzuerlangen (oder um wieder zum Militär zugelassen zu werden), Anträge an die Commissione di revisione per il riesame degli ufficiali esonerati (die Kommission zur Überprüfung von Offiziersentlassungen, die vor allem nach ihrem zweiten Vorsitzenden unter der Bezeichnung Commissione Mazza bekannt war) gestellt. Diese Kommission hatte man im Dezember 1917 im Kriegsministerium eingerichtet und sie war ein erstes Anzeichen

https://doi.org/10.1515/9783110693478-007

für Cadornas Niedergang beziehungsweise den Beginn eines neuen Kurses im Umgang mit dem Krieg[5]. Die Offiziere waren die sogenannten *silurati* (Geschasste), eine der prägnantesten Wortschöpfungen während des Krieges (und genauso langlebig wie ihr französisches Äquivalent *limogés*). Paolo Monelli, ein Veteran der Jahre 1915–1918 und einer der scharfsinnigsten italienischen Journalisten und Verfasser von Zeitzeugenberichten, übersetzte die Bedeutung von *silurare* als „Freistellung [eines] Generals vom Kommando über Kampfeinheiten durch einen plötzlichen und meist unerwarteten Befehl"[6]. Ettore Viganò, ein gerade in den Ruhestand versetzter General und polemischer Widersacher Cadornas, äußerte sich weniger beherrscht. „[Der Begriff] kam während des Krieges in Umlauf", schrieb er wenige Jahre später, „um die größte Schmach zu bezeichnen, die man einem Mann mit Herz und Ehre zufügen konnte, der, nachdem er sein ganzes Leben auf den strahlenden Moment gewartet hatte, dem Feind seines Vaterlands entgegenzutreten, von jetzt auf gleich von einem – möglicherweise telefonisch übermittelten – Befehl getroffen wurde, der ihn umgehend von seinem Kommandoposten entfernte, um ihn [...] zurückzuschicken, aus dem Dienst zu entlassen oder allenfalls auf irgendeinen Kommandoposten oder eine Dienststelle im Landesinnern zu versetzen"[7]. Der Begriff fand sofort Eingang in den Militärjargon (und von da in die Umgangssprache) und genauso schnell schossen die Entlassungszahlen in die Höhe. Allein in den ersten sechs Kriegsmonaten zählte man 52 entlassene Generäle, 1916 waren es 48 und 1917 76. Diese Zahl wuchs parallel zum Frust des Generalstabs über die Niederlagen (der Großteil der Entlassungen traf mit den ersten niederschmetternden Angriffsmanövern und den letzten, blutigen und strategisch sinnlosen „Schulterstößen" am Isonzo zusammen). In der ersten Nachkriegszeit gab es genügend Offiziere jeden Ranges, die aus dem Kampfgebiet entfernt oder aus moralischen und disziplinären Gründen entlassen wurden, um eine Vereinigung (den Fascio ufficiali silurati, den Bund entlassener Offiziere) zu gründen und ihrem Anliegen Gehör zu verschaffen[8]. Zusammen mit den in den ersten Kriegsmonaten gefallenen oder schwer verwundeten höheren Offizieren war dies die zweifellos größte personelle Neubestückung des gesamten Offizierskorps der italienischen Streitkräfte seit ihrem Bestehen. Nach zwei Jahren Krieg waren fünf Armeegeneräle von den 14, die am 24. Mai 1915 im Dienst gestanden hatten, und 21 Divisionsgeneräle von 35 zurückgestuft und von ihren Führungsposten entfernt worden (hinzu kommen weitere 20, die im Gefecht gefallen waren), während mehr als die Hälfte der Divisionen, Brigaden und Infanterieregimenter, die aktiv am Kampfgeschehen des Weltkrieges teilgenommen hatte, miterleben mussten, wie mindestens einer ihrer Kommandeure durch höheren Befehl abgesetzt wurde (und mindestens ein weiterer fiel oder wurde schwer verwundet)[9]. Diese Zahlen gab es auch anderswo. Im Jahr 1914 unternahm Joffre, wütend über die schlechten Gefechtsergebnisse der ihm untergebenen Offiziere im Lauf der ersten Schlachten an der Grenze und an der Marne, eine große Säuberung in den Reihen des französischen Generalstabs. Er entließ mehr als 160 Generäle von Armeeeinheiten, Korpstruppen, Divisionen und Brigaden, er setzte ab oder stufte zurück, alles in allem ersetzte er etwa die Hälfte der Kommandeure der größeren Truppenverbände, die im Zeitraum von nur fünf Monaten aufgestellt worden waren[10].

Als Joffre seine Entlassungen rechtfertigen sollte, klangen seine Motive quasi identisch mit denen der italienischen Entlassungen: Mangel an Überzeugung, geringer Kampfgeist, kein Vertrauen in die eigenen Truppen oder in die eigenen Führungskräfte, offene Kritik an der Doktrin des Generalstabschefs, zu hohes Alter oder sogar schlechte körperliche Verfassung (eine beachtliche Beanstandung, wenn man bedenkt, dass diese Heere anfänglich von über 60-Jährigen in nicht gerade besser Verfassung angeführt wurden).

Obwohl es sich nicht um eine italienische Besonderheit handelte, löste das Ausmaß dieses „Massakers" am Offizierskorps doch sehr großes Befremden aus. Die ersten, die Zweifel an dieser systematischen Umwälzung hatten, waren – nicht überraschend – Mitglieder des Offizierskorps selbst, und insbesondere die höheren Offiziere (diejenigen, die von den Entlassungen am stärksten betroffen waren). Es erschütterte sie, wie prekär plötzlich ein Beruf dastand, der bis dahin auf dem Dienstalter beruht hatte. Wie sich Luigi Capello erinnerte, war der Kriegsausbruch für viele Offiziere „eine unbequeme Bedrohung ihres ruhigen, beschaulichen Lebens" in den Garnisonen, eine unangenehme Überraschung und in vielerlei Hinsicht traumatisch[11]. Die Klagen der von den Maßnahmen Betroffenen erreichten als Erstes die Regierungsvertreter oder die Parlamentarier, denen sie aus Freundschaft, Klientelbeziehungen oder politischer Zugehörigkeit nahestanden, auch wenn sie zunächst auf wenig Verständnis stießen. „Zupelli erzählte mir in einem Gespräch über den Krieg, Cadorna habe 14 Generäle entlassen, die ihm für die Posten, die sie bekleideten, ungeeignet schienen", schrieb Kommunikationsminister Vincenzo Riccio kaum einen Monat nach Kriegseintritt in sein Tagebuch. „Die Zahl ist recht hoch, aber […] die von Cadorna begonnene Aufräumaktion […] wird einen guten Eindruck im Land hinterlassen. Die Öffentlichkeit liebt solche energischen Aktionen."[12]

Riccio lag richtig mit seinem Verdacht, in den Rängen der höheren Offiziere, vor allem auf den höchsten Hierarchiestufen, befänden sich nicht gerade wenig inkompetente Leute und dass einige Entlassungen notwendig waren, um sich von gewissen grotesken Figuren wie dem General U. zu befreien, an den Piero Jahier erinnert, der nicht einmal in der Lage war, die Karten von den Gebieten zu lesen, in die er seine Männer zum Sterben schickte:

Nachdem er zehn Operationen gegen Son Pouses angeordnet hatte, nahm er am Morgen vor seiner Entlassung Hauptmann D. beiseite und sagte ihm wortwörtlich: ‚Né capetà, ppè cortesia, no ppè servizio, pecch'io me n'aggio a ‘i, ma chillo cazz de Son Pauses addò sta?'"[13] (Hauptmann, ich bitte Sie, nicht aus Pflicht, muss ich fortgehen, aber wo zum Teufel liegt Son Pouses?). Im Lauf der Zeit schwand allerdings die Überzeugung, dass man mit diesen zahlreichen Entlassungen tatsächlich die für den Krieg geeigneten Leute herausfiltern würde. Im Sommer war der Minister bereits der Ansicht, Cadorna verjünge nicht einfach nur das Offizierskorps, sondern zerstöre es vielmehr: „Er ermutigt seine Generäle nicht, sondern schüchtert sie ein. Ein schwieriges Unterfangen: Wenn es nicht gelingt, kostet es oft die Entfernung des Generals aus dem Einsatzgebiet […] Cadorna hat schon viele Generäle abgesetzt, was die anderen beunruhigt und unsicher macht; das verhindert viele Initiativen und macht die Generäle oft zu sklavischen Befehlsvollstreckern"[14].

General Carlo Ruelle beklagte sich bei Giolitti mit ähnlichen Worten: „Die Generäle sind angesichts eines neuen Krieges, auf den sie nicht vorbereitet waren, entmutigt – sie haben ihr Selbstvertrauen verloren, sei es wegen des Damoklesschwerts, das jeden Tag über ihrem Haupt schwebt; sei es, weil man sie zu Dutzenden in den Abgrund stößt; sei es, weil man von ihnen etwas verlangt, was sie nicht geben können"[15]. Er war vielleicht nicht der objektivste Zeuge (man hatte ihn im August 1915 vom Kommando des 6. Armeekorps entfernt), aber zweifellos teilten viele seine Wahrnehmung von der Niedergeschlagenheit der Offiziere. Im Juni 1917 zog man Generalmajor Felice Porta wegen „Kommandoversagens, Autoritätsverlusts und Widerstands" vom Kommando der 34. Infanteriedivision ab, was Attilio Frescura damit kommentierte, dass das Massaker an den Generälen („alle drei Divisionsgeneräle des Armeekorps, einige Brigadegeneräle und zusammen mit ihnen auch der Kommandeur des Armeekorps") auf Cadorna selbst das schlechteste Licht werfe, denn die Kommandeure, die er entließ (oder deren Entlassung er veranlasste), waren mehrfach ausgezeichnet und sowohl die Truppen als auch die ihnen untergebenen Offiziere schätzten sie. „Unserem General, der [...] auf dem Karst am 10. Oktober 1916 das gewaltige Bollwerk auf 208 m Höhe mit Schwung genommen hat [...] und der [...] die feindlichen Schützengräben am Nad Bregom eroberte, entzog man plötzlich das Kommando, weil er nicht bis nach Versic, nach Selo, nach Triest und bis in die Hölle vorgestoßen ist! Da geht ein tapferer und intelligenter Soldat, ein strenger und galanter Mann."[16]

Die Untersuchungskommission zur Schlacht von Caporetto stellte Cadornas gesamtes System der „Kaderführung" und insbesondere sein Regime der „Freistellungen vom Kommando" unter Anklage. Ihre Schlussfolgerung lautete, die „Reinigung" habe nur in sehr geringem Maß zur Verbesserung einer Offizierskaste gedient, die in Friedenszeiten zugegebenermaßen von allzu nachsichtigen Beförderungskriterien verwöhnt worden war. Die Mehrheit der befragten Zeugen war sich über deren recht willkürlichen Charakter einig: Die „schwerwiegenden Maßnahmen", vor allem gegen die Generäle, erfolgten „ohne sorgfältige Untersuchung der Ursachen", „aus Motiven von geringer Bedeutung", manchmal „wegen der Äußerung von Meinungen, die von denen der Vorgesetzten abwichen" oder einfach nur, um die Verantwortung für eine gescheiterte Operation auf einen Untergebenen abzuwälzen, und das mit einer solchen Hast und Unberechenbarkeit, noch dazu bei Großoffensiven, was zu einem „zunehmend verbreiteten Gefühl von Unsicherheit und Misstrauen"[17] führte. Antonino Di Giorgio war ein aufsteigender Stern im Heer und dem Generalstabschef keineswegs feindselig gestimmt. Cadorna schätzte Di Giorgio, der Ende 1917 eine Division im Trentino kommandierte und in den Tagen von Caporetto – an der Spitze eines Spezialkorps – einer der wenigen Generäle war, die nicht den Kopf verloren hatten. Er zählte zu den entschiedensten Vertretern der Ansicht, das System der schnellen Entlassungen habe ein Klima des Misstrauens, der Unsicherheit bei der objektiven Bewertung des eigenen Tuns und der Angst vor den unanfechtbaren Strafen des Oberkommandos erzeugt, das jede Initiative blockierte und letztlich auch eine Gefahr für die Sicherheit der Ranghöchsten darstellte. Seine Zeugenaussage ist eine der schmerzhaftesten und bittersten Anklagen gegen die verheerende Kriegsführung eines Generalstabs, der sich despotisch hinter seiner Unantastbarkeit verschanzte und dem jede Machtteilung zuwider war[18]. Schlimmer noch, die chronische Angst, entlassen zu werden, führte dazu, dass die Mehrheit der hochrangigen Offiziere krampfhaft nach Aufmerksamkeit und Konsens mit Cadorna suchte – ein wirklich beunruhigender Aspekt des italienischen Krieges: Um Rang und Posten zu behalten, musste man beweisen, dass man entschlossen und unbeirrbar war. Dazu war es notwendig, von den eigenen Männern „unmögliche Unternehmungen" zu fordern, da eine ruhmreich niedergemetzelte Truppe sehr viel angesehener war als eine intakte, die sich in Sicherheit befand, aber nicht aktiv war[19]. Selbst die engsten Mitarbeiter des Oberbefehlshabers, von Bencivenga bis Gatti, gaben schließlich zu, dass die systematischen Entlassungen bei jedem kleinen oder großen Misserfolg sowie die Unfähigkeit des Generalstabs, weniger hysterische und voreingenommene, sondern objektivere Beurteilungskriterien anzuwenden, letztendlich die Beziehungen zwischen den verschiedenen Ebenen der militärischen Hierarchie vergiftet hatte. Denn alle Offiziere fühlten sich dazu gedrängt, die Risiken jeder Aktion zu minimieren und womöglich Angriffe durchzuführen, die sinnlos und zum Scheitern verurteilt waren, nur um nicht träge und defätistisch zu erscheinen oder von „geringem Angriffsgeist".

> Die Erfahrung hat es gelehrt und da man weiß, dass entlassen wird, wer auf Probleme hinweist, ist hier alles sehr einfach – Kann man diese Operation durchführen? – Natürlich! – Aber ist sie einfach oder schwierig? – Oh, einfach! Mit diesen Beteuerungen sind erst einmal ein paar Monate Überleben im Militär gewonnen, die Monate der Vorbereitung. Und wenn bei der Durchführung etwas schief geht, hilft vielleicht ein Heiliger. Vielleicht herrscht schlechtes Wetter, oder ein Deserteur aus den eigenen Reihen verrät alles dem Feind[20].

Die Frage der Entlassungen wurde so zu einem der größten Schatten über Cadornas Amtszeit. Und wie Antonio Monti, Sekretär der Commissione Mazza, bezeugen sollte, wurde nach Cadornas Absetzung eben jenes Thema in den Augen der öffentlichen Meinung zum Inbegriff aller Ungerechtigkeiten, Übergriffe und Verfehlungen des ehemaligen Stabschefs[21]. Eine der ersten symbolischen Handlungen der Regierung Orlando, die nach Caporetto an die Macht gekommen war und sich vor allem von der „Diktatur" Cadornas distanzieren wollte, war nicht zufällig die Entscheidung, alle bis Oktober 1917 ausgesprochenen Entlassungen zu überprüfen. Die neue Regierung und der neue Generalstabschef Armando Diaz (der auch nicht zögern sollte, auf Entlassungen zurückzugreifen, wenn auch diskreter) bezogen öffentlich Stellung gegen das bisherige Vorgehen im Krieg und gegen Prinzipien, die bis dahin als unantastbar gegolten hatten. Aber in Wirklichkeit erhielt weniger als die Hälfte derer, die Einspruch erhoben (33 Dreisternegenerale von 73, 42 Generalmajore von 101, 20 Brigadiere – am Kommando einer Brigade, aber noch keine Generäle – von 32), eine positive Stellungnahme vor der Untersuchungskommission, und von diesen wurden nur sehr wenige in ihrem alten Rang wieder in Dienst genommen[22]. Bei Kriegsende taten im italienischen Heer letztlich zu viele Offiziere Dienst und es gab keinen Platz für alte Generäle kurz vor dem Ruhestand. Allerdings war das Ziel der Kommission Mazza vor allem politischer Natur: Man wollte auf die Verfehlungen Cadornas hinweisen und den neuen Kurs preisen. Das war nicht das einzige Gericht, vor dem der einst mächtigste Mann Italiens angeklagt wurde. In den turbulenten Sitzungen der Abgeordnetenkammer, in denen man die dramatische Lage nach Caporetto diskutierte, erinnerten alte Gegner von Cadorna (wie Fortunato Marazzi, ebenfalls ein abgesetzter General) und neue (wie Francesco Sandulli, ein sozialistischer Abgeordneter) an die massenhaften Entlassungen als ein Mittel, mit dem der Generalstabschef den Zusammenhalt des Heeres zerstört, im Offizierskorps Angst und Schrecken verbreitet, die besten Kommandeure, die ihn in den Schatten hätten stellen können, eliminiert und seine Günstlinge auf die Kommandoposten gehoben hatte. In diesem törichten Wunsch, die Streitkräfte nach seinen eigenen Vorstellungen und den Ambitionen der kleinen Kamarilla seiner Günstlinge zu beugen, war der eigentliche Grund für den militärischen und moralischen Zusammenbruch von Caporetto zu suchen[23].

Es überrascht nicht, dass sich Cadorna angesichts dieser öffentlichen Verurteilung vehement verteidigte. Die erste Phase dessen, was sich als ein langer Streit herausstellen sollte, fand während der Befragungen durch den Untersuchungsausschuss und in den Verteidigungsschriftsätzen statt, die in den Monaten nach den direkten Befragungen eingereicht wurden. Cadorna rechtfertigte sein Handeln unbeirrt und betonte gleichzeitig mit Nachdruck, dass die Politik der systematischen Entlassungen nicht ihm allein anzulasten sei. Er selbst habe nur wenige Entlassungen (nach seiner Aussage „etwa zehn") veranlasst und sich in erster Linie darauf beschränkt, die Vorschläge der Truppenkommandos abzusegnen. Dabei habe er sogar einige Amtsenthebungen abgelehnt und in einigen Fällen habe er lediglich zur Entlassung vorgeschlagene Generäle von einem Kommando auf ein anderes versetzt (einer von ihnen, der kämpferische und mehrfach ausgezeichnete Fürst Maurizio Gonzaga, wurde in den Tagen von Caporetto zu einem regelrechten Volkshelden)[24]. Auf jeden Fall ließ er nichts auf die Qualität des Systems kommen. Er hielt für wahr, das italienische Offizierskorps sei, vor allem was die oberen Ränge betraf, eher antriebslos in den Krieg gezogen („ohne militärischen Charakter"), skeptisch, ohne echte moralische Qualitäten und aufgrund von jahrelang viel zu nachlässiger Selektion äußerst mittelmäßig („extreme Nachsicht bei Beförderungsgesuchen"). Im Gegensatz dazu „habe ich dank dieses Systems ausgezeichnete Offiziere in die Führungsspitze des Heeres geholt". Diese Überzeugung vertrat er in den folgenden Jahren in seinen Erinnerungsschriften immer wieder[25]. Aus dieser etwas ambivalenten Position (moralische Urheberschaft der Verbesserung eines alten und mittelmäßigen Mechanismus mit gleichzeitigem Anspruch, als Bremse angesichts des Übereifers bei den Entlassungen fungiert zu haben) bezog der ehemalige Generalstabschef den Großteil seiner Verteidigung. Der besonders infamen Anklage, die systematische Verbreitung der Entlassungen sei aus dem Bedürfnis der untergeordneten Truppenführer entstanden, sich seinem Stil anzupassen und sich seine Gunst zu sichern, widersprach er entschieden, konnte aber nicht recht überzeugen. Da die Praxis der Entlassungen in allen Armeeeinheiten dieselbe gewesen war, gab Cadorna zu bedenken, dass es zumindest von wenig Respekt zeugte, allen Armeekommandeuren (unter denen sich Mitglieder der königlichen Familie sowie viele persönliche Freunde eben jener Kommission befanden) zu unterstellen, sie seien Schwächlinge auf der Suche nach Protektion gewesen („darum bemüht, mir etwas zum Gefallen zu tun"). Er betonte weiterhin, jede Entlassung sei ein zweischneidiges Schwert gewesen (denn damit mache man sich Feinde), und beharrte darauf, man werde niemals ein Beweisstück finden, in dem er seine Untergebenen explizit dazu aufgefordert habe, „in großem Stil Entlassungen vorzunehmen"[26].

Natürlich wusste Cadorna, dass ihm diese Praxis der Entlassungen Feinde eingebracht hatte. Aus seinen privaten Unterlagen geht aber auch deutlich hervor, dass ihn das nicht sonderlich bekümmerte: „Es ist durchaus schmerzhaft, wenn es alte Freunde trifft und man sie sich zu Feinden macht", schrieb er im Mai 1916, gleich nachdem er Roberto Brusati seines Amtes enthoben hatte (ein alter Freund von ihm und Bruder des ersten Feldadjutanten des Königs), „doch erleben wir zu schwere Zeiten, als dass ich andere Überlegungen als die im höchsten Interesse des Landes berücksichtigen könnte"[27]. Auf der anderen Seite merkte Cadorna nicht (oder verschloss die Augen davor), dass das Prinzip der „moralischen Verantwortung", auf das er so stolz war, einen perversen Erpressungsmechanismus hervorgebracht hatte. Sobald er ein positives Urteil über die Befähigung eines Untergebenen für eine bestimmte Aufgabe aussprach, wusste jeder Kommandeur, dass seine Karriere auf dem Spiel stand, denn der Zorn des obersten Befehlshabers würde ihn treffen, falls sich der gerade frisch beförderte Divisions- oder Brigadegeneral als weniger angriffsbereit, wagemutig oder genial herausstellte, als Cadorna von ihm erwartete (oder falls er eine andere Ansicht äußern sollte): „Wer ist der Mann, den er wählt? Ein Mann, der oft durch die Drohung eingeschüchtert wurde, er müsse die richtige Wahl treffen, sonst ginge es ihm an den Kragen"[28]. Wollte man also nicht das Schicksal von Luigi Segato erleiden (der Kommandeur des 1. Armeekorps, den man 1917 entließ, da er einen seiner Untergebenen für die Leitung einer Division empfohlen hatte, den Cadorna allerdings für unfähig hielt), hätten die Generäle besser daran getan, eine große Anzahl von Entlastungen vorzuschlagen, anstatt Beförderungen oder positive Urteile. Die eigenen Untergebenen schlecht zu reden, auch ohne gute Begründung, war ein besserer Garant für das berufliche Überleben als die realistische Einschätzung von Verdiensten[29]. „Das unter den Kommandeuren verbreitete Bestreben, ihren eigenen Verantwortungsbereich zu sichern", was viele Zeugen bestätigten, wurde zum Charakteristikum für die hierarchischen Beziehungen innerhalb der Streitkräfte, und die eilige Suche nach dem Schuldigen für jede nicht ideal verlaufene Aktion war die häufigste Tätigkeit jedes Kommandeurs, der die Entlassung fürchtete.

Es ist symptomatisch für Cadornas felsenfeste Überzeugung, im Recht zu sein, dass er auf den Vorwurf der Untersuchungskommission, kein einziges Mal einem mit Entlassung konfrontierten Kommandeur die Chance gegeben zu haben, sich zu rechtfertigen (tatsächlich war kein Entlassener jemals zu den ihm gemachten Vorwürfen befragt worden), antwortete, er sei ganz im Gegenteil immer für den Dialog offen gewesen und die ihm nahestehenden Generäle könnten bezeugen, dass er in den Diskussionen der Redefreiheit und dem Meinungsaustausch immer großen Spielraum gelassen hätte[30]. Bedauerlicherweise dachte der Großteil seiner ehemaligen Untergebenen ganz anders. Adolfo Tettoni, der hartgesottene Kommandeur des 3. Armee-korps, bezeugte als einer der Ersten, es genüge allein „der Ruf, man glaube nicht hundertprozentig" an das Angriffsmanöver oder man habe Bedenken geäußert angesichts „der Müdigkeit und der Erschöpfung der Truppen und der Schwierigkeit, bestimmte Aktionen durchhalten zu können", um „mit Sicherheit abgesetzt zu werden". Im Juli 1917 hatte Tettoni ohne zu zögern die Dezimierung der Brigade *Catanzaro* befohlen, die sich geweigert hatte, an vorderste Front zurückzukehren. Er stand sicherlich ganz und gar nicht im Verdacht, zimperlich und wenig kriegerisch zu sein[31]. Clemente Lequio, am 22. Mai 1916 zum Kommandeur der Truppe *Altipiani* ernannt, der neuen großen Einheit, die das österreichische Angriffsmanöver auf dem Durchmarsch in Richtung Ebene von Vicenza aufhalten sollte, wurde nach nur zwei Wochen seines Amtes enthoben, da er Zweifel daran geäußert hatte, allzu lange an der südlichen Linie der Hochebene von Asiago Stellung halten zu können („Ich schrieb ihm, ich hätte ihn in einem moralisch ganz anderen Zustand angetroffen, als es einem Truppenkommandeur zukäme")[32]. Und das war kein Einzelfall. Überhaupt war der gesamte Kampf auf den Hochebenen im Frühjahr 1916 von extremen (um nicht zu sagen hysterischen) Reaktionen gekennzeichnet: Die Flut von Entlassungen, die im Laufe weniger Wochen die Führungskräfte der Armee dahinraffte und die Gruppe der höheren Offiziere fast völlig auflöste, die bis dahin den Konflikt an der Front des Trentino gut (um nicht zu sagen hervorragend) im Griff gehabt hatten, war ein weiteres Zeichen für die chronisch ineffiziente Handhabe der Beziehungen zwischen dem Oberkommando in Udine und dem Rest des Heeres sowie für die persönliche Unvereinbarkeit des autokratischen Cadorna und des ehrgeizigen Roberto Brusati. Und nicht zuletzt entsprang es dem Bedürfnis des Oberbefehlshabers, die Schuld für die „Überraschung Asiago" auf einen Sündenbock abzuwälzen, die für Italien beinahe zu einer katastrophalen strategischen Niederlage geworden wäre.

Die Suche nach dem Sündenbock

Das, was später als „Strafexpedition" bekannt wurde (in den offiziellen österreichisch-ungarischen Quellen taucht dieser Begriff nicht auf, hier wird die Schlacht gemeinhin als „Frühjahrsoffensive 1916" bezeichnet), traf den Generalstabschef tatsächlich völlig unvorbereitet[33]. Cadorna hatte immer wieder die Überzeugung geäußert, kein mit gesundem Menschenverstand ausgestatteter Stratege und auf keinen Fall sein geschätzter Gegner Conrad von Hötzendorf hätte jemals ein massives Angriffsmanöver auf das Trentino riskiert: „Tatsächlich habe ich mich überzeugt gezeigt, auch schriftlich, dass der österreichische Angriff nie stattfinden würde", schrieb er in einem Brief einen Monat nach Schlachtbeginn[34]. Über die Gründe für seine Ungläubigkeit und den Ursprung der „Überraschung Asiago" wurde in Italien mehr geschrieben als über jedes andere Thema zum Ersten Weltkrieg (abgesehen von der Niederlage von Caporetto). Allein der ehemalige Oberbefehlshaber widmete dem Thema über hundert Seiten seines Monumentalwerks *La guerra alla fronte italiana*; auch seine engsten

Mitarbeiter (sowie eine Vielzahl von Veteranen) und überhaupt fast alle, die daran beteiligt gewesen waren, hinterließen Erinnerungen und ihre jeweilige Version der Ereignisse[35]. Kurz gesagt unterstellte Cadorna den Österreichern dieselbe Wahrnehmung von Prioritäten und Schwierigkeiten, die ihn 1915 dazu veranlasst hatte, die Hypothese einer massiven Angriffsstrategie Richtung Tirol auszuschließen. Aufgrund der Berge und der schlechten Straßen- und Bahnverbindungen erschien das Trentino als denkbar ungeeignet für Massenmanöver. Und auch für Österreich-Ungarn war die strategische Lage eher kritisch, da die Russen im Sommer eine große Offensive planten (die erfolgreiche „Brussilow-Offensive"): „Der Strategieplan für einen österreichischen Einmarsch ins Trentino war angesichts der realen Verhältnisse der russischen und der italienischen Streitkräfte derart tollkühn, dass ich ihn Conrad nicht zutraute und mein Handeln nicht davon abhängig machen konnte"[36]. Die miserable Arbeit des Spionagedienstes des Generalstabs, für den der intrigante und unfähige Oberst Garruccio verantwortlich war, erschwerte zusätzlich eine korrekte Einschätzung der Lage, ebenso wie die nicht minder unlogischen Analysen des italienischen Geheimdienstes Ufficio situazione ed operazioni. Diese beiden Organe hatten die Aufgabe, den Informationsfluss, der aus unterschiedlichen Quellen (ausländische Presse, Spione, Deserteure, Kriegsgefangene) nach Udine kam, zu analysieren sowie Szenarien zu entwerfen und wahrscheinliche Schachzüge des Feindes zu berechnen[37]. Die beiden Abteilungen befanden sich in einem permanenten Wettstreit um die Gunst des Oberbefehlshabers und unterschätzten die (wenigen) Informationen ganz erheblich, die ihnen über die in Wirklichkeit massive Aufstellung von Truppen, Artillerie und Material im Trentino und in Südtirol vorlagen. Anfang April, als die Informationsabteilung der 1. Armee unter Leitung des fähigen Tullio Marchetti die Schätzung aufstellte, es mit 200 österreichisch-ungarischen Bataillonen zu tun zu haben, versicherten seine Vorgesetzten aus dem Generalstab, es sei nicht einmal mit der Hälfte zu rechnen. Vielmehr nannten sie die Hypothese einer Frühjahrsoffensive einen Bluff[38]. Die Unerreichbarkeit Cadornas (und seines Stellvertreters Porro) für Brusatis besorgte Gesandte, die ihn in Udine zu kontaktieren versuchten, um ihn von der bevorstehenden Bedrohung zu überzeugen, und auch seine Abschottung gegen die Zeugenberichte renommierter Mitarbeiter (wie Cesare Battisti) gelten bis heute als symptomatisch für die Isolation des Oberbefehlshabers allen gegenüber, die Kritik an seinen fixen Vorstellungen äußerten und nicht zu seinem kleinen Hof von Getreuen gehörten. Marchetti, der seit Januar von seinen Informanten jenseits der Grenze beunruhigende Berichte erhielt, versuchte wiederholt, seine Vorgesetzten davon zu überzeugen, die Konzentration der österreichisch-ungarischen Truppen zwischen Bozen und Trient könne nichts anderes als das Vorzeichen einer Offensive sein, doch seine Berichte landeten im Papierkorb: „Alles versandete [...] auf der Schwelle des Sekretariats von General Cadorna, einer unüberwindbaren Schwelle für alle, die nicht zum Oberkommando gehörten"[39]. Als Battisti im April nach Udine eilte, um darauf zu drängen, die Front im Trentino erheblich zu verstärken, ließ man ihn nicht einmal zu Cadorna vor, denn im *Comandissimo* hatte sich die Praxis durchgesetzt, dass die Offiziere des Sekretariats nur sehr wenigen Besuchern Einlass gewährten, in der Regel Politikern oder Medienvertretern, mit denen Cadorna gute Beziehungen aufrechterhalten wollte. „Seine Exzellenz war eine nicht für alle Sterblichen zugängliche Persönlichkeit", kommentierte der Vertreter des Rüstungskonzerns Ansaldo, der gekommen war, um über die Waffenproduktion zu verhandeln. Die Mitarbeiter des Oberbefehlshabers ließen prinzipiell nur Personen vor, die das fragile Gleichgewicht des Hofes nicht mit unangenehmen Nachrichten störten oder, noch schlimmer, die Gültigkeit der Einschätzungen und Pläne anzweifelten, die hier ein Korps ausarbeitete, das sich zunehmend vom übrigen Heer entfernt hatte[40]. Das eigentliche Ergebnis dieser (Selbst-) Isolation war eine grundlegende, schon fast surreale Skepsis. Cadorna hatte lange geglaubt, man dürfe die Bedrohung eines Vormarsches aus dem Trentino nicht unterschätzen, und in den ersten Monaten des Konflikts hatte er eine beachtliche, nicht aktive Reserve-Einheit in der Ebene von Vicenza stationiert, bevor er deren Sinnlosigkeit erkannte und die Einheit an den Isonzo verlegte[41]. Nach einem Jahr wirkte sein angeborener Konservativismus in die Gegenrichtung, und erst ganz kurz vor der Offensive beschloss er schließlich, aus Vorsicht, den Befehl für die Aufstellung einer strategischen Reserve an den Hochebenen zu erteilen (zwei Infanteriedivisionen, einige Bataillone der Alpini und etwa 20 Artilleriebatterien, die wenige Stunden vor Gefechtsbeginn an die Kampflinie gelangten, einige sogar erst ein paar Tage später) und die Linien der 1. Armee persönlich zu inspizieren. Die wichtigste Konsequenz war die Entlassung von Roberto Brusati am 8. Mai, formal wegen Meinungsverschiedenheiten mit dem Oberbefehlshaber, wegen mangelnden Vertrauens und eines vergifteten Klimas. Auch wenn sich Brusati nicht immer untadelig verhalten hatte, war die Auswechselung eines Armeekommandeurs, der die Einheiten und das Gebiet gut kannte, gegen einen zwar vertrauenswürdigen General (Guglielmo Pecori Giraldi), der aber ganz neu auf dem Kampfgebiet war, noch dazu wenige Tage vor Beginn eines großen Verteidigungsmanövers (das erste für die italienischen Soldaten), das letzte Glied in einer außerordentlichen Kette von Fehlentscheidungen[42].

Als dann am 15. Mai die große österreichische Offensive (die, die es nicht hätte geben sollen) zwischen dem Etschtal und der Hochebene der Sieben Gemeinden begann und 14 kaiserliche Divisionen (insgesamt 300.000 Mann, darunter einige der besten kaiserlichen Regimenter) die italienische Verteidigung überrollten, war es nicht verwunderlich, dass Cadorna Prioritäten setzte: unbedingt eine drohende Niederlage allererster strategischer Güte zu verhindern. In Conrad von Hötzendorfs Originalplan war es das eigentliche Kampfziel, in die Ebene zwischen Venedig und den Voralpen einzudringen, was bedeutet hätte, den Großteil der italienischen Truppen zu umgehen und von sich selbst die Anklage der Falscheinschätzung abzuwenden, die man unweigerlich gegen ihn andernfalls erhoben hätte[43]. Was den ersten Punkt betraf, war seine Reaktion schnell und effizient. Im Chaos der ersten Tage, als viele Sektoren der ersten italienischen Linienaufstellung zusammenzubrechen drohten und es schien, als würden die Österreicher ihr Ziel tatsächlich erreichen, beherrschte Cadorna die Lage ruhig und umsichtig. Er reiste nach Venetien, um selbst vor Ort das Kommando zu übernehmen und schickte die größtmögliche Anzahl an Divisionen, die er bewegen konnte, ohne die Linie am Isonzo zu sehr zu schwächen, an die belagerte Front; vor allem aber stellte er innerhalb weniger Tage – was heute noch als Art logistisches Wunder anmutet (zum größten Teil Verdienst des intelligenten Einsatzes von Bencivenga) – eine neue Armee (die 5.) zwischen Vicenza und Padua auf, die bereit war für den Einsatz in einer gigantischen Verteidigungsschlacht, letztlich aber nur als Reservoir von Ersatzkräften diente, während man die österreichischen Truppen blockierte und zurückdrängte[44]. Ebenso erfolgreich verlief die Suche nach dem Schuldigen einer möglichen Niederlage. Cadorna wusste, dass er zur Zielscheibe von Polemiken geworden war. Nach Monaten immer angespannterer Beziehungen mit den Regierungskreisen, die seine Diktatur im Kriegsgebiet nur schwer ertrugen und über das Ausbleiben überzeugender Resultate frustriert waren, hatte der Oberbefehlshaber das Vertrauen der Minister und Parlamentarier verloren. In Salandras Kabinett (das nach dem Rückschlag im Trentino fast am Ende war) wurde der Ruf nach einem Wechsel des Kommandochefs laut[45]. „Schon seit Monaten haben wir kein Vertrauen mehr in Cadorna und seine Arbeit", schrieb Martini am 20. Mai nach den ersten beunruhigenden Nachrichten von der Front in sein Tagebuch und wiederholte vier Tage später – während der Alarm in Regierungskreisen zunahm (und irrwitzige Rückzugspläne von der gesamten Front Richtung Piave verlautbart wurden) –, „wir haben das Vertrauen in das Oberhaupt des Generalstabs verloren [...]. Die Legende Cadorna ist leider entzaubert"[46]. Sein Kollege Riccio teilte diese Meinung („Wir hätten unsere Pflicht tun und Seine Majestät bitten sollen, Cadorna seines Amtes zu entheben, und wir hätten unsere Brieftaschen anbieten sollen, wenn das nicht geschehen wäre") und auch das gesamte Kabinett sowie Kriegsminister Morrone selbst, der genau Cadorna als Ersatz für Zuppelli gewollt hatte, dem er nicht mehr vertraute, standen nun auf dem Standpunkt, der Oberbefehlshaber sei der Kommandoverantwortung mental nicht mehr gewachsen und man müsse ihn absetzen[47]. Die „Strafexpedition" wurde noch aus einem anderen Grund zum Trauma. Nach einem Jahr Krieg, der in der Offensive in einem für die meisten Italiener unbekannten Land geführt wurde, empfand die italienische Öffentlichkeit den Einmarsch in ein nationales Gebiet (mochte es auch noch so klein sein) als außerordentlich beunruhigend. Die Verluste betrugen 150.000 Mann, die als gefallen, verwundet oder vermisst gemeldet wurden, die meisten von ihnen Kriegsgefangene – nach einer Aufstellung von Pecori Giraldi, der weit höhere Zahlen nennt als die offiziellen. Die Zerstörung der italienischen Kleinstädte im Grenzgebiet (Asiago wurde dem Erdboden gleichgemacht) sowie die Flüchtlingsflut (100.000 Menschen wurden aus der Provinz Vicenza oder aus den schon im Jahr zuvor vom italienischen Heer besetzten Gemeinden im Trentino evakuiert) entwickelten sich zum nationalen Trauma, das die Psychose des Verrats bestärkte und vor allem zum ersten Mal die Gewissheit aufkommen ließ, dass der Krieg lang und qualvoll und vielleicht sogar eine verheerende Katastrophe werden würde[48]. Vielleicht war Cadorna allzu optimistisch, als er schrieb, die drohende Niederlage sei notwendig gewesen, um die Italiener moralisch aufzurütteln, „denn sie ließ das Land den Krieg spüren" und, wie er stets betont hatte, müsse sich das Land „an schweren Prüfungen stärken". Auf jeden Fall wandelte sich danach die Einstellung eines Großteils der italienischen Bevölkerung radikal gegenüber dem Kriegsgeschehen mit all seinen Bedrohungen und Schrecken. So schrieb der Senator und Süditalienexperte Giustino Fortunato seinem Freund Michele Rigillo, Kommandeur einer ausgelaugten Einheit von Territorialkräften im Gebiet der Vallarsa, der wie durch ein Wunder noch am Leben war, es habe sich für die meisten um ein „unverständliches" Wechselbad gehandelt, das in der Bevölkerung Angst und den Wunsch nach Erklärungen (und wenn möglich Schuldigen) ausgelöst hatte[49].

Als Sündenböcke machte man den ehemaligen Kommandeur der 1. Armee und seine engsten Mitarbeiter aus, die alle in den ersten Tagen der österreichischen Offensive entlassen wurden (wie General Angelozzi, Kommandeur der Genietruppe der Armee, oder De Chaurand, der alte Kommandeur der 35. Division). In den nächsten Wochen folgten weitere (wie Gaetano Zoppi, Kommandeur des 5. Korps), teils wegen tatsächlichen Fehlverhaltens, doch viel häufiger, um der Öffentlichkeit genug Verantwortliche zu liefern, an denen man die Wut über die Niederlage auslassen konnte[50]. Brusatis Schicksal war besonders bitter und offenbarte die extreme Entschlossenheit des Oberbefehlshabers, sämtliche Kritik von sich zu weisen. Der ursprüngliche Entlassungsbescheid hatte keine konkreten Verantwortlichkeiten in seiner Kommandoaktion erwähnt: Längst war es nicht mehr ungewöhnlich, einen Armeekommandeur trotz seines Renommees von seinem Posten zu entfernen, sodass einige Tage lang niemand überhaupt ein Wort darüber verlor (der Kriegsminister erfuhr von dieser Entlassung nur durch ein knappes Telegramm ohne weitere Erklärungen)[51]. In den folgenden Tagen verlangte Cadorna sogar Brusatis Versetzung in den Ruhestand (*de facto* seine unehrenhafte Entlassung aus dem Militärdienst), indem er ihn einiger Versäumnisse bezichtigte (allen voran, dass er entgegen des Befehls des Generalstabs keine festen Verteidigungslinien errichtet hatte), was unmittelbar zum italienischen Zusammenbruch in den ersten Kampftagen geführt habe. Der Ministerrat ratifizierte die Maßnahme gegen Brusati (was schon für sich genommen ein außergewöhnlicher Schritt war) und gab sie umgehend an die Tageszeitungen weiter, die die Nachricht eilfertig in Umlauf brachten, wobei sie es nicht für nötig hielten zu erklären, dass die Entlassung bereits vor Schlachtbeginn ausgesprochen worden war[52]. Kurzum entfachte sich ein beispielloser moralischer Rufmord, den viele Zeitungen auch Jahre später nicht korrigierten, als Brusati vollständig rehabilitiert wurde[53]. Man bezichtigte ihn des Verrats, bis Mai 1915 zwielichtige Beziehungen zum deutschen und zum österreichischen Botschafter unterhalten und das Kommandoquartier in Verona in ein Luxusquartier verwandelt zu haben, in dem Feste und Orgien gefeiert wurden. An anderer Stelle hieß es, dass seine Ehefrau eine österreichische Spionin sei (in Wahrheit war sie Amerikanerin), nie an vorderster Front gekämpft und sogar einen Sohn im kaiserlichen Heer habe – aufgrund all dessen musste er wiederholte Male um Polizeischutz bitten. Um seine Sicherheit musste er zwar bald nicht mehr fürchten, doch der Skandal flaute nicht ab und Brusati blieb öffentlich als derjenige gebrandmarkt, der die italienische Niederlage auf den Hochebenen zu verantworten hatte[54]. Der ehemalige General versuchte den Rest seines Lebens, vor allem der Öffentlichkeit seine Unschuld zu beweisen, doch gelang seine Rehabilitierung nur zum Teil. 1918 erklärte die Kommission Mazza die von Cadorna veranlasste, unmotivierte Entlassung für unrechtmäßig und die Untersuchungskommission zur Schlacht von Caporetto hob 1919 hervor, die Amtsenthebung habe in einem Moment der Krise problematische Folgen für die Kommandokette der Armee gehabt. Doch als diese Beurteilungen schließlich veröffentlicht wurden, war die Aufmerksamkeit der Italiener auf die vielen Probleme der Nachkriegszeit gerichtet, vom drohenden Ausbruch eines Bürgerkrieges bis zur Gefahr eines brudermörderischen Kampfes um die Eroberung Fiumes. Brusati fand kaum Genugtuung, auch wegen seiner sehr diskreten Art und da er sich weigerte, wie viele andere ein streitfreudiges Buch für ein breiteres Publikum zu schreiben[55]. Währenddessen scheute Cadorna sich nicht, den Ruf des alten Freundes noch weiter zu ruinieren, um sich vor der Öffentlichkeit ein Alibi zu verschaffen – und er handelte dabei mit brutaler Entschlossenheit. Als Brusatis Bruder den neuen Präsidenten des Ministerrats, den alten, schwachen Paolo Boselli, bat, dem entlassenen General ein Territorialkommando, und sei es noch so bescheiden, anzuvertrauen oder irgendeine Aufgabe im Ministerium, die es ihm erlauben würde, Uniform zu tragen und „so zu zeigen, dass er nicht unwürdig sei, weiterhin dem Land zu dienen", übte der Oberbefehlshaber allen erdenklichen Druck auf die Regierung aus, diese Bitte abzuschlagen, obwohl Boselli ihm persönlich eine Seite des Briefes zu lesen gegeben hatte, in dem Brusati als depressiv und selbstmordgefährdet beschrieben wurde[56]. Cadorna sparte auch nicht mit auf Lügen basierenden Vorwürfen, was schwer erklärbar ist (zumal er das nicht nötig hatte). Er behauptete, er habe im September 1915 eine Inspektion an der Frontlinienaufstellung der 1. Armee vorgenommen und dabei festgestellt, dass dort keine festen Verteidigungsvorkehrungen existierten: Bei dieser Gelegenheit habe er dem Kommandeur der Einheit den Befehl erteilt, für die Errichtung dieser Befestigungen zu sorgen – bei seiner Inspektion im April 1916 seien diese allerdings noch immer nicht vollendet beziehungsweise nur angedeutet gewesen („sie existierten nur auf dem Papier"). Dieses Versäumnis habe ihn erzürnt, denn es handelte sich um die offene Befehlsverweigerung eines Untergebenen, der ihm stattdessen stets Berichte über die erfolgreiche Ausführung der Arbeiten zugeschickt hätte[57]. „Ich hatte Vertrauen" und „missbrauchtes Vertrauen" sind Worte, die Cadorna von da an immer wieder bei seiner Darstellung des Geschehens Brusati gegenüber verwenden sollte. Bedauerlicherweise enthält seine Rekonstruktion allerdings auch viele fragwürdige Elemente. Da er zwischen Frühjahr 1915 und April 1916 keinerlei Inspektion an der Front im Trentino vorgenommen hatte, konnte er persönlich keinen Fehler an den Frontbefestigungen festgestellt haben, höchstens während seines letzten Besuchs (kurz vor dem österreichischen Angriff): „Seit Kriegsbeginn im Juni 1915 war Cadorna nicht mehr bei der 1. Armee und er war erst wieder am 30. April 1916 dort, kurz vor meiner Entlassung"[58]. Dabei hatte Cadorna selbst in einem Privatgespräch zugegeben, die schwache Frontbefestigung sei sicherlich nicht ausschlaggebend für Brusatis Absetzung gewesen (dieses Detail hatte „nur einen sehr geringen Einfluss auf die schmerzhafte Entscheidung, die zu treffen ich mich verpflichtet fühlte"), sondern es habe eher grundsätzlich an den unterschiedlichen Standpunkten bezüglich Rolle und Gefahren der Front im Trentino gelegen, die nach Ansicht des Armeekommandeurs bedroht und äußerst wichtig und nach Ansicht des Generalstabschefs allenfalls zweitrangig war. Dass er diese Einschätzung nur einen Tag vor der Strafexpedition in einem Brief wiederholte, ist nur einer der grotesken Aspekte der verleumderischen Strategie, die Cadorna bis zuletzt aufrechterhalten wollte[59]. Schließlich wurden auch die gefälschten Berichte – und ihr Versand – über Arbeiten, die es nicht gab, von Antonio Dal Fabbro, Kommandeur des technischen Spezialtrupps des 5. Armeekorps, sowie von Carlo De Antoni, damals Führungsoffizier der technischen Spezialtruppen, entschieden abgestritten. Die beiden gehörten zu den wenigen Überlebenden des „Entlassungsmassakers" im Frühjahr 1916 und sie hatten ihre Karrieren bis zum Rang des Generals fortsetzen können[60]. Doch bis zuletzt weigerte sich Cadorna, seine Einschätzung von Brusatis Leistung zu überdenken, und sogar noch nachdem dieser von jeder Anklage freigesprochen und von den Untersuchungskommissionen rehabilitiert worden war, ging Cadorna im Sommer 1918 so weit, offiziell bei der Regierung Orlando Protest einzulegen, damit Brusatis Versetzung in den Ruhestand nicht widerrufen würde. Die Zeit der Allmacht des Generalstabschefs war vorbei und seine Einwände blieben unberücksichtigt (auch wenn Brusati nie mehr als Kommandeur einer Kampfeinheit eingesetzt wurde), aber zweifellos wurde die Verfolgung des zum Sündenbock Auserkorenen (dessen vollständige Rehabilitierung eine weitere öffentliche Schmach für den ehemaligen Generalstabschef dargestellt hätte) bis zur letzten Konsequenz betrieben[61].

Diese Entlassungen, die die Frühjahrsoffensive von 1916 im Trentino begleiteten oder auf sie folgten, waren in all ihrer Willkür und Widersprüchlichkeit symptomatisch für die Funktionsweise der gesamten Kommandokette im italienischen Krieg. Zweifellos hatte jeder Offizier Angst, der ins kritische Visier des Oberbefehlshabers geriet: Wenn Karriere und Ehre eines hochrangigen und politisch gut beschützten Generals ohne eine konkrete Anklage in Misskredit geraten konnten, bedeutete das, dass niemand vor seinem Zorn sicher war. Die Auswirkungen auf das Verhalten der Kommandeure der verschiedenen Ränge waren teilweise paradox. General Giacinto Ferrero beispielsweise, der im Juni 1916 neuer Kommandeur der 25. Division und normalerweise für die rücksichtsvolle Behandlung seiner Soldaten bekannt war, steigerte sich in einen derart unbarmherzigen Kommandostil hinein, dass er in der Figur des wahnsinnigen „generale Leone" in *Ein Jahr auf der Hochebene*[62] verewigt wurde. Selbst Cadornas Stellvertreter, General Porro, der mit seiner Aussage vor der Untersuchungskommission zu Caporetto geschickt seine Loyalität gegenüber dem ehemaligen *Feldherrn* demonstrierte, musste letztlich zugeben, dass die Angewohnheit, hohe Offiziere zu entlassen, derart auf die Spitze getrieben worden war, dass sich der Oberbefehlshaber im Juni 1917 gezwungen sah, den durch ein schlichtes Telegramm angekündigten Entlassungen wenigstens ein ordnungsgemäß ausgefülltes Papierformular folgen zu lassen. Es mutet ungewollt ironisch an, dass man dieses formale Schreiben, das auf jeden Fall verspätet eintraf und nichts an den Tatsachen änderte (allein in den letzten zehn Monaten von Cadornas Amtszeit wurde einer von vier Offizieren im aktiven Dienst „geschasst"), später als entlastenden Beweis vorbrachte, wann immer es um den Anklagepunkt Entlassungen ging[63]. Auf jeden Fall – so hielten es die Kommissare des Untersuchungsausschusses in ihren Akten fest –

könne man davon ausgehen, dass das italienische Offizierskorps 1915 verjüngt und erneuert werden musste. Dass es allerdings nach nunmehr zwei Kriegsjahren noch immer derart systematisch umgekrempelt wurde, deutete auf eine pathologische Handhabe der hierarchischen Beziehungen hin[64]. Tatsächlich waren 1917 die Kommandeure der italienischen Streitkräfte in der Regel jünger als noch ein paar Jahre zuvor (die Oberstleutnants waren zwischen 40 und 50 Jahre alt, die Generäle knapp über 50 und damit im Durchschnitt etwa zehn Jahre jünger als zu Friedenszeiten) und sie waren insgesamt auch besser geschult und besaßen sicherlich mehr Kampfgeist, allerdings waren sie psychologisch auch fragiler (ein Arztbericht von 1916 an Luigi Capello, damals Anführer des 6. Armeekorps, sprach von einer unter den Kommandeuren der Kampfeinheiten weitverbreiteten Form des Nervenzusammenbruchs), weniger unabhängig und hatten Angst davor, Verantwortung zu übernehmen. Um es mit Angelo Gatti zu sagen: „Ich habe nicht den Eindruck, dass wir sie durch die Besten ersetzt haben. An der Spitze der Brigaden, dann der Divisionen und schließlich der Armeekorps werden wir stolze und kerngesunde Soldaten haben, die in der Lage sind, im Schützengraben auszuharren: Aber [sind wir sicher], dass sie auch kluge Köpfe sind?"[65].

Auch angesichts dieser Art von (in Militärkreisen allseits geteilten) Überlegungen war die Befragung der Untersuchungskommission zur „schlechten Führung der Truppenführer" von allen Themen des großen Prozesses zu Cadornas Kommando vielleicht der Moment, in dem die härtesten Worte gegen den ehemaligen Oberbefehlshaber fielen: „Er war besessen von theoretischen Annahmen [...] und bildete sich ein, Offiziere nach vorgefertigten Schemata zu finden beziehungsweise formen zu können: Vielleicht träumte er von Generälen nach seinem Ebenbild"[66]. Kaum eine Formulierung hätte Cadornas Einschätzung vom Offizierskorps der italienischen Streitkräfte bei Kriegseintritt treffender beschreiben können – ein mittelmäßiger Organismus, den man grundlegend erneuern musste, indem man die ungeeigneten Elemente fortjagte und eine Führungselite aufbaute, die bereit (und motiviert) für seine unanfechtbaren Befehle war: Den italienischen Kommandeuren fehlte es an Glauben, Mut und Militärgeist und man musste unerbittlich Auslese betreiben[67]. Im Grunde genommen war Cadornas Verhältnis zu seinen Truppenkommandeuren letztlich ausgesprochen bizarr (und bisweilen geradezu schizophren). Die abstrakte Vision der Männer unter seinem Kommando manifestierte sich in völligem Desinteresse gegenüber der Notwendigkeit, hierarchische (und persönliche) Bindungen, die sich im Innern der Einheiten aufgebaut hatten, aufrechtzuerhalten und zu festigen. Das mit Kriegseintritt von Cadorna angeordnete rigide System, nach dem jeder Rang seiner Aufgabe zu entsprechen hatte, führte zu einer ständigen Rotation der Offiziere, denn auf jede Beförderung musste die Annahme eines Kommandopostens in der ersten verfügbaren Einheit folgen, und andererseits wurden Majore, Oberstleutnants und Generäle auch unter Truppenführungen des gleichen Ranges versetzt, um plötzliche Leerstellen zu besetzen (eine Art „Kommandoprekariat"), um plötzliche Aufstellungen oder auch Auflösungen großer Einheiten oder die Einrichtung neuer Verbände zu begleiten. So entstand ein permanentes Nomadentum, ohne Rücksicht auf jedwede Beziehung zwischen Einheiten und Soldaten, sei es durch gemeinsame Ausbildung oder weil man seit Jahren zusammen gelebt und gekämpft hatte. „Nie war die Personalstruktur so chaotisch wie unter dem ersten Generalstab", kommentierte General Gonzaga in bitterem Ton[68]. Hinzu kam die den Veteranen aus den Schützengräben besonders verhasste Praxis, bei der Auswahl für die prestigeträchtigsten Kommandoposten Personen aus der Entourage des Generalstabs zu bevorzugen, die in der Regel für ihre guten Dienste im Oberbefehl mit raschen Beförderungen auf die Führungsposten von Brigaden und Divisionen belohnt wurden, wozu man deren bisherige Führungskräfte versetzen musste: „Der Infanterieoffizier sieht all das und sagt, da herrsche die Camorra"[69]. Das Ergebnis war ein kaum zu beherrschendes Chaos, das gewiss nicht zur Effizienz der Führung beitrug, sondern vielmehr den Zusammenhalt zwischen Truppe und Kommando gefährdete. Einige frisch beförderte Divisionsgeneräle hatten nicht einmal Zeit, mit ihrem Führungspersonal warm zu werden, da wurden sie bereits auf ein anderes Divisionskommando oder das einer höheren Korpseinheit versetzt, von dem man sie bei der ersten Niederlage womöglich gleich wieder abzog. Verflochten mit dem Problem der ständigen Entlassungen und der Offiziere, die ersetzt werden mussten, weil sie gefallen, verwundet oder erkrankt waren, produzierte dieses System ein „regelrechtes Kaleidoskop" von Kommandanten, die zwischen den Einheiten hin und her zogen, ohne die Männer, die sie anzuführen hatten, besser kennenlernen zu können[70]. Einige Infanterieregimenter wie die 90. Brigade *Salerno*, eine altgediente permanente Einheit, in der Wehrpflichtige und Offiziere aus dem ganzen Land zusammenkamen, wechselten in zwei Jahren 14 Oberste (einige bereits nach weniger als zwei Wochen) und Gatti schätzte, dass jedes Regiment mindestens sechsmal den Kommandooffizier gewechselt hatte, jede Division und jede Brigade mindestens viermal (die Salerno wechselte sogar neunmal) und jedes Korps mindestens dreimal[71]. Doch wann immer man Cadorna um Rechenschaft für diesen „Wahnsinn" bat, der den inneren Zusammenhalt der Einheiten (vor allem der Infanterieregimenter) sowie die Zusammenarbeit zwischen den verschiedenen Einheiten gefährdete und viele Korpskommandeure zur Verzweiflung brachte (einige berichteten, dass sie innerhalb weniger Tage bis zu fünfzig verschiedene Brigaden unter ihrem Kommando gehabt hätten, deren Namen und Stellungen sie sich kaum merken konnten), antwortete er lediglich, ja, es habe sich um eine nervige Sache gehandelt. Aber er habe aufgrund der dringlichen Anforderungen eines improvisierten Heeres und der unterschiedlichen Anforderungen seiner Pläne nicht anders handeln können. Auf jeden Fall sah er (im Gegensatz zu vielen anderen Zeugen und späteren Analysen) darin kein besonders großes Problem und auch keine der Ursachen für die Niederlage vom Oktober 1917[72]. Es gibt kaum eine treffendere Aussage als die seines treuen Mitarbeiters Gatti: Dem Feldherrn fehlte es ganz und gar an psychologischem Einfühlungsvermögen und wirklicher Kriegserfahrung und im Grunde interessierte ihn das auch nicht sonderlich. Ihm reichten seine „vorgefassten Schemata", seine Pläne und seine Tabellen mit dem Munitionsverbrauch[73].

Überwachen und bestrafen: Cadornas Vorstellung von Disziplin

Es ist bedauerlich, dass im Ersten Weltkrieg die Psychologie eines der wichtigsten Werkzeuge wurde, um die Effizienz und letztlich das Potenzial einer Armee aufrechtzuerhalten. Den Zusammenhalt von Armeeverbänden aus Millionen von Bürgern konnte man nicht nur mit den traditionellen Mitteln der militärischen Zwangsdisziplin – abgeleitet aus der Kombination von Schulung und Bestrafung – herstellen. Früher oder später mussten sich alle Oberheereskommandos auf Strategien einstellen, die auf moralische Ermutigung, Überzeugung und den Aufbau emotionaler Bindungen innerhalb der Gemeinschaft der Kämpfenden abzielten[74]. Das Knüpfen eines solchen Netzes aus verlässlichen kameradschaftlichen Bindungen konnte mehr oder weniger spontan erfolgen, unter Führung der Unteroffiziere, die für eine vertraute und intime Umgebung in der „Hauptgruppe" des Schützengrabens und so für einen Konsens von unten sorgen sollten, wie es im neuen britischen Heer geschah: eine außergewöhnliche Mischung aus altgedienten Berufssoldaten, hochmotivierten Freiwilligen und den Rekruten, die über das neue Wehrpflichtgesetz einberufen wurden, das sich noch auf die starke territoriale Verankerung seiner Regimenter stützte[75]. Alternativ ließ sich dieser Konsens durch eine breit angelegte Propagandaaktion mit speziell ausgewählten „Motivatoren" erzielen, die zu den Soldaten sprachen. Vielleicht noch einfacher (vor allem bis 1917) funktionierte es mittels eines gemischten Systems, in dem genaue Vorschriften die Offiziere anwiesen, die Grundbedürfnisse ihrer Männer zu beachten, ihnen psychologisch beizustehen und sich väterlich ihrer Sorgen anzunehmen, wie es im deutschen Heer geschah[76]. Auf jeden Fall waren die Mechanismen und Ziele dieselben: das Kapital der emotionalen Bindung der Soldaten an das Thema Krieg zu bewahren und zu pflegen, um so zu verhindern, dass Leiden, Erschöpfung und Angst zur Aufweichung der Disziplin und zum Auseinanderbrechen der Armeeverbände führten[77]. Nicht alle Generäle fanden sich bereitwillig mit der Notwendigkeit dieser neuen kulturellen Errungenschaft zur Aufrechterhaltung der Disziplin ab. Im französischen Heer veranlasste erst die große Angst vor den kollektiven Meutereien (den *mutineries*) im Frühjahr 1917 die Heeresführung dazu, sich mit den materiellen (und psychologischen) Bedürfnissen der Soldaten auseinanderzusetzen. Der neue Chef des Generalstabs Pétain (der auf den verhassten Nivelle folgte) löste diese Krise vor allem dadurch, dass er jedes Angriffsmanöver seiner Truppen aussetzte und den Soldaten mehr Ruhe gönnte, um sich zu erholen, sowie besseres Essen und eine gewisse Sicherheit, dass sie überleben würden[78]. Die Prinzipien des italienischen Generalstabschefs unterschieden sich grundlegend davon.

Auch wenn er später immer entschieden gegen das Bild des gefühllosen Scharfrichters protestieren würde, das die Untersuchungskommission zu Caporetto ohne große Abstriche von ihm gezeichnet hatte (sie sprach von „miserabler Menschenführung" und einer unbändigen Neigung zu einem durch harte Strafen aufrechterhaltenen Terrorregime), unternahm Cadorna wenig, um diesen weit verbreiteten Eindruck eines Kommandeurs, der von der Vorstellung einer rigiden, absoluten und unanfechtbaren Disziplin besessen war, zu beschönigen. Eine Disziplin, die er einem

Heer aufzwingen musste, zu dem er keinerlei Vertrauen hatte und das aus seiner Sicht aus unwilligen, subversiven, feigen oder von defätistischer und pazifistischer Propaganda des „unpatriotischen Sozialismus" verseuchten Wehrpflichtigen bestand. Sein Misstrauen gegen das seit jeher rebellische *popolo* hatte durch die Revolten der *Settimana rossa* (der roten Woche) und die Aufstände der Einberufenen, die die lange italienische Mobilmachung begleitet hatten, zugenommen: „Mir blieb nichts anderes, als die Disziplin mittels einer entsprechenden Strenge spüren zu lassen", schrieb er[79]. Er war mit der klaren Vorstellung in den Krieg eingetreten, das Disziplinarregime habe sich eindeutig von der aus seiner Sicht übertriebenen Nachsicht in Friedenszeiten zu unterscheiden, weshalb alle rebellischen Widersacher hart zu bestrafen waren, und er zeigte sich schon bald unzufrieden mit den erzielten Ergebnissen. Die Berichte, die ihm alle zwei Wochen der fleißige Giuseppe Della Noce zuschickte – ein alter General, der sich bereits im Ruhestand befand, als Cadorna ihn zurückbeorderte, um die Leitung der Abteilung Disziplin und Justiz des Oberkommandos zu übernehmen –, zeichneten einen Zustand der Disziplin, der keinen Anlass zur Sorge bot (es wurden relativ wenige Straftaten verzeichnet, und im ersten Kriegssommer war die Anzahl der vor Kriegsgerichten angeklagten eindeutig rückläufig). Doch der Generalstabschef war ausgesprochen irritiert, dass es überhaupt noch „inakzeptable" Fälle gab, wie eine Handvoll Desertionen und Selbstverstümmelungen, vor allem bei den an der Isonzofront stationierten Einheiten, und die Strafen des Militärgesetzes in Kriegszeiten, so hart sie auch sein mochten, schienen ihm nicht ausreichend, diese Vergehen einzudämmen[80]. Um des Problems Herr zu werden, drang Cadorna mit der Unterstützung von Della Noce darauf, dass die Militärgerichte die Gesetze mit größerer Strenge anwendeten. Ein Rundbrief vom November 1915 forderte die Militäranwälte auf, auch diejenigen Soldaten als Deserteure „im Angesicht des Feinds" zu betrachten, die weit hinter der vordersten Linie ihre Posten verließen. Das ist beispielhaft für diese Politik der Verschärfung, vor allem wenn man bedenkt, dass die erweiterte Auslegung dieses Gesetzes (Art. 97 des Heeresstrafgesetzes) die Todesstrafe vorsah[81]. Vor und nach diesem Datum zögerten weder der Generalstabschef noch sein „Justizminister", noch härtere Methoden anzuwenden, um ihre Vorstellung von Disziplin durchzusetzen. Als gegen Ende Juli 1915 die Soldaten einiger Bataillone der Brigade *Casale* (einer der ältesten und ruhmreichsten Einheiten des alten piemontesischen Heers) wiederholt protestierten und forderten, im Schützengraben abgelöst zu werden (nach zwei Monaten an der Front befanden sie sich mittlerweile in erbärmlichem Zustand), erfolgte unverzüglich eine drastische Reaktion: Cadorna entfernte den Kommandeur des 4. Armeekorps, dem die Brigade unterstand, sowie den Brigadekommandeur aus dem Amt, da es beide nicht für ihre Pflicht gehalten hatten, unverzüglich eine „sofortige und blitzartige" Strafaktion einzuleiten. Er ließ den Kommandeur der Division bestrafen (ein ungewöhnliches und demütigendes Verfahren) und auf Forderung von Della Noce wurde auch der stellvertretende Anklageanwalt beim zuständigen territorialen Militärgericht entfernt, „der sich als unentschlossen und schwach" erwiesen hatte[82]. Der Kampf gegen die Disziplinlosigkeit und die Feigheit der Soldaten, gegen die Nachsicht der Gerichte und die Entschlusslosigkeit der Offiziere, gegen die drei großen Feinde, die Cadorna unbedingt aus dem Heer verbannen wollte, war in vollem Gange. „Die Disziplin ist die geistige Flamme des Sieges", hieß es in einem seiner berühmtesten Rundschreiben, das im September des ersten Kriegsjahres verschickt wurde und das besonderen Aufschluss über die Vision des Generalstabschefs in Sachen Disziplin gab: „Es gewinnen die diszipliniertesten Truppen, nicht die am besten ausgebildeten – es siegt, wer den Willen zum Sieg im Herzen trägt und wer am Glauben an den Erfolg festhält":

> III. Jeder Soldat muss sich gewiss sein, bei Bedarf im Vorgesetzten den Bruder oder den Vater zu finden, er muss aber auch überzeugt sein, dass der Vorgesetzte die heilige Macht hat, die Verweigerer und die Feiglinge standrechtlich zu erschießen.
>
> IV. Jeder muss wissen, dass es im Angesicht des Feindes nur einen für alle offenen Weg gibt, den Weg der Ehre, der zum Sieg führt oder in den Tod an den feindlichen Linien; – jeder muss wissen, dass jeden, der schändlicherweise versuchen sollte, sich zu ergeben oder zurückzuweichen, das Blei der Schnelljustiz aus den hinteren Linien treffen wird oder das Blei der Carabinieri, die im Rücken der Truppe Wache halten, wenn er nicht schon vorher vom Offizier erschossen wurde.
>
> V. Für jeden, der dieser heilsamen Schnelljustiz entgehen sollte, tritt unausweichlich und unverzüglich die Justiz der Militärgerichte an ihre Stelle; zur Schande der Schuldigen und als Beispiel für die anderen werden die Exekutionen in Anwesenheit der Truppenvertretungen vollzogen [...][83].

In der endlosen Masse an Schreiben und Aufrufen des Generalstabs war dieser Text hinsichtlich der Definition von Art und Umfang der hierarchischen Bindungen innerhalb des Heeres von besonderer Bedeutung. Er war nicht nur das Manifest einer präventiven und erbarmungslosen Justiz, sondern auch ein performativer Text („den Inhalt des vorliegenden Schreibens will ich umgehend erfasst und in die Tat umgesetzt wissen"), der darlegte, was man von den Soldaten zu erwarten hatte, wo die Grenzen des Ungehorsams lagen, wie jedes Nachgeben vor der Pflicht zu siegen oder zu sterben unzulässig war und wie jegliche Regelverletzung zu verhindern beziehungsweise gegebenenfalls unerbittlich zu bestrafen war[84]. Da es zum Erfolg auf dem Schlachtfeld nur eine einzige legitime Alternative gab (den glorreichen Tod), musste die Bestrafung derer, die sich dem Gesetz des Mutes und der Ehre entzogen (und sich in erster Linie moralisch vor der Gemeinschaft der Vorgesetzten und der Kameraden schuldig machten), ein Exempel statuieren. Diese Strafe war möglichst umgehend auszuführen, damit sich der Keim der Angst (oder des Ungehorsams) nicht zu verbreiten begann, und zudem öffentlich und feierlich, sodass die Strafe zugleich als Mahnung und Bußritual auf die Einheit wirkte, die der Verurteilte mit seinem Verhalten entehrt hatte[85]. Natürlich bekamen es die Neuankömmlinge im Kriegsgebiet bei der Lektüre dieses Rundschreibens mit der Angst zu tun (was Cadorna begrüßt hätte), und das Echo seiner Worte veranlasste einige Parlamentarier dazu, von einem „Terrorregime" zu sprechen, in dem Truppen und Offiziere „wie Dinge" und nicht wie Menschen behandelt wurden[86]. Andererseits darf man diese willkürliche Erbarmungslosigkeit der italienischen Militärjustiz nicht überbewerten: Auch wenn es gefühlsmäßig naheliegend ist, ist der Vergleich zwischen Cadornas Strenge und Hitlers fixer Idee vom (Selbst)Opfer an der Ostfront, wie er erst in jüngster Zeit wieder angestellt wurde, eine weit hergeholte und haltlose Interpretation[87]. Sehr viel deutlicher wies die Untersuchungskommission zu Caporetto darauf hin, dass das vom Oberkommando auferlegte Disziplinarregime nicht so sehr eine Anomalie war als vielmehr eine Überspitzung der nationalen Rechtstradition und der im Lauf der Jahrzehnte im italienischen Heer gefestigten Praxis der „Führung der Männer". Cadornas extrem straforientierte Auffassung überschritt nicht die Grenzen bereits existierender Normen (die in das längst überholt waren), wohl aber negierte sie den Geist, aus dem diese Normen bis dahin interpretiert worden waren. Die Auffassung, das Strafgesetz für das Militär sei „bereits vor dem Krieg ein Anachronismus" gewesen, teilten diverse höhere Offiziere und Generäle, die in den Monaten der Untersuchung ihre Aussagen gemacht hatten, und viele (darunter auch die Kommissare) stimmten überein, dass – in Ermangelung einer Gesetzesreform – die „langmütige, väterliche und manchmal sogar tolerante traditionelle Disziplin unseres Heeres" vor 1914 ein segensreicher Brauch gewesen sei[88]. Gegen eben diese traditionelle Nachsicht („die Militärgerichte urteilten viel zu milde") ging Cadorna vor. Ohne Zweifel stand es in seiner Macht, dies zu tun (die Kombination aus der Gesetzgebung über volle Kriegsbefugnisse und Artikel 251 des Gesetzbuches gab dem Feldkommandanten fast absolute Rechtsprechungsautonomie im Kriegsgebiet), doch die Kommission beanstandete offen, dass sich diese Politik nicht als sinnvoll und effizient erwiesen hatte[89].

Tatsächlich hielt sich der Griff zur Waffe als Disziplinarmaßnahme gegen die Truppen absolut gesehen in Grenzen, kam aber im italienischen Heer häufiger vor als in den anderen europäischen Heeren, die sich im Krieg befanden. Nach den Schätzungen des Kriegsministers gab es zwischen 1915 und 1918 über 4.000 Todesurteile, von denen 750 vollstreckt wurden, doch dazu kommen noch die standrechtlichen Erschießungen auf dem Feld ohne Straf- und Verteidigungsverfahren sowie die Fälle von Dezimation, wohl weitere 350 Erschießungen[90]. In Frankreich wurden zwischen 1914 und 1918 knapp über tausend *poilus* (Landser) erschossen (etwas weniger als ein Drittel der Verurteilten), im britischen Heer waren es 350 Exekutionen (ein Zehntel der Verurteilten) und im österreichisch-ungarischen Heer vielleicht tausend (es gibt keine gesicherten Zahlen)[91]. Was Cadornas Regime von den anderen unterschied, war nicht so sehr der Waffeneinsatz zur Durchsetzung von Disziplin (der „milde" Pétain zögerte nicht, auf Waffengewalt zurückzugreifen, um 1917 die Ordnung wiederherzustellen, indem er über 500 per Los ausgewählte Soldaten zum Tode verurteilen ließ) als vielmehr die zunehmende Verschärfung bei der Anwendung eines ohnehin bereits sehr strengen Militärstrafgesetzes. In Frankreich ebbte nach 1915 die Erschießungswelle aufgrund einer neuen Haltung der Zivilregierung und der öffentlichen Meinung langsam ab, doch in Italien wurde die Justiz infolge einer nahezu neurotischen Interpretation mutmaßlicher (oft sehr mutmaßlicher) moralischer Versäumnisse der Truppen im Kriegsgebiet immer repressiver[92]. Die Untersuchungskommission bezeichnete die häufigen Todesurteile ausdrücklich als eindeutigen Machtmissbrauch mit „verheerender Wirkung auf die Truppe" aufgrund einer weit verbreiteten Vorstellung von der Willkür der Erschießungskommandos. Der Generalstab verstärkte dieses Empfinden noch, indem er versuchte, die juristischen Hindernisse, die angebliche Milde und Langsamkeit der ordentlichen Kriegsgerichte (deren Verfahren immerhin eine anständige Verhandlung mit Rechtsexperten garantierten), durch immer mehr außerordentliche Gerichte zu umgehen, wo man die Verteidigung Offizieren von niedrigem Rang ohne besondere juristische Kompetenzen überließ und der ranghöhere Offizier die Rolle des Richters übernahm. Oder, noch schlimmer, man ordnete gleich eine summarische Hinrichtung an[93]. Die Kommissare wussten sehr wohl, dass der Generalstabschef mit seiner Haltung im Heer nicht allein dastand. Eine erhebliche Anzahl „angesehener Generäle" hatte dem Oberbefehlshaber beigepflichtet, dass die Militärgerichte viel zu milde gegen die Soldaten vorgingen, die sich der Desertion schuldig gemacht, ihren Truppenposten verlassen oder im Einsatz geschlafen hatten. Oder sie hatten sich eines der anderen zahllosen möglichen Vergehen zuschulden kommen lassen, die das Militärgesetz im Kriegsgebiet mit besonders harten Strafen ahndete, die allerdings die Militärjustiz in der Regel versuchte nachzuvollziehen, einzuordnen und oft auch zu entschuldigen, was zu (relativ) geringen Gefängnisstrafen führte[94]. „Man muss Abhilfe schaffen. Und um Abhilfe zu schaffen, gibt es nur ein Mittel. Gehorchen. Disziplin. Meine Disziplin", rief Gino Cornali zufolge der neue Major am Kommando des Bataillons im Frühjahr 1916 aus[95]. Als im März 1917 im 38. Infanterieregiment der Brigade *Ravenna* (ebenfalls eine ausgezeichnete Kampfeinheit) eine Revolte entbrannte, die sich an nicht eingelösten Versprechen hinsichtlich Freigang und Ruhepausen entzündet hatte, ordnete der Divisionskommandeur (der zur Truppenstellung kam, als die Ordnung durch die anwesenden Offiziere bereits wiederhergestellt war) zunächst die Exekution zweier (schlafender) Infanteriesoldaten an. Anschließend verfügte er die Absetzung des Brigadekommandeurs sowie des kommandierenden Regimentsobersten, die sich beide gegen weitere Strafverfahren ausgesprochen hatten, und ließ schließlich ein außerordentliches Gericht einrichten, das die Erschießung von vier weiteren Soldaten beschloss (darunter ein Korporal, der versucht hatte, den Protest einzudämmen)[96].

Wie bereits bei den massenhaften „Entlassungen" vertrat die Kommission auch hier die Ansicht, „der Anstoß von General Cadorna im Strafregime" habe die Tendenz zu einer hochgradig repressiven Interpretation des Militärgesetzes verschärft und viele Truppenkommandeure dazu gezwungen, sich seiner Philosophie anzupassen, um nicht – wie es immer wieder passierte – „aus Mangel an Energie" abgesetzt zu werden[97]. Und es mangelt keineswegs an Beweisen dafür, dass sie nicht übertrieben. Im März 1916, als er sich sogar mit der Strenge der außerordentlichen Gerichte unzufrieden zeigte (bei denen die Chancen für einen Soldaten auf gute Verteidigung und ein unvoreingenommenes Urteil eher gering waren), mahnte die Justizabteilung des Generalstabs an, „ein Treffen der außerordentlichen Gerichte anzuberaumen", um „den Richtern deutlich klarzumachen [...], dass Repression das beste Mittel zur Verhinderung von Vergehen ist und dass Gnade in einem individuellen Fall traurigerweise die Wiederholung der kriminellen Tat zur Folge haben kann"[98].

In der Tat sah der Generalstabschef überall gefährliche Anzeichen von moralischem Verfall. Dieser Reflex resultierte aus seinem angeborenen Misstrauen gegenüber dem eigenen Heer und führte dazu, dass er auch dort Aufstände witterte, wo die ihm untergebenen Truppenoffiziere, die über viel größere Erfahrung im engen Zusammenleben mit den Soldaten verfügten, vor allem deren Erschöpfung in den Schützengräben wahrnahmen. Im Dezember 1915 veranstalteten einige Hundert Alpini auf ihrer Reise nach Cividale am Bahnhof von Sacile eine hitzige Demonstration, wobei sie einen Konvoi blockierten, Salven in die Luft schossen und riefen, sie wollten nicht wieder zurück an die Front. Obschon in den ersten Berichten von „aufrührerischen Rufen wie [...] ‚Nieder mit Italien, nieder mit dem Krieg' [...]" die Rede war, berichteten Augenzeugen später, es habe sich nicht um eine organisierte Rebellion gehandelt, niemand habe die Offiziere mit Waffen bedroht und der Protest sei von einer Gruppe Veteranen ausgegangen, von Rückkehrern aus der Rekonvaleszenz und von Betrunkenen, die aus dem Genesungsurlaub zurückkehrten[99]. Für diesen Vorfall wurden 35 Soldaten zu Gefängnisstrafen von 5 – 15 Jahren verurteilt, doch Cadorna zeigte sich empört über die viel zu große Nachsicht des Gerichts. Er war davon überzeugt, dass die Soldaten ohnehin davon ausgingen, nicht ihre gesamte Gefängnisstrafe absitzen zu müssen, da bei Kriegsende eine Amnestie in Kraft treten würde (was dann auch geschah): „In Kriegszeiten hat nur die Todesstrafe eine einschüchternde Wirkung".

> Es ist daher äußerst bedauerlich, dass das aktuelle Militärstrafgesetz in schweren Fällen gemeinschaftlichen Vergehens nicht mehr die Exekution der schuldigen Truppeneinheiten zulässt, was mit Sicherheit das wirkungsvollste Mittel gegen Aufständische und zur Aufrechterhaltung der Disziplin gewesen war[100].

Der Zwischenfall in Sacile war nicht der einzige, der ihn in jenen Monaten stark beunruhigte. Im November hatten Ersatzeinheiten des 4. Regiments der Alpini den Bahnhof von Aosta besetzt, um zu verhindern, dass Konvois sie an die Front bringen konnten. Im Dezember weigerten sich einige Hundert Einberufene der 48. Infanterie aus Kalabrien, an die Front zurückzukehren, und bei den Unruhen erschossen die Carabinieri zwei Infanteriesoldaten (zwei weitere wurden wenig später wegen Befehlsverweigerung exekutiert). Ebenfalls im Dezember hatten 50 Reservisten der 3. Alpini-Einheit, die in Oulx stationiert waren, einen kurzen, heftigen Aufstand inszeniert, bei dem sie einige Zivilpersonen verprügelten, bevor sie Richtung Front aufbrachen. Im April 1916 kam es zu weiteren Unruhen durch Ersatzeinheiten der Alpini des Bataillons Edolo auf ihrem Weg über Tirano, wobei sie in die Luft schossen und ebenfalls den Bahnhof blockierten[101]. Alle vier Vorfälle zeichneten sich durch wenig Gewalt aus und dadurch, dass es sich nie um Truppen handelte, die an der Front im Kampfeinsatz waren: Die Soldaten des 48. Infanterieregiments hatten im Gebiet hinter der Front für ihre Winterlizenzen protestiert. Und die Gebirgsjäger, von denen alle oder die meisten monatelange Aufenthalte in den Schützengräben hinter sich hatten, hatten ihren Protest noch weit vom Kampfgebiet entfernt veranstaltet, um dann ihre Reise geordnet fortzusetzen. Der Polizeikommissar, der die Vorfälle von Oulx untersuchte, hatte ausdrücklich festgehalten, dass die Gründe für die Unruhe auf keinen

Fall auf einen Mangel an Pflichtgefühl zurückzuführen waren (viele Soldaten waren altgediente, teils ausgezeichnete Veteranen) und schon gar nicht auf ein defätistisches Komplott[102]. „Ein Großteil der 400 abreisenden Soldaten", berichtete der General, der die Territorialdivision von Novara kommandierte, „war bereits an der Front gewesen und verwundet zurückgekehrt, einige auch schon zum zweiten Mal, und Ihre Exzellenz weiß sicherlich, dass es der heimliche Gedanke nicht nur des Gebirgsjägers, sondern jedes verletzten Soldaten ist, dass ein Verwundeter schon seinen Tribut gezahlt hat und nicht noch mehr geben muss"[103]. Trotz dieser eigentlich sinnvollen Überlegungen fiel es Cadorna und seiner Entourage schwer, den Gemütszustand der Truppen nachzuvollziehen, die sich geistig und räumlich am Übergang von der Sicherheit des Hinterlandes in die akute Gefahrenzone befanden. Erschöpfung, die Sehnsucht nach Erholung oder auch die Forderung nach Gerechtigkeit bei der Aufteilung der Kriegslasten (auch die sogenannten „Drückeberger, die Deserteure" waren stets Zielscheibe der Proteste), die Überzeugung, bereits ihren Beitrag geleistet zu haben, die Nervenkrise, wenn sich der Fronturlaub dem Ende zuneigte, und die blanke Angst angesichts des allgegenwärtigen Todes – all diesen psychologischen Elementen würde man mit der Zeit im moralischen Umgang mit den Truppen der europäischen Streitkräfte immer mehr Gewicht beimessen; doch in Udine war man noch nicht so weit. Hier ging es weiterhin um Verschwörungstheorien, um die Jagd auf Defätismus und Antimilitarismus in den verschiedenen Rängen und um die strenge Kontrolle des Verhaltens der Soldaten. Die Versuche, feinfühligere Strategien auszuprobieren, die „auf das Wort und auf das Vorbild" statt auf brutale Strafen setzten, zeigen nur, dass der Generalstabschef hin und wieder auf das Vokabular der Militärpädagogik des 19. Jahrhunderts zurückgriff, ohne dabei über die Wiederholung von abgedroschenen Schlüsselbegriffen wie „Glauben", „Großzügigkeit" und „Willenskraft" hinauszugehen[104]. Letztendlich war die einzige pädagogische Strategie, die unter Cadorna tatsächlich den Soldaten gegenüber angewendet wurde, der Versuch, sie auch fern der Schützengräben zu kontrollieren und geistig zu disziplinieren. Die Territorialkommandos hielt man dazu an, in Zusammenarbeit mit den Zivilbehörden und den patriotischen Komitees, zu verhindern, dass die Frontrückkehrer „subversive Zirkel", „verdorbene Kreise" und „zwielichtige Lokale" aufsuchten. Stattdessen sollten Agenten in Zivil sie überwachen. Die Junggesellen lud man immer wieder in die *Case del Soldato*, die Soldatenzirkel, ein, die Bürgerkomitees und katholische Vereine führten, und die Verheirateten bestellte man mit ihren Familien zu patriotischen Veranstaltungen und Festen in Schulen und Kirchen. Der beurlaubte Soldat durfte nicht nur nicht mit der defätistischen Propaganda der Heimatfront in Berührung kommen, sondern auch selbst keine schlechten Nachrichten von der Kriegsfront verbreiten, wie etwa sich detailliert über die Wirkungslosigkeit der Strategie des Generalstabs an der Isonzofront auszulassen (aufgrund dieser Sorge befahl man den Offizieren, die Post zu zensieren und unliebsame Nachrichten zu vernichten)[105].

Auch wenn der Generalstabschef keine Mühen scheute, unter Androhung eines systematischen Einsatzes härterer Maßnahmen an den eigenen Standpunkt zu erinnern oder ihn mit Nachdruck durchzusetzen, war die sogenannte „Strafexpedition" etwas ganz anderes. Die Panik angesichts der ersten österreichisch-ungarischen Erfolge und Cadornas Frustration über diese Schmach, die in erster Linie seiner Arroganz geschuldet war, veranlassten ihn zu einer nachdrücklichen Antwort hinsichtlich der Wahrung von Disziplin. „Panik drohte sich in der Truppe auszubreiten [...]. Es ging darum, eine Seelenverfassung in den Griff zu bekommen". Um dieses Ziel zu erreichen, eignete sich die „Androhung harter Maßnahmen" genauso gut wie der Appell an Kriegerehre und Patriotismus[106]. Gegen Ende Mai 1916 hatte der Generalstabschef nicht nur formal die Praxis der standrechtlichen Erschießungen wieder aktiviert, sondern auch klar zu verstehen gegeben, dass die systematische Anwendung von sofortigen, drastischen Maßnahmen ohne Sanktionen bleiben würde. Ganz im Gegenteil. Am 26. Mai, in den Tagen nach dem Zusammenbruch der italienischen Kommandokette, als sich ganze Regimenter auf dem Rückzug befanden, andere auseinandergebrochen, nur noch wenige Bataillone einsatzbereit waren, aber ohne klare Befehle umherirrten, und die österreichisch-ungarischen Truppen vorrückten und mittlerweile kurz vor Asiago standen, erteilte Cadorna dem Kommandeur der Truppen auf der Hochebene (dem glücklosen General Lequio) den Befehl, die Einheiten mit jedem verfügbaren Mittel zu bestrafen, die zurückgewichen waren oder sich aufgelöst hatten: „Ergreifen Sie die energischsten und härtesten Maßnahmen. Lassen Sie wenn nötig sofort und ohne Verfahren die Schuldigen dieser enormen Skandale erschießen, egal welchem Rang sie angehören [...]. Es gilt, die Stellung zu halten oder zu sterben"[107].

Wenige Tage später wurde Oberst Attilio Thermes, Kommandeur des 141. Infanterieregiments der Brigade *Catanzaro*, der erste Offizier, dem die begehrte Ehre eines feierlichen Lobs und die Erwähnung auf der Tagesordnung des Heeres zuteil wurde: Sein vornehmliches Verdienst war, dass er eine Kompanie des eigenen Regiments dezimiert hatte, die sich auf dem Schlachtfeld der Hochebene von Asiago der Auflösung schuldig gemacht hatte – dieser Vorfall eröffnete offiziell das beunruhigendste Kapitel der Handhabung der Disziplin in den italienischen Streitkräften. Wie bei den vier Infanteristen der Brigade Lambro, die man am Vortag hingerichtet hatte, handelte es sich um Veteranen aus verdienten Einheiten (Cadorna hatte dem 141. Regiment noch in denselben Tagen ein feierliches Lob für seine Verdienste in den Kämpfen am Monte Mosciagh ausgesprochen), die seit Tagen von unablässigen Kämpfen aufgerieben wurden. Ihre einzige Schuld war es, einen Moment der Verwirrung zugelassen zu haben (einige Soldaten waren während eines österreichischen Angriffs in den Wald geflüchtet). Oder sie waren Zielscheibe des Zorns eines Truppenführers geworden, der wegen möglicher Folgen einer weiteren Auflösung der Frontlinie in Panik geraten war oder es einfach darauf anlegte, vor dem Generalstab in gutem Licht zu erscheinen. Auf jeden Fall rechtfertigte die militärische Anklage in ihrem Bericht im Nachhinein die Exekution als „Mahnung an die Masse" und als „hilfreiches Exempel", während die Karriere von Oberst Thermes in Schwung kam[108]. Die standrechtlichen Hinrichtungen und die Dezimationen wurden von da an ein übliches Instrument zur Durchsetzung des Gehorsams unter den eigenen Truppenverbänden. Zwar gab es diese Maßnahmen auch in anderen Streitkräften (in den russischen und französischen Heeren finden sich viele Beispiele dafür) und die Fallzahl war letztlich gering, doch die Willkür der Urteile, oft im Auftrag aufgeregter und konfuser Kommandeure, sowie die Verhängung der Todesstrafe über einfache Soldaten, die mit den Geschehnissen kaum etwas zu tun hatten, grub sich in das Bild eines zunehmend sinnlosen Krieges ein[109]. Im Juli des folgenden Jahres zettelten die beiden Regimenter der Brigade *Catanzaro* in Santa Maria La Longa in der Provinz Udine die einzige tatsächlich organisierte Revolte des ganzen italienischen Krieges an. Die beiden Regimenter, eindeutig eine eher glücklose Einheit, richteten wegen eines (wieder einmal) nicht gehaltenen Versprechens von Fronturlaub ihre Waffen als Ausdruck ihres verzweifelten Protests gegen die eigenen Offiziere. Auf diesen Akt der Gewalt erfolgte härteste Bestrafung (man richtete 28 Soldaten hin und verhängte in den folgenden Verfahren zahlreiche Haftstrafen), aber es blieb ein Einzelfall[110]. Tatsächlich folgten die heftigsten Fälle kollektiver Exekutionen, wie die Dezimation des dritten Bataillons der 89. Infanterieeinheit *Salerno* im Sommer 1916, das auf den Verdacht hin, dass sich einige Verwundete ergeben wollten, absichtlich von der italienischen Artillerie beschossen wurde, meist auf kleine Vergehen wie Ungehorsam oder mangelnden Respekt und manchmal unterdrückten sie kaum existierende Proteste. All das segnete der Generalstab ab und Cadorna äußerte sich zufrieden gegenüber den Kommandeuren (wie General Cigliana des 11. Korps), die sich dadurch ausgezeichnet hatten, dass sie jedes Zeichen von Dissens mit standrechtlichen Erschießungen unterdrückten (in diesem Fall hatten ihn einige Soldaten beim Vorbeigehen mit Steinen beworfen)[111]. Fakt ist, wie er selbst in seiner Aussage und später in seinen apologetischen Schriften angab, dass „die eiserne Notwendigkeit des Krieges" diese Methode erforderlich machte, was zwar bedauerlich, aber äußerst wichtig war, um ein Heer zum Kämpfen anzuhalten, das aus den Wehrpflichtigen einer chronisch undisziplinierten und von allzu nachsichtigen Gesetzen regierten Nation bestand. Wie sonst könne man „die enormen unerzogenen Massen, die aus dem Land kamen", ans Feuer führen und fest miteinander verschweißen, wenn nicht durch ein Regime strenger Disziplin unterstützt durch die Furcht vor exemplarischen Strafen?[112]. Seine Erfahrung als oberster Heerführer hatte ihn gelehrt, dass der einzige Antrieb für Infanteristen, welche auf dem Schlachtfeld inmitten von Chaos und Bombenschrecken das Feuer gegen den Feind eröffnen, die Gewissheit war, dass sie durch die Hand ihrer eigenen Kommandeure zu Tode kämen („Es war ratsam, Maschinengewehre im Rücken der Truppen zu platzieren"), falls sie versuchten, zurückzuweichen oder zu flüchten[113]. Es ist symptomatisch für Cadornas anachronistisches Pflichtverständnis, dass er nicht im Entferntesten daran gedacht hatte, sich von General Andrea Graziani, auch der *fucilatore* (Erschießer) genannt, zu distanzieren; eine der umstrittensten Figuren im italienischen Heer, bekannt für seine unbarmherzige Anwendung von Disziplinarstrafen vor allem in den Tagen von Caporetto (auf ihn gehen die 35 Erschießungen zurück, die man offiziell in den Tagen des Frontdurchbruchs zählte). Cadorna betrachtete Graziani als bewundernswertes Beispiel für einen hohen Offizier, der nicht den Kopf verloren hatte und sich im Chaos des Rückzugs mit brutaler Effizienz in der Masse der Umherirrenden um Ordnung bemühte und dabei diejenigen eliminierte, die zu Flucht oder Revolte bereit zu sein schienen.

> General Graziani hatte ehrenhaft seine Dienste angeboten und ich hatte sie akzeptiert; er fuhr in seinem Automobil herum, gefolgt von einem Laster mit vier oder fünf Carabinieri, und wenn er auf diese Leute stieß, stieg er aus dem Wagen und ließ sie umgehend erschießen, um ein Exempel zu statuieren. Die Disziplin ist wie Beton, sie hält alles zusammen. Wenn die Bremsen reißen, geht die Disziplin flöten[114].

Hierbei handelte es sich um ein einziges Missverständnis. Graziani war so besessen davon, die Todesstrafe zu verhängen, dass er zu den wenigen Generälen gehörte, die nach Kriegsende eine formale Anklage wegen Amtsmissbrauchs und Mordes riskierten. Für diese Anklage wandte sich die Kommission, von den Zeugenaussagen über die Aktionen des Generals tief getroffen, an General Donato Tommasi, seit 1919 Chef der Militärjustiz und bereits damit beauftragt, den Bericht über die standrechtlichen Hinrichtungen zu verfassen. Ein berühmt-berüchtigter Willkürakt – die Erschießung eines Soldaten, der für schuldig befunden wurde, beim Vorbeiziehen einer Flüchtlingskolonne nicht salutiert zu haben (eine andere Version besagt, der Soldat habe gegrüßt, aber ohne die Zigarre, die er rauchte, abzusetzen) – hätte ihn um ein Haar vor das Kriegsgericht gebracht, doch schließlich hielten es, wie in allen anderen Fällen, Kriegsminister Albricci und der neue Oberheeresführer Diaz für klug, die Angelegenheit nicht weiter zu verfolgen[115].

Doch diese repressive Politik zeigte nicht die gewünschten Resultate. Noch kurz bevor er abgesetzt wurde, war Cadorna davon überzeugt, dass die Regierung schuld war, ihm nicht alle geeigneten Instrumente zur Verfügung gestellt zu haben, um den im Heer verbreiteten Defätismus zu unterdrücken (weshalb er letztlich die moralische und disziplinäre Auflösung nicht habe eindämmen können, die zur Niederlage von Caporetto geführt hatte). Doch in Wahrheit war es die borniert Zwangsstrategie des Oberbefehlshabers, die gescheitert war[116]. Bei einer noch kurz vor Caporetto durchgeführten Zählung stellte Cadorna fest, dass man bis dahin 55.000 Deserteure registriert hatte. Das war eine sehr hohe Zahl, doch fast 30.000 von ihnen waren spontan zu ihren Korps zurückgekehrt und wieder in ihre Einheiten aufgenommen worden (die Haftstrafe dafür sollten sie nach dem Krieg antreten)[117]. Vermutlich hätten sich noch sehr viel mehr wieder eingefunden, hätte die Heeresführung in der Zwischenzeit nicht immer drakonischere Strafen verhängt: Eine Abwesenheit von wenigen Stunden wurde als Vergehen dauerhaftem Fortbleiben gleichgesetzt – alles andere als eine Ermutigung, zur Einheit zurückzukehren. Cadorna, der mit seiner Darstellung der Regierung gegenüber die Korrektheit seiner These vom moralischen Verfall der Armee und der Notwendigkeit noch strengerer Maßnahmen unterstreichen wollte, war fest davon überzeugt, dass es sich bei „der Desertion in der Regel nicht um einen kurzen Blitzbesuch bei der Familie oder eine leichte Verspätung bei der Rückkehr aus dem Fronturlaub handelt", sondern dass es vielmehr „die Absicht des Deserteurs ist, dauerhaft fernzubleiben". Seltsamerweise war ihm allerdings nicht aufgefallen, dass die Kurve der Deserteure (650 pro Monat im ersten Kriegsjahr, 2.100 pro Monat im zweiten, 5.500 pro Monat im Jahr 1917) mit dem Erlass immer härterer Strafmaßnahmen bei verspäteter Rückkehr zur Einheit und unbegründetem Fernbleiben direkt proportional anstieg [118]. Noch deutlichere Belege für die Ineffizienz des Disziplinverständnisses des Generalstabschefs lassen sich kaum finden.

Dritter Teil: **Der Fall**

VII Am Hof von Udine

Vielleicht hat jemand verhindert, dass man bis zu mir durchkommen konnte.
(L. Cadorna, Aussage vor der Untersuchungskommission zu Caporetto, Mai 1918)

Die anwesenden Journalisten machen eine derartige Reklame für Cadorna, dass es mir schwierig erscheint, dass sie ihn jetzt entfernen können, ohne die Öffentlichkeit gegen sich aufzubringen.
(V. Riccio, *Il diario di un ministro*, 22. Februar 1916)

Das *Comandissimo*

Ein weiterer von verschiedenen Zeugen vorgebrachter Aspekt ist die beklagte *Isolierung des Generals Cadorna* sowohl vom Rest des Heeres, den Autoritäten der Zivilgesellschaft und der Bevölkerung, als auch im Oberkommando, wo sein Sekretariat [...] selbst für Amtsleiter und Kollegen vieler Büros des Oberkommandos nicht zugänglich war[1].

Eine der schärfsten Kritiken, die die Untersuchungskommission gegen Cadorna erhob, betraf die Organisation des Hauptquartiers in Udine, das wie eine Art feudaler Hofstaat abseits der Welt wahrgenommen wurde. Diesen Hof bevölkerte ein kleiner Kreis Getreuer, die das Privileg hatten, in engem täglichem Kontakt zu ihrem „Herrn" (dem Generalstabschef) zu stehen und mit Strenge (und Arroganz) den Zugang zu seiner Person verwalteten. Hinzu kamen eine große, schlecht organisierte Anzahl Büroangestellter und Amtsvorsteher sowie eine wechselnde Gruppe Wartender, die um Audienz baten (die Generäle der auf dem Feld kämpfenden Einheiten und, gelegentlich, die Gesandten ausländischer Streitkräfte sowie Regierungsbeauftragte aus Rom). Dieser Generalstab schien alles andere als eine modern strukturierte Kommando- und Kontrollzentrale zu sein, die rasch und effizient auf die Bedürfnisse eines Massenheeres hätte eingehen können[2]. In der Tat war die Spitze des italienischen Heeres ein ziemlich ineffizientes Gebilde, auch wenn das eher an der Einstellung der Männer lag als an ihrer formalen Organisation.

Auf den ersten Blick unterschied sich der für den Krieg mobilisierte Generalstab nicht sonderlich von allen anderen europäischen „Heeresleitungen" (die Oberste Heeresleitung beim Großen Hauptquartier seiner Majestät des Kaisers und Königs, das französische Grand Quartier Général, das britische General Headquarter der British Expeditionary Force), die alle auf einer Aufgabenverteilung basierten, die der allgemeinen traditionellen Bürokratie des preußischen Modells des Generalstabs entsprach, ein so herausragendes Beispiel an Effizienz, das sich an ihm jede moderne Unternehmensorganisation orientierte[3]. Erich von Falkenhayn, der 1914 direkt aus seinem Amt als Kriegsminister ins Amt des Oberbefehlshabers der deutschen Streitkräfte wechselte, wusste sehr gut, dass er in Spa, wohin die Oberste Heeresleitung verlegt worden war, einen Mitarbeiterstab an Offizieren vorfinden würde, die allesamt Experten in der Kunst waren, Verbände aus Hunderttausenden Männern zu bewegen, zu versorgen und einzusetzen. Es erstaunt nicht, dass der neue Anführer des kaiser-

https://doi.org/10.1515/9783110693478-008

lichen Heeres keinen Tag verlor, um sich so schnell wie möglich mit seiner neuen Aufgabe vertraut zu machen. Die Büros sahen aus wie die im Ministerium, die Aufgaben waren mehr oder weniger dieselben und das Personal kam vorwiegend aus den Eliten des kaiserlichen Generalstabs, wo er selbst die ganzen Jahre über Dienst geleistet hatte[4]. Auch die Aufteilung in Abteilungen und Büros des italienischen Heereskommandos erinnerte weitgehend an dieses Standardmodell. Zu Beginn, nachdem der Generalstab nach Udine umgezogen war (bis Oktober 1917 die Kriegshauptstadt), war es in drei Hauptzweige aufgeteilt: das Büro des obersten Heerführers, die Abteilung Operationen und das Hauptquartier, ein jeder in Büros mit unterschiedlichen Aufgaben eingeteilt. In seiner „Version von 1915" sah das Organigramm der obersten Heeresleitung vor, dass dem Chef des Generalstabs (der sehr bald, informell, aber bezeichnend, für alle nur noch der *Feldherr* war) vor allem zwei Aktivitätsbereiche direkt beziehungsweise über sein Sekretariat Rechenschaft schuldig waren, denen beiden im weiteren Verlauf des italienischen Krieges eine zentrale Bedeutung zukam: Das Segretariato per gli affari civili (Sekretariat für die zivilen Angelegenheiten) unter der Leitung eines hohen Beamten des Innenministeriums war für die Verwaltung der besetzten Gebiete verantwortlich und behandelte im Namen des Generalstabs die politischen und verwaltungstechnischen Angelegenheiten in den Kriegsgebieten. Der Reparto disciplina e giustizia (Abteilung Disziplin und Justiz), geleitet von dem einflussreichen General Della Noce war für die gesamte Materie der Kodifizierung, Verwaltung und Anwendung der Disziplin und des Strafrechts zuständig[5]. Nicht direkt dem Büro des Generalstabschefs untergeordnet war der Reparto operazioni (Abteilung Operationen), der zu Kriegsbeginn von Armando Diaz geleitet wurde. In diesem Fall unterschied sich die Prozedur von der gemeinsamen europäischen Norm.

Normalerweise war der Reparto operazioni, verantwortlich für die konkrete Ausarbeitung der operativen Pläne und die Erstellung der Anweisungen für ihre Ausführung, die dann in Kampfbefehle umgesetzt wurden, das Herz des Oberkommandos und das Ziel für jeden ehrgeizigen Offizier des Generalstabs[6]. Im italienischen Organigramm blieb diese Abteilung hingegen auf einem untergeordneten Platz und die geringen finanziellen Mittel, die für ihren Betrieb bereitgestellt wurden, zeugten von ihrer eher zweitrangigen Bedeutung. Das oberste Heereskommando war ein Mammutorganismus (im Sommer 1915 beschäftigte es über 1000 Personen, interne Mitarbeiter und sonstige Angestellte in verschiedenster Funktion), doch der Reparto operazioni hatte zu Kriegsbeginn gerade 30 Offiziere und Truppenangehörige[7]. Tatsache ist, dass das Kommando Cadorna trotz einiger Veränderungen in der formalen Organisation stets eine besondere Charakteristik beibehielt: In seinem Zentrum gab es das kleine Sekretariat des *Feldherrn*, zwischen 1915 und 1917 ein regelrechtes *sancta sanctorum* der militärischen Macht in Italien. Argwöhnisch gegenüber den Auswahlverfahren der Offiziere des Generalstabs (nicht immer zu Unrecht), wahnsinnig misstrauisch gegenüber jeder Form von Diskussion, eifersüchtig auf die eigenen Zuständigkeiten und nicht bereit, Entscheidungen zu teilen oder zu delegieren, konzentrierte Cadorna die Entscheidungsprozesse auf den engen Radius seines Büros, das klein genug war, persönlich kontrolliert zu werden[8]. In den Monaten, die auf den

Kriegseintritt folgten, verlagerte sich die tatsächliche Hierarchie des Kommandos vom erweiterten Mitarbeiterstab (ein paar Dutzend Offiziere unter den besten des Heeres für die für den Generalstab wesentlichen Aufgaben) auf die enge Beziehung zwischen Cadorna und dem Leiter des Sekretariats, der gleichzeitig sein Kabinettschef wurde, sein rechter Arm und sein Botschafter. Der „Oberst-Sekretär" durfte die Projekte und Manövervorschläge mitbestimmen, entwarf die Pläne und die operativen Befehle und übernahm die Kommunikation mit den Armee- und Korpskommandeuren (er wurde die Bezugsperson für jeden, der mit Cadorna sprechen wollte); er nahm faktisch den Rang des Chefs des Generalstabs unter dem Chef des Generalstabs ein[9].

Es gibt kaum Zweifel daran, dass dieses Vorgehen der Obersten Heeresleitung dem Bedürfnis Cadornas geschuldet war, keinen Gleichrangigen um sich zu haben, der seinen Entscheidungen hätte widersprechen oder über sie diskutieren können. Diese Haltung kam bei der Entmachtung seines (theoretischen) Stellvertreters besonders deutlich zum Vorschein. Carlo Porro war nicht gerade ein exzellenter Stratege, auch war er kein auf dem Schlachtfeld bewährter General. Er wurde sehr viel mehr als Wissenschaftler geschätzt (als renommierter Geograf und Glaziologe), kam aus einer wohlhabenden Mailänder Adelsfamilie und hatte beste Beziehungen zur feinen Gesellschaft in Rom. Das einzige militärische Fachgebiet, in dem er glänzte, war die *Intelligence* (der Nachrichtendienst), ein in den italienischen Streitkräften tragisch unterbewerteter Bereich (ziemlich rückständig und auf Freiwilligenbasis gehandhabt), in dem Porro aber in den Vorkriegsjahren ein gewisses Talent bewiesen hatte[10]. Es ist nicht klar, wie es zu seiner Ernennung zum zweiten Chef des Generalstabs gekommen war. Eine weit verbreitete Überzeugung, welche vor allem von den Lästermäulern in Umlauf gebracht wurde, von denen es im Generalstab nur so wimmelte, war, dass sich Porro selbst für diese Rolle angeboten hätte, mit der Gewissheit, darin vom „Corriere della Sera" unterstützt zu werden[11]. Gewiss hatte Cadorna sich immer mit großer Wertschätzung über seinen Stellvertreter geäußert, sowohl öffentlich (vor der Untersuchungskommission verteidigte er ihn sehr engagiert für seine Gradlinigkeit und seinen Charakter) wie auch privat (in seinen Briefen) und nichts lässt vermuten, dass er sich jemals von ihm hätte trennen wollen[12]. Was aber nicht heißt, dass er ihn im Innern des Kommandos nicht auf einen kaum mehr als ehrenhaften Posten abgeschoben hatte. Cadorna selbst sollte bestätigen, dass das, was der Vizechef entschied, vor allem Themen betraf, die er als zweitrangig erachtete: alles was die Luftwaffe betraf, die Berichte für das Offiziersbulletin, die Personalfragen und alles, was mit Propaganda, Gegenpropaganda und Presse zu tun hatte. Dass noch zu Beginn des Krieges die Medienstrategie als *sinecura* angesehen wurde, mag überraschen. Tatsächlich ließ sich das Oberkommando erst im Frühjahr 1916 von der Wichtigkeit der Presse und der Propaganda (im Hinblick auf den Einfluss auf die Stimmung im Land, auf die Zivilregierung, als Waffe zur Untergrabung der Solidität der österreichisch-ungarischen Vielvölkerheeres) überzeugen, als Cadorna persönlich Beziehung zu den Chefredakteuren der Tageszeitungen aufnahm, eine feste Gruppe von Berichterstattern für den Generalstab einrichtete und die direkte Kontrolle des Informationsbüros im Hauptquartier übernahm[13]. Porro war sich darüber im Klaren, dass er, auch dank seines umgänglichen Charakters und seiner Geduld (im Unterschied zum brüsken und unduldsamen Cadorna), vor allem Repräsentanzfunktionen im Generalstab, als Empfangschef der mehr oder weniger illustren Gäste (in erster Linie parlamentarische und ministerielle Delegationen) und bei den häufigen Treffen der verschiedenen Komitees in Rom, zu erfüllen hatte: „Die Leitung der Operationen, wie schon S. E. Cadorna zum Ausdruck gebracht hat, war völlig in seinen Händen, er kommandierte persönlich die Armeekommandeure mit Hilfe des Oberst-Sekretärs, der die Befehle überbrachte. Doch wurde der Vizechef konstant über alles auf dem Laufenden gehalten"[14].

Auf diese Weise verhinderte Cadorna, dass sein Stellvertreter ihn womöglich ersetzen konnte (in der Tat wurde der Name Porros jedes Mal, wenn zwischen 1915 und 1917 die Absetzung Cadornas diskutiert wurde, als sein Nachfolger von vornherein ausgeschlossen), und gleichzeitig schloss er dadurch aus, dass die Planung der Strategie und die Ausführung der Operationen anderen als ihm zugeschrieben werden konnten: „Bei einem Chef wie Cadorna ist es unmöglich, an seiner Seite jemanden zu haben, der sein Nachfolger werden könnte, [...] er würde ihn nicht ertragen"[15]. Die Tatsache, dass seine engsten Mitarbeiter „nur Oberst" waren, wirkte sich negativ auf die Stabilität des Generalstabs aus (früher oder später wären sie auf jeden Fall zu Generälen befördert worden, wodurch sie ihre Ämter hätten aufgeben müssen). Andererseits hatte dies den Vorteil, an seiner Seite immer nur Untergebene zu haben, die ihm ihren Erfolg und ihre Karriere verdankten. Wenn das Oberkommando in Udine einer Art Feudalhofstaat ähnelte, war das Sekretariat des *Feldherrn* (das *Comandissimo*) das Herz der Burg, das aus den treuesten Vasallen und Schildträgern bestand[16]. Von diesen „Oberst- Sekretären" war Roberto Bencivenga wohl der fähigste, gewiss der bekannteste und der am längsten im Amt überlebte, und seinen Erinnerungen (in der Nachkriegszeit machte er sich einen Namen als hellsichtiger und kritischer Analyst der Kriegsführung bis 1917) sind viele kluge Beobachtungen über die Funktionsmängel dieser wenig normalen, sehr persönlich geführten Organisation der Kommandohierarchie zu verdanken. Nachdem er im November 1915 Sekretär geworden war, unterhielt er zu Cadorna bis zum Sommer 1917 eine nahezu symbiotische Beziehung, bis er sein Amt aufgeben musste, um das Kommando einer Infanteriebrigade zu übernehmen[17]. Seine Geschichte war symptomatisch für das konkurrenzlastige (und vergiftete) Klima in den Kommandozentralen, aber auch für die Einzigartigkeit der persönlichen Beziehungen zwischen Cadorna und seinen Männern. Bencivenga war einer der brillantesten Männer seiner Generation im Generalstab (nicht einmal vierzigjährig lehrte er bereits Taktik an der Kriegsschule) und seine Einberufung unter die Getreuen des *Feldherrn* sicherte ihm enorme Vorteile: Im Mai 1914 war er gerade zum Major ernannt, im Jahr 1917 war er wegen Verdiensten im Krieg zum Oberst aufgestiegen und für geeignet befunden worden, ein Brigadekommando zu übernehmen, obwohl er noch nie an einer Schlacht teilgenommen hatte. Seine Karriere war zweifelsohne kometenhaft, wenn auch nicht ganz außergewöhnlich. Die rasche Beförderung der Mitarbeiter im Generalstab in Udine und der Komfort einer weit vom

Elend der Schützengräben geführten Existenz waren die am häufigsten vorgebrachten Vorwürfe gegen die Drückeberger im Oberheereskommando:

> Der vordersten Linie fehlt es an allem und die hochrangigen Kommandoposten schwimmen im Überfluss [...] Es ließe sich hinnehmen, wenn sich das angenehme Leben um eine wirklich nützliche Funktion verdient machen würde: Doch in den zahllosen Ämtern der Militärbürokratie sieht man nichts anderes als den zum System erhobenen Müßiggang [...], den Kult um die Form und die Lappalie. [...] Die Karriere, nur die Karriere, steht als blendender Wunschtraum an der Spitze ihres Denkens; das *Annuario militare* ist ihr Evangelium ...[18].

Darin drückte sich nicht nur das Murren der Soldaten in den Schützengräben aus, die ohne jeden Komfort an der Front kämpften (und starben): Der Luxus und die Karriereprivilegien der Mitarbeiter in den komfortablen Räumlichkeiten des Oberheereskommandos waren eine Realität und nicht nur in Italien[19]. Die Kommandozentrale von Feldmarschall Haig wurde wie das Landgut eines Edelmannes geführt und seine Ställe wurden sicherlich besser gepflegt und versorgt als die Feldküchen irgendeines Regiments an vorderster Front[20]. Der Luxus und das Fehlen jeden sichtbaren Anzeichens von Krieg (und vor allem vom Sterben) waren eine Charakteristik auch der anderen Generalstäbe: Die prächtigen Schlösser, in denen Joffre und Pétain oder Falkenhayn, Hindenburg und Ludendorff residierten, zeichneten sich alle durch eine Pracht aus, die für den Status und die Macht der gehobenen Klassen stand, aus denen die Generäle stammten (oder die sie anstrebten). Dennoch hieß das nicht, dass die eigentliche Arbeit nicht modern und effizient vonstatten ging. So sehr die führenden Oberkommandeure erdrückende Persönlichkeiten waren (wie Foch), fast immer charismatisch und faszinierend (wie Haig oder Nivelle) und immer autoritär, fand die Erarbeitung und die Planung der Kampfstrategien in einem freien, für Kritik offenen Klima statt, in dem es sich Offiziere sozial bescheidener Herkunft erlauben konnten, ihren Vorgesetzten zu widersprechen beziehungsweise alternative Lösungen vorzuschlagen. Die Untergebenen von Ludendorff, einem physisch und psychologisch aggressivem Mann, kritisierten ihn offen für das Scheitern der massiven Angriffsmanöver im Frühjahr 1918, denn sie wussten, dass das von seinen Mitarbeitern erwartet wurde[21].

Eine solche Freiheit war in Udine undenkbar, obschon auch dort Annehmlichkeiten und Privilegien an der Tagesordnung waren. Der bekannte Kunstkritiker Ugo Ojetti, der 1916 der geschickte Regisseur der Propagandaaktivitäten des Heeres wurde, sollte bissige Portraits des entspannten Lebensstils seiner Vorgesetzten und Kollegen zeichnen: stundenlange Mittagstafeln und Abendessen, genüssliche Landpartien in die Nähe der Frontlinie oder Ausflüge in die sehenswerten Altstädte der Umgebung, lockere abendliche Plaudereien mit Gästen (darunter manchmal auch die Ehefrauen, etwas, was Cadorna verabscheute) und die offiziellen Empfänge[22]. Dieses mondäne Klima stand im Gegensatz zur anderen „Kriegsresidenz", der Villa Italia, dem Palast in Martignacco, den Vittorio Emanuele III. während des Krieges zu seinem Wohnsitz gemacht hatte, nachdem er „losgezogen war, um sich auf das Schlachtfeld zu begeben", ganz in der Familientradition, und wo ein schlichter Stil vorherrschte (geradezu spartanisch, wie viele bezeugten), der seinem Charakter entsprach[23]. Doch wird man nicht bezweifeln, dass der herrschaftliche Stil am Hof von Cadorna auch einen psychologischen Zweck verfolgte: Um ihn versammelte sich mit der Zeit eine bunt gemischte Gruppe von Leuten, auch wenn der Einfluss vieler unter ihnen eindeutig geringer war, als man allgemein annahm. Cadorna war letzten Endes ein echter alter Soldat aus dem Piemont, der nur Gleichrangige respektierte, jedem misstraute, der nicht den Streitkräften angehörte und der (solange es machbar war) zu Intellektuellen auf Distanz ging. Zu den wenigen, die nicht zum Militär gehörten, aber regulär im Machtzentrum zugelassen waren, zählten exzentrische, aber für seine Medienstrategie (und Propaganda) wichtige Persönlichkeiten, wie eben Ojetti oder die Geistlichen Giovanni Semeria und Giovanni Gemelli[24]. Ansonsten waren die festen Mitglieder am Hof vor allem Offiziere des Generalstabs, die einem der vielen (nicht immer nützlichen oder genutzten) Büros vorstanden und sich dessen bewusst waren, eine einmalige Karrierechance zu haben, auch wenn sie nicht immer auf der Höhe der Aufgaben waren, die ihnen angetragen wurden. Cadorna kümmerte sich nie wirklich darum, die Mitarbeiter seiner Kommandozentrale sorgfältig auszuwählen, was zu einer ziemlich mittelmäßigen Ansammlung von Offizieren, die auf eine Beförderung zum General hofften, führte. Rino Alessi, einer der wenigen Journalisten, dem es gelungen war, sich 1916 fest im Generalstab akkreditieren zu lassen, nannte sie „fleißige Bürokraten des Krieges die einen, ehrgeizige Karrieristen die anderen"[25]. Eins ist sicher, die begünstigte Behandlung derjenigen, die das Glück hatten, die Karawanserei von Udine zu erleben, war legendär: Teil des inneren Kreises des *Comandissimo* zu sein, bedeutete von derart phantastischen Vorteilen profitieren zu können, dass es sogar vor der Untersuchungskommission zu Caporetto als einer der herausragenden Beweise für das schlechte Funktionieren des Generalstabs zur Sprache kam[26]. Wie auch Porro in seiner Aussage zugeben sollte: „Der Generalstabschef Seiner Majestät hatte festgelegt, dass keiner der ihm unterstellten Offiziere bei der Auswahl zur Beförderung von anderen Offizieren übergangen werden durfte, denn diese Offiziere waren unter den Ausgezeichneten die besonders Ausgezeichneten"[27].

In einem gewissen Sinn war diese Vorzugsbehandlung legitim: Im Unterschied zu einem General im Dienst einer soliden liberalen Demokratie – wie Haig –, der bei der Führung seines Personals nicht ganz so unabhängig war (das War Office behielt sich eine gewisse Kontrolle über die Auswahl vor), herrschte Cadorna wie ein absoluter Feudalherr und ohne jede Zensur über das Schicksal seiner Untergebenen[28]. Auf der anderen Seite sollte sich der Missbrauch dieser Macht in eine oft und gern gegen ihn verwendete Waffe verwandeln. Am 21. Juni 1917 machte Eugenio Chiesa, ein republikanischer Abgeordneter, dem Generalstabschef öffentlich den Vorwurf von Misswirtschaft (implizit war Cliquenwirtschaft gemeint)[29]. Als die Nachricht Udine erreichte, löste das in den Kreisen des *Comandissimo* ziemliche Verstörung aus. Angelo Gatti, der offizielle Historiker von Cadorna und sein Vertrauter, aber auch ein heller und kritischer Kopf, war der Meinung, dass das System der Protektion der Clique des Generalstabs um jeden Preis (Capello am Kommando der 2. Armee machte das genauso, um sich Konsens und Beliebtheit zu sichern) einen immer tieferen Graben zwischen dem Olymp der mit Privilegien überhäuften Drückeberger von Udine und der Masse der im Krieg kämpfenden Soldaten grub[30]. Es überrascht nicht, dass Cadorna nicht weise auf die wachsende Kritik an seiner Arbeit einging und dass er unbeirrt in seinem familiären Modus das Kommando weiterführte, nur mit den Auserwählten, „meiner kleinen Kompanie [...], meinem kleinen Generalstab", wie er zu sagen pflegte[31].

In dieser kleinen Schar vergleichsweiser junger und ehrgeiziger Offiziere stand Bencivenga im Mittelpunkt. Er war zweifellos ein talentierter Planer und während der Krise der Strafexpedition gehörte er zu den wenigen Getreuen, die Cadorna auf seiner Inspektionsfahrt zum Schauplatz der Operationen im Trentino bei sich haben wollte. Ein externer Beobachter hätte es merkwürdig finden können, dass der Generalstabschef den Chef seines Sekretariats und zwei untergeordnete Offiziere (Ugo Cavallero, damals ein rasch aufsteigender junger Major, und Pietro Pintor) bei sich hatte, aber in Wirklichkeit handelte es sich um eine offensichtliche Wahl, wenn man bedenkt, dass Bencivenga *de facto* der Experte für die Operationen des *Feldherrn* war[32]. Er war es, der die rasche und äußerst geheime Verlegung der Truppeneinheiten, die die neue 5. Armee bilden sollten, von der Front am Isonzo in die Ebene von Vicenza geplant hatte. Und er war es auch, der die Entscheidung traf, die Infanteriedivisionen und vor allem die ganze Artillerie wieder an die Ostfront zu verlegen, wo sie an der sechsten Schlacht am Isonzo und an der Eroberung von Görz teilnahmen, einer der wenigen italienischen Siege, die hauptsächlich wegen des Überraschungseffekts errungen wurden. Selbst Cadorna, dem es normalerweise schwerfiel, die Verdienste seiner Mitarbeiter anzuerkennen, wollte ihm öffentlich Lob mit einer Beförderung und der Verleihung des *Ordine militare di Savoia* zollen[33]. Zwischen den beiden hatte sich eine Vertrautheit herausgebildet, die jeden anderen ausschloss. Die wichtigsten Entscheidungen wurden im Wesentlichen ihrem Einverständnis überlassen, ohne Diskussionen mit Experten aus den Büros, die für die verschiedenen Fachbereiche zuständig waren, und vor allem ohne ständige Möglichkeit des Austauschs mit den Armeekommandanten, die nur die strategischen Dispositionen und operativen Befehle von Udine ausführen konnten. „Es gibt einen *Feldherr*, Cadorna, und einen Sekretär, Bencivenga: sie sollten sehen, denken, vorausschauen, befehlen, akzeptieren, zurückweisen; [...] aus einem kleinen Knotenpunkt wie Cadorna und Bencivenga allein kann nicht die Kraft für 3 Millionen Männer strahlen"[34].

Gatti schweigt aber darüber, was die natürliche Ergänzung dieser „familiären" Handhabung der Macht des Generalstabs war: das System der persönlichen (oder direkt delegierten) Überwachung der Arbeit der Armeehauptquartiere. In der Tat war der *Feldherr* ein viel zu erfahrener (oder auch misstrauischer) General, um zu erwarten, dass seine gleichrangigen Kollegen, von denen er mit keinem besonders vertraut war, ohne Diskussion all seine Befehle und all seine Rundschreiben akzeptierten, doch gleichzeitig lehnte er entschieden die Vorstellung ab, einen Versammlungsmechanismus in die Wege zu leiten, der die hochrangigen Generäle vereinte. Seine obsessive Verweigerung all dessen, was einem mehr oder weniger permanenten „Kriegsrat" ähnelte oder auch nur einem regelmäßigen Briefing, nahm ihm die

Möglichkeit, die eigenen direkten Untergeordneten zu kontrollieren. Die Antwort auf das Problem waren einerseits immer mehr Reisen, um sich persönlich vor Ort einen Eindruck von der Front zu verschaffen, andererseits, Offiziere seines Vertrauens loszuschicken, die beobachteten und Bericht erstatten sollten[35]. Bis zu einem gewissen Grad waren Frontbesuche eine konsolidierte Praxis unter den meisten Kommandeuren in Spitzenpositionen. Es sollte nicht nur die Ausführung von Befehlen verifiziert werden, sondern man wollte auch physisch bei den Truppen präsent sein und ihnen zu verstehen geben, dass ihre Anführer die Kriegserfahrung mit ihnen teilten. Es handelte sich also um eine Art Zurschaustellung der Person des Monarchen oder Befehlshabers mit moralischen Funktionen, der Stärkung seines Charismas bei den Soldaten (auch wenn natürlich keiner der hochrangigen Generäle jemals sein Leben bei diesen Ausflügen riskiert hätte)[36]. Cadorna reizte dieses System mit seinen häufigen Ausflügen an die Frontlinien aufs Äußerste aus, nicht nur, weil er die Offiziere und Soldaten damit in Schrecken versetzte (denn jedes Mal fand er etwas zu beanstanden), sondern auch weil diese Momente für die Organisation des Generalstabs eine große Anspannung bedeuteten. Porro, der das Kommando übernahm, entschied tendenziell nichts und schob alles auf (er gab zu, während des Krieges in Abwesenheit Cadornas nur einen einzigen Befehl gegeben zu haben, nämlich eine Reserveeinheit während eines österreichischen Gegenangriffs umzustellen) und wurde dafür von seinen Untergebenen nicht besonders geschätzt[37]. Bedenkt man, dass diese Truppenbewegungen an einer über 650 km langen Front stattfanden, in weitgehend bergigem Gelände, ohne gut funktionierende Telefonverbindungen und ohne tragbare Funkgeräte fällt es nicht schwer, die Nervosität der Offiziere im Kommando nachzuvollziehen, die ständig eine Notsituation fürchteten, die der *Feldherr* nicht in die Hand nehmen konnte, da er irgendwo in einem Schützengraben oder auf dem Rücken eines Maulesels auf einem Bergpfad unterwegs war. Da Cadorna gleichzeitig mögliche „abweichende Initiativen" seiner Kommandeure befürchtete, stützte er sich auf das System der *missi dominici* innerhalb der Truppenverbände: Offiziere des Generalstabs, die den Auftrag hatten, die Leitung der peripheren Kommandostellen zu überwachen, immer wieder Berichte abzufassen und alles genau zu dokumentieren, was nach ihrem unanfechtbarem Dafürhalten nicht den strengen Anordnungen des Generalstabs entsprach[38]. Als regelrechte „Spione des Herrn" wahrgenommen, oft noch jung und häufig arrogant, konnten diese Gesandten Cadornas (der sich beklagte, nicht genug von ihnen zu haben) nicht die Effizienz ersetzen, die man durch regelmäßige und gut organisierte Konsultationen zwischen den Verantwortlichen der großen Truppenverbände erhalten hätte, auch waren sie in keinerlei Hinsicht als Berater auf operativer und taktischer Ebene nützlich (da sie oft keine Erfahrung auf dem Schlachtfeld hatten) und wurden einhellig verachtet[39]. Trotz seines Kontrollzwangs verfügte Cadorna über keine wirksame Methode, die Arbeit der Armeekommandeure zu koordinieren. Das Paradox des totalen theoretischen Mangels an Autonomie entsprach einer operativen Anarchie, die nur durch seine episodischen Auftritte oder durch einige gelegentliche Konferenzen in Udine korrigiert wurde; eine Alternative, die von den anderen europäischen Staaten bereits Ende 1914 als höchst ineffektiv erkannt worden war[40].

Das Gegenstück zu dieser Situation der anachronistischen und ineffektiven Kommandokette war die „Eifersucht" – so definierte das die Untersuchungskommission zu Caporetto – der Mitglieder des *Comandissimo*[41]. Aus echtem Größenwahn oder aus Furcht, ein anderer begabter Offizier könnte einen besseren Eindruck auf den *Feldherrn* machen, bemühten sich die Mitarbeiter des Sekretariats ganz besonders darum, so weit wie möglich die sowieso schon wenigen Kontakte Cadornas zum Rest der militärischen Hierarchie zu beschränken: Der Sitz des Kommandos in Udine wurde ein uneinnehmbarer Elfenbeinturm (untereinander sprach man vom „eisernen Vorhang") selbst für hochrangige Generäle. Die tragikomischen Ereignisse, von denen Tullio Marchetti erzählt, der den Leiter des Nachrichtendienstes heimlich treffen musste, um ihm über den Zusammenbruch seiner Dienststelle zu berichten, schildern getreu das konspirative Klima, das in der obersten Führung der italienischen Streitkräfte herrschte[42]. Ganz unterschiedliche Zeugen, die ganz unterschiedliche Schicksale erlebten, wie Luigi Capello, der mächtige Befehlshaber der 2. Armee, der von der deutsch-österreichischen Offensive bei Caporetto überwältigt wurde, oder Enrico Caviglia, der Kommandeur des 24. Korps, der sich bei der Eroberung von Bainsizza bewährt hatte, sollten in ihren Erinnerungen darin übereinstimmen, dass das Fehlen einer handfesten Mitarbeiter-Struktur ein enormes Problem darstellte. Cadorna zu erreichen, um mit ihm rasch über einen Befehl zu reden, konnte bereits in normalen Zeiten schwierig sein, in Krisenzeiten wurde es zu einem regelrechten Abenteuer. Letztlich waren es nur wenige Kommandeure, die den Angaben der Dienststellen des Generalstabs trauten, dabei aber mehr damit beschäftigt waren, sich untereinander um die Gunst Cadornas zu bekriegen, als sich wirklich mit der Lage auseinanderzusetzen[43]. Auf jeden Fall besteht kein Zweifel, dass das der kaum versteckten Misanthropie Cadornas und seinem Widerwillen vor Diskussionen entsprach, auch wenn er es bei seinen Aussagen vor der Untersuchungskommission vorzog, die Verantwortung auf den Übereifer seiner Sekretäre abzuwälzen: „Vielleicht hat jemand verhindert, dass man bis zu mir durchkommen konnte. Mir wurde gesagt, dass Oberst Bencivenga dies tat [...]; ich kann das nicht bestätigen"[44]. Die Brüchigkeit des Systems trat mit dem Fall des Sekretärs zu Tage; ein Vorgang, der eine allzu enge und nur auf eine Person bezogene Führung in die Krise stürzte. Temperamentvoll und egozentrisch (Ojetti nannte ihn „einen echten Römer, einen guten Kerl, aber mit frecher Schnauze", überschwänglich und ein Lästermaul) hatte sich Bencivenga eine immer unabhängigere Rolle zurechtgeschnitten und ging soweit, sich die Freiheit zu nehmen, Befehle der Armeekommandeure zu kritisieren, zu diskutieren und letztlich sogar zu annullieren (so machte er den Befehl zur Zensur oder zum Einzug von Tageszeitungen, die die Soldaten im Kriegsgebiet erreichten, rückgängig – da er ihn, zu Recht, für unsinnig hielt)[45]. Ein Akt der Selbstüberschätzung, der zur Konfrontation mit dem Herzog von Aosta und mit Capello führte, den beiden bekanntesten Generälen des Heeres – und die einzigen, die Cadorna respektierte. Seine Entfernung Ende Sommer 1917 ging rasch vonstatten, war aber traumatisch. „Bencivenga hat mich verlassen, um das

Kommando der Brigade zu übernehmen", sollte Cadorna kommentieren, „ihn ersetzt Oberst Gabba, genauso intelligent, aber mit sehr viel besseren Manieren. Nicht immer hatte ersterer den nötigen Takt"[46]. In Wirklichkeit ging dieser Wechsel nicht so friedlich vonstatten. Offiziell in Rom beurlaubt, bevor er ein Kommando übernehmen sollte, wurde Bencivenga systematisch von den Männern von Giovanni Garruccio, dem intriganten ehemaligen Kommandeur der Spionage-Abteilung des Generalstabs, ausspioniert. Er war zum Leiter des militärischen Nachrichtendienstes befördert worden (um ihn aus Udine wegzubekommen) und im Exil in Rom, wo er eigentlich für die Leitung der Spionagetätigkeit an der Heimatfront zuständig war („eine Art Fou-quier-Tinville des Krieges, der Briefe öffnet und Berichte schreibt [...]; viel gehasst und von allen verachtet") und heikle und möglichst kompromittierende Informationen sammelte[47]. „Ich habe das Verfassen solcher Berichte nie angeordnet und ich habe ihnen nie große Beachtung geschenkt", sollte Cadorna später behaupten[48]. Dem mag so sein, aber es besteht kein Zweifel, dass die Informationen der Spione von Garruccio Cadorna sehr wohl den einen oder anderen Vorteil gegenüber eventuellen Feinden und Verrätern in den eigenen Reihen verschafften, und Bencivenga war eines der prominentesten Opfer. Die enge Überwachung machte es möglich, einige unvorsich-tige Bemerkungen des ehemaligen Sekretärs abzufangen, der nur allzu bereit war, das Umfeld des Kommandos, das er gerade verlassen hatte, schlecht zu machen, und bei einer Reihe von Treffen mit Parlamentariern und anderen Vertretern der Streitkräfte alle Verdienste um die operativen Erfolge von 1916 auf sich selbst zu übertragen:

> Die lange Bekanntschaft mit Cadorna [...] das Vertrauen, das er gewonnen hatte, ließen ihn glauben, er sei unersetzbar. Aber [...] Bencivenga hat noch nicht begriffen, dass der *Feldherr* beweisen will, dass er allein das Heer kommandiert und er allein dazu in der Lage ist: Und alle anderen um ihn sind nichts weiter als Angestellte, die kommen und gehen können, wie sie wollen[49].

Cadorna wurde wahnsinnig wütend. Er verklagte Bencivenga und ließ ihn zu drei Monaten Haft in der Festung Bard verurteilen, wo der unglückselige (und unvor-sichtige) Oberst tatsächlich einige Wochen absaß. In den besonders düsteren Tagen von Caporetto, offenbar auch durch Fürsprache von Pater Semeria (dem Geistlichen des Oberheereskommandos und einer der wenigen am Hof von Udine, der unabhängig genug war, um sich offene Urteile zu erlauben), wurde Bencivenga begnadigt und an die Front geschickt, um die Brigade *Aosta* anzuführen, eine der ältesten und ruhm-reichsten Einheiten der Streitkräfte, die er in einer hartnäckigen Verteidigungs-schlacht am Monte Grappa brillant führte[50]. Es war eine unglückliche Fügung, dass das Oberkommando seinen besten operativen Offizier und einen begabten Logistik-lehrmeister ausgerechnet kurz vor der Schlacht von Caporetto verloren hatte. Am auffälligsten ist jedoch Cadornas emotionale Reaktion. Mehrfach äußerte er, dass er sich durch die Illoyalität seines alten Sekretärs, dem vielleicht engsten Kriegsge-fährten (soweit das bei einem Misanthropen möglich ist), verraten und „angeekelt" fühlte[51]. Es ist sehr wahrscheinlich, dass Cadorna, der sich des Klatsches bewusst war, der über seine höfische Führung des Kommandos im Umlauf war, die Situation ausnutzte, um ein Exempel zu statuieren, dass „ich nie jemanden begünstigt [habe]" und dass „Günstlingswirtschaft" an seiner Burg keine Chance hätte[52]. Was gleichwohl bedeuten kann, dass sein Bedauern über das, was er als eine Geste unverständlicher Unehrlichkeit wahrnahm, sehr ernst gemeint war: „Er ist denen, die um ihn sind, sehr wohl gesonnen", sollte Gatti anmerken, „doch seine Liebe hat etwas Besitzergreifendes. Man muss sein Sklave sein. Das liegt vielleicht [...] an seiner Schüchternheit"[53]. In den darauffolgenden Jahren sollten die beiden „Frieden miteinander schließen" und trotz seiner scharfen Kritiken bezeugte Bencivenga stets seinen tief gehenden Respekt gegenüber dem ehemaligen Kommandanten, auch indem er ihn so weit wie möglich in seinem Verhör vor der Untersuchungskommission verteidigte[54]. Doch in den angespannten Wochen vor Caporetto war Bencivenga nur ein weiterer „Lump, [der] sich wer weiß was einbildete", ein weiterer Beweis für Cadornas Verfolgungswahn und dafür, dass er isoliert war, umgeben von treulosen Verrätern, dass er niemandem vertrauen konnte.

Der Unersetzliche: Cadorna und die Regierung in Kriegszeiten

> Mit Beginn des Krieges wurden die schon vorher erbitterten Meinungsverschiedenheiten zwischen dem Minister und dem Generalstabschef skandalös: Der Minister ging nicht auf die Vorschläge ein, die Cadorna [...] nach und nach vorbrachte, [...] Cadorna entzog sich der Autorität des Ministers und usurpierte nach und nach dessen Befugnisse. Das Kabinett stellte sich üblicherweise auf die Seite des Ministers. [...] Doch mit dem wenig positiven Urteilsspruch [...] wurde [...] die Autorität des Kriegsministers, mehr noch, der gesamten Regierung untergraben. Ein regelrechter Staatsstreich[55].

Dieses Resumée von Antonino Di Giorgio über den Konflikt zwischen ziviler Macht und Militärmacht in Italien zwischen 1914 und 1918 konnte nicht deutlicher sein, was aber nicht heißt, dass es unparteiisch war. Er übertrieb stark, wenn er den raschen und sicherlich radikalen Machtverlust der Zivilregierung in den Tagen des Kriegseintritts einen „Staatsstreich" nannte. Einige Monate waren genug für das Oberkommando (das „Ministerium von Udine", wie Cadornas Hof ironischerweise genannt wurde) gewesen, den Krieg zunehmend autokratisch und unabhängig von Rom zu führen, aber das hing in viel stärkerem Maße von den Erfordernissen eines totalen Krieges ab, der die gewöhnliche Verwaltung der zivil-militärischen Beziehungen in ganz Europa durcheinanderbrachte, als von den diktatorischen Versuchungen des Generalstabschefs[56]. In der Tat hatte in allen Ländern, die am Ersten Weltkrieg beteiligt waren, die totale Mobilmachung zu einer erheblichen Machtverlagerung von den Zivilregierungen auf die Streitkräfte geführt. In den „Kriegsgebieten" erhielten die Militärspitzen weitreichende Befugnisse aus dem Bereich der Polizei, der Justizverwaltung, der Unterdrückung von Dissens und der Einschränkung (oder Aufhebung) von bürgerlichen und politischen Rechten der Bevölkerung. Nichtsdestotrotz hingen Ausmaß und Form dieser Entmachtung der Exekutiven und Parlamente jedoch weitgehend von den spezifisch nationalen Gegebenheiten ab[57]. Zwischen der deutschen Autokratie, wo

Hindenburg und Ludendorff sich fast als Staatsoberhäupter verstanden, und dem liberalen Großbritannien, das die Übermacht des Militärs auf die Gebiete jenseits des Ärmelkanals beschränkte, zeichnete sich ein erheblicher Unterschied ab[58].

In Italien bildete sich noch vor Kriegseintritt eine „Kriegsregierung". Am 21. März 1915 erhielt die Regierung Salandra vom Parlament einen weitreichenden legislativen Auftrag, mit Hilfe von Dekreten zu bestimmten Themenbereichen „für die wirtschaftliche und militärische Verteidigung des Staates" Vorsorge zu treffen, während am 22. Mai, mittlerweile kurz vor Kriegseintritt, das Gesetz Nr. 671 der „Regierung des Königs außerordentliche Machtbefugnisse für den Kriegsfall"[59] übertrug. Die erste Maßnahme strukturierte das Gerüst einer außergewöhnlichen Gesetzgebung, die durch die Unterordnung des Parlaments unter die Exekutive bekräftigt wurde: Unter anderem garantierte sie der Regierung umfassende Machtbefugnisse zur Beschränkung der Presse- und Meinungsfreiheit und übertrug den zuständigen Ministern (von parlamentarischer Kontrolle befreit) die Verabschiedung von Maßnahmen, die für die innere Sicherheit und die Kriegsführung als notwendig befunden wurden. Das Gesetz vom 22. Mai, das aus einem einzigen Artikel bestand, schrieb vor, dass die Regierung im Kriegsfall und für die Dauer des Krieges die Befugnis hatte, für alles, was die Verteidigung des Staates, den Schutz der öffentlichen Ordnung und die dringenden Bedürfnisse der Volkswirtschaft betraf, Bestimmungen mit Gesetzeskraft zu erlassen[60]. Auf die Abschaffung der legislativen Macht mit dieser weitreichenden, allgemeinen, nicht widerrufbaren Befugnisübertragung (der Vorschlag der Sozialisten, sie auf ein Jahr zu beschränken, wurde abgewiesen) folgte eine Übertragung jeder Menge umfassender Machtbefugnisse an den Generalstab, die von der Zivilregierung nur schwer zu kontrollieren waren. Im Kern war diese (einverständige) Entmachtung schon im Gesetzestext über das Ermächtigungsgesetzt enthalten, wo es hieß, dass die „Bestimmungen der Artikel 243 und 251 des Strafgesetzbuches für die Armee bestehen bleiben". In diesen beiden Artikeln wurde nämlich sowohl der Übergang vom Friedens- zum Kriegszustand als auch die Übernahme außerordentlicher Befugnisse durch die Militärbehörden geregelt, die die Möglichkeit bekamen, in den zum „Kriegsgebiet" erklärten (oder besetzten) Gebieten – der Kontrolle der Exekutive und der Justizbehörde entzogen – durch Proklamationen und Verordnungen Gesetze zu erlassen[61]. In der Tat war die Unterwertung von Kriegsgebieten mit der nahezu völligen Gesetzgebungsautonomie durch die Armee (vom Generalstab bis zu den Truppenführungen im Kampfgebiet) die erste besondere Charakteristik dieser zivil-militärischen Doppelherrschaft. Im Jahr 1915 umfasste der zum „Kriegsgebiet" erklärte Raum einen erheblichen Anteil des nationalen Territoriums, der viele der Provinzen an der nord-östlichen Grenze einschloss. In den darauffolgenden Jahren wuchs es kontinuierlich, um schließlich nach der Krise von Caporetto fast ganz Norditalien zu umfassen außer die Territorien von Messina und Reggio Calabria. Am Ende des Konflikts lebten mehr als 10 Millionen Italiener, etwas weniger als 30 % der Gesamtbevölkerung des Königreichs, in einem Gebiet, das unter Kriegsrecht stand. Nur ein relativ geringer Anteil dieser Regionen (das sogenannte „Operationsgebiet") war tatsächlich von Gefechten betroffen, doch die Autorität des Generalstabs (und in seinem

Auftrag der untergeordneten Truppenführer) war so gut wie überall präsent. Neben Problemen der öffentlichen Ordnung und Sicherheit konnten die Militärkommandos auch weite Teile der industriellen Mobilisierung (sowohl im Kriegsgebiet als auch im Land) autonom oder fast autonom steuern und einen bedeutenden Teil der kulturellen Mobilisierung kontrollieren (von der Organisation von Propaganda im In- und Ausland bis zur Pressezensur).

Cadorna umging oder brach letztes Endes zwar keine Gesetze, das bedeutete aber nicht, dass der Chef des Generalstabs nicht entschieden zu den ständigen Spannungen zwischen Rom und Udine, zwischen Regierung und Heereskommando beitrug, was bis zu seiner Ablösung durch Armando Diaz eine immer alarmierendere Charakteristik des italienischen Kriegs werden sollte[62]. Schließlich ließen die persönliche Geschichte und die Überzeugungen Cadornas wenig Raum für eine gemeinsame Handhabe des Konflikts zwischen ihm und einer Führungsklasse, der gegenüber er eine grundlegende Verachtung hegte. Salandra und seine Minister waren unfähig, sie waren „erbärmlich" und sie waren „feige". Boselli (der ihn nach dem knapp vermiedenen Desaster der Strafexpedition als Präsident ablöste) war eine „Fahne im Wind" und seine Regierung war „in ihrer Schwäche eine einzige Feigheit", die sich aus „hinterhältigen Defätisten ohne Sinn fürs Vaterland" zusammensetze[63]. Während der gesamten zweieinhalb Jahre seines Kommandos änderte Cadorna seine Meinung über das Gesamtverhalten der beiden Nachfolge-Ministerien nicht und sah sie nicht nur als schwach, sondern auch als regelrecht gefährlich an. Auf der einen Seite unterschätzten sie aus liberalen, falsch verstandenen Skrupeln (und Inkompetenz) das, was ihre eigentliche Sorge hätte sein sollen: die rückhaltlose Unterstützung des Krieges durch eine bessere Organisation der Produktion, mehr finanzielle Mittel und eine stärkere Disziplinierung der Bevölkerung (die dem Defätismus der Antimilitaristen zu sehr ausgesetzt war). Auf der anderen Seite glaubten sie, sich in die militärischen Angelegenheiten einmischen zu können, indem sie sich Kompetenzen zutrauten, die ausschließlich dem exklusiven Urteil des Chefs des Generalstabs zustanden, und ihn somit behinderten und versuchten, sein Prestige und seine Autorität zu schwächen.

Auch wenn sein Blick auf den persönlichen „inneren Feind" manchmal an Paranoia grenzte (und die Überzeugung von einem Komplott nahm immer mehr zu), wird man nicht sagen können, Cadorna hätte gänzlich unrecht gehabt. Sicher, zu Beginn des Konflikts schien seine Figur auch in Regierungskreisen unumstritten zu sein. Als dann im Lauf des Sommers die ersten Spannungen zwischen ihm und Zuppelli aufkamen, war die Mehrheit der Minister noch davon überzeugt, dass der Chef des Generalstabs grundsätzlich recht hatte, trotz seines nicht immer diplomatischen Tons[64]. Allerdings ließ dieses Vertrauen in den folgenden Monaten nach. Die Enttäuschung über die fehlenden strategischen Resultate der Schlachten an der Isonzo-Front, das Entsetzen über die enormen und unerwarteten Verluste an Menschenleben und über die explodierenden (und augenscheinlich grenzenlosen) Kosten brachten auch die enthusiastischsten und patriotischsten Mitglieder des Kabinetts Salandra dazu, sich dem Problem der Absetzung des Oberbefehlshabers zu stellen. Der Ministerpräsident selbst gestand mehrere Male, dass er dessen Kopf gerne hätte rollen sehen, wenn er nur einen einzigen guten Namen für seine Nachfolge gehabt hätte („und letztendlich wie ihn auswechseln? Durch wen? Porro wäre nur ein schlechterer Cadorna") und wenn sich Vittorio Emanuele III. nicht so starrsinnig gegen jede Veränderung gesträubt hätte. Ferdinando Martini gab zu, dass das Vertrauen in Cadorna mittlerweile erschüttert war und dass sich die Minister einfach damit abgefunden hatten, dass niemand in der Lage war, einen ausreichend angesehenen Nachfolger zu finden (oder zumindest überzeugend genug, um die Zustimmung des Königs zu erhalten)[65]. Cadorna selbst half nicht gerade, die Situation zu verbessern. Als Reaktion auf die kritischen Äußerungen, die ihm sowohl privat als auch öffentlich aus Rom entgegengebracht wurden, und auf die ersten Risse, die sich in der öffentlichen Meinung zeigten, schrieb er Salandra erzürnte offizielle Briefe, in denen er der Regierung alle Schuld gab. Man konnte die festgefahrene Situation der Operationen auf dem Karst und an der Isonzo-Front nicht dem Generalstab anlasten („so als wäre das abhängig gewesen von mir, meinem Mangel an Fähigkeiten und Energie"); dieses Problem sei allein auf einen Mangel an Waffen, Munition und Ersatzmaterial zurückzuführen und damit letztlich auf die Unfähigkeit der Regierung, das zum Kämpfen und Siegen Notwendige bereitzustellen[66]. In den darauffolgenden Wochen verschlechterten sich die Beziehungen zwischen der militärischen und der zivilen Hauptstadt immer rascher. Cadorna drohte regelmäßig mit seinem Rücktritt, sollte sich der Kriegsminister nicht kooperativer zeigen, und forderte die Regierung direkt dazu auf, zwischen ihm und dem Minister zu wählen[67]. Zuppelli, der zwischen Momenten der Unterwerfung unter die überwältigende Persönlichkeit des *Feldherrn* und Versuchen der Selbstbehauptung schwankte, wurde zum Wortführer der Ungeduld gegenüber der sturen Strategie der Frontalangriffe auf dem Karst und der Beschwerden über die starre Führung der Männer. Anfang 1916 wurde er zusammen mit Sonnino zum Befürworter einer kollegialeren Kriegsführung. Im Januar legte er eine lange Schrift vor, in der er die Kriegsplanung des Generalstabs hart kritisierte, wobei er davon ausging, dass die italienischen Truppen bereits vor den Toren von Triest hätten stehen können, wenn sich das Oberkommando nicht darauf versteift hätte, die wenigen verfügbaren Mittel längs der gesamten Front zu verschleudern. Das war ein Angriff auf die Unabhängigkeit des Generalstabschefs, der mit der Forderung verbunden war, ein politisch-militärisches Gremium einzuberufen, das sich kollegial mit der Festlegung der Richtlinien für die künftige Kriegsführung und der Besprechung der Zielvorgaben befassen sollte[68]. Cadorna weigerte sich strikt: „Ich habe mit einem scharfen Nein geantwortet und erklärt, dass ich so etwas niemals akzeptieren werde und die Regierung – sollte sie dies wollen, mich zuerst ersetzen muss. Wie Sie sehen, sind meine Hauptfeinde nicht die Österreicher"[69].

Angesichts seiner Drohung, zurückzutreten, gaben Salandra und Sonnino nach. Nicht nur der König unterstützte Cadorna und dessen autonome Kriegsführung weiterhin (die Meinung Vittorio Emanuele III. von den Kompetenzen seiner Minister in Kriegsfragen war kaum besser als die des Chefs des Generalstabs), vor allem aber war der Ministerrat gespalten und nicht in der Lage, sich auf einen Namen für Cadornas Nachfolge zu einigen. Außerdem war man tief beunruhigt, dass die Absetzung des

Oberbefehlshabers gleichbedeutend mit einem ausdrücklichen Anzweifeln jenes optimistischen Vertrauens in den Ausgang (und die Dauer) des Krieges gewesen war, das die Begeisterung für den Kriegsbeitritt begleitet hatte: „Salandra [...] teilt mein Urteil über Cadorna. Aber durch wen kann man ihn ersetzen? [...] Er findet keinen Mann"[70]. In denselben Wochen kam es zu einem weiteren Zusammenstoß bezüglich der Ambitionen der Mittelmeerpolitik, die vom Außenministerium gepflegt wurden. Seit Kriegseintritt befürwortete Sonnino ein stärkeres militärisches Engagement Italiens auf dem Balkan: Albanien war schon seit geraumer Zeit ein Gebiet, in dem die Politik des italienischen Königreichs erheblich mitmischte, und angesichts des Zusammenbruchs der serbischen Front unterstützte die Regierung das Projekt der Erschaffung eines breiten Brückenkopfs zwischen Vlora und Durrës, der ein für alle Mal die Vorherrschaft Italiens in diesem Gebiet festigen sollte. Cadorna war der Überzeugung, dass das ein Fehler sei. Sein Interesse war „Isonzo-lastig". Er war wie besessen von dem Gedanken, dass die Ressourcen für den Hauptschauplatz nicht ausreichen würden, er glaubte nicht an gewagte Pläne auf Nebenschauplätzen. Er war aber bereit, einige Brigaden für die Stellung bei Vlora (einer strategisch wichtigen Hafenstadt an der Adria) zur Verfügung zu stellen sowie für eine mögliche italienische Beteiligung am alliierten Korps von Thessaloniki[71]. Die Fakten gaben Cadorna schnell recht und gegen Ende Februar 1916 nach einigen Wochen aussichtsloser Besetzung wurde ein italienisches von Krankheit und Erschöpfung geschwächtes Expeditionskorps in einem österreichischen Angriff aufgerieben und musste schleunigst die Stadt verlassen, wobei Tausend Gefallene zurückgelassen wurden[72]. Die Niederlage in Durrës, eine Art Miniatur-Gallipoli, kam die Regierung politisch teuer zu stehen. Sonnino und mehr noch der Kriegsminister, die diese Operation beide befürwortet hatten, wurden nun von der öffentlichen Meinung heftig kritisiert, und wenn Ersterer zu angesehen war, um wirklich Schaden zu nehmen, musste Zuppelli zurücktreten. Cadorna bestand auf einem seiner treuen Mitarbeiter, General Paolo Morrone, als neuem Minister, ein weiterer Schritt zur Stärkung seiner eigenen Position und zur Schwächung der Exekutive bei der Kriegsführung.

Der Prozess der radikalen Umkehrung des Gleichgewichts zwischen dem Oberkommando und der zivilen Regierung erreichte im Sommer 1916 seinen Höhepunkt. Das Trauma des überwältigenden Erfolgs der österreichischen Strafexpedition im Trentino legte das Scheitern von Salandras politischer Strategie offen, die auf der Illusion eines kurzen Krieges fußte. Da er als Hauptverantwortlicher für die mangelhafte Vorbereitung des Landes auf den Krieg ausgemacht worden war, schwankte seine Macht bereits seit Monaten und auch die Mehrheit, die ihn in der Abgeordnetenkammer unterstützte, bröckelte zusehends. Derweil forderten verschiedene parlamentarische Gruppierungen (von den demokratischen Interventisten bis zu den Nationalisten) mit lauter Stimme die Schaffung eines neuen Kabinetts, das fähig gewesen wäre, das Land durch ein Unterfangen zu führen, das – wie inzwischen allen klar geworden war – viel länger und schwieriger war, als man zu Beginn gedacht hatte[73]. Mit der Verstörung, die der österreichische Angriff auf der Hochebene im Land auslöste, spitzte sich die Lage immer weiter zu. Es mag paradox anmuten, dass der Armeechef von dieser Welle des Unbehagens und der Kritik kaum in Mitleidenschaft gezogen wurde. Tatsächlich stimmte der Ministerrat in den ersten Tagen des österreichischen Angriffsmanövers über Cadornas Absetzung ab (Sonnino ging so weit, „den König dem Dilemma auszusetzen: er oder wir") und man kam überein, Vittorio Emanuele III. die Notwendigkeit von einem Wechsel an der Heeresspitze zu unterbreiten, wie auch die Idee wieder hervorgeholt wurde, ein Krisenkomitee im Kriegsgebiet einzusetzen, das sich dort mit den Ministern und den wichtigsten Generälen treffen sollte. In beiden Fällen wagte es die intern gespaltene Exekutive jedoch nicht, dem Oberbefehlshaber, der zu diesem Zeitpunkt auch eine geschickte Pressekampagne zu seiner Unterstützung führte, ihre Entscheidungen aufzuzwingen[74]. Noch paradoxer ist, dass die Errichtung des neuen „Ministeriums der nationalen Einheit" unter der Leitung des alten Paolo Boselli, das dem Land eine stabilere Exekutive hätte geben sollen, das Ergebnis des Zusammenschlusses aller interventistischen Strömungen war und die Autonomie der „Regierung von Udine" stärkte.

Boselli war ein eher zweitrangiger Politiker ohne große politische Unterstützung und charakterschwach. Seine Beziehungen zu Cadorna, der ihn für unfähig, schwach und ohne Rückgrat hielt, waren nie gut und nahezu unterwürfig gewesen. Bei einer der ersten Versammlungen des Ministerrats verweigerte der neue Regierungschef die Beförderung des Oberbefehlshabers zum „Armeegeneral". Cadorna erfuhr umgehend durch seine Freunde in Rom davon und sollte ihm das nie verzeihen. Noch ein Jahr später, als er sich wieder einmal über die schlechten Beziehungen zu den Politikern beklagte, erinnerte er daran, dass diese Anerkennung „ein Muss" gewesen wäre und dass man sie ihm nicht verliehen habe, sei ein Beweis für die Widersprüchlichkeit und den Kleingeist der italienischen Minister[75]. Die Ernennung von Leonida Bissolati zum Minister ohne Portfolio mit dem halb offiziellen Auftrag, die Verbindung zwischen Regierung und Oberkommando aufrechtzuerhalten, stellte einen weiteren Affront dar. Bissolati war schon seit langem Abgeordneter und einer der renommiertesten Vertreter des Reformsozialismus, der sich mit der Zeit immer patriotischeren Positionen genähert und so den Libyen-Feldzug und dann auch den Kriegseintritt gegen Österreich-Ungarn befürwortet hatte. Im Mai 1915 war er als Unteroffizier in die Armee eingetreten und wechselte zwischen Aufenthalten an der Front unter den Alpini und Sitzungen im Parlament, kurz, er wurde zu einem Inbild des Interventismus und trug zur Stärkung des Konsenses zum Krieg bei[76]. Dennoch löste seine Amtserhebung keine Begeisterung beim Generalstabschef aus. Sicherlich war Bissolati ein Befürworter der „letzten Kampagne für das Risorgimento", er war aber auch ein kritischer Geist und hatte sich öffentlich gegen den Versuch ausgesprochen, die Schmach der Strafexpedition mittels der Formel vom „großen defensiven Sieg" zu sublimieren, ohne die entsprechenden Lehren daraus ziehen und die Verantwortlichen – bis auf den Sündenbock Brusati – ausmachen zu wollen[77]. Seine Eigenschaft als ziviler Kriegsminister trug nicht dazu bei, das Misstrauen gegenüber dem Militär zu mindern: Bissolati hatte eine Art „Inspektorenmandat", eine Überwachungsaufgabe, die für die Entourage des Oberkommandos unerträglich war[78]. Seine Offenheit und einige ätzende Bemerkungen über die Fehler des Generalstabs erreichten Cadorna schnell und er reagierte wütend:

„Bissolati sagte, wenn ich dem Herzog freie Hand gelassen hätte, wären wir ein Jahr früher in Gorizia eingezogen! [...] Mehr als Ignoranz ist das Böswilligkeit. Ich werde Boselli schreiben, dass ich ihn nicht mehr im Kriegsgebiet will"[79]. Formal wies Cadorna den Regierungschef darauf hin, dass es notwendig sei, die Missionen der Minister und anderer Personen, die von Rom aus in das Operationsgebiet und nach Udine geschickt wurden, ein für alle Mal zu regeln. Es ging nicht nur darum, der wachsenden Zahl von Politikern, die ins Kriegsgebiet kamen, um ihr öffentliches Image als Patrioten zu akkreditieren, einen Riegel vorzuschieben, sondern auch darum, das Kommen und Gehen von Zivilisten einzudämmen, die laut Cadorna allesamt Spione und Zensoren seiner römischen Gegner waren[80]. Boselli gestand ihm auch diesmal jede Machtbefugnis zu und Cadorna verlor keine Zeit. Der Generalstab behielt es sich vor, über den Zugang aller Zivilpersonen – einschließlich Parlamentariern und hoher Staatsbeamten – in die zu Kriegsgebieten erklärten Territorien zu entscheiden, was dazu beitrug, dass sich der gesamte Nordosten der Halbinsel in einen *corpus separatum* vom Rest des Königreichs verwandelte[81].

„Sie können mich wegschicken, wann und sobald sie wollen, aber solange ich hier bin, kommandiere ich". Im Lauf des Sommers 1916 bewies Cadorna immer wieder, dass er seine Position als absoluter Herr des Krieges konsolidiert hatte und dass er fest entschlossen war, dem zu widerstehen, was er für ein römisches Komplott zu seiner Absetzung hielt[82]. Luigi Capello, der nach der Eroberung von Gorizia ein Volksheld in den Reihen der Armee und in der nach Siegen gierenden öffentlichen Meinung geworden war, wurde von einem Tag auf den anderen von seinem Kommando abgesetzt und auf die Hochebene versetzt, wo er in einer Art Exil verblieb, bis ihn Cadorna im Frühjahr 1917 zurück ans Kommando der „Zone Gorizia" rief und dann an die Spitze der 2. Armee[83]. Capello bezahlte damit nicht nur seinen Ruhm, sondern auch seine Gunst unter den römischen Politikern (nicht zuletzt bei Bissolati, mit dem ihn vermutlich eine Freimaurerzugehörigkeit verband), die in ihm den nie gefundenen Namen eines möglichen Nachfolgers an der Spitze der Armee gesehen haben könnten: „Sein [Capellos] Hauptquartier, in dem sich Abgeordnete trafen, vor allem Sozialisten, was mir überhaupt nicht gefiel [...] war eine Lästerhöhle gegen mich geworden, und so habe ich ihn auf die Hochebene von Asiago abgeschoben"[84]. Der „Fall Douhet", der in denselben Wochen explodierte, lieferte Cadorna eine weitere Gelegenheit, seine immer unumstrittenere Vorherrschaft zu stärken. Giulio Douhet, ein Generalstabsoffizier, der damals seinen Dienst im 12. Armeekorps tat, war kein normaler Offizier. Unter den wenigen Befürwortern einer Luftwaffe war er ein Pionier in der Organisation der ersten Verbände der Luftstreitkräfte in den Jahren vor 1914 gewesen, und in den folgenden Jahren sollte er einer der bedeutendsten internationalen Theoretiker der neuen Strategie des Luftkriegs werden[85]. Ohne Zweifel war er ein genialer Erneuerer, doch fehlte ihm jeder Sinn für Unterordnung und Anpassung: Am Kommando des „Luftwaffenbataillons" (der ersten Truppeneinheit, die Soldaten und Kampfmaterial der Luftwaffe aufstellte) hatte er sich durch Zusammenstöße mit seinen Vorgesetzten und eine Reihe von Disziplinarverfahren ausgezeichnet, die ihn am Ende die Absetzung an der Spitze seiner Spezialtruppe kosteten sowie die Versetzung auf seltsame

Posten im Mobilisierungskorps[86]. Da er so rasch wie möglich wieder zurück auf die Bühne wollte, nahm Douhet mit verschiedenen Politikern Kontakt auf, darunter Bissolati, dem gegenüber er all seine Bedenken hinsichtlich der Vorgehensweise des Generalstabs äußerte und kompromittierende Informationen versprach, wenn man ihm helfen würde, zurück zur Luftwaffe zu kommen. Er verfasste einen Bericht, den er dem bekannten Politikwissenschaftler Gaetano Mosca anvertraute, der aber damals auch Abgeordneter des konservativen Lagers war und ehemaliger Unterstaatssekretär des zurückgetretenen Kabinetts Salandra, damit er ihn Bissolati und Sonnino übergebe. Unter Umständen, die nie ganz geklärt wurden, ging der Bericht – der die strategischen Richtlinien Cadornas verurteilte, seine Gefechtsführung für irrational befand und der Regierung genügend Material lieferte, um seine Absetzung zu fordern – verloren (oder wurde von Agenten des Spionagedienstes abgefangen), um schließlich auf dem Schreibtisch Cadornas zu landen[87]. „Ich schließe entschieden aus, dass die Berichte des Nachrichtendienstes dazu beigetragen haben, zu Meinungsverschiedenheiten zwischen Regierung und Generalstab geführt zu haben", sollte Cadorna vor der Untersuchungskommission zu Caporetto beteuern. Vielleicht war dem so, aber in diesem Fall war die Aktivität seiner Informanten nützlich, um das ganze Netzwerk von Freunden und Unterstützern, das Bissolati unter den kämpfenden Offizieren der Armee hatte, auf die Anklagebank zu bringen[88]. Douhet, der für schuldig befunden wurde, „verleumderische Notizen über den Generalstab verbreitet" zu haben, bezahlte seine Unvorsichtigkeit mit einem Jahr Militärgefängnis und seiner Amtsenthebung, und nur wegen Cadornas eigenem Fall in Ungnade gegen Ende 1917 fand die Karriere des Begründers der strategischen Luftfahrt kein vorzeitiges Ende[89]. Michele Gortani, ein Abgeordneter, der sich freiwillig als Infanterieoffizier gemeldet hatte und der im „Fall Douhet" die Rolle des Vermittlers mit den römischen Politikerkreisen spielte, wurde für drei Monate ins Gefängnis geschickt und Cadorna weigerte sich beharrlich, ihm als gewähltem Parlamentarier mildernde Umstände zuzugestehen („ich bestehe darauf, dass das Strafmaß nicht reduziert wird [...], denn das Verfehlen ist so gravierend, dass die Anklage vor ein Kriegsgericht gehört hätte")[90]. Was Bissolati betraf, den das Gericht eigentlich als den „Anstifter" des „Verrats" von Douhet ausgemacht hatte, wurde seine Position sehr schnell unhaltbar. Cadorna verbannte ihn mit dem Vorwurf aus dem Kriegsgebiet, eine Gefahr für die Aufrechterhaltung der Disziplin des Heeres und der Regisseur eines Komplotts zu sein, das den Fall seines Kommandeurs zum Ziel hatte:

> Was jetzt ans Licht gekommen ist, deckt in geringem Maße den hinterhältigen und heimtückischen Krieg auf, der von Beginn der Kampagne an von Abgeordneten und amtierenden Ministern gegen mich geführt worden ist [...]. Wenn die königliche Regierung mir nicht vertraut, muss sie nur S.M. dem König meine Ablösung vorschlagen[91].

Der König hatte natürlich keinerlei Absicht, seinen aggressiven, entschlossenen und in der Öffentlichkeit immer noch ziemlich beliebten Generalstabschef abzusetzen, vor allem in Ermanglung eines überzeugenden Ersatzes, den die Männer der schwachen

Regierung Boselli, wie zuvor schon Salandra, ihm nicht vorschlagen konnten. Die Abwicklung des Falles Douhet wurde so zu einem Triumph für Cadorna, der von nun an keine Angriffe oder Kritiken mehr fürchten musste und dessen Unabsetzbarkeit – bis Caporetto – nicht mehr in Frage gestellt wurde. Nach einem demütigenden persönlichen Besuch in Udine sah sich Boselli gezwungen, ausgerechnet König Vittorio Emanuele III. bei der Beilegung einer mittlerweile mehr als peinlichen Situation um Vermittlung zu bitten. Schwach wie sie war, konnte es sich die Exekutive nicht leisten, einen ihrer Minister aus einer wichtigen Region des Landes vertrieben zu sehen, und der Ratspräsident drohte in einem seltenen Ausbruch von Stolz seinerseits mit dem Rücktritt des gesamten Kabinetts, sollte Bissolati nicht aus der Verbannung befreit werden[92]. Cadorna zeigte sich zur Vergebung bereit, nachdem man ihm versichert hatte, dass die Regierung nie wieder versuchen würde, seine Entscheidungen infrage zu stellen. Wenige Tage danach schrieb er dem enterbten Minister einen Brief, der seine Vision der hierarchischen Ordnung von Militär und Zivilisten in einem Krieg, der viel zu ernst war, um es Politikern zu erlauben, sich mit ihm zu befassen, perfekt zusammenfasste: „Mein Ziel ist es, die Wiederholung bedauerlicher Situationen zu vermeiden, die mit dem korrekten Funktionieren des Kommandos im Krieg nicht vereinbar sind, einem Funktionieren, das die Einmischung von Personen, die nicht zum Militär gehören, nicht erlaubt [...], selbst wenn diese sehr hohe öffentliche Ämter bekleiden"[93].

Auf eine etwas bizarre Art und Weise entstand im Laufe der Zeit eine zunehmend herzliche Beziehung zwischen Bissolati und Cadorna, die sich in manchen Momenten beinahe zu Freundschaft entwickelte (und in den Tagen von Caporetto zu aufrichtig geteilter Trauer). Das war nicht überraschend. Der Generalstabschef hatte die Grenzlinie gezogen, die nicht überschritten werden durfte; seine Autorität war anerkannt worden und die simple Wahrheit, dass er unersetzbar war. Jetzt, da seine Position akzeptiert worden war, konnte er es sich auch erlauben, großzügig zu sein.

Der Krieg, den es nicht gibt: Die italienischen Medien und der Mythos vom *Feldherrn*

„Cadorna merkt erst jetzt von dem finsteren Krieg, den sie in Rom, ja im Ministerium, gegen ihn führen. Und er will mit Würde versuchen, es wieder gut zu machen. Mal sehn, ob ich ihm helfen werde.", schrieb Ugo Ojetti am 2. Februar 1916 an seine Frau[94]. Dieser Aufruf eines Zivilen im Dienst des Krieges (Ojetti war als Reserveleutnant im Dienst und seine Aufgabe bestand vor allem darin, die Kunstwerke, die sich in den Gebieten der Kriegsschauplätze befanden, in Sicherheit zu bringen) stand für den offiziellen Beginn einer Medienstrategie auf Anlass von Cadorna und des Generalstabs. Ojetti war nicht irgendein Bürger in Uniform: Als vielseitiger Intellektueller, Kunstkritiker, Romanautor und Journalist war er damals bereits sehr bekannt, eine herausragende Figur in den angesagten Kultursalons und ein allseits geschätzter – wie man heute sagen würde – *opinion maker*[95]. Sein Netz an Kontakten im Journalismus,

sein Organisationsgeschick und nicht zuletzt der gute Ruf seiner Feder waren ausgesprochen wichtig für die Organisation eines Systems zur Handhabe der Nachrichten
von der Front, das in erster Linie darauf abzielte, die Entscheidungen des Generalstabschefs zu verteidigen und seine Figur zu verherrlichen. Der Mythos von Cadorna
als Anführer eines neuen Italien verdankte der aufrichtigen Bewunderung viel, die
Ojetti und andere Intellektuellen für die Persönlichkeit des Generals hegten, sowie
ihrer Fähigkeit, diese Bewunderung in der nationalen Kommunikationsmaschinerie
umzusetzen: „Ehrlich, noch einen Mann wie ihn wird man in ganz Italien nicht finden.
Wärme, Ehrlichkeit, Glauben, Klarheit. [...] Ich habe ihm deutlich zu verstehen gegeben, dass man viel mit der Presse erreichen kann, aber nicht alles"[96]. In den
Sommermomenten von 1916, als das Zerwürfnis zwischen Cadorna und der Regierung
in Rom seinen Höhepunkt erreichte, war dieses „viel" mehr als genug. Es ist unmöglich zu verstehen, wie um Cadorna der populäre und wirksame Mythos des Unersetzlichen aufgebaut wurde, ohne zu erkennen, dass die Presse – viel mehr als die
gelegentliche Unterstützung der Parlamentarier und des Monarchen – seine Macht
stützte[97].

Das ist eine etwas verwegene Behauptung, vor allem wenn man an das Misstrauen
denkt, das Cadorna für den bürgerlichen Journalismus übrighatte – kohärent mit
seiner grundsätzlichen Verachtung für die Moderne und die Massenkommunikation.
Kurz vor Kriegseintritt hatte er unmissverständlich zu verstehen gegeben, dass er
keinerlei Einmischung vonseiten der zivilen Berichterstattung in seine Kriegsführung
tolerieren würde. Die Sicherheit war die einzige Regel, die über die Beziehung zwischen Streitkräften und Presse zu bestimmen hatte, weshalb es keinem Journalisten
erlaubt war, sich der Kampfgebiete zu nähern: „Ich denke, dass der Presse [...] die
täglichen Mitteilungen und Bulletins genügen sollten", aber vielleicht könnte später
(„bei weit fortgeschrittenen Operationen", zu einem Zeitpunkt als Cadorna noch an
die Möglichkeit eines Durchbruchs nach Ljubljana glaubte) „einer begrenzten Anzahl
von Journalisten ein mit allen erforderlichen Sicherheiten organisierter (und von Offizieren begleiteter) Besuch auf einem Schlachtfeld ermöglicht werden, mit der Gewissheit, ihnen nur das zu zeigen, was sich in keiner Weise auf den Verlauf der an-
stehenden Manöver auswirken könnte"[98]. Das italienische Heer zog ins Feld, ohne
über eine gesonderte Struktur für das Sammeln von Informationen, die Kontrolle der
Massenmedien und der Aktivität von Propaganda und Gegenpropaganda zu verfügen.
Das geschah trotz der Lektionen aus einem Jahr Krieg in Europa, der auf dem Terrain
der manipulierten Notizen mit ausgetragen wurde, und obwohl der direkte Feind, die
Gemeinsame österreichisch-ungarische Armee, über eine der effizientesten Abteilungen dieser Art verfügte, das Kriegspressequartier, in dem einige der brillantesten
Intellektuellen des Reichs tätig waren[99]. Das Ufficio informazioni e stampa des Generalstabs, eine anfänglich ziemlich kleine und dilettantische Struktur, diente zunächst mehr dazu, die Journalisten von der Front fern zu halten, als sie zu betreuen
oder sich ihrer zu bedienen. Porros Aufsicht überlassen und damit eher abseits vom
Büro Cadornas, befasste es sich mit der Abfassung der offiziellen Bulletins, mit ge-
schönten Texten, welche die Niederlagen klein und die minimalen taktischen Erfolge

groß reden sollten[100]. Die Bulletins wurden von den Agenturen verbreitet, von den Zeitungen ausführlich wiedergegeben und waren für einen guten Teil des Krieges ein Spiel von Auslassungen und manchmal auch von geschickten Lügen, deren Kontrolle das Oberkommando unter Umgehung des Ministeriums für sich beanspruchte. Bis auf einige Ausnahmefälle (jener improvisierte und gleich nach der Niederlage von Caporetto veröffentlichte Bericht war eindeutig eine Anomalie des Systems) war ihre miserable Qualität bereits legendär, wie auch die Langeweile, die sie ausstrahlten und das völlige Fehlen von interessanten Details[101]. Über viele Monate hinweg sahen die italienischen und ausländischen Kriegskorrespondenten nichts vom Krieg und die Artikel zum unaufhaltsamen Vormarsch der italienischen Truppen basierten auf den spärlichen Informationen aus den offiziellen Mitteilungen, die mit viel Phantasie angereichert wurden[102]. Aber das konnte nicht reichen: Es gab laut Luigi Albertini, dem mächtigen Direktor der Tageszeitung „Corriere della Sera" und einer der Hauptfiguren der kulturellen Mobilisierung für den Kriegseintritt (und für dessen militärischen Anführer), einen „Hunger nach Information"[103]. Nach den ersten Enttäuschungen über die viel zu optimistischen Vorhersagen zum kurzen Krieg begann man, die Zeitungen und die Journalisten (vorsichtig) in den moralischen Kreuzzug für den Krieg einzubeziehen, was der krankhaften Abwiegelung jeder Art von Nachricht ein Ende bereitete. Die Presse wollte den letzten Feldzug im Namen des Risorgimento nicht behindern, sollte sich Albertini beklagen, sie wollte ihn unterstützen und die „Gemüter hochhalten" mit Darstellungen, die den zweifelsohne glorreichen Taten, die den raschen Endsieg herbeiführen würden, Hochstimmung und Farbe verliehen[104].

Aber letztlich machte Cadornas Verständnis der Funktionsweise der vierten Gewalt im Kampf gegen den „inneren Feind" den Unterschied. Von dem Moment an als der Konsens zu einer Überlebenswaffe wurde, wurden Journalisten, Fotografen und sogar die ersten Filmemacher ein fester Bestandteil des Gerichts von Udine.

> Cadorna geht äußerst geschickt vor, indem er die Redakteure der wichtigsten Zeitungen hofiert, indem er sie mit Informationen und Vergünstigungen versorgt. [...] Barzini versteigt sich zur Verherrlichung Cadornas, indem er sogar zur Abschaffung der öffentlichen Machtbefugnisse rät, wo diese das Vorgehen Cadornas verzögern oder stören. [...] Aber wie kann man es nur in Betracht ziehen, Cadorna zu ersetzen, wenn er derart von der öffentlichen Meinung unterstützt wird?[105].

Ferdinando Martini sollte ein Jahr später ähnliche Worte verwenden: „Cadorna lebt von Reklame, womit er das Land über seine gerühmten Erfolge täuscht und diese oder jene Eroberung beschönigt und hochspielt"[106]. Einen großen Anteil an diesem neuen Einsatz der Werbetrommel hatte ohne Zweifel die clevere Arbeit von Ojetti. Einige Monate später, während die Schlacht auf den Hochebenen wütete, rühmte sich sein neues Pressebüro bereits der Verbreitung eines ersten abendfüllenden Films *Comando Supremo* (Luca Comerios Film über die Kämpfe auf dem Adamello) und eines Publikums aus zugelassenen Korrespondenten, die alle angehalten und instruiert worden waren, positiv Bericht zu erstatten: „Und da dies aus meinen Vorschriften und meinem Handeln und meiner Freiheit kommt, die ich ihnen gewährt habe – und es den Staat keinen Pfennig kostet – bin ich stolz darauf"[107]. In Wirklichkeit war die Arbeit für die

Auserwählten, die ins Frontgebiet zugelassen wurden, nie einfach und die Grenzen, die die Zensur des Generalstabs setzte, blieben die Richtlinien für die Information, mit der der Kriegsjournalismus zu arbeiten hatte. Die geringen Bewegungsmöglichkeiten, die die Kriegskorrespondenten hatten, die lückenhaften telefonischen und telegrafischen Verbindungen, die Verspätungen, mit denen die akkreditierten Journalisten über den Beginn von Angriffen informiert wurden, und vor allem die Weigerung, sie an die Front zu lassen, sollten für die ganze Dauer des Kriegs ein erhebliches Hindernis sein. Ob es eine Frage des Mutes der Reporter war oder eine Folge des Wunsches, die an die Öffentlichkeit gerichteten Informationen zu filtern, Tatsache ist, dass diejenigen, die über die epischen Schlachten an der italienischen Front schrieben, die Orte selten besuchten und nie direkt dabei waren[108]. Für Kameraleute und Fotografen waren die Bedingungen noch schwieriger, und die schwerfällige Organisation der Abteilungen Fotografie und Film des Generalstabs begünstigte zu Beginn keineswegs eine engagierte Produktion von „Material aus dem wirklichen Leben". Ende 1916 hatte die Armee jedoch ein Monopol in der nationalen Bildinformationsindustrie inne, da ein großer Teil der in populären Illustrierten veröffentlichten Fotografien und fast die gesamte Filmdokumentation aus militärischer Produktion stammte, entweder direkt vom Militär in Auftrag gegeben oder mit Lizenz von Zivilfirmen vertrieben[109]. Das Ergebnis passte in Udine ins Konzept: eine Erzählung mit wenigen Fakten und viel heroischem Pathos. Aus kleinen Gefechten wurden epochale Schlachten, ein kurzer Vormarsch wurde zum strategischen Frontdurchbruch, Gemetzel zu glorreichen Opfern und auch die Niederlagen, selbst die furchterregendsten Rückschläge, wurden auf die suggestivste und beruhigendste Weise mit Formeln verbaler Verschleierung (von „taktischen Rückzügen" bis zu „bedeutenden Verlusten") dargestellt, die in den folgenden Kriegen Schule machen sollten[110]. Meister dieser Art des Erzählens war Luigi Barzini, der wohl berühmteste italienische Kriegskorrespondent: Die Figur des Kommandanten Cadorna beherrschte übergroß seine Reportagen voller „barzinate", wie die pittoresken und folkloristischen Nachrichten, die Barzinis phantasievolle Berichte von der Front mit Optimismus färbten, im Volksmund genannt wurden[111]. Zu täglichen Briefings vorgeladen, in denen Auskunft über die laufenden Operationen und Gefechte gegeben wurde, wurden die Berichterstatter auch direkt in ihrer Produktion kontrolliert (Bencivenga selbst mahnte diejenigen ab, deren veröffentlichte Artikel dem Kommandeur nicht gefallen hatten)[112].

Doch diese effiziente Organisation hätte wahrscheinlich nicht ausgereicht, um den Mythos von Cadorna ohne die Unterstützung einiger Akteure, die im System der nationalen Medien besonders viel Einfluss hatten, aufrecht zu erhalten. An erster Stelle ist hier Luigi Albertini zu nennen, der wohl einflussreichste *opinion maker* im damaligen Italien. Albertini und Cadorna fanden bereits gleich zu Kriegsbeginn eine enge Verbindung zueinander, durch gegenseitige Sympathie und eine überzeugte Achtung des Zeitungsdirektors für den General, der die schlimmsten Zusammenbrüche (einschließlich Caporetto) überlebt hatte[113]. Für Albertini verkörperte Cadorna die vielen Tugenden eines Mannes der Waffen, der dazu bestimmt war, das Land größer zu machen, und den das liberale Italien bitter nötig hatte: „Der Mann erscheint mir sehr viel größer als andere [...] aufgrund seiner Seelenstärke, Gradlinigkeit, Genialität. Er ist ein Konservativer, ein Mann der Gewalt, wenn man so will: Aber er sieht klar [...]"[114]. Es handelte sich um ehrliche Bewunderung, einen „Fetischismus für den *Feldherrn*", der selbst den treusten Mitarbeitern im Sekretariat in Udine zu exzessiv werden konnte, aber es war auch eine reziprok funktionale Beziehung[115]. Eine exklusive Verbindung zum Oberbefehlshaber der Streitkräfte zu haben, war für den Direktor des „Corriere della Sera" notwendig, um seinen Mitarbeitern Handlungsspielraum und Zugang zu Informationen zu sichern. Und gleichzeitig half ihm die persönliche Beziehung zu Cadorna, sein Ziel zu verfolgen, konkret die politischen Ausrichtungen im Land im Verlauf eines Krieges zu beeinflussen, für den er mit seinen Zeitungen einen Anstifter und eine Referenz dargestellt hatte. Ratgeber des starken Mannes zu sein, war eine ausgezeichnete Position, um Druck auf Regierungskreise auszuüben und sogar in einigen Fällen die Entscheidungen des Militärs zu lenken[116]. Für Cadorna war es noch vorteilhafter: Albertini konnte nicht nur in der Presse für seine Ikone werben, sondern auch als Bindeglied zur politischen Führung fungieren[117]. Auch wenn die Meinungen der beiden nicht immer in jedem Detail übereinstimmten, besteht kein Zweifel, dass es sich um ein effizientes Tandem handelte: Albertini wurde zur ständigen Präsenz am Hof von Udine, eine Art informeller Informationsminister des Generalstabs, und unterstützte in seinen Zeitungen die Entschlüsse Cadornas aktiv und intensiv, so dass der „Corriere" der Jahre 1915 – 1917 zur Bezugsinstanz der „Partei von Cadorna" wurde[118].

Es gibt vielleicht wenige wirkungsvollere Demonstrationen der Dimensionen, die der Mythos Cadorna in der kultivierten Öffentlichkeit erreichte, als die Hommage, die Gabriele D'Annunzio mit der Ende 1915 verfassten Ode *Pel generalissimo* darbot. D'Annunzio war als einflussreicher Mitarbeiter des „Corriere", extremer Kriegsbefürworter und (selbsternannter) Nationaldichter mit der Zeit ein häufiger Besucher am Hof in Udine geworden. In seiner feierlichen Poesie verehrte er den Kommandeur, der jenen Idealtypus des heldenhaften Krieges verkörpere, der in seiner Vorstellungswelt eine so große Rolle spielte[119]. Seine Verse zu Ehren Cadornas sind vielleicht nicht sein bestes Werk, doch verraten sie, welche Höhen dieses Klima des Personenkults erreichen konnte:

> „Im härtesten Granit von Verbano / wurde geschnitten und geschlagen / von Meisterhand und die Kraft legte Kunst frei [...] in der Festigkeit des alten Geschlechts [...] siehst du ihn beim Signal der Trompeten / die Bataillone erheben und entfesseln / [...] er ist die Erde und der Angreifer / [...] Oh Gott, für diesen Führer, der sich dein Brot bricht / bete ich zu dir, dass er mich höre / Schärfe seine Gewissheit und nagele / in unsere Brust, o Gott, seine Gewissheit"[120].

Es war nicht nur die Geburtsstunde eines Lobestitels (*Generalissimo*), der von da an seinen Namen begleiten sollte, sondern auch eine treffende Zusammenfassung seines persönlichen Programms. Cadorna konnte ironisch über Poesie lachen („schöne Umschreibung, um zu sagen, dass ich hässlich bin"), fand aber in den Worten viele seiner Prinzipien wieder: vor allem die Notwendigkeit für die Italiener, ohne zu wanken an ihn („seine Gewissheit") zu glauben.

VIII Caporetto laut Cadorna: Die moralische Autobiografie der Italiener

Für die Katastrophe von Caporetto gibt es moralische Gründe älteren und jüngeren Datums.
Die Gründe, die weiter zurück liegen [...], sind zwei:
die mangelnde Disziplin der Nation [...] und die Schwäche der Regierung
(L. Cadorna vor der Untersuchungskommission zu Caporetto, Februar 1919)

„Mit Generälen, die nicht gehorchen, und mit Truppen, die nicht kämpfen"

„Die Ereignisse überstürzen sich, die Truppen kämpfen nicht. Unter diesen Umständen ist es klar, dass eine Katastrophe bevorsteht"[1], schrieb Cadorna seinem Sohn am Nachmittag des 25. Oktober 1917[2]. Zu dem Zeitpunkt war die Kleinstadt Caporetto, ein strategisch wichtiges Zentrum der italienischen Nachhut und der Kommunikation im oberen Isonzotal, bereits von der 12. schlesischen Division besetzt worden. Ganze Einheiten wie die 19. Infanteriedivision, die das strategische Gebiet von Tolmino überwacht hatte, waren in Auflösung begriffen (Giovanni Villani, ihr Kommandeur, beging wenig später Selbstmord). Viele der besten Stellungen (wie der legendäre Krn) waren in den Händen der Männer der 14. Armee von Otto von Below, und andere wie der Matajur, der Berg, der die Straße zur Ebene hin dominiert, sollten in wenigen Stunden zu Inseln werden: verteidigt von einer Handvoll Kompanien verzweifelter Alpini und Infanteristen und umbrandet von einem Meer aus Österreichern und Deutschen[3]. Auch wenn man im Oberkommando noch glaubte, den Schaden begrenzen zu können, hatten die Italiener in weniger als 48 Stunden Gefecht die Kontrolle über den Isonzo verloren, eine Schützengrabenlinie nach der anderen aufgegeben, von denen man gedacht hatte, sie wären uneinnehmbar, und die Vernichtung der riesigen 2. Armee miterlebt, die noch zwei Monate zuvor als die schlagkräftigste und stolzeste Formation von Cadornas Heer galt: „Es wird von einem italienischen Sedan geredet", schrieb Gatti in sein Tagebuch, der nicht einsehen wollte, dass man vor einem Desaster stand, und stattdessen auf eine rasche Reaktion hoffte[4]. Das war eine Illusion. Um 2:30 Uhr in der Nacht vom 26. auf den 27. Oktober, nachdem er zugeben musste, dass es keine Möglichkeit mehr gab, das Friaul zu verteidigen, befahl Cadorna den allgemeinen Rückzug mit dem Ziel, den Fluss Tagliamento zu erreichen, wo er hoffte, den deutsch-österreichischen Vormarsch stoppen oder zumindest verlangsamen zu können[5].

Es war der Beginn eines überstürzten, schlecht organisierten und chaotischen Rückzugs, der nur 150 Kilometer später, am 9. November, enden sollte, als das, was von der italienischen Armee übrig war (vielleicht 800.000 bewaffnete und kampffähige Soldaten, weniger als die Hälfte derer, die einen Monat zuvor noch zur Verfügung gestanden hatten), und über eine halbe Million verängstigter Zivilisten das rechte Ufer

https://doi.org/10.1515/9783110693478-009

des Piave erreichten und auf der anderen Seite mehr als 330.000 tote oder gefangene Kameraden, einige der wohlhabendsten Provinzen des Landes (Udine und Belluno wurden komplett, Treviso und Venedig teilweise eingenommen) und 900.000 italienische Bürger zurückließen, die ein Jahr lang die brutalste aller Besatzungen erleben sollten[6]. Doch letztendlich hatte Italien im Herbst 1917 wenig gemeinsam mit Frankreich im „fatalen Jahr" (wie Victor Hugo es nannte): Kein radikaler Abgeordneter führte das Volk nach Rom, um die Republik auszurufen, und die Monarchie und das Parlament wurden nicht von einer Meute aufgewiegelter Revolutionäre zu den Sündenböcken der Niederlage erklärt[7]. Was allerdings nicht ausschließt, dass das Gespenst einer imminenten Krise der Institutionen die Gemüter eine gewisse Zeit beunruhigte. Für einige Exponenten der institutionellen Führung, darunter der neue Generalstabschef Armando Diaz, war Widerstand alles andere als eine ausgemachte Sache. In den ersten Novembertagen, bevor klar wurde, dass die von den Resten der Armee hartnäckig verteidigte Linie des Piave und des Grappa tatsächlich halten würde, hielten sich in den römischen Palästen und im Oberkommando hartnäckig Gerüchte über einen „Separatfrieden". Eine derart drastische Entscheidung hätte womöglich für Italien das Ende als ernst zu nehmende Macht bedeutet, das Überleben der Dynastie in Frage gestellt (Vittorio Emanuele III. machte sich mit dem Gedanken der Abdankung vertraut) und vielleicht sogar den Fortbestand des einheitlichen Staatsgefüges kompromittiert. Dass er ernsthaft in Betracht gezogen wurde, zeigt, wie groß die Verzweiflung in jenen Tagen war[8]. Viele, die den Zusammenbruch unmittelbar miterlebt hatten, sollten dieselben apokalyptischen Töne anschlagen. Alle Zeugen sollten die Tage der Flucht in Richtung Tagliamento in den folgenden Jahren übereinstimmend als die Explosion eines unregierbaren Chaos beschreiben, einer verstörenden absoluten Leere von Hierarchien und Disziplin.

Das war nicht nur ein Eindruck. Kommandoposten, Lazarette, Logistikzentren, Lager, der ganze gewaltige Versorgungs- und Etappenapparat aus Zehntausenden von Männern wurde vom Befehl des allgemeinen Rückzugs überrascht, der gegeben wurde, als die Spähpatrouillen des 51. Korps der Deutschen längst kurz vor Udine waren und die Stadt am Abend des 28. nach improvisierten und hoffnungslosen Straßengefechten fallen sollte[9]. Die Erinnerungsliteratur zu Caporetto ist voller Tagebücher desorientierter Militärärzte, die verzweifelt versuchten, ihre Patienten auf den letzten Zug zu verladen, derweil sie beim Abbau einer Organisation zuschauen mussten, die noch bis vor wenigen Stunden zuvor stabil und funktionstüchtig erschienen war[10]. Aber vielleicht vermittelt nichts besser das Klima der Unregierbarkeit infolge des Zusammenbruchs des Systems als die Tatsache, dass sogar das persönliche Kommando Vittorio Emanuele III. mit seinem Gefolge aus Mitarbeitern, Kürassieren der Ehrengarde und Geheimarchiven Gefahr lief, besetzt zu werden, nur weil ein Offizier erst in letzter Minute daran gedacht hatte, den Rückzug anzukündigen: „Um drei Uhr früh weckt mich mein Adjutant und teilt mir mit, dass mich der Generalstabschef am Telefon zu sprechen wünsche [...]: – Lieber Avogadro, es ist Zeit, die Sachen zu packen, du musst weg, beeil dich! [...] Was soll das, man wartet solange, dem Sitz des Königs die Nachricht zu überbringen, bis uns das Wasser zum Hals steht?"[11]. Zu dem Zeitpunkt befand sich der Monarch wegen der politischen Krise in Rom, aber es ist schwer, sich nicht zu fragen, was passiert wäre, wenn er vor Ort gewesen wäre, da sein Adjutant es nur durch reines Glück schaffte, die Flucht des königlichen Zugs mitten in der Nacht zu organisieren. Sicher ist, dass die Verzögerung bei der Entscheidung und bei der Übermittlung des Rückzugsbefehls entscheidend dazu beigetragen hat, Verwirrung zu stiften. Die Kommandokette brach fast überall hinter der Front zusammen. Attilio Frescura, einer der letzten, der das Glück hatte, den Isonzo zu überqueren (dessen Brücken man aus Panik sprengte, wobei ganze Einheiten auf dem anderen Ufer gelassen wurden), lieferte ein eindrückliches Bild von der Anarchie, die sich gleich in den ersten Stunden des Rückzugs ausbreitete: „Es wird Morgen und es gießt in Strömen. [...] Die durchnässten Soldaten gehen hungrig, verzagt, verlottert um die Häuser, aus denen die Bewohner geflüchtet sind, und plündern [...]. Keiner der Generäle, die damit beauftragt waren, will diese verzweifelten Reihen kommandieren, mit dem schwachen Vorwand, dafür seien ja noch andere Generäle da"[12]. Die Panik steckte sehr schnell auch die Zivilbevölkerung an. Trotz der halbherzigen Beteuerungen der örtlichen Verwaltungen strömte eine Masse Menschen spontan und ohne Organisation oder Befehl Richtung Westen, um vor den Besatzern zu fliehen[13]. Hunderttausende von Flüchtlingen ergossen sich auf die wenigen Straßen, über die auch über eine Million Soldaten abziehen sollten, die Kämpfer der Fronteinheiten und diejenigen, die für den riesigen Versorgungsapparat im Dienst waren: eine Masse aus Sanitären, Mechanikern, Lagerarbeitern, Offiziersdienern, Wachposten und Schreibkräften ohne jede Ausbildung und völlig unorganisiert, die dem Vormarsch der deutschen und österreichischen Vorhut auszuweichen und der Gefangennahme zu entgehen versuchten. Reine Panik dominierte diesen Rückzug, der nahezu biblische Züge annahm. Jeder Weg, der nach Westen führte, wurde praktisch zu einer „Masse aus Männern, Tieren, Fahrzeugen [...]; ein dunkler Schwall aus Lebewesen und Dingen – Flüchtende, Lastwagen, Kanonen, Ochsen und Karren, Fahrräder und Massen von Soldaten, alles durcheinander und miteinander vermengt"[14].

Das war die zwölfte Isonzoschlacht. Es war weder die erste noch die schlimmste strategische Niederlage, die ein Heer im Ersten Weltkrieg erlitten hatte. In Gorlice, an der russischen Front, wurde 1915 das Heer des Zaren besiegt und zu dem sogenannten „großen Rückzug" gezwungen, an der Aisne durchbrachen die Deutschen im Mai 1918 in sechs Stunden die britischen Linien und wurden erst knapp 50 km vor Paris aufgehalten. Die Schlachtfelder des Ersten Weltkriegs waren Schauplatz von mindestens einem Dutzend massiver Offensiven, bei denen der Überraschungsfaktor, die bessere Ausbildung, die überlegene Technik oder einfach nur die Ermüdung der Verteidiger zum Zusammenbruch hervorragend vorbereiteter und als uneinnehmbar geltender Verteidigungslinien führten[15]. Allerdings hat sich keine dieser eindeutigen Niederlagen ähnlich negativ wie Caporetto ins kollektive Gedächtnis eingegraben. Im August 1914 zählte das französische Heer an einem Tag dreimal mehr Tote als die Italiener in Caporetto, man evakuierte die reichsten Landkreise der Republik und zwang 150.000 Menschen zur Flucht, nur eine Vorhut der etwa zwei Millionen Geflohenen, die Frankreich zwischen 1914 und 1918 zu bewältigen hatte, doch die Erinnerung an diese

Niederlage wurde anschließend von der siegreichen Marne-Schlacht sublimiert[16]. Die zwölfte Isonzoschlacht blieb jedoch in der Vorstellung der italienischen Nation der Inbegriff der Katastrophe; sie wurde nie überwunden. Es waren nur wenige Stunden vergangen, als die ersten konfusen Nachrichten durch die Maschen der Zensur sickerten, und die „Niederlage von Caporetto" war bereits „ein Desaster – schlimmer: das Desaster" geworden. Seither ist es eines der beharrlichsten Erinnerungsorte der italienischen Kultur[17]. Und auch wenn sich die meisten der revolutionären Mythen, die über das „düstere Ereignis" (wie E.A. Mario es in seiner kitschigen Version der *Canzone del Piave* nannte) genährt, geschürt (und gefürchtet) wurden, im Laufe der Zeit als kaum mehr als Legenden und falsche Kriegsnachrichten herausstellten – es gab keinen Verrat, kein organisiertes subversives Komplott und keinen Versuch, „es den Russen gleichzutun" –, ist es nicht verwunderlich, dass die evokative Kraft von Caporetto, besonders im Kontrast zur glanzvollen Wiedergeburt am Piave, noch heute das kollektive Gedächtnis beeinflusst. Es ist nicht nur die Schlacht, über die in der Geschichte des vereinigten Italien am meisten geschrieben worden ist, sondern auch die einzige, deren Name in seiner so beunruhigenden Bedeutung von moralischer und materieller Katastrophe zum festen Bestandteil des allgemeinen Wortschatzes geworden ist[18]. Sein Nachhall und seine Mythen, mehr noch als die konkreten Folgen, haben Caporetto dazu bestimmt, „für immer eines dieser ewigen historischen Probleme [zu bleiben], die jede Generation dazu zwingen, sich mit ihnen auseinanderzusetzen und sie zu lösen zu versuchen"[19]. Das erklärt hinreichend, warum Caporetto auch das krönende Erlebnis im Leben von Luigi Cadorna wurde. Caporetto war nicht nur das Ende seiner Karriere, sondern Caporetto machte ihn auch zu einem Ausgestoßenen; ihn, der nur wenige Tage zuvor ein unantastbares Idol gewesen war, und nun der Inkompetenz und des Verrats beschuldigt und vor einer Untersuchungskommission an den öffentlichen Pranger gestellt wurde, die jeden seiner Befehle, jede seiner Handlungen in Frage stellen würde. Kein Wunder, dass Caporetto ein Gespenst war, von dem Cadorna sich den Rest seines Lebens zu befreien versuchte.

Dabei hatte alles ganz ruhig angefangen. Nachdem er sich sehr optimistisch gezeigt hatte („der feindliche Angriff trifft uns gefestigt und gut vorbereitet", hieß es im ersten Kommuniqué vom 24. Oktober, während der österreichisch-deutsche Angriff sich abzuzeichnen begann), hatte er in aller gewohnten Ruhe die ersten Nachrichten über ein Aufbrechen der Front bei Tolmin entgegengenommen[20]. Doch als ihm tags darauf klar wurde, was sich anbahnte, bekam er eine Nervenkrise, die für seinen kühlen Charakter sehr ungewöhnlich war: „Ich bin moralisch ein toter Mann. Für mich ist alles zu Ende"[21]. In Wirklichkeit war Cadorna wie viele andere Oberbefehlshaber des Ersten Weltkriegs, etwa der titanische Ludendorff, nur dem Anschein nach nicht aus der Fassung zu bringen. Einem Berufssoldaten mit seiner Erfahrung musste das strategische Ausmaß der Niederlage sofort klar gewesen sein (so sehr, dass sein ursprünglicher Plan von Anfang an einen Rückzug bis an den Piave und an den Grappa vorsah, für ihn die letzte akzeptable Verteidigungslinie), genauso wie ihm klar geworden sein musste, dass die Aufgabe eines so großen Teils des Staatsgebietes nach einem Krieg, der vornehmlich in der Offensive geführt worden war, einen Schuldigen fordern würde[22]. Er hatte schließlich einige Erfahrung mit der politischen Suche nach einem Sündenbock. 1916 war Roberto Brusati auf dem Altar der öffentlichen Entrüstung geopfert worden, und im darauffolgenden Jahr nach dem unglückseligen Ausgang der Schlacht am Monte Ortigiara hatte man in Ettore Mambretti den Schuldigen ausgemacht und ihn entlassen. Der Angriff auf den Gipfel des Ortigiara zwischen dem 10. und dem 29. Juni, in dessen Verlauf die besten Alpini-Einheiten des italienischen Heeres für nichts geopfert wurden, war möglicherweise die am schlechtesten geplante Schlacht des gesamten Krieges, doch teilte sich Mambretti die Verantwortung ihrer Planung mit dem Chef des Generalstabs, der mehrere Male wiederholte, technisch gesehen „habe er ihm nichts vorzuwerfen"[23]. Nur dass dieses Mal die Seiten vertauscht waren. Jetzt war es Cadorna, der das Bußopfer für die Schmach der Niederlage zu erbringen hatte, und sein Name wurde in den Staub gezogen, um die öffentliche Meinung in ihrem Verlangen nach einem Schuldigen zufrieden zu stellen Vielleicht kannten nur wenige in den italienischen Streitkräften das sarkastische Motto Bismarcks, nach dem in Frankreich „jeder, der eine Schlacht verliert, ein Verräter ist", aber es gibt wenig Zweifel, dass das Prinzip während des gesamten Konflikts gut angepasst wurde, und in Caporetto wurde es zur Regel[24]. Den besorgten Mitarbeitern, die ihn auf der Suche nach Anzeichen für Suizidgedanken beobachteten, erschien Cadorna niedergeschlagen und nicht wieder zu erkennen. Er schwankte zwischen tiefer Depression und Momenten wütender Selbstüberhöhung, anfällig für verstörende Reden über den Tod und den Sinn des Lebens, aus dem nur die Größe der Rolle zu retten war, die er persönlich und seine Dynastie in der Geschichte gespielt hatten.

> Ich hätte längst Selbstmord begehen müssen, sagt er. Welche Katastrophe ist größer als meine? Im Lauf von zehn Tagen habe ich, das Idol Italiens und Europas – so kann man sagen –, den Tiefpunkt des Elends erreicht. Ich kann mich militärisch rechtfertigen, aber bleibt die Katastrophe nicht? Das macht nichts, alles was passiert ist, macht mich nicht schwach. Ich kämpfe weiter gegen das Schicksal und gegen die Menschen. Sobald diese Tragödie vorbei ist, werde ich mich mit den Meinen zurückziehen, hinter die eigenen vier Wände, dort werde ich still sterben. Tatsächlich habe ich nie geglaubt, dass mein Ende glücklich sein würde. [...] Es gibt Dinge, die übertragen sich vom Vater auf den Sohn. Auch ich wusste, geopfert werden zu müssen[25].

Auf den Nervenzusammenbruch (Bencivenga, der die Psyche Cadornas gut kannte, schrieb von einer offensichtlichen „Willenslähmung") war wohl auch die Antriebslosigkeit zurückzuführen, die ihn auf dem Höhepunkt der Schlacht ergriff, als er in den ersten Stunden des 24. von dem ersten starken Kanonenbeschuss auf die italienischen Linien erfuhr, und am Abend, als Cadorna und das *Comandissimo* begriffen, dass es sich nicht um einen Bluff handelte und auch nicht um einen auf wenige Ziele beschränkten Angriff[26]. Nachdem man beschlossen hatte, sich auf die andere Seite des Tagliamento zurückzuziehen, ließ Cadorna seinen Befehl wieder rückgängig machen. Vielleicht in der Gewissheit, keinen allgemeinen Rückzug von vier Armeeverbänden an mehreren Hundert Kilometern Front ohne die geringste Vorankündigung beginnen zu können, aber wahrscheinlicher noch, weil er sich erneut für ein paar Stunden der Illusion hingab, den deutschen Vormarsch doch noch aufhalten zu können und deshalb die Grenze nicht aufgeben wollte (was seine berufliche Karriere mit einer glamourösen Niederlage beendet hätte). Es vergingen keine vierundzwanzig Stunden und er fiel wieder auf seine vorherige Entscheidung zurück und erteilte erneut den Befehl, von der gesamten Frontlinie den Rückzug nach Westen anzutreten. Dieses seltsam widersprüchliche Verhalten für einen General, der an abgewogene Analysen gewöhnt war, zwang die Armee zu überstürztem Handeln und verwandelte die Rückzugsmanöver in vielen Fällen in echte Flucht. In der Folge bestritt Cadorna, „den Kopf verloren" zu haben (während der Vernehmung vor der Untersuchungskommission wiederholte er das in wenigen Minuten drei Mal)[27]. Die Tatsache jedoch, dass das Oberkommando Udine in aller Eile verließ (der Befehl wurde den meisten Mitarbeitern um sieben Uhr früh für die um vier Uhr nachmittags festgelegte Abfahrt mitgeteilt), ohne einen Notfallplan vorbereitet zu haben und ohne ein Verbindungsbüro zurückzulassen, erwies sich nicht nur aus operativer Sicht als Desaster (es entstanden ein paar Stunden Leere in der Befehlskette) und aus moralischer Sicht als improvisierte Lösung (weil der Eindruck des Zusammenbruchs entstand), sondern war auch ein wirkungsvoller Indikator für die Verwirrung an der Spitze der Armee: „Die Aufgabe des Operationsgebiets durch den Generalstab war ein fataler Fehler; [...] an die Stelle eines geordneten Rückzugs trat ein ‚Rette sich wer kann'"[28]. Die überstürzte Verlegung des Oberkommandos konnte nicht unbeobachtet vonstatten gehen. Einige Wochen später, als die Gründe für die Niederlage Gegenstand einer politischen Kontroverse in der Abgeordnetenkammer wurden, beschuldigte man Cadorna, nicht nur unverhohlen den Kopf verloren zu haben, sondern auch der Feigheit, weil er nach Treviso geflohen war und die Armee ihrem Schicksal überlassen hatte[29]. Eine inakzeptable Beleidigung für einen Berufssoldaten, auf die Cadorna reagierte, indem er die turbulente Verlegung des Kommandos Schritt für Schritt rekonstruierte und betonte, „ich bin als Letzter [gegangen], nach allen anderen Kommandos", als die deutsche Vorhut weniger als sechs Kilometer von Udine entfernt war. Es ist symptomatisch, dass Cadorna – gezwungen seine Soldatenehre zu verteidigen – nicht darüber nachdachte, wie bizarr es war, dass sich die gesamte Führung einer Armee von über zwei Millionen Mann in die Lage versetzt sah, von der Vorhut einer siegreichen feindlichen Armee gefangen genommen oder verfolgt zu werden[30].

In Wirklichkeit tritt recht deutlich zutage, dass weder die Entourage des Generalstabs noch sein Oberbefehlshaber damals einen klaren Kopf behalten hatten. Es war wohl das Trauma der plötzlichen Entdeckung seiner eigenen Kurzsichtigkeit. Tatsächlich hatten Cadorna und seine Offiziere nie geglaubt, die Österreicher und die Deutschen könnten eine solche Masse von Kräften versammeln, um eine tiefe Bresche in die Front zu schlagen und groß angelegte operative Ziele zu erreichen. Die Operation *Waffentreu*, die am 12. September ausgeführt wurde, war sicherlich sorgfältig vorbereitet worden, und man war besonders darauf bedacht, den Angriffstrupp der neuen österreichisch-deutschen 14. Armee so unauffällig wie möglich zu bewegen. Vor allem aber war es der Skepsis des Oberbefehlshabers und seines Stabes zu verdanken, dass die Offensive als eine der wenigen Großoffensiven in beiden Weltkriegen einen (fast) totalen Überraschungseffekt hatte, der selbst für die Angreifer so überraschend war, dass das ursprünglich festgelegte Maximalziel (die Italiener bis zum Tagliamento zurück zu zwingen) erst im Laufe der Schlacht in das Erringen eines strategischen Sieges umformuliert wurde[31]. Rückblickend hat die Fassungslosigkeit der italienischen Generäle etwas Unglaubliches. In hundert Jahren haben Zeugenberichte, Quellenanalysen, Überlegungen und Auseinandersetzungen in einer mittlerweile enzyklopädischen Bibliografie ans Licht gebracht, wie sich die Zeichen einer „groß angelegten Attacke gegen die Isonzofront" (nach einer Definition des Informationsbüros der 2. Armee vom 9. Oktober) in den Wochen vor dem 24. Oktober beständig häuften, vor allem auf der Grundlage der Verhöre von Gefangenen und der nicht wenigen Deserteure, die an die italienischen Linien gerieten und von der Ankunft massiven Nachschubs deutscher Truppen erzählten (sieben Divisionen mit voller Artillerieausrüstung), die in 2400 Eisenbahnwagons herbeitransportiert worden waren[32]. Dennoch wurden all diese Anzeichen bis wenige Stunden vor Schlachtbeginn entweder nicht zur Kenntnis genommen oder falsch interpretiert.

Zu einem Teil war diese Fehleinschätzung auf das schlechte Funktionieren des Obersten Kommandos zurückzuführen. Der Servizio Informazioni Operative e Situazione, der die Daten und mögliche Szenarien auszuwerten hatte, der aber nicht zum hehren Kreis des *Comandissimo* gehörte (und dem Cadorna nur nebenbei Beachtung schenkte), arbeitete schlecht, kooperierte kaum und lieferte in jenen Tagen widersprüchliche Interpretationen. Nachdem (am 17. September) eine „eingeschränkte Gegenoffensive" am mittleren Isonzo in Aussicht gestellt worden war, die am darauffolgenden Tag entlang des gesamten Flussufers schließlich (am 25. September) in den Valli Giudicarie im Trentino führen sollte, wurde nachdrücklich dementiert, dass eine Großoffensive stattfinden würde; stattdessen schienen kleine lokale Aktionen denkbar, um Teile der Front im Trentino und am unteren Isonzo zurück zu erobern (am 30. September). Drei Tage vor Beginn der Offensive war für den Kommandostab die Nachricht von einer „beträchtlichen Masse deutscher Infanterie im Hinterland des mittleren und oberen Isonzo" nur mit Vorbehalt aufgenommen wurden, während es wahrscheinlicher war, dass eine begrenzte Operation vorbereitet wurde, um im Karst oder auf der Hochebene von Bainsizza Boden zurückzuerobern[33]. Zu einem noch größeren Teil war es jedoch ein absichtliches Missverständnis. Dass eine – auch massive – österreichische Offensive im Laufe des Jahres 1917 früher oder später unvermeidlich war, war für Cadorna eine fast selbstverständliche Tatsache. Im Verlauf einer Reihe von Besprechungen im März und April mit den Delegierten der alliierten Armeen und bei einem Treffen mit Foch in Vicenza wurde ein gemeinsamer Angriff an der italienischen Front – nachdem Deutschland und Österreich-Ungarn die Bedrohung der russischen Front beseitigt hatten –, als mehr als wahrscheinlich angesehen, vermutlich noch vor dem Herbst, so dass eine Verstärkung an schwerer Artillerie von den Franzosen und Briten angefordert wurde[34]. Aber dass diese Operation die Chance haben könnte, einen Durchbruch zu schaffen, alle italienischen Linien zwischen dem Isonzo und den Bergen zu überwinden, in die Ebene zu gelangen und sogar den Sitz seines Hauptquartiers zu bedrohen, das konnte sich Cadorna einfach nicht vorstellen. Österreich-Ungarn verfügte nicht nur nicht über die personellen und materiellen

Ressourcen für einen solchen Feldzug, es gab auch starke Zweifel, dass es selbst mit einigen deutschen Verstärkungseinheiten bis zum Ende des Jahres eine solche kritische Masse organisieren konnte, um die Linien der mächtigen 2. Armee (die allein über 600.000 Mann stark war) und die Tausende von Kanonen, Haubitzen und Bombarden, die entlang ihrer Front aufgestellt waren, zu überwältigen. Vorstellen konnte man sich, dass es sich um einen Versuch handelte, die Italiener hinter die am Ende der elften Isonzoschlacht erreichten vorgerückten Stellungen zurückzudrängen, um die inzwischen unhaltbar gewordene Situation der Kräfte Österreich-Ungarns zu entlasten – ein vorhersehbares Risiko, zu dessen Abwehr Cadorna (am 18. September) den Befehl gegeben hatte, alle offensiven Aktionen einzustellen und eine defensive Aufstellung einzunehmen[35]. Eine echte Gefahr konnte höchstens erst wieder nach Ablauf der winterlichen Gefechtspause auftreten. Wie er seinen Verwandten geschrieben, seinem Generalstab anvertraut und der Regierung und den Verbündeten erklärt hatte, war Cadorna der festen Überzeugung, dass wir „im Frühjahr einen großen Angriff" zu erwarten haben, aber dann wäre die Armee verstärkt worden und die Männer nach monatelangen Angriffen wieder ausgeruht. Nur vier Tage vor Schlachtbeginn verweigerte Cadorna Luigi Capello weitere Verstärkung; in der Gewissheit, dass der feindliche Angriff mit den ihm bereits zur Verfügung stehenden Kräften wirksam abzuwehren sei: Man müsse sich auf jeden Fall auf die „imposante Anstrengung der Mittelmächte" vorbereiten, die sicher „im nächsten Jahr" gegen die Italiener entfesselt werden würde[36]. Dieser Vorstellung Cadornas, die auf seiner Überzeugung basierte, der Feind würde keine Unvorsichtigkeit begehen, die er selbst nie gewagt hätte (etwa eine massive Attacke mit Kräften zu lancieren, die kaum die des sich verteidigenden Gegners überschritten, oder an einer Front, die durch einen Fluss oder Berge verlief und gut gesichert war, oder vor Beginn einer Schlechtwetterperiode), wurde wegen der schlechten Arbeit der Büros des Generalstabs nicht widersprochen. Diese warteten bis zum 21. Oktober, als die Zahl der Deserteure verschiedener Nationalitäten, die Informationen über den Zeitplan und die Kampfziele der Operation *Waffentreu* geliefert hatten, fast schon beschämend hoch wurde, um nahezulegen, dass vielleicht doch eine groß angelegte Attacke bevorstünde[37]. Das war eine verhängnisvolle Folge des höfischen Klimas am Oberkommando. Die Mitarbeiter des Büros vermieden es, die Aufmerksamkeit auf eine alarmistische Interpretation der ihnen vorliegenden Daten zu lenken, aus Angst, von der optimistischen Prognose des *Feldherrn* selbst abzuweichen – ein weiterer Beweis dafür, dass der kategorische Imperativ im Generalstab in Udine lautete, Cadorna nicht zu widersprechen, um nicht die eigene Karriere zu riskieren[38]. Eine ähnliche Lesart betrifft auch die optimistischen Berichte, die die Mitarbeiter des Oberkommandos zwischen dem 19. und 20. Oktober nach einer Inspektion entlang der Linien des 4. und des 27. Korps vorlegten. Die Kommandeure der Truppeneinheiten längs der Frontlinien versicherten, dass die Offiziere und die Soldaten in bester Form seien, die Linien gut abgesichert und stark genug, um vollstes Vertrauen darauf zu haben, dass sie jeden feindlichem Angriff umgehend aufhalten und zurückdrängen könnten[39]. Wenn man bedenkt, dass das 4. Korps (unter dem Kommando von Alberto Cavaciocchi) und vor allem das 27. (unter dem Kommando von Pietro Badoglio) ohne viel Mühe in den ersten Stunden des Angriffs überrollt und weggefegt wurden („sie stürzten ein wie die Mauern von Jericho unter dem Klang der Posauen"), so muss man sich fragen, wie seriös diese Berichte waren oder ob die zuständigen Kommandeure die übliche optimistische Version des „Alles ist gut" geliefert hatten, um nicht Gefahr zu laufen, wegen mangelnden Glaubens abgesetzt zu werden, wie es vielen Kollegen vor ihnen widerfahren war[40].

Natürlich war der Überraschungseffekt nicht der einzige militärische Grund für die italienische Niederlage von Caporetto und vor allem nicht für das unvorhersehbare Ausmaß der Niederlage. Zum „Wunder von Karfreit" trug die lokale zahlenmäßige Überlegenheit im Sektor Tolmin bei, die bessere Ausbildung vor allem der deutschen Divisionen (unter denen sich einige Eliteformationen wie das Bayerische Alpenkorps befanden) und die Anwendung der innovativen, brutalen und traumatisierenden Infiltrationstaktik, die die Regeln und Zeiten des Zermürbungskrieges unterlief und vorsah, dass die Spitzeneinheiten in die feindlichen Linien einbrechen, aber nicht stehen bleiben mussten, um Positionen zu konsolidieren[41]. Es gab auch einige Glücksfälle. An erster Stelle das schlechte Wetter, das die Erkundung durch die italienische Luftwaffe behinderte und die Sicht in die Täler unmöglich machte, aber auch die Krise am Kommando der 2. Armee mit Luigi Capello, der während des Angriffs im Krankenhaus lag, einer der scheinbar mehr als merkwürdigen Umstände der Niederlage, die sogar den Komplottverdacht aufkommen ließen, viel Tinte verbrauchten sowie die Zeit der Untersuchungskommission (die eine eigene Untersuchung dafür anordnete) und derjenigen, die der Fall einfach nicht losließ[42]. Auf italienischer Seite gab es sicherlich überstürzte und verworrene Befehle, die die Truppen und Artillerie zu weit nach vorne trieben, um in einer Verteidigungsschlacht von Nutzen zu sein, und die das Versagen einiger Kommandeure an der Front erleichterten, die desorientiert, von der Geschwindigkeit der feindlichen Bewegungen betäubt und nicht darauf vorbereitet waren, einen geordneten Rückzug durchzuführen (für den es Pläne gab, die aber meist auf dem Papier geblieben zu sein scheinen)[43]. Die Einheiten, die an der Isonzofront stationiert waren, waren allerdings nicht immer von den Besten kommandiert. Einige Brigaden waren erschöpft, da sie schon viel zu lange im Einsatz an vorderster Front waren, anderen fehlten Männer, die auf Fronturlaub waren, noch andere Regimenter waren gerade erst an der vordersten Linie angekommen und kannten sich noch nicht gut auf dem Gebiet aus, das sie zu verteidigen hatten, während die Artillerie im Frontsektor von Tolmin zwar zahlenmäßig gut bestückt war, aber teils mit älterer Ausrüstung und mit einem begrenztem Munitionsvorrat, während andere Einheiten noch unterwegs waren und überhaupt erst eintreffen mussten[44]. Und nicht zuletzt war das Kommunikationssystem bereits bei den allerersten österreichisch-deutschen Bombardierungen gänzlich zusammengebrochen, was die italienische Kontroll- und Kommandokette unterbrach[45]. In der Folge beklagte sich Cadorna darüber, „selbst für die Verfehlungen jedes einzelnen Hauptmanns gekreuzigt" zu werden; in der Tat, auch wenn man nicht gleich den ganzen Komplex an Fehlern, Verschuldungen und Unterlassungen dem Chef des Generalstabs anlasten konnte, gibt es keinen Zweifel, dass Cadorna umgehend nicht nur militärisch für die Niederlage verantwortlich gemacht wurde, sondern auch moralisch[46]. Aus technischer Sicht waren die Vorwürfe, die von Anfang an gegen ihn erhoben wurden, schwer (und auch begründet): die hartnäckige Ungläubigkeit angesichts der wiederholten Signale über die Absichten des Feindes, die ihn erst im letzten Moment dazu brachten, sich persönlich vom Zustand der Verteidigungslinien an den exponiertesten Sektoren zu vergewissern (als er am Tag vor der Offensive die Stellungen des 4. Korps inspizierte und feststellte, dass sie sehr schlecht waren, rief der verärgerte Gatti aus: „Jetzt erst merkt er das!"), die Abwesenheit eines wirklichen Verteidigungsplans, der auch den schlimmsten Fall voraussah, und das Fehlen einer strategischen Reserve (nicht die Handvoll erschöpfter Regimenter, die sich Dutzende von Kilometern von der Front entfernt ausruhten und die alle Kräfte darstellten, die dem Oberkommando am 24. Oktober zur Verfügung standen), die in einer kritischen Situation wie der, die in den ersten 48 Stunden der deutsch-österreichischen Offensive entstand, eingesetzt werden konnte[47].

Aber vorerst, vor einer wirklichen Analyse der besonderen Mängel der italienischen Aufstellung und der Probleme ihres Oberkommandos, wurde der Fall Cadornas auf Betreiben der Regierung, unter dem Vorsitz von Vittorio Emanuele Orlando (der im „Ministerium der nationalen Einheit" Innenminister war), als Gelegenheit behandelt, um sich von der unbequemen Figur des Generalstabschefs zu befreien[48]. Weder der Regierungschef, noch der neue Kriegsminister, General Alfieri (dessen Karriere von Cadorna beendet worden war), geschweige denn Sonnino, der in der neuen Exekutive wieder einmal als unverrückbarer Chef der Außenpolitik verblieben war, hegten irgendeine Sympathie für Cadorna oder hatten Angst vor ihm. Der Showdown zwischen dem nun diskreditierten Militärführer und einer Zivilregierung, die bestrebt war, die Führung des Landes und des Krieges zurückzubekommen, hatte wahrscheinlich schon vor der Konferenz von Rapallo am 6. November stattgefunden, auf der die französische und die britische Delegation die Absetzung Cadornas als Vorbedingung für den Beginn eines umfangreichen Hilfsprogramms verlangten, was Orlando ausgezeichnete diplomatische Tarnung („Alfieri sagt mir klipp und klar: – die Alliierten haben es zur ersten Bedingung gemacht, dass Cadorna das Kommando verlässt") und den Vorwand für das weitere Vorgehen bot[49]. Drei Tage später wurde Armando Diaz im Palazzo Dolfin in Padua, dem provisorischen Sitz des Oberkommandos, vorstellig, um das Kommando zu übernehmen. Das war keine entspannte Nachfolge. Als er von seiner Entlassung erfuhr und dass er von einem nicht gerade hochrenommierten General ersetzt werden sollte, der zudem noch zwei Jahre vorher sein direkter Untergebener gewesen war, gab Cadorna seine Contenance auf und ließ sich in Beschimpfungen gegen die Undankbarkeit des Hauses Savoyen und gegen die Kleinmütigkeit der Politiker aus, gegen die er stets gekämpft hatte: „So geht man mit einem Furier bei der Schließung der Furierräume um!"[50]. Und als er erfuhr, dass Orlando ihm, um den Schein zu wahren, die Rolle des italienischen Gesandten im neuen Kommandobüro aller Alliierten in Paris anbieten wollte, reagierte er noch zorniger, größenwahnsinnig und streckenweise wahnhaft: „Das werde ich niemals akzeptieren. Wer ein Amt wie meines innehatte, kann sich nicht auf eine Beraterrolle beschränken

[...] von Leuten, die ich außerordentlich verachte, und denen ich meine Verachtung immer ins Gesicht gesagt habe"[51].

„Aus seinem Traum von Größe wieder erwacht", wie Gatti anmerkte, hatte Cadorna fast seine ganze Selbstkontrolle verloren. Nach dem Chaos der ersten Tage hatte er den Rückzug vom Tagliamento an den Piave erfolgreich abgewickelt, das Vertrauen wiederhergestellt, seinen verzweifelten Untergebenen einen strengen Rhythmus auferlegt und den Plan für den Widerstand und die Wiederaufstellung der Armee klar umrissen. Doch die Gewissheit, bald abgesetzt zu werden, ließ ihn überall Verschwörungstheorien sehen. Nicht nur, dass er überall Feinde ausmachte, bereits seit den allerersten Nachrichten über das Debakel hatte er entschieden, dass der eigentliche Grund für die Niederlage nicht militärischer Natur, sondern moralischer sei und im Mangel an Disziplin und im Defätismus zu suchen war, der die Truppengemeinschaft seines Heeres unterminiert, die hierarchischen Beziehungen geschwächt und den Kampfwillen der Soldaten zerstört hatte („das Heer [...] ist in der Seele zerrüttet. Alles, um nicht zu kämpfen")[52]. Zum Teil handelte es sich um eine Gegenreaktion auf die erstaunlichen Gerüchte, die in diesen Stunden kursierten. Einige behaupteten, dass mehrere Generäle wegen Verrats erschossen worden seien, andere, dass sich Dutzende von Regimentern kampflos ergeben hätten, wieder andere, dass in den Schützengräben an der Front Zeichen zur Begrüßung der Deutschen aufgestellt worden seien oder dass sich Tausende von Gefangenen lächelnd mit bereits gepacktem Gepäck stellten, und keine dieser Falschmeldungen konnte ohne Weiteres dementiert werden, denn die Flucht des Oberkommandos hatte auch zum Zusammenbruch der disziplinierten Informationsmaschinerie geführt, die in Udine im Laufe der Jahre organisiert worden war. Natürlich handelte es sich nur um Wahnvorstellungen, aber die Tatsache, dass Cadorna und seine Mitarbeiter ihnen womöglich Glauben schenken oder sogar von ihnen beeinflusst werden konnten, bezeugt einmal mehr das Durcheinander jener Stunden. Aber viel mehr zählte der Wille Cadornas, einen anderen Verantwortlichen ausfindig zu machen (oder mehr als einen): „die tiefen und weit zurückreichenden Gründe, die kein Menschenvermögen reparieren kann", auf die man die nationale Schmach und die Schande der Niederlage zurückführen konnte[53]. Caporetto war keine einfache Niederlage auf dem Schlachtfeld gewesen. Die Armee hatte Verrat begangen (oder zumindest viele Soldaten), denn sie war das Spiegelbild eines Landes „von Schwätzern, Phrasendreschern und vor allem Undisziplinierten", das verdiente, was es bekam. In seinen Invektiven skizzierte Cadorna bereits die Linien jener Apologie, die ihn für den Rest seines Leines beschäftigen sollte[54].

Der Prozess gegen Cadorna

Formal gesehen begann der öffentliche Prozess gegen die Verantwortlichen von Caporetto erst 1918 mit der Einrichtung einer Untersuchungskommission, die die Gründe und die Verantwortlichkeiten der Niederlage und des Truppenrückzugs vom Isonzo an den Piave untersuchen sollte. Im Dezember, als sich die Abgeordnetenkammer neu versammelte, forderten so gut wie alle politischen Kräften eine gründliche Untersuchung der Schuld an der Niederlage[55]. Obwohl er ihn nach seiner Machtübernahme schnell entlassen hatte, war Orlando nicht besonders geneigt, den ehemaligen Stabschef und jetzigen italienischen Vertreter im Obersten Kriegsrat der Alliierten in Paris sofort vor Gericht zu stellen. Er befürchtete (und damit war er nicht der Einzige), dass eine ausschließlich dem Parlament anvertraute Untersuchung nicht nur die Fehler des Militärs, sondern auch die der Regierung, die Cadorna bis zum letzten Moment im Amt gehalten hatte, mit offenlegen könnte und dass eine allzu harte Beurteilung der Armeeführung die Wunden von 1914 wieder aufreißen und den Massenkonsens für die Fortsetzung des Konflikts untergraben würde[56]. Aber schließlich, unfähig, den politischen Druck der Abgeordnetenkammer und die Forderungen der öffentlichen Meinung zu ignorieren, beschloss Orlando im Januar, eine Untersuchungskommission einzusetzen, die aus drei hochrangigen Offizieren (darunter der alte General Carlo Caneva, der eigens dafür in den aktiven Dienst zurückgerufen wurde), dem Militärgeneralanwalt Donato Tommasi, einem Senator und zwei Abgeordneten bestand. Die Mehrheit der Soldaten unter den Mitgliedern, von denen keiner durch Freundschafts- oder Abhängigkeitsbeziehungen mit Cadorna verbunden war, ließ die Regierung darauf vertrauen, dass die Untersuchung mit aller Strenge durchgeführt würde, aber auch, dass sie den Wünschen der Exekutive entsprechen würde. Die Streichung jeden Hinweises auf Badoglio aus den offiziellen Schlussfolgerungen der Kommission, der unbeschadet aus der Untersuchung hervorging, obwohl er für die Niederlage mitverantwortlich war, ist ein gutes Beispiel für den Druck, dem die Untersuchung im Lauf der anderthalb Jahre ihrer Aktivität ausgesetzt war[57].

Cadorna erreichte die Nachricht vom Beginn der Untersuchung in Paris, wo er gerade erst begonnen hatte, an den Treffen des Obersten Kriegsrats der Alliierten teilzunehmen. Anfangs hatte ihn dieses Amt nicht begeistert: Trotz des augenscheinlichen Prestiges war ihm sehr wohl bewusst, dass es sich vor allem um eine Sinekure handelte, um ihn auf diplomatischem Wege in der hitzigsten Phase der Kontroverse um die Niederlage aus dem Land zu entfernen[58]. Was ihn schließlich überzeugt hatte, das Amt anzunehmen, waren zum einen, dass er so dem öffentlichen Pranger des „Zur-Verfügung-Stehens" entgehen konnte und zum anderen die wiederholten Kreuzzüge des Königs, der trotz allem immer noch eine starke moralische Autorität auf den alten General ausübte, wie auch die von Bissolati (der sich paradoxerweise in den Tagen des Unglücks als Cadorna gegenüber großzügig und loyal erwies) und des Ministerpräsidenten, der ihm geschmeichelt hatte, indem er hervorhob, wie bedeutend die neue Aufgabe war, mit den Alliierten zu verhandeln (und sie zu überzeugen, so viele Streitkräfte wie möglich zur Unterstützung nach Italien zu schicken): „In dieser entscheidenden und erhabenen Stunde wird man sich keine wichtigere Aufgabe vorstellen können als eben diese, für die das hohe Prestige Ihrer Eminenz natürlicherweise prädestiniert war"[59]. Aus dem, was er dennoch als ein Exil empfand, beobachtete er, ohnmächtig und ein wenig ungläubig, wie er im Parlament unter Anklage gestellt wurde („Sozialisten und Anhänger Giolittis haben mich mit jeder Sorte von Beschimpfung angespien") und dass ihn kaum jemand verteidigte.

Cadorna verstand wohl erst in diesem Moment, dass die Regierung ihn nicht unterstützte und dass der Großteil der politischen Kreise gegen ihn war[60]. Zu Beginn des neuen Jahres schrieb ihm Orlando, er habe der Forderung nach einer Untersuchungskommission „nachgeben" müssen und dass er sich deshalb bereithalten solle, sich zu den gegen ihn erhobenen Vorwürfen zu äußern: Er antwortete ihm ruhig und sachlich, dass er bereit sei, „nicht um mich zu verteidigen [...], sondern um alle Fakten und Elemente zu liefern, die der Wahrheitsfindung dienen könnten"[61]. In Wirklichkeit war seine Reaktion laut Zeugenberichten lange nicht so ruhig: „Feiges Pack! [...] Ich will nichts mit diesen falschen Leuten zu tun haben, die unter der Fuchtel der Neutralisten und Defätisten leben"[62]. Als er wenige Tage später von seiner Aufgabe in Paris abgezogen, „zur Verfügung" gestellt und nach Italien zurückgerufen wurde, um vor der Untersuchungskommission auszusagen, entzündete sich der Zorn Cadornas noch viel stärker: „Die, die mich heute hierher rufen, haben mich Hände ringend im Namen Italiens gebeten, anzunehmen. Für mein Land habe ich das gemacht. Der Ministerpräsident, der Kriegsminister, sie wissen, was ich geantwortet habe! [...] Wollen sie Kreuzverhöre? Wollen sie Skandale? Von mir werden sie die nie bekommen. Eher würde ich sterben!"[63]. In Wirklichkeit war Cadorna beizeiten dabei, trotz aller Wutausbrüche, sich auf die gegen ihn vorgebrachten Vorwürfe vorzubereiten, eine Aufgabe, die er trotz aller gegenteiligen Behauptungen als seine Pflicht erachtete: „Die Geschichte hat das Recht zu bestimmen, wer die Schuldigen an so viel Verderben waren; und wer beschuldigt wird [...], hat sich selbst und dem Land gegenüber die Pflicht, sich zu verteidigen"[64]. Er hielt die Kommission für ein ehrlicheres Tribunal als andere, vor dem man seinen eigenen Standpunkt hervorbringen konnte. Natürlich misstraute er den beiden Abgeordneten, aber er drückte mehrere Male seine Wertschätzung für die Ehrlichkeit der Kommissare in Uniform aus[65].

Obwohl Cadorna seine Verteidigung noch viele Jahre lang bei jeder offiziellen Gelegenheit und in vielen sintflutartigen Veröffentlichungen bereichern (und manchmal verändern) sollte, war sie im Wesentlichen sehr einfach. Die Ursachen von Caporetto waren nicht ausschließlich militärischer Art, sondern moralisch begründet: Der Zusammenbruch des italienischen Verteidigungssystems am Isonzo im Oktober 1917 und das Chaos, das darauf folgte, hatten natürlich auch mit präzisen Verantwortlichkeiten technischer Art zu tun (vor allem wegen der mangelhaften Befolgung seiner Befehle und der mittelmäßigen Kompetenz einiger örtlicher Truppenführer) sowie mit objektiven (unlösbaren oder unvorhersehbaren) Bedingungen, wie der Müdigkeit der Truppen und der Effizienz der neuen Taktiken, die die Deutschen in den Krieg eingebracht hatten, war aber an erster Stelle auf die schädliche Wirkung zurückzuführen, die die „defätistische Propaganda" und der Pazifismus, gespeist von der parlamentarischen Linken, den außerparlamentarischen Bewegungen und den Gewerkschaften, auf den Kampfwillen der Soldaten hatten.

> Die moralischen Gründe für die Katastrophe von Caporetto [...] sind zwei: Die mittlerweile chronische Disziplinlosigkeit des Landes und die Schwäche der Regierung, die daher an Autorität und Prestige viel eingebüßt hat [...]. Die beiden Motive waren eng miteinander verknüpft [...], denn

die Schwäche der Regierung ermutigte den Geist zur Revolte, was die Regierung einschüchterte, [die] Toleranz gegenüber den subversiven Parteien [zeigte], die das Heer vergiftet haben[66].

Im Lauf der Jahre sollte Cadorna einige Details und einige Zuspitzungen modifizieren, doch von dieser tiefen Überzeugung sollte er nie weder abrücken: Caporetto war die Offenbarung der moralischen Unzulänglichkeit des Landes, „es war sozusagen vom ersten Tag des Kriegseintritts an in einem potenziellen Zustand", denn das, was ans Licht kam, waren alte Verfehlungen in der nationalen Erziehung, gegen die die Regierungen in Kriegszeiten nicht rechtzeitig und nicht mit der nötigen Strenge vorgegangen waren[67]. Die Tatsache, dass die Italiener moralisch gebrochen waren, durch jahrzehntelangen Antimilitarismus und Defätismus vergiftet, war für ihn schon lange eine Gewissheit. Am Abend des 27. Oktober schob der *Feldherr* die Verantwortung für die Niederlage bereits dem „inneren Feind" zu („die Armee wird nicht durch den äußeren Feind besiegt, sondern durch den inneren, gegen den ich vergeblich Maßnahmen gefordert habe", wie es in dem direkt an Boselli geschickten Telegramm hieß), eine Lesart, die auch dem berüchtigten „Cadorna-Bulletin" des folgenden Tages zugrunde liegen sollte, das das Land über die Katastrophe informierte[68].

> Der ausgebliebene Widerstand der Einheiten der 2. Armee, die sich ohne zu kämpfen feig zurückzogen, oder sich würdelos dem Feind ergaben, hat es den österreichisch-ungarischen Kräften erlaubt, unsere linke Flanke an der Julischen Front aufzubrechen. Den wehrhaften Anstrengungen der anderen Truppen gelang es nicht, den Feind daran zu hindern, auf die heilige Erde des Vaterlandes vorzudringen. Unsere Linie zog sich planmäßig zurück [...]. Die Tapferkeit, die unsere Soldaten in vielen erinnerungswürdigen geschlagenen und gewonnenen Schlachten in zweieinhalb Kriegsjahren bewiesen haben, unterstützt im Oberbefehl das Vertrauen, dass auch dieses Mal das Heer, dem die Ehre und die Sicherheit des Landes anvertraut ist, seine Pflicht zu erfüllen weiß[69].

Möglicherweise einer der kontroversesten Texte des ganzen Krieges war das offizielle Bulletin des Oberkommandos vom 28. Oktober 1917, ein eklatanter Fall von medialem Selbstmord[70]. Die Regierung musste die Veröffentlichung nicht im Voraus genehmigen und als sie sie erhielt, konnte sie nur verhindern, dass sie im ganzen Land verteilt wurde, und eine geschönte Version an die Presse schicken, deren Incipit („die Gewalt des Angriffs und der unzureichende Widerstand bestimmter Einheiten ...") die ausdrücklichen Hinweise auf den Verrat eines Teils der kämpfenden Armee verschleierte. Unter vielen Aspekten war die Verbreitung dieses Kommuniqués eine Katastrophe. Zum einen für den persönlichen Werdegang Cadornas (der in der Folge zugab, dass „Überlegungen persönlicher Vorsicht ihn heute davon abhalten würden, es wieder zu veröffentlichen"), vor allem aber, weil Orlando ihm nie verzieh, dass er die Hauptschuld für die Niederlage den Truppen anlastete[71]. Zum anderen für den „Antimythos" der Italiener, „die nicht zu kämpfen wissen", angesichts der Tatsache, dass der Oberbefehlshaber der größten nationalen Armee in der Geschichte des Landes nichts anderes tat, als die verbreitete Meinung zu bestätigen (auch und vor allem im Ausland, wo das Bulletin ohne Zensur verbreitet wurde), dass Caporetto nur eine Etappe in der langen Theorie der Niederlagen war, zu der das vereinigte Italien seit Custozza bestimmt war[72]. Für Cadorna war das „Bulletin Caporetto" einfach nur die Zurkenntnisnahme einer nicht zu verleugnenden Wahrheit, an die er immer bis zuletzt geglaubt hatte und bei dem er nicht merkte, wie peinlich auch für seine engsten Befürworter die Erinnerung an diesen unglückseligen Text war. Im Gegenteil, als er am 14. und 15. März 1918 vor der Untersuchungskommission aussagte, verteidigte er mit aller Überzeugung die Urheberschaft und die Tatsache, dass diese Worte nur die reine schlichte Wahrheit wiedergaben: „Nicht aus einer plötzlichen Laune, sondern aus sehr ernsten Gründen, die nicht nur mir als solche erschienen, habe ich in dieser Form geschrieben und würde es auch heute noch unterschreiben"[73]. In Wirklichkeit war das nicht ganz korrekt. Natürlich war es nicht Cadorna selbst, der die amtlichen Bekanntmachungen verfasste (sie unterstanden normalerweise der Aufsicht Porros) mit Ausnahme von Mitteilungen von besonderer Wichtigkeit (und das war sie auf jeden Fall). In diesem speziellen Fall waren bei der Abfassung des Textes, teils zufällig, teils wegen der Außergewöhnlichkeit des Augenblicks, zwei Generäle anwesend, die auch Minister waren (Gaetano Giardino, nur noch für kurze Zeit Kriegsminister, und Alfredo Dallolio, der mächtige Verantwortliche für Waffen und Munition), und er wurde allen Offizieren des Kommandos vorgelesen[74]. Wie Zeugen bestätigen sollten, hatte niemand etwas zu beanstanden. Porro meinte später, der traumatische Eindruck der „Welle der Flüchtigen" und des tiefen Schamgefühls, das sich aufgrund „der Feiglinge" auf die gesamten Streitkräfte niederschlug, veranlasste die Anwesenden, „die Wunde" mit härtesten Worten „zu verätzen", doch muss auch gesagt werden, dass im Abstand nur weniger Monate,und nachdem sich die anfängliche Hysterie gelegt hatte, nur wenige dieses Bulletin in Ton und Form noch einmal so geschrieben hätten: Luigi Albertini, der dabei war und am Text mitgeschrieben hatte, sollte Cadorna später bitten, sich öffentlich von dem zu distanzieren, was er bei abgekühltem Gemüt als eine abscheuliche Geste betrachtete[75].

Cadorna hingegen hat die Schärfe dieser Anschuldigung nie bereut, obwohl es nicht stimmt, dass er nie etwas an seinen Worten geändert hat. Auch der Vorwurf des Verrats, der sich pauschal gegen Soldaten und Offiziere an der Isonzolinie richtete, verschwand schnell aus seinem Repertoire. Ob er wirklich an die Hypothese eines Komplotts der italienischen Soldaten bezüglich ihrer Aufgabe am 24. Oktober 1917 glaubte, ist nicht klar. Gewiss hielt er es für eine mögliche Erklärung („wie sonst ist der plötzliche Umschwung dieser gewaltigen Linien ohne jedes Zeichen von Widerstand zu erklären?"), doch bei seinen Aussagen vor der Untersuchungskommission und in seinen späteren schriftlichen Erinnerungen zog er es vor, über dieses Thema hinwegzugehen: „Für mich war die Wahrheit: dass an einem Punkt an der Front einige Einheiten ihre Pflicht gegenüber dem Vaterland verraten hatten"[76]. Auf der anderen Seite war die Hypothese vom Komplott und vom Verrat unter den hochrangigen Offizieren sehr beliebt, denn sie sahen darin einen der wahrscheinlichsten Gründe für das Desaster. Antonino Di Giorgio nannte die Flüchtigen von Caporetto ohne Umschweife eine „Kloake", aus der die Verräter, die ihre Truppen und ihr Land verraten hatten, herauszufischen und zu vernichten seien, während Giacinto Ferrero, der die italienischen Truppen in Albanien befehligte, seine Männer ermahnt haben soll, dass der Krieg wegen des Verrats ihrer am Isonzo stationierten Kameraden, die feige Absprachen mit dem Feind getroffen hatten, um ihn passieren zu lassen, so bald nicht enden würde[77]. Nichtsdestotrotz, zu sehr auf dem Vorwurf des Verrats zu insistieren, hätte auch bedeutet, ihn genauer beschreiben und begründen zu müssen. Eine Aussage, vor allem die des Hauptangeklagten, konnte sich nicht allein auf allgemeine Stimmen stützen, stattdessen war „es notwendig, sich auf Fakten zu berufen, denn nur die geben Aufschluss", wie Caneva an einem bestimmten Punkt ausrief und damit gewissen Abschweifungen über die italienische Militärgeschichte als Beweis für die anhaltende nationale Disziplinlosigkeit ein Ende machte. Vielleicht war das der Grund, weshalb Cadorna das Thema Verrat fallen ließ. Oder vielleicht dachte er tatsächlich allen Ernstes, dass der Grund für den Ruin des Heeres und des Landes noch weiter in der Tiefe zu suchen war[78].

In der Tat war das, was die Verteidigung Cadornas von anderen Interpretationen „moralistischer" Spielart zu Caporetto unterschied, dass sie sich in Form einer alle Probleme berücksichtigenden Befragung zu den Fehlern der Nation präsentierte: Cadorna wollte sich nicht einfach von Schuld freisprechen, sondern die Ereignisse des Großen Krieges in eine Geschichte der Fehler und Schwächen des geeinten Italien einfügen[79]. Wer der Formel Leonida Bissolatis vom „Militärstreik" mehr oder weniger beipflichtete, suchte die Gründe für die Niederlage in der Gegenwart, in der Zermürbung des Kampfgeistes der Soldaten, in ihrer Erschöpfung und natürlich in der Überzeugungsarbeit der Parteien, die gegen den Krieg waren (Capello schrieb von der: „Intensität, mit der die verhängnisvolle pazifistische Propaganda in großem Umfang betrieben wurde") und die den Konsens der Massen aufgelöst hatten: „In den Truppen hatte sich ein Geist der Negation, dem Ganzen ein Ende bereiten zu wollen, zu streiken eingeschlichen"[80]. Für Cadorna hingegen reichten die Gründe für den moralischen Zusammenbruch der Streitkräfte viel weiter zurück: „In einem halben Jahrhundert wurde jegliches Konzept von Autorität zerstört, der Geist der Rebellion in allen Formen geweckt, nur noch Antimilitarismus gepredigt und das Prestige der Armee zerstört", hatte er bei der letzten Ministerratssitzung, an der er als Chef des Generalstabs teilgenommen hatte, am 28. September 1917 behauptet[81]. Der Keim der Undiszipliniertheit und des Defätismus hatte ihn seit den Tagen der Neutralität verfolgt: Die traumatische Erinnerung an die Aufstände der *Settimana rossa* im Juni 1914 war durch die Proteste der Einberufenen während ihres Transports im Zuge der Mobilmachung wieder wach geworden, was ihn glauben machte, seine Truppen seien eine Masse von Wehrpflichtigen, die grundlegend von einer subversiven Ideologie unterwandert waren[82]. Darüber hinaus hatte die pathologische Missachtung seines Heeres ihn während des gesamten Krieges nicht verlassen. Es gibt kaum andere mögliche Erklärungen für die programmierte Verfolgung der in Kriegsgefangenschaft geratenen italienischen Soldaten durch das Oberkommando, eine Politik, die die italienischen Soldaten in den deutschen und österreichischen Lagern jeder Hilfe beraubte und die in der Tat zwischen 50.000 und 100.000 Mann zum Tode verurteilte[83]. Für Cadorna handelte es sich um eine bewusste Entscheidung: Gefangengenommene Soldaten durfte es einfach nicht geben, und zwar mit der Begründung, dass Desertionen ein alarmierendes Ausmaß annehmen würden, wenn die Bedingungen des Gefangenseins weniger schrecklich oder zumindest besser als das ständige Risiko, in der Schlacht zu sterben, erscheinen würden[84]. In Wirklichkeit war die Gleichstellung von Kriegsgefangener-Deserteur (oder Kriegsgefangener-Feigling) unhaltbar, doch wie der Rest der Disziplinierungsmaßnahmen während seines Kommandos gründete auch das auf einem beharrlichen Misstrauen gegenüber seinen eigenen Soldaten.

Dieses langjährige Misstrauen, das Cadorna gegenüber der Armee und dem eigenen Land hegte, war der Auslöser für Caporetto. In den folgenden Jahren wiederholte er immer wieder, dass er geahnt hätte, was passieren würde, und dass er immer wieder die Regierung aufgefordert hätte, etwas dagegen zu unternehmen. Die vier Briefe, die er Boselli im Sommer 1917 schickte, um die Ausbreitung „der Disziplinlosigkeit, die die Struktur unserer Armee zu korrumpieren droht", anzuprangern, waren ein wirkungsvolles Zeugnis dafür, wie sehr Cadorna an der Solidität der nationalen Gemeinschaft und der Ernsthaftigkeit seiner eigenen Regierung zweifelte[85]. Cadornas Briefe waren eine geschickte Vermengung von falschen Informationen (drei sizilianische Infanterieregimenter, die sich im Juni 1917 allesamt ergeben hatten), Unterstellungen (Spionagetätigkeit des Informationsdienstes in den „subversiven Parteien" und deren Vorhaben, die kämpfenden Truppen zu unterwandern, um sie zu destabilisieren) und verschleierten Drohungen (in Ermangelung strenger Maßnahmen vonseiten der Regierung, um jede Form von „antipatriotischer Propaganda" zu unterbinden, müsse man die Disziplin an der Front durch systematische Hinrichtungen der „vergifteten" Einheiten noch weiter verschärfen). Die Briefe waren der alarmierende Versuch eines Generals, der auf dem Höhepunkt seiner Macht stand und als unantastbar galt, sich in die Innenpolitik einzumischen. Aber sie waren mehr: der rastlose Blick eines Kommandeurs, der überall in seiner Armee Zeichen des Zerfalls sah und glaubte, dass die Untätigkeit einer schwachen Regierung das Überleben des Landes selbst gefährdete: „Sehr traurige Tage liegen vor uns, wenn die Ursachen von so viel Übel nicht beseitigt werden"[86].

Da darf man sich nicht wundern, wenn Caporetto in den Augen Cadornas die Offenbarung all seiner Ängste wurde, aber auch die Bestätigung dafür, dass er mit seinen Prophezeiungen Recht gehabt hatte. Die Niederlage war nicht Schuld des Militärs gewesen (zumindest nicht die Schuld seines Kommandos), sondern die uralte Verurteilung einer Nation, die nicht „den Willen und die Energie" gehabt hatte, sich ihrer giftigen Keime zu entledigen: „Das Land wird bekommen, was es verdient"[87].

Schlusswort

Ich habe immer gesagt, dass ich zusammen mit dem Bewusstsein unseres Krieges wieder auf-
erstehen werde.
(L. Cadorna an L. Albertini, Mai 1923)

Der Kampf der Erinnerung

Infolge der Vorwürfe einer Untersuchungskommission [...], die damit beauftragt war, die Ursachen der Katastrophe von Caporetto zu untersuchen, eingesetzt von der Person, über die diese
Kommission eigentlich hätte urteilen sollen und die an meiner Verurteilung besonders interessiert
war, wurde ich als Hauptverantwortlicher für Caporetto befunden [...][1].

Die Anhörungen von 1918 waren nur der erste Teil des erbitterten Kampfes, den Luigi
Cadorna gegen das führte, was er als ideologische Verurteilung betrachtete, die nur
durch den Wunsch der Regierung von Orlando motiviert war, die eigene Verantwortung und die derjenigen zu decken, die (wie Badoglio) inzwischen regelmäßig in den
römischen *Palazzi* verkehrten, selbst um den Preis, die ehemaligen Führer der Armee
in Verruf zu bringen.

Im Sommer 1919, als die Schlussakte der Untersuchungskommission offiziell im
Parlament vorgelegt wurde, flammte die Kontroverse erneut auf. Noch bevor ein paar
Exemplare des Berichts zur öffentlichen Lektüre freigegeben wurden, konnte man die
schweren Anschuldigungen der Kommission gegenüber dem Oberheereskommando
bereits in den Tageszeitungen lesen, ohne dass die Regierung etwas dagegen unternommen hätte (die Zensur war gerade erst abgeschafft worden). Der Ruf des alten
militärischen Establishments wurde ruiniert und es entfachte sich die heftigste antimilitaristische Kampagne, die es je im italienischen Staat gegeben hatte, wobei die
alten Neutralisten (vor allem die alten Liberalen aus dem Giolitti-Flügel) und die
Sozialisten den Generälen einstimmig vorwarfen, kaum etwas anderes als ein Haufen
unfähiger Schlächter gewesen zu sein[2]. Für Zehntausende Soldaten, die noch im
Dienst standen (die Demobilisierung war in Italien noch längst nicht abgeschlossen),
für Hunderttausende Frontheimkehrer, für die Familienangehörigen der Gefallenen,
für viele Konservative und Nationalisten unterschiedlicher Ausrichtung war das ein
inakzeptabler Skandal und der endgültige Beweis dafür, dass die politischen Kreise
keinerlei Interesse daran hatten, die Werte, für die der Sieg stand, oder das Image des
Heeres zu verteidigen[3]. Für Luigi Cadorna hingegen war es eine persönliche Schmach.
Verglichen mit der herzlichen und fast respektvollen Atmosphäre der Befragungen vor
der Kommission, in der er seine Wahrheit praktisch widerspruchslos darlegen durfte
(eine Vorzugsbehandlung, die ihn von der Zustimmung sowohl der Kommissions-
mitglieder in Uniform als auch der Parlamentarier überzeugt hatte), wurde die Ver-
lesung der Akten zu einer traumatischen Ernüchterung. Im Ton stets voller Respekt für
den Mann und seine berufliche Vergangenheit wurden ihm große Verdienste bei der

https://doi.org/10.1515/9783110693478-010

Führung und Organisation der Streitkräfte in den Jahren 1914 und 1915 zuerkannt, doch darüber hinaus wurde ihm so gut wie nichts erspart[4]. Auch dem wenig fachkundigen Leser blieben wenig Zweifel daran, dass der Zusammenbruch bei der Schlacht von Caporetto zum großen Teil Luigi Cadorna zuzuschreiben war, dass er aber auch für alles, was sonst im italienischen Krieg nicht funktioniert hatte, verantwortlich war, vom Gemetzel an der Isonozofront bis zur brutalen Handhabe der Disziplineinhaltung: „Trotz des Lobes, das sie mir aussprechen mussten", so Cadorna nach einer ersten Lektüre der Akten, „hat der Bericht einen böswilligen Ton"[5]. Das war ein Euphemismus. Die monumentale Rekonstruktion seiner Erfahrung als Kommandeur, die 1921 erschien, war die erste Antwort auf das, was er als ein von den römischen Regierungskreisen bewusst betriebenes und amtlich gedecktes Werk der Verunglimpfung empfand[6].

La guerra alla fronte italiana war nicht die erste und keineswegs die letzte Erinnerungsschrift eines italienischen Generals, die in den unruhigen Jahren unmittelbar nach dem Krieg erschien. Die herausragenden Heerführer, die abgesetzt worden waren, wie Luigi Nava oder Luigi Segato, oder die großen Verlierer von Caporetto, wie Luigi Capello und Alberto Cavaciocchi, appellierten so früh wie möglich an die öffentliche Meinung, indem sie wortreiche Erinnerungen vorlegten, in denen sie ihre Handlungen rechtfertigten[7]. Mit der bemerkenswerten Ausnahme von Capello, dessen polemische Gegenerinnerung zu den Ereignissen vom Oktobers 1917 ihm die Aufmerksamkeit eines Verlegers von nationaler Bedeutung wie Treves einbrachte, handelte es sich bei den meisten dieser apologetischen Schriften um sehr partielle Rekonstruktionen, eigentlich nur insofern interessant, als sie Aufschluss über die (geringe) Kultur und die (zerbrechliche) Psychologie der Autoren gaben: Meistens auf Kosten der Autoren von kleinen Verlagen veröffentlicht, erreichten sie kaum Leser. Dagegen ging es Cadornas Buch ganz anderes. Es war nicht gerade eine Autobiographie, obwohl es in weiten Teilen in der ersten Person geschrieben ist; vielmehr war es seine Absicht, die Geschichte „der Überlegungen des Obersten Kommandos" zu erzählen (tatsächlich war sie arm an persönlichen Anekdoten und Erlebnisse), und auch keine allgemeine *histoire bataille*, wie es vielmehr Jahre später die offizielle Version des Ufficio storico des Generalstabs werden sollte (eine Aufgabe, für die Cadorna zudem der ganze Quellenbestand fehlte, da er keinen Zugang zu den Militärarchiven hatte). Unter den nach dem Krieg erschienenen Schriften zählte seine nichtsdestotrotz zu den analytischsten, vollständigsten und faszinierendsten Texten. Cadorna beschränkte sich nicht darauf, den internationalen Konflikt nur aus dem Blickwinkel des Oberkommandos zu schildern, sondern schrieb eine reale Geschichte der militärischen und politischen Macht im Vorkriegsitalien, ihrer Konflikte und der Passivität der politischen Elite angesichts der Probleme, die der Krieg aufwarf – ein Geschehen, dem sich die Nation weder moralisch noch materiell gewachsen zeigte, wenn der Generalstab nicht in der kurzen Zeit der Neutralität versucht hätte, die jahrzehntelange Vernachlässigung und den schleichenden Antimilitarismus zu beheben[8]. Sein Werk hatte großen Erfolg, auch wenn der Literaturbetrieb der 20er und 30er Jahre sehr viel stärker auf die Fronterzählungen von jungen Soldaten und

Wehrpflichtigen im Krieg setzte und die Erinnerungen hochrangiger Offiziere auf weitaus weniger Interesse stießen[9]. Doch *La guerra alla fronte italiana* erreichte zwischen den 20er- und 30er Jahren drei Auflagen, was das Buch zu den meist gelesenen und einflussreichsten Memoiren eines italienischen Generals des Ersten Weltkriegs machte. Der implizite Anspruch, eine umfassende Lektüre der geistigen Schwächen des vereinigten Italien zu liefern, zusammen mit dem Wunsch des Autors, die beiden Bände mögen eine möglichst weite Verbreitung finden (weshalb der Text auch weit weniger technisch und pedantisch formuliert und deshalb leichter zu lesen war als die üblichen Kriegserinnerungen alter Kommandeure), machten es zu einem ungewöhnlichen Werk, dessen Prototyp die literarisch unzumutbaren *Meine Kriegserinnerungen 1914–1918* von Erich Ludendorff sind[10]. Auch wenn man das Werk heute banal finden mag, von Fachbibliographien überholt und wegen der Arroganz des Verfassers bisweilen irritierend, handelt es sich nach wie vor um einen hochinteressanten Text. Er gibt den Blick des Oberbefehlshabers frei und sollte schnell zum Evangelium und Emblem von Cadornas Standartenträgern werden, einer großen Gruppe rechtskonservativer Meinungsmacher sowie einflussreicher italienischer Tageszeitungen, die Luigi Albertini zum Sprachrohr seiner Kampagne zur Rehabilitierung des alten Heerführers machte, die sich mit der Verteidigung des Interventionismus *tout court* und der Kriegsgründe identifizierten[11].

Im Jahr 1926 schloss Cadorna seine *Pagine polemiche* ab, die im Anschluss an *Altre pagine sulla Grande Guerra* die Vollendung der Trilogie *Per la verità* bilden sollten[12]. Seit 1921, kurz nachdem er angefangen hatte, daran zu arbeiten, beschworen ihn seine ehemaligen Mitarbeiter (vor allem Angelo Gatti, der ihm bei seinem Kampf um Rehabilitierung treu zur Seite stand und ihm auch Zugang zu der weit verbreiteten Reihe *Collezione italiana di diari, memorie, studi e documenti per servire alla storia della guerra* verschaffte, die er im Verlag Mondadori betreute), nichts zu veröffentlichen: „Sie meinen, die Polemik würde mich erniedrigen und die Untersuchungskommission stehe bereits bei allen in der Kritik"[13]. Das war ein guter Ratschlag. Wie der Titel – *Pagine polemiche* – schon sagte, war der Text extrem aggressiv und an vielen Stellen wenig ausgewogen (und ist es nach wie vor, er wurde allerdings vom Sohn – nach dem Willen des *Generalissimo* – erst nach dessen Tod veröffentlicht). Vergleicht man ihn mit den Originalprotokollen der Aussagen Cadornas vor der Untersuchungskommission, ist es leicht zu erkennen, dass das Buch zum großen Teil aus Verteidigungsschriften besteht, die er vor der Vernehmung vorbereitet oder in den Folgemonaten zur Bereicherung übermittelt hatte: ein formidabler Selbstverteidigungskatalog, der vorgetragen wurde, um die Anklagen Punkt für Punkt zu widerlegen und die Kommissare (die er in seinen Briefen einige Jahre zuvor „sehr ehrlich" genannt hatte) zu diskreditieren, selbst um den Preis, eklatante Lügen zu erzählen (die Kommission bestand hauptsächlich aus Mitgliedern des Militärs, nicht aus Juristen oder Parlamentariern)[14]. Doch das Werk wurde nicht zu Lebzeiten des Generals veröffentlicht. Wie er selbst zugeben sollte, trug seine Ernennung zum Marschall von Italien im Jahr 1924 dazu bei, jede Wunde zu heilen und die bis dahin erlittene Kränkungen zu lindern. Der Verzicht auf das Projekt eines durchschlagenden, umstrittenen und skandalösen Buches war der Preis, den Luigi Cadorna für das Ende aller Hetzreden auf seinen Namen zahlte[15].

„Mit dem Einzug der Regierung der faschistischen Erneuerung kam die Gerechtigkeit voll und ganz", sollte Rodolfo Corselli schreiben[16]. In Wirklichkeit sollte der Feldwebel Benito Mussolini, der ehemalige Sozialist, Freiwillige und Offiziersanwärter (der abgelehnt wurde, weil er unzuverlässig war), der revolutionäre Kriegsbefürworter, Straßenrhetoriker und Volkstribun nie seine instinktive Antipathie für den (adeligen, savoyischen und katholischen) ehemaligen Oberbefehlshaber der Streitkräfte ablegen, und noch wenige Monate vor Cadornas Tod sollte er bei der Beisetzung von Armando Diaz die Menschlichkeit und Sympathie für den einfachen Soldaten des *Duca della Vittoria* hervorheben zum impliziten Nachteil des kalten und hochmütigen Cadorna[17]. In dem Bestreben, die alten Spaltungen des Bürgerkriegs (dem von 1914 und dem von 1919–1922) zu heilen und vor allem den größtmöglichen Konsens zu erlangen, beschloss das Regime, dass es an der Zeit sei, jede Kontroverse im Zusammenhang mit der „Cadorna-Frage" zum Schweigen zu bringen, und so wurde der alte *Feldherr* zusammen mit seinem Nachfolger am 4. November 1924 mit dem neuen allerhöchsten Dienstgrad der Streitkräfte ausgezeichnet. Die symbolische Beschlagnahmung „Italiens von Vittorio Veneto" und des letzten Kampfzugs des Risorgimento war auf jeden Fall die Versöhnung mit dem Mann wert, dem man seinerzeit vorgeworfen hatte, die Armee durch „Carabinieri [...] Priester [...] Hinrichtungen und wenig Essen" zerschlagen zu haben, und man wird nicht sagen können, dass der alte General die Ehrungen, die ihm das neue faschistische und kriegerische Italien zuteil werden ließ, nicht genossen hätte[18]. Mussolini hatte die Frage richtig eingeschätzt. Cadorna erfreute sich unter den Kriegsheimkehrern und auch den Anhängern der faschistischen Partei immer noch großer Beliebtheit (die Villa in Pallanza machte man ihm nach einer öffentlichen, ungemein erfolgreichen Unterschriftenaktion zum Geschenk) und für die nationalistisch ausgerichtete Presse blieb er eine Ikone, die man mit den alten Gründen für den Kriegseintritt 1915 identifizierte. Seine Aufnahme unter die hehren Gründerväter der Nation sollte dem Regime ein langes Schweigen über die tiefen Spaltungen garantieren, die Italien in den Tagen der Intervention zerrissen hatten, sich über den gesamten Krieg erstreckten und den Sieg überdauert hatten.

Das Ergebnis war, dass sich über Luigi Cadorna der gnädige Schleier des Vergessens legte. Er war ein typischer, in mancher Hinsicht sogar mittelmäßiger Vertreter der Kultur, der Ambitionen und Obsessionen seiner Generation gewesen, aber der lange Bürgerkrieg, der auf den Weltkrieg folgte, hypostasierte ihn, machte ihn zu einer Ikone, einem Paladin oder einem gefühllosen, blutrünstigen Verbrecher. Er war ein General wie viele andere Generäle gewesen, weder ein besonders genialer noch ein besonders ungeschickter Berufssoldat auf einem Kontinent voller Waffenprofis, die mehr oder weniger dieselbe Art von Ausbildung durchlaufen hatten, dieselben Mängel besaßen sowie dieselbe Unfähigkeit, die Anzeichen der Moderne mit ihren neuen Technologien und Revolutionen zu verstehen. Die Kultur des totalen Krieges mit ihren manichäischen Auswüchsen verwandelte ihn zuerst in das Idol einer Nation mit chronischem Heldenmangel, in einen Führer, der die Italiener dazu bringen würde, ihren Platz in der Welt der großen kriegführenden Mächte zu erobern, und dann in den Schuldigen an jeder Niederlage, in den inkompetenten und ehrgeizigen Bürokraten in Uniform, der um ein Haar seine eigene Armee und sein eigenes Land zerstört hatte. Seine Trauerfeier mag wie eine Apotheose gewirkt haben, aber sie war vor allem der Wunsch, die Widersprüche und Ambivalenzen des Mannes schnell zu Grabe zu tragen, der der mächtigste Mann in einem Land gewesen war, das er verachtete, an der Spitze einer Massenarmee mit Millionen von Männern, in die er überhaupt kein Vertrauen gehabt hatte.

Anmerkungen

Einleitung

1 „Giornale Luce", A0246, 27. Dezember 1928.

2 Giornale Luce B0093, 21. Mai 1932.

3 D. Todman, *„Sans peur et sans reproche". The Retirement, Death and Mourning of Sir Douglas Haig 1918–1928*, in „Journal of Military History", 2003, 67, S. 1083–1106.

4 R. Porte, *Joffre*, Paris 2014, S. 332f.

5 L. Sondhaus, *Conrad. Vita di Franz Conrad von Hötzendorf*, Görz 2003, S. 322f.

6 A. Clark, *The Donkeys*, New York 1962.

7 A. Becker, *Les monuments aux morts. Mémoire de la Grande Guerre*, Paris 1989; A. King, *Memorials of the Great War in Britain*, Oxford 1998; G. Mosse, *Le guerre mondiali. Dalla tragedia al mito dei caduti*, Rom/Bari 1999 [1990]; J. Winter, *Remembering War*, New Haven CT 2006, S. 136–254; A. von der Goltz, *Hindenburg. Power, Myth and the Rise of the Nazis*, Oxford 2009, S. 188–192; E. Julien, *Paris, Berlin. La mémoire de la guerre 1914–1933*, Rennes 2010; M. Mondini, *La guerra italiana. Partire, raccontare, tornare*, Bologna 2014, S. 344–356.

8 M. Mondini, *La politica delle armi. Il ruolo dell'esercito nell'avvento del fascismo*, Rom / Bari 2006.

9 P. Valera, *Luigi Cadorna nei suoi disastri militari*, Mailand 1919, S. 10.

10 G. Rochat, *L'esercito italiano da Vittorio Veneto a Mussolini*, Rom / Bari, 2006, S. 321–327.

11 B. Tobia, *Dal Milite ignoto al nazionalismo monumentale fascista (1921–1940)*, in W. Barberis (Hrsg.), *Storia d'Italia*, Bd. 18: *Guerra e Pace*, Turin 2001, S. 593–643.

12 M. Ridolfi, *Le feste nazionali*, Bologna 2003, S. 145–199.

13 S. Raffaelli, *I nomi delle vie*, in M. Isenghi (Hrsg.), *I luoghi della memoria. Simboli e miti dell'Italia unita*, Rom / Bari 1996, S. 215–242.

14 AMRMi, Fondo Brusati, b. 47, R. Brusati an U. Brusati, 3. November 1924.

15 J. Keegan, *The First World War*, London 1999, S. 312.

16 J. Winter / A. Prost, *The Great War in History. Debates and Controversies 1914 to the Present*, Cambridge 2005, S. 59–81.

17 H. Afflerbach, *Falkenhayn. Politisches Denken und Handeln in Kaiserreich*, 2 Bde., München 1996; A. Mombauer, *Helmuth von Moltke and the Origins of the First World War*, Cambridge 2001.

18 L. Cadorna, *Il generale Raffaele Cadorna nel Risorgimento italiano*, Mailand 1922.

19 L. Cadorna, *Popoli forti – governo forte*, in „Rassegna Italiana", 1932, 168, S. 387–388. Hier handelt es sich um das Protokoll einer Anhörung von Luigi Cadorna vor dem Ministerrat am 28. September 1917, das sich unter seinen Aufzeichnungen befand.

20 R. Hamilton, *War Planning: Obvious Needs, Not so Obvious Solutions*, in R. Hamilton/H. Herwig (Hrsg.), *War Planning 1914*, Cambridge 2010, S. 1–23.

I Die Macht des Schicksals

1 P. Queto, *Luigi Cadorna. Per i combattenti d'Italia*, Dotol 1929, S. 18. a

2 A. Mombauer, *Helmuth von Moltke and the Origins of the First World War*, Cambridge 2001.

3 R. Porte, *Joffre*, Paris 2014.

4 R. Holmes, *The Little Field-Marshal. Sir John French*, London 1981.

5 L. Sondhaus, *Franz Conrad von Hötzendorf. Architect of the Apocalypse*, Boston MA 2000.

6 M. Van Creveld, *Command in War*, New Haven CT, 1985, S. 148–184; J.-J. Becker, *Prévisions des états-majors et effondrement des plans*, in S. Audoin-Rouzeau / J-J. Becker (Hrsg.), *Encyclopédie de la Grande Guerre 1914–1918*, Paris 2004, S. 235–247.

https://doi.org/10.1515/9783110693478-011

7 T.N. Dupuy, *A Genius for War. The German Army and the General Staff 1807 – 1945*, Hauppauge NY 1991.

8 J. Roth, *Radetzkymarsch*, Göttingen 2019, S. 160.

9 H. Strachan, *European Armies and the Conduct of War*, London / New York, 200, vor allem S. 108 – 130; G. Best, *War and Society in Revolutionary Europe 1770 – 1870*, McGill-Queen's: University Press 1998; D.E. Showalter, *The Prusso-German Revolution in Military Affairs 1840 – 1871*, in M. Knox / W. Murray (Hrsg.), *The Dynamics of Military Revolution*, Cambridge 2001, S. 92 – 113.

10 W. Serman, *La vie professionelle des officiers français au milieu du XIXe siècle*, Paris 1994, S. 50; J. Keegan, *La maschera del comando*, Mailand 2003; J. Gooch, *Armies in Europe*, Milton Park 2016, S. 109 – 144.

11 E. Greenhalgh, *Foch in Command. The Forging of a First World War General*, Cambridge 2011.

12 C. De Gaulle, *Le fil de l'epée*, Paris 2015, S. 34.

13 J. Gooch, *The Plans of War. The General Staff and British Military Strategy 1900 – 1916*, London 1974; D. Stevenson, *Armaments and the Coming of War. Europe 1904 – 1914*, Oxford 1996; W. Serman, *Les officiers français dans la Nation (1848 – 1914)*, Paris 1982; T. Zuber, *Inventing the Schlieffen Plan. German War Planning 1871 – 1914*, Oxford 2003.

14 Vgl. *Annuario Militare del Regno d'Italia. Anno 1914*, Bd. 1: *Ufficiali in servizio attivo permanente ed impiegati civili*, S. 8 – 14 (Stato maggiore generale del R. Esercito).

15 Vgl. M. Mondini, Art. *Alberto Pollio*, in *Dizionario Biografico degli Italiani*, Bd. 84, Rom 2015.

16 Vgl. A. Pollio, *Custoza 1866*, Mailand 1903, sowie ders., *Waterloo 1815 avec de nouveaux documents*, Paris 1909.

17 A. Olivieri Sangiacomo, *Psicologia della caserma*, Turin / Rom 1905, S. 315.

18 M. Meriggi, *Militari e istituzioni politiche nell'età giolittiana*, in „Clio", 1987, 1, S. 55 – 92.

19 A. Di Giorgio an L. Cadorna, 9. Februar 1907, in L. Cadorna, *Lettere famigliari*, hrsg. von R. Cadorna, Mailand 1967, S. 89.

20 U. Brusati an L. Cadorna, 8. März 1908, *ebd.*, S. 89.

21 L. Cadorna an U. Brusati, 9. März 1908, *ebd.*, S. 90 – 92.

22 M. De Leonardis, *Monarchia, famiglia reale e forze armate*, in „Rassegna storica del Risorgimento", 1999, 2, S. 177 – 202; F. Le Moal, *Victor Emmanuel III d'Italie*, Paris 2015, S. 212 – 227.

23 J. Gooch, *Esercito, stato e società in Italia 1870 – 1915*, Mailand 1994, S. 188 – 215, sowie ders., *The Italian Army and the First World War*, Cambridge 2014, S. 28 – 52.

24 G. Rocca, *Cadorna*, Mailand 2004, S. 34 – 37.

25 O. Malagodi, *Conversazioni della guerra 1914 – 1919*, Bd. 1: *Da Sarajevo a Caporetto*, Neapel 1960, S. 199 – 200; V. Caciulli, *Antonio Baldissera generale italiano*, in P. Del Negro / N. Agostinetti, *Il generale Antonio Baldissera e il Veneto militare*, Padua 1992, S. 15 – 48.

26 N. Salvaneschi, *Luigi Cadorna*, Mailand 1915, S. 22; E. Serao, *Luigi Cadorna. Duce Supremo nella IV Guerra di Redenzione Italica*, Neapel 1918, S. 10; P. Gorgolini, *Luigi Cadorna*, Piacenza 1922, S. 20 f.; F. Di Francesco, *Luigi Cadorna maresciallo d'Italia*, Pubblicazioni Artistiche Militari Italiane Regionali, Rom 1929, S. 7; U. Ascoli, *Luigi Cadorna. Il principe della guerra*, Livorno 1933; A. Dotti, *Luigi Cadorna narrato al popolo*, Scuola tipografica Provvidenza, 1933, S. 1 – 5.

27 *Cadorna Capo di Stato Maggiore*, in „Il Corriere della Sera", 11. Juli 1914.

28 *Il gen. Cadorna capo di Stato Maggiore*, in „La Stampa", 10. Juli 1914; *Il generale Luigi Cadorna nominato capo dello Stato Maggiore*, in „L'illustrazione italiana", Nr. 29, 18. Juli 1914, S. 53.

29 P. Bourdieu / J.-C. Passeron, *La reproduction: éléments pour une théorie du système d'enseignement*, Paris 1970; E. Schalk, *L'épée et le sang. Une histoire du concept de noblesse*, Seyssel 1996.

30 I. Deak, *Gli ufficiali della monarchia asburgica*, Görz 1994, S. 251 – 262; M. Stoneman, *Bürgerliche und adlige Krieger. Zum Verhältnis zwischen sozialer Herkunft und Berufskultur im wilhelminischen Armee-Offizierkorps*, in H. Reif (Hrsg.), *Adel und Bürgertum in Deutschland*, Bd. 2: *Entwicklungslinien und Wendepunkte im 20. Jahrhundert*, Berlin 2000, S. 25 – 63.

31 M. Hildermeier, *Der russische Adel von 1700 bis 1917*, in H.-U. Wehler (Hrsg.), *Europäischer Adel 1750–1950*, Göttingen 1990, S. 166–216; J. Steinberg, *The Challenging of Reforming Imperial Russian General Staff Education*, in D. Schimmelpenninck van der Oye / B. Memming (Hrsg.), *Tsar's Army Military Innovation in Imperial Russia*, Cambridge 2004, S. 232–251.

32 V. Kiernan, *Il duello. Onore e aristocrazia nell'Europa moderna*, Venedig 1991; R. Nye, *Masculinity and Male Codes of Honor in Modern France*, Oxford 1993; U. Frevert, *Ehrenmänner. Das Duell in der bürgerlichen Gesellschaft*, München 1991.

33 R. Porte, *Joffre*, S. 20–25.

34 G. Sheffield, *The Chief*, London 2012, S. 9–12.

35 M. Nebelin, *Ludendorff. Diktator im Ersten Weltkrieg*, München 2010; J. Hürter, *Wilhelm Groener. Reichswehrminister am Ende der Weimarer Republik*, München 1993.

36 A. Mombauer, *Helmuth von Moltke*, S. 56.

37 *Ebd.*

38 G. Arpino, *L'ombra delle colline*, Mailand 1969, S. 29. Vgl. G. Rochat / G. Massobrio, *Breve storia dell'esercito italiano dal 1861–1943*, Turin 1978, S. 97 f., sowie J. Whittam, *The Politics of the Italian Army, 1861–1918*, London 1977, S. 26–48.

39 Vgl. W. Barberis, *Le armi del Principe. La tradizione militare sabauda*, Turin 2003; P. Bianchi, *Onore e mestiere. Le riforme militari nel Piemonte del Settecento*, Turin 2002.

40 E. Ricotti, *Ricordi di Ercole Ricotti*, hrsg. von A. Manno, Turin / Neapel 1886, S. 83.

41 A. Cardoza, *Patrizi in un mondo plebeo*, Rom 1999, S. 127–166; V. Ferrone, *Un re, un esercito, una nazione. Il riarmo italiano nel Settecento tra innovazioni tecnologiche, assolutismo e identità nazionali d'Antico Regime*, in W. Barberis (Hrsg.), *Storia d'Italia. Annali*, Bd. 18: *Guerra e pace*, Turin 2002, S. 383–416.

42 F.L. Rogier, *La R. Accademia Militare di Torino: note storiche 1816–1870*, Bd. 2, Turin 1916, S. 1–19.

43 P. Del Negro, *Esercito, stato e società nell'Ottocento e nel primo Novecento: il caso italiano*, in ders., *Esercito, stato, società*, Bologna 1979, S. 49–71; P. Langella, *L'Accademia militare di Torino in età giolittiana*, in P. Del Negro / G. Caforio (Hrsg.), *Ufficiali e società. Interpretazioni e modelli*, Mailand 1988, S. 317–362; A. M. Banti, *Storia della borghesia italiana*, Rom 1996, S. 54–55.

44 A. Cardoza, *An Officer and a Gentleman. The Piedmontese Nobility and the Military in Liberal Italy*, in *Esercito e città dall'Unità agli anni Trenta*, Bd. 1, Rom 1989, S. 185–200.

45 L. Pelloux, *Quelques souvenirs de ma vie*, hrsg. von G. Manacorda, Rom 1967, S. 24–30.

46 EIG, I bis, *Le forze belligeranti (allegati)*, Anl. 57: *Ordine di battaglia dell'Esercito Italiano al 24 maggio 1915*, S. 82; *Annuario Militare del Regno d'Italia. Anno 1915*, Bd. 1: *Ufficiali in servizio attivo permanente ed impiegati civili*, Voghera / Rom 1915. S. 4–8; G.C. Jocteau, *Un censimento della nobiltà italiana*, in „Meridiana", 1994, 19, S. 113–154.

47 Vgl. P. Del Negro, *Ufficiali di carriera e ufficiali di complemento nell'esercito italiano*, in *Les fronts invisibles. Nourrir, fournir, soigner*, Nancy 1984, S. 263–286; M. Meriggi, *L'ufficiale a Milano in età liberale*, in *Esercito e città*, S. 273–296; M. Mondini, *Veneto in armi. Tra mito della nazione e piccola patria 1866–1918*, Görz 2002.

48 *Regolamento per l'ammissione ai Collegi militari, alla Scuola militare e all'Accademia Militare*, Rom 1903.

49 G.L. Balestra, *La formazione degli ufficiali nell'Accademia Militare di Modena (1895–1939)*, Rom 2000, Tab. 3, S. 363.

50 V. Caciulli, *Il sistema delle scuole militari in età liberale (1860–1914)*, in „Ricerche Storiche", 1993, 3, S. 533–567.

51 Vgl. A. Bianchini, *Le retribuzioni degli ufficiali dell'esercito in un secolo di storia*, in „Memorie Storiche Militari", 1980, S. 353–429.

52 E. De Rossi, *La vita di un ufficiale italiano sino alla Guerra*, Milano 1927, S. 19–27.

53 G.L. Balestra, *La formazione degli ufficiali nell'Accademia Militare di Modena*, S. 25 f.

54 P. Del Negro, *La professione militare nel Piemonte costituzionale e nell'Italia liberale*, in P. Del Negro / G. Caforio (Hrsg.), *Ufficiali e società*, S. 211–230.

55 O. Bovio, *Storia dell'esercito italiano (1861–1990)*, Rom 1996, S. 575–678.

56 F. Minniti, *Esercito e politica da Porta Pia alla Triplice Alleanza*, Rom 1984.

57 Comando del Corpo di Stato Maggiore, *I capi di stato maggiore dell'Esercito: Alberto Pollio*, Rom 1935; ders., *I capi di stato maggiore dell'Esercito: Tancredi Saletta*, Rom 1935; ders., *I capi di stato maggiore dell'Esercito: Domenico Primerano*, Rom 1935.

58 J.-F. Chanet, *Vers l'Armée nouvelle. République conservatrice et reforme militaire 1871–1879*, Rennes 2006.

59 M. Mondini, *L'identità negata: materiali di lavoro su ebrei ed esercito dall'età liberale al secondo dopoguerra*, in G. Schwarz (Hrsg.), *Gli ebrei in Italia tra persecuzione fascista e reintegrazione postbellica*, Florenz 2001, S. 141–170; D. Penslar, *Jewish and the Military. A History*, Princeton NJ 2013.

60 M. Brignoli, *I Cadorna alle armi dal Piemonte sabaudo al Regno d'Italia*, in L. Polo / G. Silengo (Hrsg.), *I Cadorna*, Istituto per la storia del Risorgimento, Novara 1994, S. 51–92.

61 S. Cavicchioli, *L'eredità Cadorna. Una storia di famiglia dal XVIII al XX secolo*, Turin 2001.

62 P. Zunino, *La mentalità militare nell'aristocrazia sabauda tra la Restaurazione e l'Unità*, in (Hrsg.) *Ombre e luci della Restaurazione. Trasformazioni e continuità istituzionali nei territori del Regno di Sardegna*, Rom 1991, S. 259–284.

63 A. Cardoza, *The Enduring Power of Aristocracy. Ennoblement in Liberal Italy 1861–1914*, in *Les noblesses européennes au XIX siècle*, Rom 1988, S. 595–605.

64 V. Spreti, *Enciclopedia storico nobiliare italiana. Famiglie nobili e titolate viventi riconosciute dal Regio Governo d'Italia*, Bd. 2: *Ba–D*, Bologna 1969 [1929], S. 232.

65 F. Di Francesco, *Luigi Cadorna*, Rom 1929, S. 7.

66 Vgl. R. Cadorna, *La liberazione di Roma nell'anno 1870 e il plebiscito. Narrazione politico-militare*, Turin 1889.

67 Vgl. R. Balzani (Hrsg.), *Camillo Benso di Cavour. La libertà come fine. Antologia di scritti e discorsi (1846–1861)*, Rom 2002, S. 240–266.

68 Vgl. H. Heyries, *Italia 1866. Storia di una guerra perduta e vinta*, Bologna 2016.

69 Sezione storica del Corpo di Stato maggiore [C. Corsi], *La campagna del 1866 in Italia*, Bd. 2, Rom 1895, S. 152.

70 A. Smith, *The Ethnic Origins of Nations*, Hoboken NJ 1986; A.M. Banti, *L'onore della nazione. Identità sessuali e violenza nel nazionalismo europeo dal XVIII secolo alla Grande Guerra*, Turin 2005.

71 A.M. Banti / M. Mondini, *Da Novara a Custoza. Culture militari e discorso nazionale tra Risorgimento e Unità*, in W. Barberis (Hrsg.), *Guerra e pace* (Storia d'Italia. *Annali*, 18), Turin 2002, S. 417–464.

72 P. Villari, *Di chi è la colpa?* [1866], nun in ders., *Saggi di storia, di critica e di politica*, hrsg. von A. Cosci, Mailand 1868, S. 385.

73 M. Mondini, *Guerra, nazione e disillusione. Custoza e l'antimito dell'italiano imbelle*, in „Venetica", 2002, S. 63–81.

74 A. Guarnieri, *Otto anni di storia militare in Italia 1859–1866*, Florenz 1868, S. 704; C. Corsi, *Italia 1870–1895*, Turin 1896, S. 8 f.

75 G. Pescosolido, *Il dibattito coloniale nella stampa italiana e la battaglia di Adua*, in „Rivista di Storia Contemporanea", 1973, 3, S. 675–711.

76 R. Balzani, *Nati troppo tardi. Illusioni e frustrazioni dei giovani nel post-Risorgimento*, in A. Varni (Hrsg.), *Il mondo giovanile in Italia fra Ottocento e Novecento*, Bologna 1998, S. 69–85.

77 W. Schivelbusch, *Die Kultur der Niederlage. Der amerikanische Süden 1865, Frankreich 1871, Deutschland 1918*, Berlin 2001; M. Mondini, *Les défaites italiennes. Histoire d'un anti-mythe National*, in C. Defrance / C. Horel / F. Nérard (Hrsg.), *Vaincus! Histoires de défaites*, Paris 2016, S. 189–204.

78 S. Jossa, *Un paese senza eroi. L'Italia da Jacopo Ortis a Montalbano*, Rom / Bari 2013.

79 P. Turiello, *Governo e governati in Italia*, Bologna 1889, S. 52.

80 L. Riall, *Garibaldi. L'invenzione di un eroe*, Rom / Bari 2007.

81 E. Cecchinato, *Camicie rosse. I garibaldini dall'Unità alla Grande Guerra*, Rom / Bari 2007.

82 L. Riall, *Hero, Saint or Revolutionary? Nineteenth Century Politics and the Cult of Garibaldi*, in „Modern Italy", 1998, 2, S. 191–204.

83 A. Visintin, *Esercito e società nella pubblicistica militare dell'ultimo Ottocento*, in „Rivista di storia contemporanea", 1987, 1, S. 31–58.

84 F. De Giorgi, *Pubblica educazione e morte della patria. L'identità nazionale come identità passiva*, in „Contemporanea", 1998, 2, S. 227–251; S. Patriarca, *Italianità. La costruzione del carattere nazionale*, Rom / Bari 2010, vor allem S. 43–73.

85 *Luigi Cadorna capo dello Stato Maggiore*, in „La Tribuna", 11. Juli 1914.

86 P. Pieri, *Storia militare del Risorgimento. Guerre e insurrezioni*, Turin 1962; M. Mazzetti, *Dagli eserciti preunitari all'esercito italiano*, in ders. (Hrsg.), *L'esercito italiano dall'Unità alla Grande Guerra (1861–1918)*, Rom 1980, S. 12–48; L. Ceva, *Le forze armate*, Turin 1981.

87 A. Guarnieri, *Otto anni di storia militare*, S. 450 ff.; C. Corsi, *1844–1869. Venticinque anni in Italia*, Bd. 1, Florenz 1870; E. Pianell Ludolf (Hrsg.), *Il generale Pianell. Memorie 1859–1902*, Florenz 1902.

88 C. Corsi, *1844–1869. Venticinque anni in Italia*, Bd. 2, Florenz 1870, S. 20.

89 A. Olivieri Sangiacomo, *Psicologia della caserma*, S. 300.

90 *Ebd.*, S. 302.

91 *Ebd.*, S. 306 f.

92 R. Corselli, *Cadorna*, Mailand 1937, S. 16 f.; L. Cadorna, *Lettere famigliari*, S. 56 f.

93 E. De Rossi, *La vita di un ufficiale italiano sino alla guerra*, S. 80.

94 C. Berger Waldenegg, *Il ministro della guerra Cesare Ricotti e la politica delle riforme militari*, in „Ricerche Storiche", 1991, 1, S. 69–97.

95 C. Rinaudo, *La Scuola di guerra dal 1867 al 1911*, Turin 1911, S. 11 f.; C. De Biase, *L'aquila d'oro. Storia dello stato maggiore italiano (1861–1945)*, Mailand 1970, S. 85–93.

96 Vgl. G. Rochat, *Brusati Roberto*, in *Dizionario Biografico degli Italiani*, Bd. 14, Rom 1972; M. Mondini, *Porro Carlo*, in *Dizionario Biografico degli Italiani*, Bd. 85, Rom 2016.

97 E. De Bono, *Nell'esercito nostro prima della guerra*, S. 119–121 und 147 f.

98 M. Mondini, *La carta e il territorio. Confini, teatri di battaglia e sapere geografico nella cultura di guerra italiana*, in A. Bondesan / M. Scrocco (Hrsg.), *Cartografia militare della Prima guerra mondiale*, Padua 2017, S. 28–39.

99 M. Howard, *Men against Fire. The Doctrine of Offensive in 1914*, in P. Paret (Hrsg.), *Makers of Modern Strategy from Machiavelli to the Nuclear Age*, Princeton NJ 1986, S. 510–527.

100 Vgl. *Indice generale della Rivista Militare Italiana dal 1856 al 1887*, Rom 1887.

101 Ministero della Guerra, *Norme e prescrizioni generali per l'ammaestramento tattico delle truppe*, Florenz 1871.

102 Comando del Corpo di Stato Maggiore – Ufficio del Capo, *Norme generali per l'impiego delle tre armi nel combattimento*, Rom 1887.

103 Vgl. P. Valle, *La tattica studiata cogli esempi. Raccolta di fatti ed episodi di guerra ad ammaestramento degli uffiziali di campagna*, Florenz 1880; A. Massa, *Tattica applicata alla condotta del fuoco*, Parma 1890; U. Allason, *La polvere senza fumo, le nuove armi e la tattica*, Turin 1893; C. Siracusa, *Scettici e conservatori in tattica*, Rom 1893; T. De Cumis, *Trattato di tattica*, Rom 1898; C. Perlo, *Le ultime guerre e l'evoluzione della tattica*, Lucca 1911.

104 L. Cadorna, *Delle norme di combattimento della fanteria*, in „Rivista Militare Italiana", 1885, 12, S. 426–444; ders., *Nuovi appunti sulle forme di combattimento della fanteria*, Rom 1887 [Auszug aus „Rivista Militare Italiana", 1887].

105 *Ebd.*, S. 9 und 12.

106 L. Cadorna, *Da Weissenburg a Sedan nel 1870: studio sulla condotta delle truppe*, Rom 1902 [Auszug aus „Rivista Militare Italiana", 47, 1902, S. 1783–1835, 1931–1970, 2131–2181].

107 *Ebd.*, S. 134.

108 E. Lussu, *Ein Jahr auf der Hochebene*, Wien / Bozen 2017, S. 109 f.

109 L. Cadorna, *Da Weissemburg a Sedan*, S. 136.

110 Vgl. H. Strachan, *European Armies and the Conduct of War*, London 1983; S. Förster, *Dreams and Nightmares. German Military Leadership and the Images of the Future Warfare*, in M. Boemeke / R. Chickering / S. Förster (Hrsg.), *Anticipating Total War. The German and American Experiences 1871– 1914*, Cambridge 2006, S. 343–376.

111 L. Cadorna, *Da Weissemburg a Sedan*, S. 142.

112 *Ebd.*, S. 129–131 und 141–143.

113 N. Salvaneschi, *Luigi Cadorna*, Mailand 1915, S. 48.

114 Comando della Divisione Militare di Napoli, *Istruzione tattica*, circolare 2430, 2. Mai 1907, Neapel 1907.

115 L. Cadorna, *Il generale Raffaele Cadorna nel Risorgimento italiano*, Mailand 1922.

116 N. Salvaneschi, *Luigi Cadorna*, S. 15; A. Dotti, *Luigi Cadorna narrato al popolo*, Mailand 1933, S. 21 f.

117 A. Gatti, *Un italiano a Versailles*, Mailand 1958, S. 134.

118 L. Cadorna, *Il generale Raffaele Cadorna nel Risorgimento italiano*, S. 25.

119 ACS, PCM, Guerra Europea, b. 102, Cadorna an Salandra, 14. Januar 1916.

120 L. Cadorna, *Il generale Raffaele Cadorna nel Risorgimento italiano*, S. 28 f.; L. Cadorna an C. Cadorna, 12. Juni 1917, in L. Cadorna, *Lettere famigliari*, S. 205.

121 L. Cadorna, *La guerra alla fronte italiana*, Mailand 1934, S. 1.

122 *Ebd.*, S. 218 f.

123 L. Cadorna an U. Brusati, 9. März 1908, in L. Cadorna, *Lettere famigliari*, S. 90.

124 L. Cadorna, *Il generale Raffaele Cadorna nel Risorgimento italiano*, S. 217; vgl. auch ders., *Pagine polemiche*, Mailand 1950, S. 73.

125 *Ebd.*, S. 334.

126 *Ebd.*, S. 346–358.

127 A. Gatti, *Caporetto. Diario di guerra*, Bologna 1997, S. 259.

128 L. Cadorna, *Popoll forte, governo forte. Intervento al Consiglio dei Ministri 28 settembre 1917* (Auszug aus „La Rassegna Italiana", 1932, S. 168).

II „Dieser höchst unvollkommene militärische Organismus": Das Heer zu Cadornas Zeiten

1 L. Cadorna an A. Pollio, 4. März 1914, in J. Gooch, *The Italian Army and the First World War*, Cambridge 2014, S. 58.

2 Eine erste Fassung (*Programmi vari per migliorare le attuali condizioni dell'esercito*) in AUSSME, F4, b. 205, Pollio an Salandra, 21. März 1914. Die endgültige und bekannteste Fassung des Berichts (*Cenni sui provvedimenti indispensabili per migliorare le attuali condizioni dell'esercito*), die veröffentlicht und immer wieder zitiert wurde, findet sich in ihrer vollständigen Fassung in A. Salandra, *La neutralità italiana. 1914. Pensieri*, Mailand 1928, S. 301–316.

3 *Ebd.*, S. 268.

4 E. Viganò, *La nostra guerra: come fu preparata e come è stata condotta fino al novembre 1917*, Florenz 1920, S. 104. Vgl. auch EI, I, S. 57–82.

5 A. Alberti, *Testimonianze straniere sulla guerra italiana*, Rom 1936, S. 9.

6 A. Alberti, *L'importanza dell'azione militare italiana. Le cause militari di Caporetto*, Rom 2004.

7 Außer *La neutralità* veröffentlichte er auch *L'intervento (1915)*, Mailand 1930.

8 A. Salandra, *L'intervento 1915*, Mailand 1930, S. 17 f.

9 F. Lucarini, *La carriera di un gentiluomo. Antonio Salandra e la ricerca di un liberalismo nazionale (1875–1922)*, Bologna 2012, S. 71–169; A. Varsori, *Radioso maggio. Come l'Italia entrò in guerra*, Bologna 2015, vor allem S. 71–96.

10 *Cenni sui provvedimenti indispensabili per migliorare le attuali condizioni dell'esercito*, S. 301 f.

11 D. Herrmann, *The Arming of Europe and the Making of the First World War*, Princeton NJ 1996, Anhang A, S. 233–245; F. Guelton, *Les armes*, in S. Audoin-Rouzeau / J.-J. Becker (Hrsg.), *Encyclopedie de la Grande Guerre*, Paris 2004, S. 221–234; E. Dorn Brose, *The Kaiser's Army. The Politics of Military Technology in Germany during the Machine Age, 1870–1918*, Oxford 2006; G. Kronenbitter, *'Krieg im Frieden'. Die Führung der k.u.k. Armee und die Großmachtpolitik Österreich-Ungarns 1906–1914*, München 2003.

12 R. Bencivenga, *Il periodo della neutralità. Dall'agosto 1914 alle prime operazioni del 1915*, Udine 2014, vor allem S. 69–81.

13 Vgl. EIG, I, S. 67–69, sowie L. Cadorna, *La guerra alla fronte italiana (24 maggio 1915–9 novembre 1917)*, Mailand 1934, S. 2–20.

14 Vgl. F. Martini, *Diario 1914–1918*, hrsg. von G. De Rosa, Mailand 1966, S. 56 und 63.

15 L. Cadorna, *La guerra alla fronte italiana*, S. 11.

16 *Ebd.*, S. 28–34.

17 AUSSME, H4, b.1 (Aussageprotokoll Luigi Cadorna), f. 1, s.f. 1. Sitzung 14. März 1918, S. 16, erste maschinenschr. Entwurf mit handschr. Korrekturen.

18 F. De Chaurand, *Come l'Esercito Italiano entrò in guerra*, Mailand 1929, vor allem S. 243–257.

19 L. Segato, *L'Italia nella guerra mondiale*, Bd. 1: *Dal 1915 al 1917*, Mailand 1927, S. 3.

20 G. Rochat, *L'esercito italiano nell'estate 1914*, in „Nuova Rivista Storica", 1961, 45, S. 295–348.

21 P. Ferrari, *Verso la guerra. L'Italia nella corsa agli armamenti 1884–1918*, Rossato 2003.

22 Zu den einzelnen Aspekten der Spingardi-Anordnung siehe EIG, I, S. 16–46.

23 A. Saccoman, *Il generale Paolo Spingardi ministro della Guerra 1909–1914*, Rom 1995, S. 112–123.

24 EIG, I, S. 77; I bis, Anl. 11, 18–20; F. De Chaurand, *Come l'esercito italiano entrò in Guerra*, S. 266–284; R. Bencivenga, *Il periodo della neutralità*, S. 74–81.

25 Vgl. EIG, I bis, Anl. 14 und 24, S. 23 und 32.

26 P. Del Negro, *La leva militare in Italia dall'Unità alla Grande Guerra*, in ders., *Esercito, stato, società. Saggi di storia militare*, Bologna 1979, S. 167–271.

27 EIG, I, S. 77–79.

28 D. Moran / A. Waldron (Hrsg.), *The People in Arms. Military Myth and National Mobilization since the French Revolution*, Cambridge 2003; J. Horne, *Masculinity in Politics and War in the Age of Nation States and World Wars*, in S. Dudink / K. Hagemann / J. Tosh (Hrsg.), *Masculinities in Politics and War*, Manchester 2004, S. 22–40.

29 A. Crépin, *Histoire de la conscription*, Paris 2009.

30 D. Stevenson, *Armaments and the Coming of War (1904–1914)*, Oxford 2000.

31 V. Ilari, *Storia del servizio militare in Italia*, Bd. 2: *La nazione armata*, Rom 1990.

32 G. Rothenberg, *The Army of Francis Joseph*, West Lafayette IN 1976.

33 G. Guerzoni, *L'esercito in Italia*, Padua 1879, S. 41.

34 Vgl. M. Rovinello, „*Giuro di essere fedele al Re ed a' suoi reali successori*". *Disciplina militare, civilizzazione e nazionalizzazione nell'Italia liberale*, in „Storica", 2011, 49, S. 95–140; M. Mondini, *Soldati dunque uomini. L'esperienza militare, la cittadinanza e l'identità di genere: una storia italiana del Novecento*, in N. Labanca (Hrsg.), *Forze Armate. Cultura, società, politica*, Mailand 2013, S. 235–250.

35 EIG, I bis, Anl. 13, *Richiami alle armi per istruzione effettuati dal 1895 a tutto il 1913*, S. 21.

36 G. Rochat, *Strutture dell'esercito dell'Italia liberale: i reggimenti di fanteria e bersaglieri*, in *Esercito e città dall'Unità agli anni Trenta*, Rom 1989, S. 21–60.

37 G. Conti, *Il mito della nazione armata*, in „Storia contemporanea", 1990, 6, S. 1149–1195; M. Mondini, *La nazione di Marte. Esercito e nation building nell'Italia unita*, in „Storica", 2001, 20/21, S. 209–246.

38 Vgl. G. Rochat / G. Massobrio, *Breve storia dell'esercito italiano dal 1861 al 1943*, Turin 1978, vor allem S. 90–96; V. Ilari, *La nazione armata*, S. 232–237.

39 AUSSME, A–1 Memorie Storiche, 65° Fanteria, 1903 und 1905.

40 G. Pozzobon, *Memoria della campagna italo-austriaca 1915 e 1916*, anastatischer Druck, Vittorio Veneto 2009, S. 2–4.

41 EIG, III, 1, S. 82–96.

42 Brigade V: *Campania*, S. 307–325; Brigade IV: *Liguria*, S. 271–292.

43 Vgl. M. Rovinello, *Fra servitù e servizio. Storia della leva dall'Unità alla Grande Guerra*, Rom 2020.

44 Volkstümlicher Ausdruck für Wehrpflicht, aus dem venetischen Dialekt *tenaglia* = Zange, Zwang [Anm. d. Übers.].

45 EIG, I bis, Anl. 6, *Gettito delle classi di leva dal 1871 al 1895*, S. 12.

46 P. Del Negro, *La leva militare in Italia dall'Unità alla Grande Guerra*, in ders., *Esercito, stato, società*, Bologna 1979, S. 167–260.

47 L. Tomellini, *Delle malattie più frequentemente simulate o provocate dagli inscritti*, Rom 1875.

48 J. Gooch, *Esercito, Stato e società in Italia 1870–1915*, Mailand 1994, S. 150–156.

49 G. Rocca, *Cadorna*, Mailand 1985, S. 48.

50 L. Cadorna an R. Cadorna, 4. Oktober 1911, in L. Cadorna, *Lettere famigliari*, S. 82.

51 L. Barzini an L. Albertini, 4. November 1911, in L. Albertini, *Epistolario*, Bd. 1, Mailand 1968, S. 25; L. Cadorna an R. Cadorna, 8. Juli 1912 bis 23. September 1912, in L. Cadorna, *Lettere famigliari*, S. 82–85.

52 B. Vandervort, *To the Fourth Shore. Italy's War for Lybia*, Rom 2012.

53 N. Labanca, *La guerra italiana per la Libia 1911–1931*, Bologna 2012, S. 68–80.

54 Vgl. S. Colonnelli, *Il soldato italiano alla guerra moderna. La campagna di Libia nelle lettere dei combattenti (1911–1912)*, in „Italies", 2015, 19, S. 15–36.

55 Vgl. M. Degli Innocenti, *Il socialismo italiano e la guerra di Libia*, Rom 1976.

56 G. Volpe, *Italia moderna 1815–1915*, Bd. 3, Florenz 1952, S. 274–313.

57 E. Gentile, *La Grande Italia. Il mito della nazione nel XX secolo*, Rom / Bari 2006, S. 5–19.

58 R. Vivarelli, *La cultura italiana e il fascismo*, in ders., *Fascismo e storia d'Italia*, Bologna 2008, S. 60–81; I Nardi / S. Gentili (Hrsg.), *La grande illusione: opinione pubblica e mass media al tempo della guerra di Libia*, Perugia 2009.

59 C. Papa, *Volontari della Terza Italia. I battaglioni studenteschi d'età giolittiana*, in „Rassegna storica del Risorgimento", 2004, 5, S. 547–574.

60 ACS, PS, A5G, I Guerra Mondiale, f. Battaglioni volontari.

61 G. Pécout / P. Dogliani, *Il volontariato militare italiano. L'eredità di un'avventura nazionale e internazionale*, in dies. (Hrsg.), *La scelta della patria*, Rovereto 2006, S. 11–20; L. Sansone, *Ugo Piatti e il Battaglione Lombardo Volontari Ciclisti Automobilisti*, in ders. (Hrsg.), *Futuristi a Dosso Casina*, Mailand 2008, S. 11–36.

62 F. De Chaurand, *Come l'esercito italiano entrò in guerra*, Mailand 1929, S. 285–287.

63 F. Santangelo, *Alcune questioni di organica militare*, Turin 1912, S. 258.

64 Vgl. *Cenni sui provvedimenti indispensabili per migliorare le attuali condizioni dell'esercito*, S. 304, N. 1.

65 L. Cadorna, *La guerra alla fronte italiana*, Mailand 1934, S. 7.

66 *Ebd.*, S. 5.

67 *Ebd.*, S. 6.

68 O. Malagodi, *Conversazioni della guerra 1914–1919*, hrsg. von B. Vigezzi, Bd. 1: *Da Sarajevo a Caporetto*, Neapel 1960, S. 106.

69 L. Albertini, *Venti anni di vita politica*, Bd. 2: *L'Italia nella guerra mondiale*, Bd. 2: *Dalla dichiarazione di guerra alla vigilia di Caporetto 1915–1917*, Bologna 1952.

70 A. Gatti, *Caporetto. Diario di guerra*, Bologna 1997, S. 114.

71 *Inchiesta Caporetto*, II, S. 347.

72 M. Knox, *To the Threshold of Power 1922/33. Origins and Dynamics of the Fascist and National Socialist Dictatorships*, Cambridge 2007, S. 165; J. Gooch, *The Italian Army*, S. 133–138.

73 *Inchiesta Caporetto*, II, S. 357; L. Cadorna, *Pagine polemiche*, hrsg. von M. Cadorna und R. Cadorna, Mailand 1950, S. 53.

74 *Codice penale per l'Esercito del Regno d'Italia*, Stamperia Reale, Florenz 1869; *Regolamento di Disciplina militare per il Regio Esercito*, Rom 1907.

75 A. Monticone, *Il regime penale nell'esercito italiano durante la prima guerra mondiale*, in E. Forcella / A. Monticone, *Plotone di esecuzione. I processi della prima guerra mondiale*, Rom / Bari 2008, S. XLV–C; C. Latini, *Cittadini e nemici: giustizia militare e giustizia penale in Italia tra Otto e Novecento*, Florenz 2010.

76 *Codice penale*, Libro I, Art. 56, S. 30; M. Rovinello, *Tra Marte e Athena. La giustizia militare italiana in tempo di pace*, in „Ricerche di Storia Politica", 2011, 3, S. 325–348; A. Sumpf, *La Grande Guerre oubliée. Russie 1914–1918*, Paris 2018, S. 95–98.

77 *Codice penale*, Libro I, Artt. 72, 84, 86, 92, 114, S. 37–53; O. Überegger, *L'altra guerra. La giurisdizione militare in Tirolo durante la prima guerra mondiale*, Trient 2004, S. 49–78.

78 M. Rovinello, *Una giustizia senza storia? I codici penali militari nell'Italia liberale*, in „Le carte e la storia", 2012, 2, S. 59–78.

79 *Codice penale*, I, capo V, *Della diserzione*, Artt. 137–140, S. 63–64.

80 Ministero della Guerra – Ufficio Statistico, *Statistica dello sforzo militare italiano durante la guerra. Dati sulla giustizia e disciplina militare*, hrsg. von L. Castellani und G. Mortara, Rom 1927.

81 A. Monticone, *Il regime penale nell'esercito italiano*, S. LXXIV; M. Mondini, *La guerra italiana.*, Bologna 2014, S. 150–153.

82 *Inchiesta Caporetto*, II, S. 358.

83 *Regolamento*, Avvertenza, S. V.

84 *Regolamento*, Avvertenza, S. V., Art. 2: *Disciplina militare*, S. 7 und Art. 8: *Spirito di corpo*, S. 28.

85 Vgl. M. Rovinello, *„Giuro di essere fedele al Re ed a' suoi reali successori"*. S. 95–140.

86 *Regolamento*, capo IV, Art. 141–147, S. 187 ff.

87 *Regolamento.*, capo I, Art. 10 § 57, S. 20.

88 Vgl. N. Labanca, *I programmi dell'educazione morale del soldato. Per uno studio sulla pedagogia militare nell'Italia liberale*, in *Esercito e città*, S. 521–536.

89 Comando Divisione Militare di Napoli, *Istruzione tattica*, Neapel 1907, S. 34–37.

90 *Regolamento*, S. 6 (Hervorhebung im Original).

91 AUSSME, E14, b. 17, f. Disciplina (1915), s.f. 2, Generalstabsbüro an Kriegsminister o.D. (September 1914) und L3, b. 141, f. 10, *Promemoria sulla giustizia militare*.

92 L. Cadorna an M. Cadorna, 29. Mai 1898, in L. Cadorna, *Lettere famigliari*, S. 73; G. Semeria, *Memorie di guerra*, Mailand 1927, S. 15–32; R. Corselli, *Cadorna*, Mailand 1937, S. 85–86.

93 N. Marselli, *La vita del reggimento. Osservazioni e ricordi*, Rom 1984, S. 118–120 und 205–208.

94 M. Mondini, *Caserma e chiesa in età liberale: il caso veneto*, in „Venetica", 2004, 10, S. 73–90.

95 D. Menozzi, *Ideologia di cristianità e pratica della guerra giusta*, in M. Franzinelli / R. Bottoni (Hrsg.), *Chiesa e guerra. Dalla benedizione delle armi alla „Pacem in terris"*, Bologna 1993, S. 37–66.

96 *Nella vita delle armi*, Neapel 1912, S. 5. Vgl. M. Paiano, *„Amate la religione e la patria con uno stesso amore". Declinazioni del patriottismo cattolico nei manuali religiosi per i soldati italiani*, in A. Becker u. a. (Hrsg.), *Écrire l'histoire du christianisme contemporain. Autour de l'œuvre d'Étienne Fouilloux*, Paris 2013, S. 103–113.

97 Vgl. R. Morozzo della Rocca, *La fede e la guerra. Cappellani militari e preti soldati*, Rom 1980; M. Pluviano, *Tempo libero in divisa: le Case del soldato*, in M. Isnenghi / D. Ceschin (Hrsg.), *Gli italiani in guerra*, Bd. 3: *La Grande Guerra: dall'intervento alla vittoria mutilata*, 2, Turin 2008, S. 704–710.

98 *Regolamento*, art. 10, § 45–46, S. 19 f.

99 ACS, MG, CS, b. 787, f. Afflusso reclute e richiamati, da Ufficio del Capo di S.M. a reparti dipendenti, *Istruzione dei militari di truppa*, 2/2/1915, S. 3 („Doveri morali").

100 L. Segato, *Dal 1915 al 1917*, S. 41.
101 P. Melograni, *Storia politica della Grande Guerra 1915 – 1918*, Mailand 2015, S. 53.

III Das Warten auf den Krieg

1 R. Corselli, *Cadorna*, Mailand 2037, S. 87.
2 *Inchiesta Caporetto*, S. 263 – 267.
3 L. Cadorna, *Pagine polemiche*, Mailand 1950, S. 42 – 50 und S. 216 – 218.
4 A. Valori, *La guerra italo-austriaca 1915 – 1918*, Bologna 1925, S. 76.
5 F. Marazzi, *Splendori e ombre della nostra guerra*, Mailand 1920; E. Viganò. *La nostra guerra. Come fu preparata e come è stata condotta fino al novembre 1917*, Florenz 1920, S. 103.
6 A. Gatti, *Un italiano a Versailles*, Mailand 1950, S. 238.
7 G. Sheffield, *The Chief. Douglas Haig and the British Army*, London 2011; R. Porte, *Joffre*, Paris 2014.
8 A. Mombauer, *Helmuth von Moltke and the Origins of the First World War*, Cambridge 2001.
9 A. Alberti, *Testimonianze straniere sulla Guerra italiana 1915 – 1918*, Rom 1936, S. 304.
10 R. Bencivenga, *Il periodo della neutralità. Dall'agosto 1914 alle prime operazioni del 1915*, Udine 2014, S. 131 – 133.
11 G. Kronenbitter, *Krieg im Frieden. Die Führung der k.u.k. Armee und die Großmachtpolitik Österreich-Ungarns 1906 – 1914*, München 2003, S. 17 – 99.
12 P. Kennedy, *Introduction*, in ders. (Hrsg.), *The War Plans of the Great Powers 1880 – 1914*, Boston 1985, S. 1 – 22; vgl. auch O. Cosson, *Préparer la Grande Guerre. L'armée francaise et la guerre russo-japonaise*, Paris 2013.
13 L. Ceva, *Comando militare e monarchia istituzionale italiana (1848 – 1918)*, in ders., *Teatri di guerra. Comandi, soldati e scrittori nei conflitti europei*, Mailand 2005, S. 61 – 84.
14 L. Ceva, *Aspetti politici e giuridici dell'Alto Comando militare in Italia (1848 – 1941)*, in „Il Politico", 1984, 1, S. 81 – 120.
15 M. Grandi, *Il ruolo e l'opera del capo di Stato maggiore dell'esercito (1884 – 1907)*, Rapallo 1983; F. Minniti, *Perché l'Italia non ha avuto un piano Schlieffen*, in „Società di Storia Militare. Quaderno 1999", Neapel 2003, S. 6 – 29.
16 AUSSME, F4, b. 8, f. 42, *Attribuzioni del capo di Stato maggiore*; b. 33, f. 214, *Passaggio di attribuzioni riguardanti la mobilitazione dal Ministero al Comando del corpo di S.M.*
17 AUSSME, L3, b. 289, f. 9, *Regio Decreto 4 marzo 1906 con determina delle attribuzioni del Capo di Stato Maggiore del Regio Esercito, del comandante in seconda del Corpo di Stato Maggiore e dell'Ufficiale generale addetto.*
18 Ministero della Guerra, *Regolamento per il servizio in guerra*, Bd. 1: *Servizio delle truppe*, Rom 1912.
19 AUSSME, F4, b. 8, f. 44, *Studi e relazioni circa le attribuzioni del capo di Stato maggiore* (1910 – 1915); vgl. J. Gooch, *Italy*, in R. Hamilton / H. Herwig (Hrsg.), *War Planning 1914*, Cambridge 2013, S. 198 – 225.
20 Ders., *Esercito, stato e società in Italia 1870 – 1915*, Mailand 1989, S. 189 – 215; R. Bellandi, *I comitati militari dell'età statutaria*, in „Le carte e la storia", 2012, 2, S. 79 – 97.
21 G. D'Angelo, *La strana morte del tenente generale Alberto Pollio. Capo di stato maggiore dell'esercito 1° luglio 1914*, Valdagno 2009.
22 S. Zweig, *Die Welt von Gestern. Erinnerungen eines Europäers*, Stockholm 1942.
23 C. Clark, *The Sleepwalkers. How Europe Went to War in 1914*, London 2012; G. Krumeich, *Juli 1914. Eine Bilanz*, Paderborn 2014; M. Mondini (Hrsg.), *La guerra come apocalisse. Interpretazioni, disvelamenti, paure*, Bologna 2016.
24 A. Gatti, *Un italiano a Versailles*, S. 294.
25 J. Keegan, *La prima guerra mondiale: una storia politico militare*, Mailand 2001 [1998], S. 130 – 132.
26 A. Clark, *The Donkeys*, New York 1962.

27 Zitiert aus F. Davies / G. Maddock, *Bloody Red Tabs. General Officer Casualties of the Great War 1914–1918*, Barnsley 1995, S. 26.

28 P. Hodgkinson, *British Infantry Commanders in the First World War*, Abingdon / New York 2015, S. 95–96.

29 M. Samuels, *Command or Control? Command, Training and Tactics in the British and German Armies 1888–1918*, London 1995, vor allem S. 10–15.

30 J. Keegan, *La maschera del comando*, Mailand 2003, vor allem S. 343–347.

31 „Trotz meines entschlossenen Widerstands haben sie es gewollt und ich musste es akzeptieren", L. Cadorna an G. Cadorna, 5. Juli 1914, in L. Cadorna, *Lettere famigliari*, S. 101.

32 Vgl. F. C. von Hötzendorf an L. Cadorna, o.D. (aber Juli 1914), in L. Cadorna, *Lettere famigliari*, Anl. 43 und 44.

33 L. Cadorna, *Altre pagine sulla Grande Guerra*, Mailand 1925, S. 15–26. Der gesamte Bericht (*Memoria sintetica sulla nostra radunata Nord Ovest e sul trasporto in Germania della maggior forza possibile*) vom 31. Juli befindet sich in AUSSME, H5, b. 12, f. 20.

34 A. Gatti, *Un italiano a Versailles*, S. 438.

35 A. Salandra, *La neutralità italiana 1914–1915*, Mailand 1928, S. 264–265. Vgl. auch G. E. Rusconi, *L'azzardo del 1915. Come l'Italia decide la sua guerra*, Bologna 2005, S. 81–95.

36 Vgl. DDI, IV, 12, Nr. 470, Außenminister di San Giuliano an Vittorio Emanuele III (24. Juli 1914), S. 302; Nr. 661, Außenminister di San Giuliano an die Botschafter in Berlin, Wien und Bukarest (28. Juli 1914), S. 406.

37 H. Strachan, *Stratégie*, in S. Audoin-Rouzeau / J.-J. Becker (Hrsg.), *Encyclopédie de la Grande Guerre*, Paris 2004, S. 421–435.

38 L. Albertini, *Le origini della Guerra del 1914*, Bd. 3, Gorizia 2011, S. 327; B. Sullivan, *Tre Strategy of the Decisive Weight. Italy 1882–1922*, in W. Murray / M. Knox / A. Bernstein (Hrsg.), *The Making of Strategy. Rulers, States and War*, Cambridge 1994, S. 307–350.

39 R. Bencivenga, *Il periodo della neutralità*, S. 32; A. Gatti, *Un italiano a Versailles*, S. 420; L. Albertini, *Le origini della guerra*, S. 327–329.

40 A. Monticone, *La Germania e la neutralità italiana*, Bologna 1971; B. Vigezzi, *Politica estera e opinione pubblica in Italia dal 1870 al 1914*, in „Publications de l'Ecole française de Rome", 54, 1981, 1, S. 75–123; F. Minniti, *Gli Stati maggiori e la politica estera italiana*, in R. Bosworth / S. Romano (Hrsg.), *La politica estera italiana 1860–1985*, Bologna 1991, S. 91–121; G. E. Rusconi, *1914: attacco a occidente*, Bologna 2014, vor allem S. 185–198.

41 Vgl. P. Pieri, *L'Italia nella prima guerra mondiale (1915–1918)*, Turin 1965, vor allem S. 77–84; M. Isnenghi / G. Rochat, *La Grande Guerra*, Bologna 2014, vor allem S. 159–163; J. Gooch, *„Great War, Little Generals?". The Italian High Command at War 1915–1918*, in N. Labanca (Hrsg.), *Forze armate. Cultura, società, politica*, Mailand 2013, S. 211–233; ders., *The Italian Army and the First World War*, Cambridge 2014, vor allem S. 83–87.

42 Die kritischen, in den 20er- und 30er-Jahren veröffentlichten Texte hat Piero Pieri kommentiert und gesammelt in P. Pieri, *La prima guerra mondiale 1914–1918*, hrsg. von G. Rochat, Gaspari 1999, vor allem S. 55–76.

43 F. Martini, *Diario 1914–1918*, hrsg. von G. De Rosa, Mailand 1966, S. 579 (11. November 1915); V. Riccio, *Il diario di un ministro nel primo periodo della Grande Guerra*, hrsg. von A. Fiori, Rom 2015, S. 262–263 (Februar 1916).

44 Vgl. G. Rochat, *L'esercito italiano nell'estate 1914*, in „Nuova Rivista Storica", 1961, 45, S. 294–398, vor allem S. 305–308.

45 J.-J. Becker, *Previsions des états-majors et effondrement des plans*, in S. Audoin-Rouzeau / J.-J. Becker (Hrsg.), *Encyclopedie de la Grande Guerre*, Paris 2004, S. 235–246.

46 O. Janz, *La Grande Guerra*, Turin 2014, vor allem S. 76–91; J. Leonhard, *Die Büchse der Pandora. Geschichte des Ersten Weltkriegs*, München 2014, vor allem S. 146–237.

47 L. Farrar, *The Short War Illusion. German Policy, Strategy and Domestic Affairs August-December 1914*, Oxford / Santa Barbara CA 1973.

48 I.F. Clarke, *Voices Profesying War. Future Wars 1763–3479*, Oxford / New York 1992; M. Jeismann, *La Patrie de l'ennemi. La notion d'ennemi national et la répresentation de la nation en Allemagne et en France de 1792 à 1918*, Paris 1996; A. Rasmussen, *Mobilizing Minds*, in J. Winter (Hrsg.), *The Cambridge History of the First World War*, Bd. 3: A. Becker (Hrsg.), *Societies*, Cambridge 2014, S. 390–417.

49 M. Girouard, *The Return to Camelot. Chivalry and the English Gentleman*, New Haven CT 1981; P. Fussel, *La Grande Guerra e la memoria moderna*, Bologna 2000; S. Goebel, *The Great War and Medieval Memory*, Cambridge 2009.

50 M. Farrar, *News from the Front. War Correspondents on the Western Front 1914–1918*, Thrupp 1998; C. Charle, *Le siècle de la presse (1830–1939)*, Paris 2004; D. Monger, *Patriotism and Propaganda in First World War Britain. The National War Aims Committee and civilian morale*, Liverpool 2012.

51 J. Steg, *Le jour le plus meurtrier de l'histoire de France. 22 aout 1914*, Paris 2013.

52 B. Rosenberger, *Zeitungen als Kriegstreiber? Die Rolle der Presse im Vorfeld des Ersten Weltkrieges*, Köln 1998; B. Couliou / C. Marty, *La representation de la charge à la baïonnette entre affirmation nationale et affirmation de soi*, in R. Cazals u. a. (Hrsg.), *La Grande Guerre. Pratiques et expériences*, Tolosa 2005, S. 149–158; J. Beurier, *Voir ne pas voir la mort*, in T. Blondet-Bisch u. a. (Hrsg.), *Voir – Ne pas voir la guerre. Histoire mondiale de la photographie face aux conflits armées et aux efforts de paix*, Paris 2001, S. 63–69.

53 G. Vigo, *Gli italiani alla conquista dell'alfabeto*, in S. Soldani / G. Turi (Hrsg.), *Fare gli italiani. Scuola e cultura nell'Italia contemporanea*, I: *La nascita dello stato nazionale*, Bologna 1993, S. 37–66.

54 M. Giordano, *La stampa illustrata in Italia: dalle origini alla Grande Guerra*, Mailand 1983; D. Forgacs, *L'industrializzazione della cultura italiana*, Bologna 2000, S. 43–60; P. Murialdi, *Storia del giornalismo italiano*, Bologna 2006, S. 89–116.

55 „La Domenica del Corriere", *La Grande Battaglia di Liegi: cavalleria belga che assalta valorosamente e mette in fuga quattro squadroni di cavalleria tedesca*, 16. August 1914, Deckblatt; „La Domenica del Corriere", *La battaglia di Haelen: terribile attacco dei tedeschi respinto dai belgi attraverso i ponti militari*, August 1914, Deckblatt.

56 M. Mondini, *La guerra italiana.*, Bologna 2014, S. 36–48.

57 *Illustrierte Geschichte des Weltkrieges 1914–1915*, 3 Bde., Stuttgart / Berlin / Leipzig 1915.

58 A. Gatti, *La guerra senza confini. I primi cinque mesi (agosto-dicembre 1914)*, Mailand 1915, S. 40–45.

59 DDI, V, 1, di San Giuliano an die Botschaften in Europa, Nr. 495, S. 274 (29. August 1914) und ebenso an die Botschaften in London, Nr. 703, S. 411 (16. September 1914).

60 G. De Rosa, *Prefazione*, in F. Martini, *Diario*, S. VII–LI.

61 B. Sullivan, *The Strategy of the Decisive Weight. Italy 1882–1922*, in W. Murray / M. Knox / A. Bernstein (Hrsg.), *The Making of Strategy. Rulers, States and War*, Cambridge 1996, S. 307–351; vgl. DDI, V, 2, Tittoni an Sonnino, Nr. 557, S. 459 (5. Januar 1915) und A. Salandra, *L'intervento (1915)*, Mailand 1930, vor allem S. 20–25.

62 F. Nitti, *Rivelazioni. Dramatis personae*, Neapel 1948, S. 388.

63 G. Rochat, *La preparazione dell'esercito italiano nell'inverno 1914–15 in relazione alle informazioni disponibili sulla guerra di posizione*, in „Il Risorgimento", 1961, 13, S. 10–32; F. Anghelone / A. Ungari (Hrsg.), *Gli addetti militari italiani alla vigilia della Grande Guerra 1914–1915*, Rom 2015.

64 F. Cappellano, *Gli addetti militari a Vienna nel 1914*, in F. Anghelone / A. Ungari (Hrsg.), *Gli addetti militari italiani*, S. 145–186.

65 G. E. Rusconi, *L'azzardo del 1915. Come l'Italia decide la sua guerra*, Bologna 2005, S. 166–169; G. Pardini, *Sul campo di battaglia: le relazioni dell'addetto militare italiano a Parigi 1914–1915*, in F. Anghelone / A. Ungari (Hrsg.), *Gli addetti militari italiani*, S. 73–111.

66 AUSSME, G23, b. 2, f. 6, von Breganze an den Generalstab, *Relazione della prima visita al fronte* (22. Dezember 1914).

67 J. Gooch, „*An Act of Madness*"? *Italy's War Aims and Strategy 1915–1918*, in H. Afflerbach (Hrsg.), *The Purpose of the First World War: War Aims and Military Strategies*, Oldenbourg 2015, S. 187–208.
68 H. Afflerbach, „*Vani e terribili olocausti di vite umane*". *I moniti di Luigi Bongiovanni prima dell'entrata in guerra dell'Italia*, in J. Hürter / G. E. Rusconi (Hrsg.), *L'entrata in guerra dell'Italia nel 1915*, Bologna 2010, S. 125–14.
69 M. Mondini, *La guerra italiana*, Bologna 2014, S. 19–22; A. Ungari, *Le relazioni degli addetti militari italiani a Berlino*, in F. Anghelone / A. Ungari (Hrsg.), *Gli addetti militari italiani*, S. 187–216.
70 AUSSME, F4, b. 38, f. 252, *Rapporto n. 68 dell'addetto militare a Berlino. Guerra di posizione* (30. März 1915).
71 AUSSME, F4, b. 38, f. 252, S. 45.
72 AUSSME, F4, b. 38, f. 252, S. 2.
73 AUSSME, F4, b. 38, f. 252, S. 31.]
74 J. Krause, *Early Trench Tactics in the French Army. The Second Battle of Artois*, Ashgate 2013, S. 23–31; H. Strachan, *The First World War*, London 2014, S. 169–179.
75 I. Hull, *Absolute Destruction. Military Culture and the Practices of War in Imperial Germany*, Ithaca NY 2004, S. 91–109; A. Kramer, *Dynamic of Destruction. Culture and Mass Killing in the First World War*, Oxford 2007, S. 211–229.
76 *Inchiesta su Caporetto*, S. 52; AUSSME, H4, b. 1, Aussage Cadorna, f. 1, s.f. 1 2 Vormittagssitzung 15. März 1918 (erster korrigierter, maschinenschr. Entwurf), vor allem S. 7–9 und 24–27 (teilweise handschr.).
77 Die Berichte der Militärattachés in AUSSME, G29, bis auf die Berichte von Bongiovanni, deren Kopien sich im Büro des Generalstabschefs befinden.
78 L. Cadorna, *Pagine polemiche*, S. 239–240.
79 B. Civalleri / A. Cavaciocchi, *La guerra tra Russia e Giappone (1904–1905)*, 2 Bde., Rom 1908.
80 F. Biagini (Hrsg.), *Documenti italiani sulla guerra russo-giapponese (1904–1905)*, Rom 1977; F. Cappellano / B. Di Martino, *Un esercito forgiato nelle trincee. L'evoluzione tattica dell'esercito italiano nella Grande Guerra*, Udine 2008, S. 28–30.
81 Ministero della Guerra – Comando del corpo di Stato maggiore, *Norme per il combattimento*, Rom 1913.
82 Vgl. U.I.M., *L'edizione definitiva delle „Norme generali per l'impiego delle grandi unità in guerra" e delle „Norme per il combattimento"*, in „Rivista Militare Italiana", 1914, 1, S. 4–45; F. Stefani, *La storia della dottrina e degli ordinamenti dell'esercito italiano*, Bd. 1, Rom 1984, S. 457–472.
83 Comando della Divisione militare di Napoli, *Istruzione tattica*, circolare 2430, 2. Mai 1907, Neapel 1907, S. 8 und 17.
84 *Manuale per l'ufficiale di fanteria in campagna*, Livorno 1905, S. 99.
85 Comando della Divisione militare di Napoli, *Istruzione tattica*, S. 17, 27, 36.

IV Kriegsvorbereitungen

1 F. Martini, *Diario 1914 – 1918*, Mailand 1966, S. 64.

2 *Ebd.*, S. 559 und 566; S. Sonnino an O. Malagodi (26. Juli 1915) in O. Malagodi, *Conversazioni della guerra*, S. 67 f.; C. Ruelle an G. Giolitti (13. November 1915), in *Giovanni Giolitti*, Bd. 3/2: *Il carteggio (1906 – 1928)*, hrsg. von A. Mola und A. Ricci, Foggia 2010, Nr. 771, S. 616 – 617.

3 E. Viganò, *La nostra guerra. Come fu preparata e come è stata condotta sino al novembre 1917*, Florenz 1920, vor allem S. 123 – 128; L. Capello, *Note di guerra*, Bd. 1: *Dall'inizio alla presa di Gorizia*, Mailand 1921, S. 116; F. Sardagna, *Il disegno di guerra italiano nell'ultima guerra contro l'Austria*, Turin 1924.

4 Vgl. zum Beispiel R. Bosworth, *Italy and the Approach of the First World War*, New York 1983; L. Fabi, *Gente di trincea. La Grande Guerra sul Carso e sull'Isonzo*, Mailand 1994, S. 36 – 40; J. Keegan, *La prima guerra mondiale. Una storia politico-militare*, Rom 2001, S. 260 – 262; B. Sullivan, *Strategy of Decisive Weight*, S. 330 – 332; G. E. Rusconi, *L'azzardo del 1915*, S. 149 – 176.;

5 H. Herwig, *Conclusion*, in R. Hamilton / H. Herwig (Hrsg.), *War Planning 1914*, Cambridge 2010, S. 226 – 256.

6 Capo SME, *Memoria riassuntiva circa un'azione offensiva verso la Monarchia a.u. durante l'attuale conflagrazione europea. Possibili obiettivi – Presumibili operazioni da svolgersi*, in EIG, II bis, Anl. 1, S. 1 – 8.

7 Capo SME, *Radunata Nord Est. Direttive per i comandanti di armata durante il periodo della mobilitazione e radunata nell'ipotesi offensiva oltre Isonzo* e *Direttive per il comandante la Zona Carnia durante il periodo della mobilitazione e radunata nord-est* (1. September 1914); *Radunata Nord Est. Ipotesi di operazioni nella stagione invernale – Varianti alle direttive in data 1° settembre 1914* e *Ipotesi di operazioni nella stagione invernale. Varianti alle direttive per il comandante la zona Carnia* (15. Oktober, in EIG, II bis, Anl. 2 – 4, S. 9 – 26.

8 R. Doughty, *French Strategy in 1914. Joffre's Own*, in „Journal of Military History", 2003, 67, S. 427 – 454.

9 R. Bencivenga, *Il periodo della neutralità*, S. 110 ff.

10 Das Manuskript von August 1914 findet sich in E. Faldella, *La Grande Guerra*, Bd 1: *Le battaglie dell'Isonzo (1915 – 1917)*, Mailand 1977, S. 36 – 38.

11 Aus einer privaten Aufzeichnung von L. Cadorna vom 19. August 1914, in G. Rochat, *L'esercito italiano nell'estate 1914*, in „Nuova Rivista Storica", 1961, 45, S. 295 – 348 (der Text findet sich auf S. 330 f.).

12 J. Gooch, „*An Act of Madness*"? *Italy's War Aims and Strategy 1915 – 1918*, in H. Afflerbach (Hrsg.), *The Purpose of the First World War. War Aims and Military Strategies*, Oldebourg 2015, S. 190 – 193.

13 DDI, V, 1, Di Sangiuliano an Salandra, n. 55, S. 30 – 31 (4. August 1914); Di Sangiuliano an Salandra, n. 836 (28. September 1914); A. Salandra, *La neutralità italiana. 1914 – 1915*, Mailand 1928, S. 290 – 297.

14 ACS, Carte Salandra, b. 4, f. 30, Cadorna an Grandi, 8. August 1914; Grandi an Cadorna, 19. August 1914; vgl. außerdem G. Rochat, *L'esercito italiano nell'estate 1914*, S. 336, Anm. 3. Siehe zu Grandi bei B. Vigezzi, *L'Italia di fronte alla prima guerra mondiale*, Mailand / Neapel 1966, S. 710 – 716.

15 ACS, MI, PS, A5G, b. 68, f. *Partenza truppe*.

16 A. Salandra, *La neutralità italiana*, S. 330 – 339.

17 DDI, V, 1, Cadorna an Di Sangiuliano, n. 468, S. 256 – 267 (27. August 1914); G. Rochat, *L'esercito italiano nell'estate 1914*, S. 344, n. 1; F. Martini, *Diario 1914 – 1918*, S. 114 f. (22. September 1914).

18 L. Cadorna, *La guerra alla fronte italiana*, Mailand 1934, S. 45; R. Bencivenga, *Il periodo della neutralità*, vor allem S. 110 ff.

19 AUSSME, H4, b. 1, Aussage Cadorna, f. 1, s.f. 2, Vormittagssitzung 14. März 1918 (zweiter maschinenschr. Entwurf), *Concetto fondamentale che servì di base al piano di campagna*, S. 1 – 3.

20 Capo SME, *Radunata Nord Est. Ipotesi di operazioni nella stagione invernale – Varianti alle direttive in data 1° settembre 1914* e *Ipotesi di operazioni nella stagione invernale. Varianti alle direttive per il comandante la zona Carnia* (15. Oktober), in EIG, II bis, Anl. 4 – 5, S. 19 – 26.

21 F. Cappellano, *Piani di guerra dello Stato Maggiore Italiano contro l'Austria-Ungheria (1861–1915)*, Valdagno 2014.

22 L. Cadorna, *La guerra alla fronte italiana*, S. 23 f.

23 F. Cappellano, *Piani di guerra*, S. 98–102 und 147–149.

24 P. Latino, *Le ferrovie italiane nella guerra italiana 1915–1918. Studio storico-critico sotto l'auspicio e col concorso della Direzione Generale delle Ferrovie dello Stato*, Rom 1928.

25 L. Cadorna, *La guerra alla fronte italiana*, S. 51–53.

26 R. Bencivenga, *Il periodo della neutralità*, S. 121–127; EIG, I, S. 156.

27 FEI, specchio c, S. 93; EIG, S. 161–165. Über die Ineffizienz der vorgezogenen Mobilmachung, verursacht in erster Linie durch die Starrheit des über Jahrzehnte entwickelten Transport- und Sammlungssytems, äußerte sich Cadorna klar und deutlich auch in seinen Ausführungen vor der Untersuchungskommission; vgl. AUSSME, H4, b. 1, f. 1, s.f. 1, Vormittägliche Sitzung 14. März 1918, erster maschinenschr. und korrigierter Entwurf, S. 15.

28 G. Personeni, *La guerra vista da un idiota*, Bergamo 1966, S. 15–17.

29 A. Monti, *Combattenti e silurati*, Ferrara 1922, S. 26.

30 R. Bencivenga, *Il periodo della neutralità*, S. 122–123; DDI, V, 3, Sonnino an die Botschafter Bollati und Avarna (20. März 1915), S. 117–119.

31 R.Bencivenga, *Il periodo della neutralità*, S. 124–125.

32 F. Marazzi, *Splendori e ombre della nostra guerra*, Rom 1920.

33 A. Saccoman, *Aristocrazia e politica nell'Italia liberale. Fortunato Marazzi militare e deputato (1851–1921)*, Mailand 2000, S. 287–291.

34 F. Marazzi, *Splendori e ombre*, S. 147–150.

35 L. Cadorna, *La guerra alla fronte italiana*, S. 46–47.

36 AUSSME, H5, b. 17, f. 1, Cadorna an Zuppelli (12. April 1915).

37 Vgl. DDI, V, 3, Cadorna an Sonnino (30. April 1915), n. 515, S. 408 und Sonnino an den Botschafter Carlotti (2. Mai 1915), n. 540, S. 427.

38 Vgl. M. Mondini, *Militarismo e militarizzazione. Modelli nazionali nel rapporto tra armi e politica nell'Europa contemporanea*, in ders. (Hrsg.), *Armi e politica. Esercito e società nell'Europa contemporanea*, in „Memoria e Ricerca", 2008, 28, S. 9–24; S. Förster, *Civils – Military Relations*, in J. Winter (Hrsg.), *The Cambridge History of the First World War*, Bd. 2: *The State*, Cambridge 2013, S. 91–125.

39 A. Varsori, *Radioso maggio. Come l'Italia entrò in guerra*, Bologna 2015, S. 65–96; F. Le Moal, *Victor Emmanuel III*, S. 171–212.

40 L. Cadorna an O. Malagodi (2. Dezember 1914), in O. Malagodi, *Conversazioni della guerra*, S. 35.

41 A. Gatti, *Caporetto. Diario di guerra*, Bologna 1997, S. 67.

42 *Guida Militare n. 12*, hrsg. von Ministero della Guerra – Corpo di Stato Maggiore (Cesare Battisti), Trentino, Venedig 1914. Vgl. M. Mondini, *La carta e il territorio. Confini, teatri di battaglia e sapere geografico nella cultura militare italiana*, in A. Bondesan / M. Scroccaro (Hrsg.), *Cartografia militare nella prima guerra mondiale*, Padua 2017, S. 29–39.

43 Vgl. L. Segato, *L'Italia nella Guerra mondiale*, I: *Dal 1915 al novembre 1917*, Mailand 1927, vor allem S. 19–25.

44 *Inchiesta su Caporetto*, S. 54–55.

45 Vgl. G. Pieropan, *1915. Obiettivo Trento*, Mailand 1986.

46 Vgl. L. Albertini, *Vent'anni di vita politica*, Bd.2/2: *L'Italia nella guerra mondiale*, Bologna 1952, S. 30–42; E. Faldella, *La grande guerra*, S. 50–62.

47 Capo SME, *Radunata a Nord Est. Varianti alle direttive 1° settembre 1914* (1. April 1915), EIG, II bis, Anl. 6, S. 26–31.

48 AUSSME, H5, b. 17, f. 3, Cadorna an Salandra und Leitung Artillerie und Genio / Kriegsministerium, 2. Juli 1915; Cadorna an Salandra, 29. Juli 1915 (Kopie des Telegramms). Zu die Stationierung der großen Truppenverbände und ihre Aufstellung am Vorabend des 24. Mai 1915, vgl. EIG, I bis, Anl. 53, 57 und 58, S. 82–104.

49 AUSSME, H4, b. 1, f. 1, s.f. 1, Vormittagssitzung 14. März 1918, erster maschinenschr. Entwurf. Die Randbemerkungen (zum Teil mit Bleistift und mit Rotstift) behandeln einige Änderungen: „Diese Ereignisse [waren verständlicherweise sehr schädlich], S. 17–18. Zu den Gründen und den Verlauf der Regierungskrise vom 13. bis 16. Mai 1915, vgl. A. Salandra, *L'intervento*, S. 271 ff., und A. Varsori, *Radioso maggio*, S. 158–170.

50 L. Cadorna, *La guerra alla fronte italiana*, vor allem S. 103–106; ders., *Pagine polemiche*, S. 268–280; vgl. auch seine Aussage bei A. Gatti, *Un italiano a Versailles*, S. 442–444.

51 *Ebd.*, S. 19–22.

52 F. Cappellano, *L'imperial-regio esercito austro-ungarico*, S. 27–29.

53 Comando SME, *Radunata Nord Est. Varianti alle direttive 1° settembre 1914* e *Radunata Nord Est (rossa). Varianti alle direttive per il comandante della zona Carnia*, in EIG, II bis, Anl. 6 und 7, S. 25–33.

54 A. Gatti, *Un italiano a Versailles*, S. 443.

55 T. Marchetti, *Ventotto anni nel servizio informazioni militari*, Bd. 1, Trient 1960, vor allem S. 65–92.

56 A. Salandra, *La neutralità*, S. 123; vgl. *Giovanni Giolitti. Carteggio*, von Spingardi an Giolitti (17. Oktober 1914), Nr. 611, S. 506 f.

57 F. Martini, *Diario*, S. 175 (9. Oktober 1914).

58 AUSSME, H5, b. 17, f. 3, *Memoria circa provvedimenti per l'esercito* (14. Oktober 1914), S. 1–2.

59 AUSSME, H5, b. 17, f. 3, S. 3; EIG, I, S. 77 f.

60 EIG, I, S. 167–169.

61 EIG, I bis, Anl. 30, *Specchio di affluenza in zona di guerra nel 1915 delle batterie del parco di artiglieria d'assedio*, S. 38.

62 EIG, I, S. 119–121.

63 EIG, I bis, Anl. 44, S. 59, *Formazioni automobilistiche previste per la mobilitazione generale*.

64 EIG, I, S. 169–174.

65 AUSSME, F3, b. 85, f. 2, Cadorna an Zuppelli (26. Februar 1915).

66 L. Cadorna, *La guerra alla fronte italiana*, S. 67–69.

67 Vgl. P. Melograni, *Storia politica della Grande Guerra*, S. 10 f.; W.A. Renzi, *In the Shadow of the Sword. Italy's Neutrality and Entrance in the Great War 1914–1915*, New York 1987; H. Afflerbach, *Da alleato a nemico. Cause e consequenze dell'entrata in guerra dell'Italia nel maggio 1915*, in J. Hürter / G.E. Rusconi (Hrsg.), *L'entrata in guerra dell'Italia nel 1915*, Bologna 2010, S. 75–103.

68 G. Rochat, *L'esercito italiano nell'estate 1914*, S. 332 n. 2.

69 Vgl. L. Cadorna, *La guerra alla fronte italiana*, S. 75–80, sowie ders., *Pagine polemiche*, S. 269–271.

70 G. Krumeich, *Vorstellungen vom Krieg von 1914*, in S. Neitzel (Hrsg.), *1900. Zukunftsvisionen der Grossmächte*, Paderborn 2002, S. 173–186.

71 S. Förster, *Der deutsche Generalstab und die Illusion des kurzen Krieges. Metakritik eines Mythos*, in „Militärgeschichtliche Mitteilungen", 1995, 54, S. 61–95.

72 H. Strachan, *The First World War*, Bd.1: *To Arms*, Oxford 2001, S. 1005–1013.

73 Vgl. G. Kronenbitter, *The German and Austro-Hungarian General Staffs and their Reflections on an „Impossible" War*, in H. Afflerbach / D. Stevenson (Hrsg.), *An Improbable War? The Outbreak of World War I and European Political Culture before 1914*, New York / Oxford 2007, S. 140–160.

74 E. Faldella, *La grande guerra*, S. 42–44.

75 AUSSME, H5, b. 17, f. 3, *Provvedimenti pel caso di una lunga campagna di guerra. Organizzazione di nuove unità*, Cadorna an Salandra, 21. Mai 1915.

76 AUSSME, H5, b. 17, f. 3, Comando Supremo – Ufficio Ordinamento e Mobilitazione. *Costituzione di nuove unità. Aggiunte e varianti (30. Juni 1915)*, Anl. 2.

77 L. Albertini, *Vent'anni di vita politica*, Bd. 2, S. 95–96.

78 AUSSME, H5, b. 17, f. 3, s.f. An die Regierung gesandte Briefe und Telegramme zum Thema Munition, von Cadorna an Salandra, höchst vertraulich (13. Juni 1915).

79 AUSSME, H5, b. 17, f. 3, s.f., Comando Supremo – Ufficio Ordinamento e Mobilitazione, *Promemoria per la segreteria del Capo*, 15. Dezember 1915; AUSSME, F1, b. 183, f. 6, *Predisposizione e provvedimenti* *per la campagna invernale*, Direzione generale Ministero Guerra an Intendenza generale dell'Esercito (10. August 1915).

80 AUSSME, H5, b. 17, f. 3, s.f. An die Regierung gesandte Briefe und Telegramme zum Thema Munition, von Cadorna an Salandra, höchst vertraulich (13. Juni 1915), S. 3 f.

81 H. Strachan, *The First World War*, Bd. 1: *To Arms*, Oxford 2001, S. 993–1004 und 1049–1112.

82 AUSSME, H5, b. 17, f. 3, Comando Supremo – Capo SME an Presidente Consiglio dei ministri, *Waffen und Munition* (24. September 1915).

83 AUSSME, H5, b. 17, f. 3, Cadorna an Salandra, vertraulich (18. Juni 1915).

84 M. Mondini, *La guerra italiana*, S. 88–90; A. Assenza, *Il generale Alfredo Dallolio. La mobilitazione industriale italiana dal 1915 al 1939*, Rom 2010.

85 L. Tomassini, *Lavoro e guerra. La mobilitazione industriale italiana 1915–1918*, Neapel 1997; P. Di Girolamo, *Produrre per combattere. Operai e mobilitazione industriale a Milano durante la Grande Guerra 1915–1918*, Neapel 2002.

86 Comando Supremo dell'Esercito, *Ordine di operazioni n. 1. Primo sbalzo offensivo per raggiungere le linee dell'Isonzo*, in EIG, II bis, S. 86 f.

87 A. Gatti, *Un italiano a Versailles*, S. 425–426, sowie ders., *Caporetto*, z. B. S. 77 und 141; J. Gooch, „*An Act of Madness*"?, S. 198 f.

88 Vgl. auch L. Albertini, *Vent'anni di vita politica*, II, S. 97–101, hier sind Gespräche mit Cadorna in Udine festgehalten.

89 DDI, V, 3, Botschafter Carlotti an Sonnino (14. Mai 1915), n. 687, S. 543–544.

90 J. Keegan, *La prima guerra mondiale*, S. 262.

91 R.L. Di Nardo, *Breakthrough. The Gorlice – Tarnow Campaign, 1915*, Santa Barbara CA 2010.

92 C. Fryer, *The Destruction of Serbia in 1915*, New York 1997.

93 Vgl. zum Beispiel L. Cadorna an C. Cadorna (11. Juli 1915 und 6. September 1915) und L. Cadorna an M. Cadorna (10. Oktober 1915) in L. Cadorna, *Lettere famigliari*, S. 113, 120 und 126.

94 AUSSME, H5, b. 17, f. 2, Notiz vom Gespräch am Nachmittag des 12. Februar im Büro S. E. der Generalstabschef (o.D. aber Februar 1916); vgl. auch AUSSME, H4, b. 1, Aussage Cadorna, f. 1, Aussage vom Vormittag des 14. März 1918, s.f. 1, erste maschinenschr. Kopie mit handschr. Korrekturen, S. 26.

95 E. Bauer, *Der Löwe vom Isonzo. Feldmarschall Svetozar Boroevic de Bojna*, Graz 1985.

96 A. Sema, *La Grande Guerra sul fronte dell'Isonzo*, Gorizia 2014, S. 83–87

97 E. De Rossi, *La vita di un ufficiale italiano sino alla guerra*, Mailand 1927, S. 173–285; M. Mondini, *La guerra italiana. Partire, raccontare, tornare*, Bologna 2014, S. 130–131.

98 L. Cadorna an C. Cadorna (15. Juni 1915), in L. Cadorna, *Lettere famigliari*, S. 108.

99 P. Scolè, *16 giugno 1915. Gli alpini e la conquista del Monte Nero*, Mailand 2005.

100 Comando Supremo, *Ordine di operazioni n. 7. Operazioni 2a e 3a armata*, in EIG, II bis, Anl. 64, S. 157–158 (11. Juni 1915).

101 Vgl. AUSSME, H5, b. 17, f. 2, Cadorna an Robertson (15. April 1917).

102 L. Cadorna an C. Cadorna (10. Juni 1915), in L. Cadorna, *Lettere famigliari*, S. 107.

103 L. Cadorna an R. Cadorna (9. Juli 1915), ebd., S. 112.

104 J. Bailey, *The First World War and the Birth of Modern Warfare*, in M. Knox / W. Murray (Hrsg.), *The Dynamics of Military Revolution 1300–2050*, Cambridge 2001, S. 132–153.

105 R. Porte, *Joffre*, Paris 2014, S. 248–260.

106 L. Albertini, *Vent'anni di vita politica*, Bd. 2, S. 96–98 und 101ff. Zur moralischen Dimension des Krieges vgl. auch L. Cadorna, *Pagine polemiche*, S. 275.

107 AUSSME, H5, b. 17, f. 2, *Ordine del giorno riservato agli ufficiali del Comando supremo* (maschinenschr. Entwurf, 19. Mai 1915).

V Der echte Krieg

1 *Brigata Ivrea (161° e 162° reggimento fanteria)*, in *Brigate*, 6, S. 223–242.

2 A. Frescura, *Il diario di un imboscato*, Mailand 1981, S. 21.

3 C. Salsa, *Trincee. Confidenze di un fante*, Mailand 1995, S. 61–62.

4 Comando del Corpo di Stato Maggiore – Ufficio del Capo di Stato Maggiore, *Attacco frontale e ammaestramento tattico. Circolare n. 191*, 25. Februar 1915, Rom 1915.

5 Zu G. Pennella vgl. ders., *Dodici mesi al comando della brigata Granatieri*, 2 Bde., Rom 1923.

6 *Attacco frontale e ammaestramento tattico*, S. 26 und 31.

7 *Ebd.*, S. 33–34 und Anm. 1.

8 *Ebd.*, S. 36. Vgl. Kap. 3.

9 *Ebd.*, S. 37.

10 A. Valori, *La guerra italo austriaca*, Bologna 1920, S. 53; G. Douhet, *Diario critico di guerra*, Bd. 1 (1915), Turin 1921; P. Pieri, *L'Italia nella prima guerra mondiale*, Turin 1965, S. 66–68; G. Rocca, *Cadorna. Il generalissimo di Caporetto*, Mailand 2004, S. 85.

11 AUSSME, H4, b. 1, f. 1, s.f. 6 (Beschwerden vom 31. Mai 1918), S. 17–18 und 45–47.

12 L. Cadorna, *Pagine polemiche*, Mailand 1950, S. 232–241.

13 *Attacco frontale e ammaestramento tattico*, S. 9.

14 F. Marazzi, *Splendori e ombre della nostra Guerra*, Mailand 1920, S. 74–76.

15 G. Personeni, *La guerra vista da un idiota*, Bergamo, S. 78.

16 C. Salsa, *Trincee*, S. 220–221.

17 A. Gatti, *Caporetto. Diario di guerra*, Bologna 1997 [1964], S. 108–109. Natürlich entsprach es nicht der Wahrheit, wenn Cadorna behauptete, er habe seine Anweisungen in nur sehr geringem Maße an den neuen Erkenntnissen aus den Schützengräben ausrichten können.

18 F. Stefani, *La storia della dottrina e degli ordinamenti dell'Esercito italiano*, Bd. 1, Rom 1984, vor allem S. 498–522; F. Cappellano / B. Di Martino, *Un esercito forgiato nelle trincee. L'evoluzione tattica dell'esercito italiano nella Grande Guerra*, Udine 2008, S. 28–39.

19 C. Ardant du Picq, *Etudes sur le combat*, Paris 1880.

20 *Ebd.*, S. 88 ff.

21 F. Conrad von Hötzendorf, *Die Gefechtsausbildung der Infanterie*, Wien 1900.

22 L. Sondhaus, *Conrad contro Cadorna*, Gorizia 2013, S. 94–101.

23 F. Foch, *Des principes de la guerre*, Paris 1906.

24 J.F.C. Fuller, *Training Soldiers*, London 1914.

25 N. Murray, *The Rocky Road to the Great War. The Evolution of Trench Warfare to 1914*, Washington 2013, S. 211–224.

26 M. Howard, *Men against Fire. Expectations of War in 1914*, in „International Security", 1984, 1, S. 41–57; H. Strachan, *Training, Morale and Modern War*, in „Journal of Contemporary History", 2006, 41, S. 211–227.

27 M. Goya, *L'invention de la guerre moderne. Du pantalon rouge au char d'assaut 1871–1918*, Paris 2014, bes. S. 200–231.

28 P. Gilberti, *Fuoco ed arma bianca*, in „Rivista Militare Italiana", 1914, 3, S. 2644–2646.

29 Vgl. beispielsweise A. Redini, *La preparazione*, in „Rivista Militare Italiana", 1915, 1, S. 113–125; P. Ago, *Attacco frontale e ammaestramento tattico*, in „Rivista Militare Italiana", 1915, 1, S. 433; F. Nucci, *Norme per il combattimento*, in „Rivista Militare Italiana", 1915, 1, S. 687–703; F. Masci, *Estetica guerriera*, in „Rivista Militare Italiana", 1915, 2, S. 895–908; F. Nucci, *Norme per il combattimento* (2. Tl.), in „Rivista Militare Italiana", 1915, 2, S. 996–1012. Vgl. F. Cappellano / B. Di Martino, *Un esercito forgiato nelle trincee*, vor allem S. 51–69.

30 J.-P. Bertaud, *La virilité militaire*, in A. Corbin et al. (Hrsg.), *Histoire de la virilité*, Bd. 2, *Le triomphe de la virilité. Le XIXe siècle*, Paris 2011, S. 157–202.

31 G. Pennella, *La nostra rinnovata regolamentazione tattico-logistica riassunta e ordinata per affinità di argomento*, 3. Aufl., Rom 1915, S. 12–13.

32 J. Glenn Gray, *The Warriors. Reflections on Men in Battle*, Lincoln NE 1998; J. Keegan, *La maschera del comando*, Mailand 2003, bes. S. 126–132.

33 E. Trombetti, *Ricordi di una guerra*, Bologna 1965, S. 10.

34 *Ebd.*, S. 12.

35 *Bersaglieri*, 12° reggimento, S. 427–453.

36 E. De Rossi, *La vita di un ufficiale italiano*, S. 279–283.

37 L. Cadorna, *La guerra alla fronte italiana*, S. 120–132 und S. 143–145.

38 L. Cadorna an R. Brusati, *Operazioni in Valsugana* (29. August 1915), EIG, II bis, Anl. 163, S. 349.

39 P. Oro, *Pagine eroiche*, Udine 1923; G. Pieropan, *1915. Obiettivo Trento*, Mursia, Mailand 1986, S. 194–209.

40 Brief von O. Zoppi an R. Brusati (31. August 1915); Antwort von R. Brusati an O. Zoppi (3. September 1915), beide in F. Minoia, *L'assalto al col Basson*, Vignate 2015, S. 162–190; EIG, I bis, Comando I Armata – Stato Maggiore a Capo SME, *Azione dell'Armata* (7. September 1915), Anl. 164, S. 350–354 (ich danke F. Minoia dafür, dass er mich auf das Original dieses Berichts aufmerksam gemacht hat).

41 M. Mondini, *La guerra italiana.*, Bologna 2014, S. 130–135.

42 G. Zava, *La tragedia del Basson nelle parole di un superstite. Ricordi del generale Zava nel cinquantenario della battaglia* [1965], in T. Liber u.a. (Hrsg.), *1914–1918. La Grande Guerra sugli altipiani*, Valdagno 1991, S. 49–70. Zu der wiederholt geäußerten Hyperbel des „mit den Zähnen aufzubeißenden Stacheldrahts", vgl. C. Salsa, *Trincee. Confidenza di un fante*, S. 61, sowie G. Personeni, *La guerra vista da un idiota*, S. 137.

43 L. Cadorna an R. Cadorna (9. Juli 1915), in L. Cadorna, *Lettere famigliari*, S. 112.

44 G. Cornali, *Un fante lassù*, Mulazzo 2014, S. 108. Vgl. F. Cappellano / B. Di Martino, *Un esercito forgiato nelle trincee*, S. 91–97.

45 A. Monti, *Combattenti e silurati*, Ferrara 1922, S. 84.

46 Comando Supremo – Ufficio Ordinamento e Mobilitazione, *Equipaggiamento dei riparti d'assalto*, 117050 (21. September 1917), in EIG, VI, 2, Anl. 67, S. 285–289.

47 G. Personeni, *La guerra vista da un idiota*, S. 56 und S. 70.

48 A. Gatti, *Caporetto. Diario di guerra*, Bologna 1997, S. 25.

49 A. Gatti, *Un italiano a Versailles*, Mailand 1958, S. 295–296.

50 A. Gatti, *Caporetto*, S. 45.

51 AUSSME, H4, b. 1, f. 1, s.f. 1, Anl. 1, *Ispezioni sulla fronte e visite ai comandi fatte dal generale Cadorna durante il 1917*.

52 AUSSME, H4, b. 1, f. 1, s.f. 4, Nachmittagssitzung 15. März 1918, zweite maschinenschr. Kopie, handschr. korrigiert, S. 3.

53 A. Gatti, *Un italiano a Versailles*, S. 234.

54 L. Cadorna an R. Cadorna (9. Juli 1915) und L. Cadorna an C. Cadorna (28. November 1915), in L. Cadorna, *Lettere famigliari*, S. 112 und S. 130.

55 Comando Supremo – Ufficio tecnico, *Attacco di posizioni rafforzate* (16. Juni 1915), in EIG II bis, Anl. 74, S. 174–176.

56 Von Capo SME an Comando 2a und 3a Armata (5. November 1918), in EIG, II, bis, Anl. 181, S. 386–387.

57 F. Cappellano / B. Di Martino, *Un esercito forgiato nelle trincee*, S. 87–93.

58 EIG, I, 2, S. 417. Zu den Verlusten des Heeres in den ersten zwei Kriegsmonaten vgl. ACS, PCM, Guerra Europea, b. 185, f. 19.22, *Perdite sofferte dall'Esercito italiano nel corso della guerra*, o.D. (aber Dezember 1918). Zum Verlust an Material vgl. EIG, III, 1, S. 28–32.

59 AUSSME, H5, b. 17, f. 3, Comando Supremo – Ufficio Mobilitazione, *Promemoria per la segreteria del Capo SME* (13. Dezember 1915); s.f. 725, *Sintesi delle principali deficienze incontrate nei servizi dipendenti* *all'inizio della campagna*, Regio esercito – Intendenza generale an Ufficio capo SME (12. Dezember 1915).

60 AUSSME, H5, b. 17, f. 3, Comando Supremo – Ufficio del Capo SME a Ministro della Guerra, *Cessione fucili alla Russia* (5. September 1915) und *Nuova cessione fucili alla Russia* (14. Dezember 1915); Comando Supremo – Ufficio del Capo SME an Ministero della Guerra, *Riserva di armi modello '91* (15. Februar 1916).

61 F. Cappellano / B. Di Martino, *Un esercito forgiato nelle trincee*, S. 106–108.

62 P. Monelli, *Le scarpe al sole*, Mailand 1971, S. 38.

63 M. Mariani, *Sott' la naja. Vita di guerra e di alpini*, Mailand 1925, S. 155.

64 Da Comando del VI Corpo d'Armata a Comando della 2a Armata, *Ripresa offensiva* (15. November 1915), in EIG, II bis, Anl. 202, S. 426–427.

65 R. Bencivenga, *La campagna del 1915*, Udine 2015, S. 72–79; L. Cadorna, *La guerra alla fronte italiana*, S. 165–172.

66 Comando Supremo – Segreteria Capo SME, *Predisposizioni per l'impiego di artiglierie di medio calibro e pesanti campali per l'espugnazione di M. San Michele* (11. Juli 1915), in EIG, II bis, Anl. 122, S. 253–254.

67 Comando Supremo, *Ordine di operazioni n. 10. Attacco Monte San Michele* (15. Juli 1915), in EIG, II bis, Anl. 123, S. 254–255; Comando dell'XI Corpo d'Armata, *Ordine di operazioni n. 17. Attacco del fronte S. Martino del Carso – San Michele* (16. Juli 1915), in EIG, II bis, Anl. 126, S. 263–266; *Perdite della seconda battaglia dell'Isonzo*, in EIG, II bis, Anl. 142, S. 290–291. Siehe J. Schindler, *Isonzo. Il massacro dimenticato della Grande Guerra*, Gorizia 2002, S. 106–130.

68 *Brigate*, 1, S. 129–155; 2, S. 6–28.

69 R. Bencivenga, *La campagna del 1915*, S. 141–144.

70 EIG, I, 2, S. 421.

71 A. Busto, in *Cronache dal fronte. 1915*, hrsg. von N. Maranesi, Rom 2015, S. 151; *Brigate*, 4, S. 154–167.

72 F. Martini, *Diario 1914–1918*, hrsg. von G. De Rosa, Mailand 1966, S. 579 (11. November 1915).

73 V. Riccio, *Il diario di un ministro nel primo periodo della Grande Guerra*, hrsg. von A. Fiori, Rom 2015, S. 109 ff.

74 O. Malagodi, *Conversazioni della guerra 1914–1919*, hrsg. von B. Vigezzi, Bd. 1: *Da Sarajevo a Caporetto*, Neapel 1960, S. 77–81.

75 AUSSME, F1, b. 183, f. *Istruzione e disciplina della truppa lontano dal fronte (1915)*, Comando Supremo – Ufficio Capo SME a Ministero della Guerra, *Concessione brevi licenze a militari ammalati e feriti* (20. September 1915).

76 Comando Supremo – Ufficio affari vari / Sezione disciplina, Anm. 402, *Discorsi e apprezzamenti degli ufficiali e della truppa che si recano in licenza* (12. Januar 1916).

77 Von „einem ehemaligen Heeresgruppenleiter" (C. Ruelle) an G. Giolitti (13. November 1915), in *Giovanni Giolitti*, Bd. 3: *Carteggio*, 2 (1906–1928), Foggia 2010, Anl. 771, S. 616–617.

78 U. Ojetti an F. Ojetti (20. November 1915), in *Lettere alla moglie 1915–1919*, Florenz 1964, S. 141.

79 L. Cadorna an C. Cadorna, in L. Cadorna, *Lettere famigliari*, S. 130 (28. November 1915).

80 AUSSME, H5, b. 17, f. 3, Comando Supremo – Ufficio capo SME a Comandi d'Armata, *Istruzione delle classi 86 e 87 di 3a categoria* (handschr. Randnotiz: *Qui si parla della gravissima questione dei complementi e dei quadri)* (27. Januar 1916). Vgl. auch L. Cadorna, *La guerra alla fronte italiana*, S. 148–150. Das Zitat ist von C. Cadorna (17. Dezember 1915), in L. Cadorna, *Lettere famigliari*, S. 134–135.

81 EIG, II bis, Comando Supremo a Comandi d'Armata, *Ripresa offensive e bombardamento di Gorizia*, Anl. 208, S. 435–436 (17. November 1915); ACS, CR, PAC, b. 16, f. 5, Cadorna an Frugoni (24. und 26. November 1915); P. Melograni, *Storia politica della Grande Guerra*, S. 49–50.

82 EIG, II bis, Comando 2a Armata a comandi dipendenti, *Operazioni contro Tolmino e Gorizia* (18. Juni 1915), Anl. 76, S. 176–181.

83 Cfr. A. Gatti, *Un italiano a Versailles*, S. 292–293.

84 L. Cadorna an C. Cadorna (30. Mai 1915), in L. Cadorna, *Lettere famigliari*, S. 105; EIG, II bis, Anl. 65, S. 98–103.

85 AUSSME, H4, b. 1, f. 1, s.f. 1, Aussage Cadorna (14. März 1918, Vormittagssitzung), erster maschinenschr. Entwurf mit Verbesserungen, S. 20.

86 AUSSME, F1, b. 262, f. Fanteria, Comando Supremo – Ufficio operazioni, *Quesiti sull'azione di fanteria* (24 Januar 1916).

87 F. Stefani, *La storia della dottrina e degli ordinamenti dell'esercito italiano*, S. 654 ff.; F. Cappellano / B. Di Martino, *Un esercito forgiato nelle trincee*, S. 102–108; EIG, III, 3, bis, Segreteria Capo SME a Comandi Armata, *Alcuni importanti ammaestramenti di esperienza* (20. September 1916), Anl. 180, S. 335–337.

88 L. Cadorna, *Pagine polemiche*, S. 102–103. Dieselbe Verteidigungslinie wurde in der Schrift vertreten, die bei der Aussage vor der Untersuchungskommission vorgelegt wurde.

89 R. Bencivenga, *La sorpresa strategica di Gorizia*, Udine 2016; E. Faldella, *La Grande Guerra*, I, Mailand 1978, S. 222–238.

90 L. Cadorna an den Duca d'Aosta (16. Juni 1916), in EIG, III, 3, bis, Anl. 3, S. 6–7; P. Pieri / G. Rochat, *Pietro Badoglio*, Mailand 2002, S. 63–95.

91 L. Cadorna an C. Cadorna (17. August 1916), in L. Cadorna, *Lettere famigliari*, S. 165.

92 G. Personeni, *La guerra vista da un idiota*, S. 227.

93 G. Cornali, *Un fante lassù*, S. 127.

94 Vgl. V. Murari-Brà, *Sulla fronte della prima linea della 34a divisione colla brigata Ivrea*, Turin 1922.

95 Die hochrangigen, im gesamten Krieg für jede Waffengattung gefallenen Offiziere waren ungefähr 850 (von insgesamt 11.000 Generälen und oberen Offizieren, die zwischen 1914 und 1918 im Dienst waren). Diese Zahlen, die sich aus dem Vergleich der Daten unterschiedlicher offizieller Quellen ergeben (FEI, S. XVII–XIX, *Albo d'oro dei caduti, Memorie storiche dei corpi*). Vgl. P. Del Negro, *L'esercito italiano, i volontari e i giovani nella Grande Guerra*, in F. Rasera / C. Zadra (Hrsg.), *Volontari italiani nella Grande Guerra*, Rovereto 2008, S.5–43.

96 Cfr. *Brigate*, Bde. 1–8, *ad vocem*.

97 AUSSME, F1, b. 262, f. Fanteria, Comando Supremo – Ufficio affari vari / Sezione Istruzioni, *Posto degli ufficiali di fanteria in combattimento*, o.D. (aber August 1915)

98 AUSSME, F1, b. 262, f. Fanteria, Comando Supremo – Ufficio affari vari / Sezione Istruzioni, *Posto dei comandanti di riparto di fanteria nel combattimento* (1. März 1916).

99 AUSSME, H4, b.1, f. 1, s.f. 1, Aussage Cadorna, Nachmittagssitzung 14. März 1918, erster maschinenschr. Entwurf mit handschr. Korrekturen, n. num. (aber S. 41 ff.).

100 AUSSME, H4, b.1, f. 1, s.f. 1, Aussage Cadorna, Vormittagssitzung 14. März 1918, erste maschinenschr. Fassung mit Verbesserungen, n. num. (aber S. 39 und 43).

VI Vom Anführen

1 Zitiert aus F. Minniti, *Carriere spezzate. Cadorna, Diaz e il governo dei quadri (maggio 1915-novembre 1918)*, in P. Del Negro u. a. (Hrsg.), *Militarizzazione e nazionalizzazione nella storia d'Italia*, Mailand 2005, S. 97–134.

2 L. Cadorna an R. Cadorna (30. Mai 1915), in L. Cadorna, *Lettere famigliari*, S. 105.

3 A. Gatti, *Un italiano a Versailles*, Mailand 1958, S. 288–290.

4 AUSSME, F11, b. 310, f. *Ufficiali esonerati per insufficienza dal 1° gennaio al 31 dicembre 1917; Inchiesta Caporetto*, S. 325.

5 A. Monti, *Combattenti e silurati*, Ferrara 1922, S. 124 und S. 200.

6 P. Monelli, *Naja parla*, Mailand 1947, S. 9.

7 E. Viganò, *La nostra guerra. Come fu preparata e come è stata condotta sino al novembre 1917*, Florenz 1920, S. 56.

8 L. Falsini, *Esercito e fascismo. Soldati e ufficiali nell'Italia di Mussolini (1919–1940)*, Ariccia (Rom) 2013, S. 131–134.

9 A. Tosti, *L'esempio dei capi. I generali italiani caduti nella Grande Guerra*, Rom 1930; F. Minniti, *Carriere spezzate*, S. 129.

10 P. Rocolle, *L'hécatombe des generaux*, Paris 1980.

11 L. Capello, *Note di guerra*, Mailand 1920, S. 88.

12 V. Riccio, *Il diario di un ministro nel primo periodo della Grande Guerra*, hrsg. von A. Fiori, Rom 2015, S. 99.

13 P. Jahier, *Con me e con gli alpini*, Mailand 1995, S. 93.

14 *Ebd.*, S. 120 (30. Juli 1915). Vgl. auch A. Saccoman, *Aristocrazia e politica nell'Italia liberale. Fortunato Marazzi militare e deputato (1851–1921)*, Mailand 2000, S. 296–298.

15 C. Ruelle an G. Giolitti (13. November 1915), in *Giovanni Giolitti*, Bd.3: *Il carteggio*, 2 (1906–1928), hrsg. von A. Mola / A. Ricci, Foggia 2010, n. 771, S. 616 f.; zu den Entlassungsverfahren siehe AUSSME, F11, b. 310, f. *Ufficiali esonerati per insufficienza dal 1° gennaio al 31 dicembre 1917, s.f. Pratica esoneri – ufficiali generali, Ufficiali generali esonerati dai comandi di corpo d'armata*, o.D. (aber Januar 1918).

16 A. Frescura, *Diario di un imboscato*, Mailand 1999, S. 221 f.

17 *Inchiesta Caporetto*, S. 325–326.

18 AUSSME, H4, b. 30, f. 846, s.f. 1, Antworten auf dem Fragebogen von S. E. Di Giorgio. Vgl. auch A. Di Giorgio, *Ricordi della Grande Guerra (1915–1918)*, hrsg. von G. De Stefani, Palermo 1978, S. 53 f.; L. Falsini, *Processo a Caporetto*, Rom 2017, S. 93–94, S. 110 f.

19 AUSSME, H4, b. 4, f. 12, Aussage von General Lequio, Nachmittagssitzung 27. April 1918, erster maschinenschr. Entwurf.

20 A. Gatti, *Caporetto. Diario di guerra*, Bologna 1994, S. 76.

21 A. Monti, *Combattenti e silurati*, S. 148.

22 F. Minniti, *Carriere spezzate*, S. 130–132.

23 Camera dei Deputati – Segretariato generale, *Comitati segreti sulla condotta della guerra (giugno-dicembre 1917)*, Rom, Archivio storico, 1967, S. 129–145.

24 AUSSME, H4, b. 1, Aussage Cadorna, f. 1, s.f. 3, Nachmittagssitzung 15. März 1918 (dritter Teil, maschinenschr. und handschr. korrigierte Kopie), S. 12.

25 AUSSME, H4, b. 1, Aussage Cadorna, f. 1, s.f. 3, Nachmittagssitzung 15. März 1918 (dritter Teil, maschinenschr. und handschr. korrigierte Kopie), S. 14. Vgl. auch L. Cadorna, *La guerra alla fronte italiana*, Mailand 1934, zum Beispiel auf S. 4 f. und S. 133 f.; ders., *Pagine polemiche*, Mailand 1950, S. 67–80.

26 AUSSME, H4, b. 1, Aussage Cadorna, f. 1, s.f. 3, *Memoria suppletiva*, L. Cadorna an den Vorsitz der Untersuchungskommission (1. Februar 1919), S. 1.

27 L. Cadorna an C. Cadorna (8. Mai 1916), in L. Cadorna, *Lettere famigliari*, S. 148.

28 A. Gatti, *Caporetto. Diario di guerra*, Bologna 1997, S. 51.

29 AUSSME, H4, b. 1, Aussage Cadorna, f.1, s.f. 3, Nachmittagssitzung 15. März 1918 (dritter Teil, maschinenschr. Kopie, handschr. korrigiert), S. 15.

30 AUSSME, H4, b. 1, Aussage Cadorna, f.1, s.f. 3, Nachmittagssitzung 15. März 1918 (dritter Teil, maschinenschr. Kopie, handschr. korrigiert), S. 5.

31 AUSSME, H4, b. 4, f. 11 Aussagen von Tettoni, s.f. 1, Vormittagssitzung vom 25. April 1918, erste Protokollkopie.

32 AUSSME, H4, b. 1, Aussage Cadorna, f.1, s.f. 6, Anfechtungen vom 31. Mai 1918, Anmerkung Nr. 2, Anlage zur Aussage, S. 9.

33 M. Rauchensteiner, *Der Erste Weltkrieg und das Ende der Habsburgermonarchie*, Wien 2013, S. 522–538.

34 L. Cadorna an C. Cadorna (16. Juni 1916), in L. Cadorna, *Lettere famigliari*, S. 155.

35 L. Cadorna, *La guerra alla fronte italiana*, S. 172–263. Zu den besten Analysen der Zeitgenossen zählt die von R. Bencivenga, *Saggio critico sulla nostra guerra. La campagna del 1916. La sorpresa di*

Asiago e quella di Gorizia, Rom 1935; G. Baj Macario, *Storia della guerra italiana*, Bd. 2: *La Strafexpedition*, Mailand 1934.

36 Vertrauliche Mitteilung von L. Cadorna an A. Gatti, in A. Gatti, *Uomini e folle in guerra*, Mailand 1929, S. 182–183.

37 Vgl. C. Pettorelli Lalatta, *I.T.O. Note di un capo servizio informazioni d'armata*, Mailand 1934; M. Mondini, *Parole come armi. La propaganda verso il nemico nell'Italia della Grande Guerra*, Rovereto 2009.

38 Vgl. Comando Supremo – Ufficio situazione e operazioni, *Circa le voci di offensive in grande stile da parte dell'Austria-Ungheria*, promemoria per l'Ufficio del Capo SME (3. April 1916), in EIG, III, 2 bis, Anl. 19, S. 37; AMGR, Fondo Marchetti, b. 2, f. A/5 (alte Signatur), Comando 1a Armata – Ufficio I, bollettino n. 76 (21. April 1916).

39 AMGR, Fondo Marchetti, b. 19 (alte Signatur); T. Marchetti, *Ventotto anni nel servizio informazioni*, Trient, 1960, S. 168.

40 AMGR, Fondo Marchetti, b. 19 (alte Signatur); T. Marchetti, *Ventotto anni*, S. 170–178; G. Marotti an R. Brusati, AMRMi, Fondo Brusati, b. 47 (7. Juli 1932).

41 EIG, III, 2, S. 55–75.

42 J. Gooch, *The Italian Army and the First World War*, Cambridge 2014, S. 146–162.

43 G. Artl, *Die „Strafexpedition". Österreich-Ungarns Südtiroloffensive 1916*, Brixen 2015.

44 L. Cadorna, *La guerra alla fronte italiana*, S. 215ff.

45 L. Albertini, *Vent'anni di vita politica*, Bologna 1952, S. 216–218; O. Malagodi, *Conversazioni della guerra 1914–1919*, Neapel 1960, S. 88–90; P. Melograni, *Storia politica della Grande Guerra*, Mailand 2015, S. 177–180.

46 F. Martini, *Diario 1914–1918*, S. 703–707.

47 V. Riccio, *Il diario di un ministro nel primo periodo della Grande Guerra*, Rom 2015, S. 327–338.

48 AMRVi, Archivio Pecori Giraldi, b. 12, f. P 128, *Perdite sofferte dalla 1a Armata dal 15 maggio al 31 luglio 1917* (o.D.); zu den Reaktionen in den Medien auf diese Nachrichten siehe E. Bricchetto, *Stampa e guerra. Scrittura e riscrittura della Strafexpedition*, in V. Corà / P. Pozzato (Hrsg.), *1916. La Strafexpedition*, Udine 2002, S. 192–200; M. Mondini / F. Frizzera, *Beyond the Borders. Displaced Persons in the Italian Linguistic Space during the First World War*, in P. Gatrell / L. Zvhanko (Hrsg.), *Europe on the Move. Refugees in the Era of the Great War*, Manchester 2017, S. 88–111.

49 G. Fortunato an M. Rigillo (24. Juli 1916), in M. Rigillo, *La mia guerra in Vallarsa e sul Pasubio*, hrsg. von G. Poletti, Rovereto 2012, S. 73.

50 P. Pozzato, *Condottieri e silurati*, in V. Corà / P. Pozzato (Hrsg.), *1916. La Strafexpedition*, S. 58–73.

51 V. Riccio, *Il diario di un ministro*.

52 Vgl. „Corriere della Sera", *Il generale Brusati collocato a riposo d'autorità* (26. Mai 1916), S. 1 und *Il generale Brusati collocato a riposo*, S. 2 (4. Juni 1916).

53 AMRMi, Fondo Brusati, b. 46, Brusati an Albertini (19. August 1919).

54 Vgl. AUSSME, H4, b. 46, f. 919 (Pratica Brusati), s.f. 2 *Memoria Brusati*.

55 A. Monti, *Combattenti e silurati*, S. 163–177.

56 ACS, Archivio Boselli, b. 3, f. 35, Brusati an Boselli (25. Juni 1916) und U. Brusati an P. Boselli (22. November 1916).

57 L. Cadorna an A. Gatti, in A. Gatti, *Uomini e folle di guerra*, S. 183–185.

58 AMRMi, b. 53, R. Brusati an unbekannten Adressaten, vielleicht A. Dal Fabbro (7. Januar 1922).

59 Der berühmte Brief von L. Cadorna an U. Brusati vom 14. Mai 1916 (er liegt auch als Beweis den Akten der Untersuchungskommission zu Caporetto vor, *Inchiesta Caporetto*, S. 44) ist als Kopie aufbewahrt in AMRMi, L. Cadorna an U. Brusati, b. 47 (14. Mai 1916).

60 AMRMi, b. 53, A. Dal Fabbro an R. Brusati (3. Januar 1922) und C. De Antoni an R. Brusati (6. Dezember 1921 und 22. März 1922).

61 Cadorna an V.E. Orlando (7. Juni 1918), *Note sul verbale della commissione ministeriale consultiva di revisione riguardante il generale Brusati*, in L. Cadorna, *Pagine polemiche*, S. 125–138.

62 P. Pozzato, *Condottieri e silurati*, S. 70–72.

63 AUSSME, H4, b. 2, f. 1, Aussage Porro, erste maschinenschr. Kopie, S. 5; das Rundschreiben von August 1917 über die bürokratischen Modalitäten der Entlassungen befindet sich in F11, b 310, f. Esoneri, Comando Supremo – Ufficio personale e ufficiali, circolare 70300 *Proposte di esonero* (9. August 1917).

64 *Inchiesta Caporetto*, S. 343 f.

65 A. Gatti, *Caporetto*, S. 43; L. Capello, *Per la verità*, Mailand 1920, S. 207 f. Zu den Dynamiken im Offizierskorps während des Krieges vgl. G. Rochat, *Gli ufficiali italiani nella prima guerra mondiale*, in P. Del Negro / G. Caforio (Hrsg.), *Ufficiali e società. Interpretazioni e modelli*, Mailand 1988, S. 231–253.

66 *Ebd.*, S. 345.

67 AUSSME, H4, b. 1, Aussage Cadorna, f. 1, s.f. 6, Gegendarstellungen vom 31. Mai 1918, Niederschrift Nr. 2, S. 13.

68 L. Falsini, *Processo a Caporetto*, S. 96.

69 A. Gatti, *Caporetto*, S. 52. Vgl. zu diesen Überlegungen auch F. Martini, *Diario*, S. 1061 (1. Dezember 1917).

70 AUSSME, H4, b. 6, f. 38, Aussage General Grandi.

71 *Brigate*, 4, S. 167–194; A. Gatti, *Caporetto*, S. 7.

72 AUSSME, H4, b. 1, Aussage Cadorna, f. 1, s.f. 6, Gegendarstellungen vom 1. Mai 1918, memoria n. 2, S. 3, und L. Cadorna an den Präsidenten der Untersuchungskommission, Verteidigungsschrift (12. Juni 1918), S. 3–4.

73 A. Gatti, *Caporetto*, S. 49–50.

74 A. Watson, *Morale*, in J. Winter (Hrsg.), *The Cambridge History of the First World War*, Cambridge 2013, S. 174–195.

75 M. Roper, *The Secret Battle. Emotional Survival in the Great War*, Manchester 2009.

76 A. Lippe, *Meinungslenkung im Krieg. Kriegserfahrung deutscher Soldaten und ihre Deutung 1914–1918*, Göttingen 2003.

77 A. Watson, *Enduring the Great War. Combat, Morale and Collapse in the German and British Armies 1914–1918*, Cambridge 2008.

78 A. Loez, *14–18. Les refus de la guerre. Une histoire des mutins*, Paris 2010; G. Haddad, *1914–1919. Ceux qui protestaient*, Paris 2012.

79 L. Cadorna, *Pagine polemiche*, S. 83; *Inchiesta Caporetto*, S. 358 f.

80 AUSSME, F1, b. 184, f. Giustizia militare – specchi di processi penali e avvenimenti disciplinari di maggiore rilevanza (1915), *Specchio dei processi dal 1° luglio al 15 agosto 1915*.

81 ACS, MG, Comando Supremo, b. 204, Comando Supremo an Avvocati fiscali presso i Tribunali Militari (Rundbrief 4892, 24. November 1915).

82 M. Pluviano / I. Guerrini, *Le fucilazioni sommarie nella prima guerra mondiale*, Udine 2004, S. 20 f.

83 AUSSME, L3, b. 141, f. 3 (Tribunali militari in tempo di guerra), Comando Supremo – Rip. Op. Ufficio affari vari – Sezione Istruzione e disciplina, Rundschreiben 3525 (28. September 1915).

84 G. Procacci, *Soldati e prigionieri italiani nella Grande Guerra*, Turin 2000, S. 42–70.

85 V. Wilkox, *Morale and the Italian Army during the First World War*, Cambridge 2016, S. 72.

86 Camera dei Deputati – Segretariato generale, *Comitati segreti sulla condotta della guerra (giugno–dicembre 1917)*, Rom, Archivio Storico, 1967, S. 129 (Sitzung vom 14. Dezember 1917).

87 V. Wilkox, *Morale and the Italian Army during the First World War*, Cambridge 2016, S. 72.

88 *Inchiesta Caporetto*, S. 358.

89 C. Latini, *I pieni poteri in Italia durante la prima guerra mondiale*, in D. Menozzi u. a. (Hrsg.), *Un paese in guerra. La mobilizzazione civile in Italia (1914–1918)*, Mailand 2010, S. 87–104.

90 Ministero della Guerra – Ufficio Statistico, *Statistica dello sforzo militare italiano nella guerra mondiale. Dati sulla giustizia e disciplina militare*, Provveditorato generale dello Stato, Rom 1927, tav. II, S. 26; E. Forcella / A. Monticone, *Plotone di esecuzione. I processi della prima guerra mondiale*, Rom /

Bari 2008 [1968], S. LXXIX–LXXXX; I. Guerrini / M. Pluviano, *La giustizia militare in Italia e le fucilazioni della Grande Guerra*, in „Annali del Museo Storico Italiano della Guerra", 2016, S. 59 – 69.

91 N. Offenstadt, *Les fusillés de la Grande Guerre*, Paris 2002, S. 252, n. 21.

92 A. Bach, *Fusillés pour l'exemple 1914–1915*, Paris 2013.

93 Commissione, S. 371.

94 *Inchiesta Caporetto*, S. 357 f.

95 G. Cornali, *Un fante lassù*, S. 79.

96 *Inchiesta Caporetto*, S. 360 – 365; AUSSME, H4, b. 28, f. 810, Aussage General Pantano, s.f. 1; *Brigate*, 2, S. 207– 229.

97 *Inchiesta Caporetto*, S. 366 f.

98 AUSSME, L3, b. 141, f. 5, circ. 10261, Comando Supremo – Rep. Disciplina, avanzamenti e giustizia (22. März 1916).

99 ACS, PCM, Guerra Europea, b. 102, f. Ribellione alpini a Sacile.

100 ACS, PCM, Guerra Europea, b. 102, f. Ribellione alpini a Sacile Cadorna an Salandra, 14. Januar 1916.

101 ACS, PCM, Guerra Europea, b. 102 , f. Ribellione del 4° alpini a Tirano e f. Ammutinamento degli alpini del 4° Reggimento; zum Aufstand des 48. Infanterieregiments, vgl. P. Melograni, *Storia politica della Grande Guerra*, S. 125–126.

102 ACS, PCM, Guerra Europea, b. 102, f. Ribellione alpini a Sacile , MG – Segretariato generale a PCM, *Disordini commessi in Oulx da soldati del 3° alpini, Relazione comm. P.S. Tabusso*, 10. Dezember 1915.

103 ACS, PCM, Guerra Europea, b. 102, f. Ammutinamento degli alpini del 4° Reggimento, da Comandante Divisione Novara a Comando Corpo d'Armata Torino, *Ammutinamento del 4° alpini in Aosta*, 27. November 1915.

104 L. Cadorna, *Pagine polemiche*, S. 85; H. Strachan, *Training, Morale and Modern War*, in „Journal of Contemporary History", 2006, 2, S. 211– 228.

105 *Ebd* ., MG – Segretariato Generale circolare 19063, *Riservatezza dei militari in licenza*, 27. Oktober 1916 und Comando Divisione Militare Territoriale di Ravenna, *Vigilanza sui militari che vengono in licenza invernale*, 28. Oktober 1916. Zur Zensur der Post vgl. die Erinnerungen von V. Lentini, *Pezzo ... fuoco! Artiglieri e bombardieri in guerra*, Mailand 1934, S. 242 f.

106 L. Cadorna, *Pagine polemiche*, S. 93.

107 AMRVi, Fondo Pecori Giraldi, b. 12 P 124, Capo SME a C. Lequio – Comando truppe altipiani (26. Mai 1916).

108 M. Pluviano / I. Guerrini, *Le fucilazioni sommarie nella prima guerra mondiale*, S. 114–116; zur Geschichte des 114. Regiments, vgl. A. Zamboni, *Fasti della brigata „Catanzaro". Il 141° reggimento fanteria nella Grande Guerra*, Catanzaro 1933.

109 G. Oram, *Military Executions during World War I*, New York 2003.

110 E. Forcella / A. Monticone, *Plotone di esecuzione*, S. 186–188.

111 P. Melograni, *Storia politica della Grande Guerra*, S. 198–202.

112 L. Cadorna, *Pagine polemiche*, S. 83.

113 AUSSME, H4, b. 1, Aussage Cadorna, s.f. 2, Nachmittagssitzung vom 14. März 1918, erste maschinenschr. und korrigierte Kopie, S. 4.

114 AUSSME, H4, b. 1, Aussage Cadorna, s.f. 2, Vormittagssitzung vom 15. März 1918, erste maschinenschr. und korrigierte Kopie, S. 14.

115 AUSSME, F1, b. 184, f. Elementi responsabilità per procedere contro uso arbitrario esecuzioni capitali.

116 L. Cadorna, *Lettere famigliari*, S. 230 und folgende (vor allem Briefe vom 26. Oktober 1917 und vom 31. Oktober 1917).

117 ACS, PCM, Guerra Europea, b. 102, f. 1948/49, CS Rip. Disciplina e Giustizia Militare, *Disertori latitanti* (3. November 1917).

118 ACS, PCM, Guerra Europea, b. 102, f. 1948/49 ., S. 2.

VII Am Hof von Udine

1 *Inchiesta Caporetto*, S. 265 f.

2 *Ebd.*, S. 270–274.

3 M. Van Creveld, *Command in War*, New Haven CT / London 1987, bes. S. 109–147; M. Samuels, *Directive Command and the German General Staff*, in „War in History", 1995, 2, S. 22–42.

4 E. Falkenhayn, *Die Oberste Heeresleitung 1914–1916 in ihren wichtigsten Entschließungen*, Berlin 1920.

5 A. Gionfrida, *Il Comando Supremo del Regio Esercito nella prima guerra mondiale*, in F. Cappellano / B. Di Martino, *Un esercito forgiato nelle trincee*, Udine 2008, S. 244–272.

6 R. Porte, *Joffre*, Paris 2014, S. 240–246.

7 AUSSME, L3, b. 48, f. 1, Comando Corpo di Stato Maggiore – Norme generali per la costituzione e il funzionamento del Comando Supremo Mobilitato (April 1915).

8 J. Gooch, *Great War, Little Generals? The Italian High Command at War 1915–1918*, in N. Labanca (Hrsg.), *Forze Armate. Cultura, società, politica*, Mailand 2013, S. 211–234.

9 R. Bencivenga, *Il periodo della neutralità. Dall'agosto 1914 alle prime operazioni del 1915 [Saggio critico sulla nostra guerra]*, Udine 2014, S. 131–139; C.M. Dechigi, *Roberto Bencivenga e Luigi Cadorna*, in R. Bencivenga, *La sorpresa strategica di Gorizia e le spallate del Carso del 1916*, Udine 2016, S. 6–12.

10 M. Mondini, *La carta e il territorio. Confini, teatri di battaglia e sapere geografico nella cultura di guerra italiana*, in A. Bondesan (Hrsg.), *Cartografia militare della prima guerra mondiale*, Treviso 2017, S. 29–39.

11 A. Gatti, *Caporetto. Diario di guerra*, Bologna 1997, S. 153.

12 AUSSME, H4, b. 1, Aussage Cadorna, f. 1, erste maschinenschr. Fassung mit Korrekturen, S. 5; b. 13, f. 280, deposizione Gabba, Vormittagssitzung 23. Juli 1918, s.f. 1, zweiter maschinenschr. und unterschriebener Entwurf; L. Cadorna an N. Cadorna (15. März 1916 und 27. März 1916), in L. Cadorna, *Lettere famigliari*, S. 141–146.

13 AUSSME, H4, b. 1, Aussage Cadorna, f. 1, s.f. 1, Vormittagssitzung 14. März 1918, erste maschinenschr. Fassung mit Korrekturen, S. 3 f; M. Mondini, *The Italian Case. The Ambiguities of a Nationalist Cultural Mobilization*, in L. Van Ypersele / N. Wouters (Hrsg.), *Nation, Identities and the First World War. Shifting Loyalties to the Fatherland*, London 2018.

14 AUSSME, H4, b. 2, f. 3, Aussage Porro, s.f. 2, Vormittagssitzung 18. März 1918, maschinenschr. Fassung mit Korrekturen, S. 2.

15 A. Gatti, *Caporetto*, S. 152.

16 Der maliziöse (aber gelungene) Vergleich stammt aus einem Brief von Roberto Brusati an seinen Bruder Ugo in AMRMi, Fondo Brusati, b. 46, R. Brusati an U. Brusati (12. August 1919).

17 G. Rochat, *Bencivenga, Roberto*, in *Dizionario Biografico degli Italiani*, Bd. 8, 1966; P. Pozzato, *I generali italiani della Grande Guerra. Atlante biografico*, 1, A-B, Udine 2011, S. 109–114.

18 V. Coda, *Dalla Bainsizza al Piave all'indomani di Caporetto. Appunti di un ufficiale della II Armata*, Mailand 1919, S. 103–105.

19 Vgl. allgemeiner M. Mondini, *La guerra italiana. Partire, raccontare, tornare*, Bologna 2014, S. 123–144.

20 J. Terraine, *Douglas Haig. The Educated Soldier*, London 1990.

21 H. Holger, *The First World War. Germany and Austria-Hungary 1914–1918*, London 1997, S. 403–407; E. Greenhalgh, *Foch in Command. The Forging of a First World War General*, Cambridge 2011, S. 334–339.

22 U. Ojetti, *Lettere alla moglie*, 3 Bde., Florenz 1964.

23 F. Azzoni Avogadro, *L'amico del re. Il diario di guerra dell'aiutante di campo di Vittorio Emanuele III*, 3 Bde., Udine 2012.

24 L. Cadorna an N. Cadorna, in L. Cadorna, *Lettere famigliari*, S. 211; G. Semeria, *Memorie di guerra*, Monza 1927; M. Franzinelli, *Padre Gemelli per la guerra*, Ragusa 1989, S. 19–21; S. Lesti, *Riti di guerra. Religione e politica nell'Europa della Grande Guerra*, Bologna 2015, bes. S. 95–131.
25 R. Alessi, *Dall'Isonzo al Piave. Lettere clandestine di un corrispondente di guerra*, Mailand 1966, S. 22.
26 *Inchiesta Caporetto*, S. 268–270.
27 AUSSME, H4, b. 2, f. 3, Aussage Porro, s.f. 2, Vormittagssitzung 19. März 1918, maschinenschr. Fassung mit Korrekturen, S. 8.
28 G. Sheffield, *The Chief. Douglas Haig and the British Army*, London 2012, S. 136–141.
29 Camera dei Deputati – Segretariato generale, *Comitati segreti sulla condotta della guerra (giugno-dicembre 1917)*, Rom, 1967, S. 10.
30 A, Gatti, *Caporetto*, S. 102.
31 L. Cadorna an C. Cadorna (2. August 1917), in L. Cadorna, *Lettere famigliari*, S. 212.
32 A. Gatti, *Un italiano a Versailles*, Mailand 1958, S. 277.
33 L. Cadorna an N. Cadorna (22. August 1916), in L. Cadorna, *Lettere famigliari*, S. 166; R. Bencivenga, *La campagna del 1916. La sorpresa di Asiago e quella di Gorizia*, Rom 1935.
34 A. Gatti, *Caporetto*, S. 115–116.
35 AUSSME, H4, b. 1, Aussage Cadorna, f. 1, s.f. 1, Vormittagssitzung 14. März 1918, maschinenschr. Fassung mit Korrekturen, S. 3–4.
36 G. Sheffield, *An Army Commander on the Somme. Hubert Gough*, in G. Sheffield / D. Todman (Hrsg.), *Command and Control on the Western Front*, Staplehurst 2007, S. 71–96.
37 AUSSME, H4, b. 2, f. 3, Aussage Porro, s.f. 2, Vormittagssitzung 18. März 1918, erster maschinenschr. Entwurf, S. 3.
38 AUSSME, H4, b. 2, f. 3, Aussage Porro, s.f. 2, Vormittagssitzung 19. März 1918, zweiter maschinenschr. Entwurf, korrigiert, S. 5
39 AUSSME, H4, b. 29, f. 818, risposte al questionario Bencivenga (9. Januar 1919); b. 30, f. 863, risposte al questionario Albricci (22. Januar 1919).
40 M. Van Creveld, *Command in War*, S. 148–188; D. Todman, *The Grand Lamasery Revisited. General Headquarters on the Western Front 1914–1918*, in G. Sheffield / D. Todman (Hrsg.), *Command and Control*, S. 39–70.
41 *Inchiesta Caporetto*, S. 266.
42 T. Marchetti, *Ventotto anni nel servizio informazioni militari*, Trient 1960, S. 219–226.
43 L. Capello, *Per la verità*, Mailand 1920, S. 69–71; E. Caviglia, *La XII battaglia. Caporetto*, Verona 1933, S. 26 f.
44 AUSSME, H4, b. 1, Aussage Cadorna, f. 1, s.f. 6, *Contestazioni del 31 maggio 1918*, S. 9.
45 U. Ojetti, *Lettere alla moglie*, S. 268–269; R. Alessi, *Dall'Isonzo al Piave*, S. 96 und 135 f.
46 L. Cadorna an N. Cadorna (1. September 1917), in L. Cadorna, *Lettere famigliari*, S. 218.
47 A. Gatti, *Caporetto*, S. 122; M. Mondini, *Parole come armi. La propaganda verso il nemico nell'Italia della Grande Guerra*, Rovereto 2009; A. Massignani, *Verso Caporetto. Il servizio informazioni dell'esercito italiano e il Comando supremo*, in P. Ferrari / A. Massignani (Hrsg.), *Conoscere il nemico. Apparati di intelligence e modelli culturali nella storia contemporanea*, Mailand 2010, S. 236–257.
48 AUSSME, H4, b. 1, Aussage Cadorna, f. 1., s.f. 12, Cadorna an den Präsidenten der Untersuchungskommission (14. Februar 1919).
49 A. Gatti, *Caporetto*, S. 180–181 (10. September 1917).
50 AUSSME, H4, b. 1, Aussage Cadorna, f. 1, s.f. 6, *Contestazioni del 31 maggio 1918*, S. 7 f.
51 L. Cadorna an C. Cadorna, in L. Cadorna, *Lettere famigliari*, S. 222 (19. September 1917).
52 AUSSME, H4, b. 1, Aussage Cadorna, f. 1, s.f. 6, *Contestazioni del 31 maggio 1918*, S. 10.
53 A. Gatti, *Un italiano a Versailles*, S. 420.
54 L. Cadorna an R. Cadorna (14. Dezember 1920), in L. Cadorna, *Lettere famigliari*, S. 282.

55 A. Di Giorgio, *Ricordi della Grande Guerra*, hrsg. von G. De Stefani, Palermo 1978, S. 33–36. Es wird ein Teil seiner Befragung widergegeben, der vollständige Text kann in AUSSME, H4, b. 30, f. 846, s.f. 2/2 risposte al questionario speciale (17. Februar 1919) eingesehen werden.

56 *Inchiesta Caporetto*, S. 266–270.

57 M. Mondini, *Militarismo e militarizzazione. Modelli nazionali nel rapporto tra armi e politica nell'Europa contemporanea*, in ders. (Hrsg.), *Esercito e società nell'Europa contemporanea*, in „Memoria e Ricerca", 2008, 28, S. 5–104 (9–24); S. Förster, *Civil-Military Relations*, in J. Winter (Hrsg.), *The Cambridge History of the First World War*, Bd. 2: *The State*, Cambridge 2014, S. 91–125.

58 P. Renouvin, *Le forms du gouvernement de la guerre*, Paris 1925; M. Kitchen, *The Silent Dictatorship. The Politics of the German High Command under Hindenburg and Ludendorff*, New York 1976.

59 D. Ceschin, *La diarchia imperfetta. Esercito e politica nella Grande Guerra*, in M. Mondini (Hrsg.), *Armi e politica*, S. 41–54.

60 C. Latini, *I pieni poteri in Italia durante la prima guerra mondiale*, in D. Menozzi / G. Procacci / S. Soldani (Hrsg.), *Un paese in guerra: la mobilitazione civile in Italia 1914–1918*, Mailand 2010, S. 87–104.

61 G. Procacci, *Warfare – Welfare. Intervento dello Stato e diritti dei cittadini*, Rom 2013.

62 G. Rochat, *Il Comando supremo Diaz*, in G. Berti / P. Del Negro (Hrsg.), *Al di qua e al di là del Piave. L'ultimo anno della Grande Guerra*, Mailand 2001, S. 261–274.

63 L. Cadorna an C. Cadorna (8. Februar 1916) und an N. Cadorna (27. März 1916, 19. Juli 1916, 19. Mai 1917), in L. Cadorna, *Lettere famigliari*, S. 138, 146, 158 f., 200.

64 V. Riccio, *Il diario di un ministro nel primo periodo della Grande Guerra*, hrsg. von A. Fiori, Rom 2015, S. 110–113 (16. Juli 1915).

65 *Ebd.*, S. 214–216 (28.–30. Dezember 1915); F. Martini, *Diario 1914–1918*, Mailand 1966, S. 579 (11. November 1915).

66 AUSSME, H5, b. 17, f. O.M. 1916, Cadorna an Salandra (1. März 1916).

67 L. Cadorna, *La guerra alla fronte italiana*, S. 148–150.

68 F. Martini, *Diario 1914–1918*, S. 624–626 (29. Januar 1916).

69 L. Cadorna an R. Cadorna (2. Februar 1915), in L. Cadorna, *Lettere famigliari*, S. 138.

70 V. Riccio, *Il diario di un ministro*, S. 226–228 (17. Januar 1916); F. Martini, *Diario 1914–1918*, S. 627 (30. Januar 1916) und S. 262 f. (22. Februar 1916).

71 AUSSME, H5, b. 17, f. 2, s.f. *Incontro tra Cadorna e gen. Pellé* (Februar 1916); H4, b. 1, Aussage Cadorna, f. 1, s.f. 12, Cadorna an den Präsidenten der Untersuchungskommission (19. Februar 1919), S. 4 f.; L. Cadorna, *Come ci avviammo in Albania e in Macedonia*, in ders., *Altre pagine sulla Grande Guerra*, Mailand 1926, S. 101–205.

72 J. Gooch, *The Italian Army and the First World War*, Cambridge 2014, S. 118–121.

73 D. Veneruso, *La Grande guerra e l'unità nazionale. Il Ministero Boselli*, Turin 1996.

74 F. Martini, *Diario 1914–1918*, S. 704–710 (25.–30. Mai 1916).

75 *Appunti del generale Cadorna in seguito al Consiglio dei Ministri del 27–28 settembre 1917*, in L. Cadorna, *Lettere famigliari*, S. 96–97.

76 L. Bissolati, *Diario di guerra. I taccuini del soldato-ministro 1915–1918*, hrsg. von A. Tortato, Mailand 2014; P. Melograni, *Storia politica della grande guerra*, S. 182–186.

77 A. Tortato, *Introduzione*, in L. Bissolati, *Diario di guerra*, S. 22 f.

78 L. Albertini an C. Porro (20. Juni 1916), in L. Albertini, *Epistolario 1911–1926*, Mailand 1968, S. 610 f..

79 L. Cadorna an C. Cadorna (21. August 1916), in L. Cadorna, *Lettere famigliari*, S. 165.

80 ACS, PCM, b. 86, f. missioni governative, Cadorna an Boselli (7. August 1916).

81 ACS, PCM, b. 86, f., Cadorna an Boselli, *Missioni governative presso l'esercito mobilitato*, (11. August 1916).

82 L. Cadorna an C. Cadorna (12. September 1916), in L. Cadorna, *Lettere famigliari*, S. 169.

83 A. Mangone, *Luigi Capello*, Mailand 1994, S. 61–76; D. Ascolano, *Luigi Capello. Biografia militare e politica*, Ravenna 1999, S. 90–103.

84 *Inchiesta Caporetto*, S. 288.

85 T. Hippler, *Bombing the People. Giulio Douhet and the Foundation of Air Power Strategy*, Cambridge 2013.

86 E. Lehmann, *La guerra nell'aria. Giulio Douhet stratega impolitico*, Bologna 2013.

87 *Ebd.*, S. 71–95.

88 AUSSME, H4, b. 1, Aussage Cadorna, f. 1, s.f. 12, Cadorna an den Präsidenten der Untersuchungskommission (19. Februar 1919), S. 5.

89 *Ebd.* Cadorna an Boselli (16. Oktober 1916), maschinenschr. Kop.; Anl. zur Aussage.

90 ACS, Archivio Boselli, b. 3, f. 29, Cadorna an Boselli (11. November 1916).

91 AUSSME, H4, b. 1, Aussage Cadorna, f. 1, s.f. 12, Cadorna an Boselli (16. Oktober 1916), maschinenschr. Kop., Anl. zur Aussage, S. 5.

92 P. Melograni, *Storia politica della Grande Guerra*, S. 188–190.

93 L. Cadorna an L. Bissolati (4. November 1916), in *Diario di guerra*, S. 163 f.

94 U. Ojetti an F. Ojetti (2. Februar 1916), in U. Ojetti, *Lettere alla moglie*, S. 190–192.

95 M. Nezzo, *Critica d'arte in guerra 1914–1920*, Vicenza 2003 und bes. M. Nezzo, *Ugo Ojetti, Critica, azione, ideologia. Dalle biennali d'arte antica al premio Cremona*, Padua 2016.

96 U. Ojetti an F. Ojetti (4. Februar 1916), in U. Ojetti, *Lettere alla moglie*, S. 194.

97 M. Mondini, *La guerra italiana. Partire, raccontare, tornare (1914–1918)*, Bologna 2014, S. 213–268.

98 ACS, PCM, Guerra Europea, b, 120 bis, f. 19. 7. 7. Corrispondenti di giornali civili, MG Segretariato Generale a PCM, *Corrispondenti di guerra al seguito dell'esercito*, 8. Mai 1915.

99 J. Dzambo (Hrsg.), *Musen an die Front. Schriftsteller und Künstler im Dienst der k.u.k. Kriegspropaganda 1914–18*, München 2003.

100 S. d'Amico, *La vigilia di Caporetto. Diario di guerra*, Florenz 1996, S. 231. Zu den Bulletins, vgl. A. Santagata, *La costruzione del „fronte interno". Il ruolo dell'esercito e i comunicati del Comando Supremo*, in S. Lucchini / A. Santagata (Hrsg.), *Propaganda e cultura nella Grande Guerra*, Mailand 2015, S. 39–76.

101 A. Santagata, *La costruzione del „fronte interno".*,S. 64–68.

102 P. Murialdi, *Storia del giornalismo italiano*, Bologna 2006 (1996), S. 116–121 und L. Vanzetto, *Buona stampa*, in *Gli italiani in guerra*, Bd. 3, 2, S. 803–819.

103 L. Albertini, *Vent'anni di vita politica*, S. 96.

104 L. Albertini an N. D'Atri, 26. Mai 1915, in L. Albertini, *Epistolario 1911–1926*, Mailand 1968, S. 391, sowie ACS, PCM, Guerra Europea, b. 118, f. stampa – censura preventiva.

105 V. Riccio, *Il diario di un ministro*, S. 262 (22. Februar 1916).

106 F. Martini, *Diario 1914–1918*, S. 942 (30. Juni 1917).

107 U. Ojetti an F. Ojetti (20. Mai 1916), in U. Ojetti, *Lettere alla moglie*, S. 302.

108 A. Riosa (Hrsg.), *Arnaldo Fraccaroli. Corrispondenze da Caporetto*, Mailand 2007, S. 18.

109 M. Mondini, *La guerra italiana*, S. 243–252; S. Pesenti, *Il cinema va in guerra. Lo spettacolo dell'attualità al servizio della propaganda bellica*, in A. Faccioli (Hrsg.), *A fuoco l'obiettivo! Il cinema e la fotografia raccontano la Grande Guerra*, Bologna 2014, S. 46–57.

110 O. Bergamini, *Specchi di guerra. Giornalismo e conflitti armati da Napoleone a oggi*, Rom / Bari 2009, S. 54–70.

111 Vgl. E. Bricchetto, *Percorrendo il fronte da occidente ad oriente. Luigi Barzini inviato speciale sul fronte alpino*, in E. Franzina (Hrsg.), *Una trincea chiamata Dolomiti*, Udine 2003, S. 168–178, sowie *Raccontare la guerra sull'arco alpino*, in H. Kuprian / O. Überegger (Hrsg.), *Der erste Weltkrieg im Alpenraum*, Innsbruck 2006, S. 145–163.

112 R. Alessi, *Dall'Isonzo al Piave*, S. 56–60 (Mai 1917).

113 A. Guiso (Hrsg.), *Il direttore e il generale. Carteggio Albertini-Cadorna 1915–1928*, Mailand 2014.

114 L. Albertini, *I giorni di un liberale. Diari 1907–1923*, hrsg. von L. Monzali, Bologna 2000, S. 174.

115 A. Gatti, *Caporetto*, S. 4.

116 A. Guiso, *Tra guerra e fascismo. Albertini, Cadorna e la costruzione divisa dell'Italia liberale (1915–1928)*, in A. Guiso (Hrsg.), *Il direttore e il generale*, S. 33–35.

117 *Ebd.*, S. 33.

118 A. Moroni, *Il Corriere alla guerra. Propaganda e informazione tra il 1914 e il 1918*, in *Narrare il conflitto*, S. 77–144.

119 L. Cadorna an M. Cadorna (3. Oktober 1915), in L. Cadorna, *Lettere famigliari*, S. 126.

120 G. D'Annunzio, *Versi d'amore e di gloria*, Mailand 2004, Bd. II.

VIII Caporetto laut Cadorna: Die moralische Autobiografie der Italiener

1 Aussage Cadornas vor der Untersuchungskommission in AUSSME, H4, b. 1 Aussage Cadorna, f. 1, s.f. 2 Vormittagssitzung 15. März 1918, zweite maschinenschr. Entwurf mit Korrekturen, S. 10.

2 L. Cadorna an R. Cadorna (25. Oktober 1917), in L. Cadorna, *Lettere famigliari*, S. 230.

3 Die beste analytische Chronik der Schlacht bleibt die der Untersuchungskommission, auch wenn in ihr noch nicht die Quellen der darauffolgenden Jahre berücksichtigt sind (vgl. vor allem *Inchiesta Caporetto*, S. 107–243). Für die Darstellung der ersten Phase vgl. A. Alberti, *L'importanza dell'azione militare italiana. Le cause militari di Caporetto*, USSME, Rom, 2004; A. Monticone, *La battaglia di Caporetto*, Udine 1999.

4 A. Gatti, *Caporetto. Diario di guerra*, Bologna 1997, S. 203.

5 *Inchiesta Caporetto*, S. 73 f.; L. Cadorna, *La guerra alla fronte italiana*, Mailand 1934, S. 506–508.

6 P. Pieri, *La prima guerra mondiale 1914–1918. Problemi di storia militare*, Udine 1998, S. 141–183; M. Mondini, *La guerra* italiana., Bologna 2014, S. 281–285.

7 W. Schivelbusch, *Die Kultur der Niederlage*, Berlin 2001, S. 129–131.

8 A. Gatti, *Caporetto*, S. 288; ders., *Un italiano a Versailles*, Mailand 1958, S. 30 f.; L. Bissolati, *Diario di guerra. I taccuini del soldato ministro 1915–1918*, Mailand 2014, S. 114 (4. November 1917); P. Melograni, *Storia politica della Grande Guerra*, Mondadori 2015, S. 424–425; F. Le Moal, *Victor Emmanuel III d'Italie*, Paris 2015, S. 246–253.

9 A. Gatti, *Caporetto*, S. 208–214; P. Gaspari, *La battaglia dei capitani. Udine 28 ottobre 1917*, Udine 2014.

10 Vgl. z. B. U. Frizzoni, *Un medico a Caporetto. I diari di guerra di Ugo Frizzoni*, hrsg. von P. Barcella, Bergamo 2015.

11 F. Azzoni Avogadro, *L'amico del re. Il diario di guerra inedito dell'aiutante di campo di Vittorio Emanuele III*, Bd. 3, Udine 2012, S. 156.

12 A. Frescura, *Diario di un imboscato*, Mailand 1981, S. 285–288.

13 D. Ceschin, *Gli esuli di Caporetto*, Rom / Bari 2006.

14 A. Soffici, *La ritirata del Friuli*, Florenz 1919.

15 D. Stevenson, *With Our Backs to the Wall. Victory and Defeat in 1918*, Cambridge MA 2011.

16 J. Steg, *Le jour le plus meurtrier de l'histoire de France: 22 Aout 1914*, Paris 2013; B. Cabanes, *Aout 1914. La France entre en guerre*, Paris 2014.

17 O. Malagodi, *Conversazioni della guerra 1914–1919*, hrsg. von B. Vigezzi, Neapel 1960, S. 170.

18 M. Mondini, *I luoghi della Grande Guerra*, Bologna 2015, S. 127–145.

19 P. Pieri / G. Rochat, *Pietro Badoglio*, Mailand 2002, S. 153.

20 L. Cadorna an C. Cadorna (24. Oktober 1917), in L. Cadorna, *Lettere famigliari*, S. 227; O. Malagodi, *Conversazioni sulla guerra*, S. 169 (25.–28. Oktober 1917).

21 A. Gatti, *Caporetto*, S. 220 (30. Oktober 1917).

22 L. Cadorna, *La guerra alla fronte italiana*, S. 523–525; ders., *Pagine polemiche*, S. 186–193.

23 L. Cadorna an C. Cadorna (15. Juli 1917), in L. Cadorna, *Lettere famigliari*, S. 210; A. Gatti, *Caporetto*, S. 113; A. Tortato, *Ortigara. La verità negata*, Valdagno 1999.

24 W. Schivelbusch, *Die Kultur der Niederlage*, S. 114.

25 *Ebd.*, S. 233 (2. November 1917); V.E. Orlando, *Memorie (1915–1919)*, Mailand 1960, S. 269 und 265.

26 R. Bencivenga, *La sorpresa strategica di Caporetto. Saggio critico sulla nostra guerra*, Udine 1997, S. 91.

27 AUSSME, H4, b. 1, Aussage Cadorna, f. 1, s.f. 3, Nachmittagssitzung 15. März 1918, erster maschinenschr. Entwurf mit Korrekturen, S. 3.

28 R. Bencivenga, *La sorpresa strategica di Caporetto*, S. 100–102; A. Gatti, *Caporetto*, S. 211f.

29 F. Martini, *Diario 1914–1918*, Mailand 1966, S. 1074–1079 (13.–15. Dezember 1917).

30 AUSSME, H4, b. 1, Aussage Cadorna, f. 1, s.f. 3, Nachmittagssitzung 15. März 1918, ins. 3, dritter maschinenschr. Entwurf, S. 11.

31 M. Rauchensteiner, *Der Erste Weltkrieg und das Ende der Habsburgermonarchie*, Wien 2013, S. 799–834.

32 A. Monticone, *La battaglia di Caporetto*, S. 23–34.

33 IG, IV, 3 bis, Comando Supremo – Ufficio Situazione, *Controffensiva nemica sul medio Isonzo* (17. September 1917), n. 2, S. 3; EIG, IV, 3 bis, Comando Supremo – Ufficio Situazione, *Controffensiva nemica sulla fronte giulia* (18. September 1917), n. 3, S. 4; EIG, IV, 3 bis, Comando Supremo – Ufficio Situazione, *Offensiva nemica per le giudicarie* (25. September 1917), n. 4, S. 5; EIG, IV, 3 bis, Comando Supremo – Ufficio Situazione, *Controffensiva nemica alla fronte italiana* (28. September 1917), n. 5, S. 6–7; EIG, IV, 3 bis, Comando Supremo – Ufficio Situazione, *Notizie sul nemico* (30. September 1917), n. 6, S. 8–9; *Inchiesta Caporetto*, S. 40–52; A. Monticone, *La battaglia di Caporetto*, S. 23–35.

34 AUSSME, H5, b. 17, f. 2, s.f. 2042, Comando Supremo – Capo SME, *Note riassuntive* (24. März 1917); L. Albertini an L. Cadorna (14. März 1917), in A. Guiso (Hrsg.), *Il direttore e il generale. Carteggio Albertini – Cadorna 1915–1928*, Mailand 2014, S. 103f.

35 R. Bencivenga, *La sorpresa strategica di Caporetto*, S. 19–22.

36 L. Cadorna an R. Cadorna (18. September 1917) und an N. Cadorna (18. September 1917), in L. Cadorna, *Lettere famigliari*, S. 221f.; A. Gatti, *Caporetto*, S. 194 (4. Oktober 1917); L. Cadorna an L. Capello, *Direttive per la difesa* (20. Oktober 1917), zitiert in L. Capello, *Caporetto, perché?*, Turin 1967, Anl. 16 S. 280f.

37 EIG, IV, 3 bis, da Comando Supremo – Ufficio Operazioni a Comandante XII corpo e Comandante 2a armata, *Offensiva nemica nell'alto e medio Isonzo* (22. Oktober 1917), n. 45, S. 81.

38 R. Bencivenga, *La sorpresa strategica di Caporetto*, S. 27.

39 L. Cadorna, *La guerra alla fronte italiana*, S. 465–470.

40 AUSSME, H4, b. 1, Aussage Cadorna, f. 1, s.f. 3, Nachmittagssitzung 15. März 1918, zweiter maschinenschr. Entwurf, S. 11; zu diesem Verdacht s. beispielsweise. L. Segato, *L'Italia nella guerra mondiale*, Bd.1: *Dal 1915 al novembre 1917*, Mailand 1927, S. 449.

41 A. Krauss, *Il miracolo di Caporetto, in particolare lo sfondamento di Plezzo*, Valdagno 2000; P. Pozzato (Hrsg.), *Sui fiumi o lungo le valli? Le battaglie della Grande Guerra a Plezzo e sul Grappa nelle ricostruzioni di alcuni comandanti austro-ungarici*, Treviso 2001.

42 AUSSME, H4, b. 64, f. 986, malattia generale Capello.

43 M. Isnenghi / G. Rochat, *La Grande Guerra*, Bologna 2014, S. 376–407.

44 A. Alberti, *L'importanza dell'azione militare italiana. Le cause militari di Caporetto*, hrsg. A. Ungari, Rom 2004, S. 181–197.

45 P. Pieri / G. Rochat, *Pietro Badoglio*, S. 205–267.

46 AUSSME, H4, b. 1, Aussage Cadorna, f. 1, s.f. 1, Vormittagssitzung 14. März 1918, erster maschinenschr. Entwurf mit Korrekturen, S. 17.

47 *Inchiesta Caporetto*, E. Caviglia, *La XII battaglia. Caporetto*, Verona 1933, S. 73–79; L. Segato, *L'Italia nella Guerra Mondiale*, S. 434–469 und 499–501; J. Gooch, *The Italian Army and the First World War*, Cambridge 2014, S. 226–246.

48 P. Melograni, *Storia politica della Grande Guerra*, S. 414–419.

49 V. Orlando, *Memorie*, S. 227–240; A. Gatti, *Caporetto*, S. 247 (6. November 1917).

50 A. Gatti, *Caporetto*, S. 267 (8. November 1917).

51 Das Monolog findet man in A. Gatti, *Caporetto*, S. 257 (7. November 1917).

52 *Ebd.*, S. 205 (25. Oktober 1917); L. Cadorna an M. Cadorna (26. Oktober 1917), in L. Cadorna, *Lettere famigliari*, S. 230–231.

53 L. Cadorna an C. Cadorna (28. Oktober 1917), in L. Cadorna, *Lettere famigliari*, S. 233.

54 L. Cadorna an R. Cadorna (30. Oktober 1917), in L. Cadorna, *Lettere famigliari*, S. 234.

55 Camera dei Deputati – Segretariato generale, *Comitati segreti sulla condotta della guerra (giugno-dicembre 1917)*, Rom, Archivio Storico, S. 163–218; L. Cadorna an R. Cadorna (28. Dezember 1917), in L. Cadorna, *Lettere famigliari*, S. 250.

56 V. Orlando, *Memorie*, S. 215–217.

57 L. Falsini, *Processo a Caporetto*, S. 21–25.

58 L. Cadorna an L. Albertini (3. Dezember 1917), in A. Guiso (Hrsg.), *Il direttore e il generale*, S. 108 f.

59 ACS, PCM, Prima Guerra Mondiale, b. 86 bis, f. 19.4.1 generale Cadorna, s.f. persönliche Stellungnahme General Cadorna, Orlando an Cadorna (9. November 1917), S. 4; L. Cadorna an R. Cadorna (11. November 1917), in L. Cadorna, *Lettere famigliari*, S. 243 f.

60 L. Cadorna an L. Albertini (19. Dezember 1917), in A. Guiso (Hrsg.), *Il direttore e il generale*, S. 111–113; L. Cadorna an M. Cadorna (20. Dezember 1917), in L. Cadorna, *Lettere famigliari*, S. 248 f.

61 Orlando an Cadorna, maschinenschr. Telegramm (26. Dezember 1917) und Cadorna an Orlando (5. Januar 1918), in ACS, PCM, Prima Guerra Mondiale, b. 86 bis, f. generale Cadorna, s.f. persönliche Stellungnahme General Cadorna.

62 A. Gatti, *Un italiano a Versailles*, S. 238.

63 *Ebd.*, S. 310.

64 L. Cadorna, *Pagine polemiche*, Mailand 1950, S. 22.

65 L. Cadorna an C. Cadorna (18. Januar 1918), in L. Cadorna, *Lettere famigliari*, S. 252.

66 AUSSME, H4, b. 1, Aussage Cadorna, f. 1, s.f. 5, Cadorna an den Vorsitz der Untersuchungskommission, ergänzende Niederschrift Nr. 15 (20. Februar 1919).

67 L. Cadorna, *Pagine polemiche*, S. 62.

68 L. Cadorna, *Pagine polemiche*, n. 1, S. 180.

69 Die Originalfassung der offiziellen Mitteilung des Oberbefehls vom 28. Oktober 1917 findet sich in *Inchiesta Caporetto*, S. 545.

70 A. Santagata, *La costruzione del „fronte interno": il ruolo dell'esercito e i comunicati del Comando Supremo*, in S. Lucchini / A. Santagata (Hrsg.), *Narrare il conflitto. Propaganda e cultura nella Grande Guerra*, Mailand 2015, S. 39–76.

71 L. Cadorna, *Pagine polemiche*, S. 256.

72 M. Mondini, *Les défaites italiennes: histoire d'un anti-mythe national*, in C. Defrance u.a. (Hrsg.), *Vaincus. Histoire de Défaites*, Paris 2016, S. 191–206.

73 AUSSME, H4, b. 1, Aussage Cadorna, f. 1, s.f. 4, Vormittagssitzung 15. März 1918, ins. III, S. 7.

74 AUSSME, H4, b. 2, Aussage Porro, s.f. 2 Vormittagssitzung 19. März 1918, S. 33.

75 AUSSME, H4, b. 2, Aussage Porro, s.f. 2 Vormittagssitzung 19. März 1918, S. 33; L. Albertini an L. Cadorna (14. August 1919), in A. Guiso (Hrsg.), *Il direttore e il generale*, S. 137–139.

76 O. Malagodi, *Conversazioni sulla guerra*, II, S. 280–290 (25. Februar 1918); AUSSME, H4, b. 1, Aussage Cadorna, f. 1, s.f. 4 Nachmittagssitzung 15. März 1918, ins II, memoria Cadorna sul bollettino 28. Oktober 1917, Hervorhebung im Original.

77 AUSSME, H4, b. 30, f. 846 risposte Di Giorgio al questionario, s.f 3 (corrispondenza c.m. Senzacco); *Inchiesta Caporetto*, S. 529–531 und 533.

78 *Inchiesta Caporetto*, S. 532.

79 P. Melograni, *Storia politica della Grande Guerra*, S. 399–404.

80 L. Bissolati an O. Malagodi, in *Conversazioni della guerra*, S. 191 (13. November 1917); L. Capello, *Caporetto perché?*, Turin 1967, S. 27.

81 L. Cadorna, *Popoli forti, governo forte*, „La Rassegna Italiana", 1932, 168, S. 7–11.

82 AUSSME, H5, b. 17, f. 3, Ufficio Capo SME a Ministro guerra (15. April 1915), *Disordini richiamati*.

83 Die Schätzung von 100.000 Todesfällen in Kriegsgefangenschaft (das Doppelte der offiziellen Zahl der italienischen Behörden in den 20er Jahren) wurde aufgestellt von G. Procacci, *Soldati e prigionieri italiani*, S. 171. Diese Ziffer ist nicht in der Zählung der Heimkehrer aus der Gefangenschaft berücksichtigt, die zwischen November 1918 und Januar 1919 mehr als 550.000 waren. Vgl. AUSSME, B3 – Intendenza generale e intendenza d'armate, b. 72, *Relazione sull'opera svolta dall'Intendenza Corpi a Disposizione durante la Grande Guerra* e F3 – Carteggio sussidiario prima guerra mondiale, b. 113, f. 3, t. col. G. Zanghieri, *Relazione sul riordinamento e riorganizzazione e sul funzionamento del servizio per i prigionieri di guerra* (Rom, 1919).

84 M. Mondini, *La guerra italiana.*, Bologna 2014, S. 286–305.

85 *Inchiesta Caporetto*, S. 506–511.

86 *Ebd.*, S. 514.

87 AUSSME, H4, b. 1, Aussage Cadorna, f. 1, s.f. 5 memorie suppletive, n. 15 (20. Februar 1919), S. 8; L. Cadorna an C. Cadorna (28. Oktober 1917), in L. Cadorna, *Lettere famigliari*, S. 234.

Schlusswort

1 L. Cadorna, *Pagine polemiche*, Mailand 1950, S.3.

2 G. Rochat, *L'esercito italiano da Vittorio Veneto a Mussolini*, Rom / Bari 2006, S. 37–77.

3 M. Mondini, *La politica delle armi. Il ruolo dell'esercito nell'avvento del fascismo*, Rom / Bari 2006, S. 5–27.

4 *Inchiesta Caporetto*, S. 263.

5 L. Cadorna an R. Cadorna (17. August 1919), in L. Cadorna, *Lettere famigliari*, S. 275.

6 L. Cadorna an L. Albertini (2. September 1919), in A. Guiso (Hrsg.), *Il direttore e il generale. Carteggio Albertini – Cadorna 1915–1928*, Mailand 2014, S. 147–149.

7 L. Nava, *Contro note di guerra*, Cherasco 1920; ders., *Operazioni militari della 4a Armata nei primi quattro mesi di guerra*, Cherasco 1922; L. Segato, *L'Italia nella Guerra Mondiale*, 2 Bde., Mailand 1927; L. Capello, *Note di guerra*, Mailand 1920; ders., *Per la verità*, Mailand 1920.

8 Die Erstausgabe von *La guerra alla fronte italiana* erschien 1921 in 2 Bänden in Mailand bei Treves.

9 M. Mondini, *La guerra italiana.*, Bologna 2014, S. 163–174.

10 E. Ludendorff, *Meine Kriegserinnerungen*, Berlin 1919; L. Cadorna an L. Albertini (16. März 1921), in A. Guiso (Hrsg.), *Il direttore e il generale*, S. 176.

11 P. Gorgolini, *Io difendo Cadorna*, Mailand 1919; E.M. Gray, *Il processo di Cadorna*, Florenz 1919.

12 L. Cadorna, *Altre pagine sulla Grande Guerra*, Mailand 1925.

13 L. Cadorna an R. Cadorna (25. März 1921), in L. Cadorna, *Lettere famigliari*, p. 283.

14 L. Cadorna, *Premessa*, in L. Cadorna, *Pagine polemiche*, p. 11.

15 *Ebd.*, S 4.

16 R. Corselli, *Cadorna*, Mailand 1937, S. 50.

17 ACS, PCM, Guerra Europea, b. 86, f. Benito Mussolini; L. Cadorna an R. Cadorna (5. März 1928), in L. Cadorna, *Lettere famigliari*, S. 315.

18 L. Cadorna an R. Cadorna (7. Januar 1925), in L. Cadorna, *Lettere famigliari*, S. 302–303; G. Rochat, *L'esercito italiano da Vittorio Veneto a Mussolini*, S. 321–327.

Abkürzungen

Die Dokumente im Archivio del Museo del Risorgimento in Mailand, im Archivio del Museo del Risorgimento in Vicenza und im Archivio del Museo della Guerra in Rovereto wurden zwischen 1997 und 2009 eingesehen. Es war mir nicht immer möglich, eventuelle Abweichungen von der aktuellen Katalogisierung zu verifizieren.

ACS	Archivio Centrale dello Stato, Rom
AMGR	Archivio del Museo della Guerra di Rovereto
AMRMi	Archivio Civiche Raccolte Storiche – Museo del Risorgimento di Milano
AMRVi	Archivio del Museo del Risorgimento di Vicenza
AUSSME	Archivio Ufficio Storico Stato Maggiore Esercito, Rom
b.	busta (Umschlag)
Brigate	Brigate Ministero della Guerra – Stato Maggiore Centrale – Ufficio Storico, *Riassunti storici corpi e comandi nella guerra 1915–1918. Brigate di fanteria*, Toma, Libreria dello Stato 1924–29
CR	Archivio della Casa militare del Re, Turin
CS	Fondo del Comando Supremo dell'esercito mobilitato (1915–1918)
DDI	Documenti Diplomatici Italiani
f.	fascicolo (Akte)
EIG	*L'Esercito Italiano nella Grande Guerra (191–-1918)*, versch. Bde., Ministero della Guerra – Comando del Corpo di Stato Maggiore (dann: Ufficio Storico Stato Maggiore Esercito), Rom 1927–1988.
Inchiesta Caporetto	Inchiesta Caporetto, Relazione della Commissione d'Inchiesta R.D. 12. Januar 1918, Nr. 35, *Dall'Isonzo al Piave*, Bd. 1: *Cenno schematico degli avvenimenti*; Bd. 2: *Le cause e le responsabilità degli avvenimenti*, Rom 1919
MG	Fondo del Ministero della Guerra
MI	Fondo del Ministero degli Interni
PAC	Fondo del Primo aiutante di campo del.Re
PCM	Fondo della Presidenza del Consiglio dei Ministri
Capo SME	Capo di Stato Maggiore del Regio Esercito

https://doi.org/10.1515/9783110693478-012

Personenregister

https://doi.org/10.1515/9783110693478-013